中学西传：典籍翻译研究开新篇（2013—2018）

主　审　张纯江

主　编　董明伟

副主编　董兴杰　田春霞

燕山大学出版社

2018 · 秦皇岛

内 容 简 介

“典籍翻译研究”是《燕山大学学报(哲学社会科学版)》重点建设的学术专栏,5年来共刊发研究论文80余篇,多数出自学界名家之手,在编辑界、学术界产生良好反响,学报也成为国内“典籍翻译研究”学术成果发表的重镇。为了积累和总结栏目建设经验,进一步扩大学报的影响力和学术水平,特从刊载论文中精选出优质论文30篇,分为典籍翻译理论与批评研究、中国文化典籍翻译研究、中国文学典籍翻译研究、民族典籍翻译研究、科技典籍翻译研究5个专题编辑成册公开出版,以期进一步推进《燕山大学学报(哲学社会科学版)》期刊建设和典籍翻译研究学科的发展和学术成果的传播。

图书在版编目(CIP)数据

中学西传:典籍翻译研究开新篇:2013—2018/董明伟主编.—秦皇岛:燕山大学出版社,2018.6
ISBN 978-7-81142-724-0

Ⅰ.①中… Ⅱ.①董… Ⅲ.①翻译—研究 Ⅳ.①H059

中国版本图书馆CIP数据核字(2018)第141553号

中学西传:典籍翻译研究开新篇(2013—2018)

董明伟 主编

出 版 人:陈 玉
责任编辑:孙志强
封面设计:赵小雨
出版发行:燕山大学出版社 YANSHAN UNIVERSITY PRESS
地 址:河北省秦皇岛市河北大街西段438号
邮政编码:066004
电 话:0335-8387555
印 刷:中国标准出版社秦皇岛印刷厂
经 销:全国新华书店

开 本:787 mm×1092 mm 1/16 **印 张**:17.25 **字 数**:400千字
版 次:2018年6月第1版 **印 次**:2018年6月第1次印刷
书 号:ISBN 978-7-81142-724-0
定 价:55.00元

典籍翻译，前程似锦

——祝贺《燕山大学学报(哲学社会科学版)》“典籍翻译研究”五周年论文集出版

（代　序）

日前《燕山大学学报(哲学社会科学版)》编辑董明伟寄来“典籍翻译研究”栏目开办五周年论文集，嘱咐我作序。因为手头事务繁忙，一直拖欠好久，今日得宽余，重新翻阅这些精心组织的稿子，不觉兴致勃勃，乃欣然命笔，想认真完成这项令人欣喜的任务。特别是这个论文集的标题——中学西传：典籍翻译研究开新篇(2013—2018)，激发了我的回忆和想象力，令我想起和燕山大学的交往，以及许多的人和事。

我与燕山大学的学术交往，由来已久。当年刘泽权教授邀请我前去燕山大学，参加他们的国家社科基金项目“《红楼梦》研究和语料库建设”的结项工作。我欣然前往，并亲眼见证了一个朝气蓬勃的科研团队在申报和完成国家项目方面所付出的努力和取得的丰硕成果。后来刘泽权教授又有了新的国家项目，并完成了《红楼梦文化辞典》的编撰工作，寄来了厚厚的两大本辞典打印稿，我一直视若珍宝，期待这部辞典的早日出版。

再后来，2013 年，《燕山大学学报(哲学社会科学版)》率先创立了“典籍翻译研究”专栏，刊发在当年的第 3 期上。专栏创立之际，欣逢第八届全国典籍翻译学术研讨会召开，刊物副主编刘泽权教授带着这份散发着墨香的刊物，亲率编辑部同仁前往石家庄，参加了这次会议。他们利用这次全国性学术会议的机会，积极宣传和推介他们的学报，推介这个具有特色的栏目，让全国典籍翻译界首次认识了燕山大学，认识了《燕山大学学报(哲学社会科学版)》，认识了“典籍翻译研究”栏目。这是一个令人欣喜的良好开端。

从此以后，一发而不可收，《燕山大学学报(哲学社会科学版)》不仅坚持办好这个率先创设的栏目，而且办得风生水起，影响越来越大，质量也越来越高。如今，不知不觉已经五年过去了，《燕山大学学报(哲学社会科学版)》的“典籍翻译研究”栏目，已经走过了五年的历程，积累了相当的经验和资料。如今他们从该栏目已发表的 80 多篇论文中，选出了 30 篇文章，做成一个论文集，准备出版，这正是我希望看到的。2017 年 11 月，我在上海师范大学召开的第十届全国典籍翻译学术研讨会上，见到了他们的编辑董明伟，便提出建议，希望他们能从已经发表的文章中精选出来一些好文章，争取结集出版，以满足国内典籍翻译研究广大读者的需要。他们欣然接受，抓紧时间完成了这项工作。这是多么令人欣喜的一件事啊！

说实在的，一个名不见经传的学报，为什么会取得如此辉煌的成就，在现代学术竞争十分激烈的时代，能树立一面旗帜，有一角自己的阵地，并产生了很好的社会影响？我认为这是和编辑部同仁的办刊宗旨与他们对于典籍翻译事业的认识密切相关的：

随着对典籍翻译及其研究领域学术动态和前沿的持续关注，我们了解到典籍翻译事业的地位是空前提高的，“大中华文库”“中国图书对外推广计划”“中国文化著作翻译出版工程”等国家出版资助力度持续加大，学者队伍不断壮大，典籍翻译研究中心等研究机构在高校、科研所纷纷设立，业界学者的科研成果受到教育部人文社科基金和国家社科基金项目的更多关注和资助，上述利好的国家文化政策和科研环境，让我们看到“典籍翻译研究”领域前景广阔，值得“深耕细作”。(《“典籍翻译研究”特色栏目建设五年回眸与展望(代前言)》)

基于这样明确的认识，他们的栏目办得越来越好，从等现成的文章来编辑，到主动策划约稿组稿，再从稿件中优中选优，刊发了一批有较高质量的、有影响力的学术论文，他们一路过关斩将，克服重重困难，成效显著。他们还从中国典籍翻译研究的实际出发，将到目前为止发表的学术论文，归纳为七大主题：

(一) 中国典籍翻译的历史、现状与发展研究；

(二) 中国典籍翻译的理论与方法研究；

(三) 中国典籍翻译的评价与批评研究；

(四) 文学典籍、历史典籍、哲学与宗教典籍，民族典籍、科技典籍等翻译专题研究；

(五) 中国文化对外传播的历史、现状与发展研究；

(六) 中国文化对外传播的战略与策略研究；

(七) 中国现当代文学精品的海外译介、传播与接受研究。

(《“典籍翻译研究”特色栏目建设五年回眸与展望(代前言)》)

令人惊喜的是，这七个方面的概括不仅十分全面，而且体现出新的前沿领域和学术探索的敏锐眼光，这是十分难能可贵的。根据他们对于中国文化典籍的三个维度的理解，即汉族典籍、民族典籍和海外汉学三大领域的综合考虑，他们提出了自己栏目发展的学科定位和奋斗目标：

栏目发展定位是：既追溯文化历史、挖掘史料新价值，又关照当下文化热点，紧跟学术增长点(如古代俗文学，当代网络文学研究等)，目标是争取用3～5年的时间，把“典籍翻译研究”栏目打造成一个精品栏目，入选教育部名栏培育工程。(《“典籍翻译研究”特色栏目建设五年回眸与展望(代前言)》)

如果说他们迄今为止取得的成绩，已经是无可辩驳的话，那么他们对于这个栏目的定位，更是令人欣喜，令人鼓舞。这是一个既雄心勃勃又脚踏实地的奋斗目标。怀着这样的心情，我翻看他们所写的出版前言，看他们精心编织的目录，一个个熟悉的名字，一篇篇熟悉的论文题目，便出现在我的面前。而这个包含了30篇论文的目录，也是分为若干个栏目的，其中包括典籍翻译理论与批评研究、中国文化典籍翻译研究、中国文学典籍翻译研究、民族典籍翻译研究、科技典籍翻译研究、现当代文学翻译与海外传播研究等。而我想重点一提的是，在这些作者中有德高望重的老一辈学者，如潘文国教授、汪榕培教授、蒋坚松教授、包通法教授，也有年轻的学者，如朱源教授、李伟荣教授、王晓农博士、刘雪琴博士等，给人以典籍翻译事业后继有人、事业有望的良好印象。

在这里我要重点提一下潘文国教授和汪榕培教授。

潘文国教授是中国英汉语比较研究会的前任会长，也是中国文化典籍翻译研究会的顾问。他对我们这个学会表现出非常大的支持力度，而且他每一次都亲临会议，并认真地准备每一篇论文，进行大会发言。他这篇关于构建中国学派翻译理论的论文，显示了高瞻远瞩的学术视野、非常深厚的国学功底。在西方翻译理论大行其道的形势下，他一贯地坚持构建中国翻译理论的学派这样一个大的方向。文章不仅提出了宏观的任务，追溯了研究的历史，而且仔细地考证了中国翻译历史上的文质概念，使其区别于现代翻译理论的直接意译的方法，同时他也仔细地考证了严复的信达雅三字诀，使其区别于泰特勒的三原则。所以这是一篇值得一读的高质量的文章。

关于汪榕培教授，他是中国文化典籍翻译研究会的创始人和首任会长，为学会的建立和发展做出了不可磨灭的贡献。同时他本人是著名的典籍翻译家，翻译的著作等身，他在晚年集中翻译了汤显祖的《临川四梦》。他的论文《关于中国典籍英译的几点认识》，如同他的为人一样朴实无华，分别回答了为什么要进行中国典籍英译，中国典籍英译究竟翻译什么，中国典籍英译应该由谁来做，以及中国典籍英译的评价标准究竟是什么等一些根本的问题。非常可惜的是，汪榕培教授已经离开了我们，有一年的时间了。所以，这个论文集的出版，既是对先生最好的纪念，也是对我们典籍翻译研究会的最好的激励。

还有一些论文题目，我觉得十分重要，所以在这里也提一下。

首先是关于中国古代的文化典籍，例如《易经》的翻译研究，我记得有李伟荣教授和王晓农博士，他们两位的博士论文都是关于《易经》翻译研究的。此外还有《论语》《孟子》《坛经》《道德经》等翻译研究。在民族典籍翻译方面，有《萨迦格言》《苗族史诗》《格萨尔王》等重要的研究领域。在中国文学的翻译方面，有霍克斯的《楚辞》的翻译研究，王际真翻译的鲁迅《阿Q正传》的相关研究，以及宇文所安的中国文学尤其是诗歌的翻译研究，当然，还有葛浩文对中国现当代文学的翻译研究与推介。这些题目不仅说明了《燕山大学学报（哲学社会科学版）》“典籍翻译研究”栏目发表论文的广泛程度，而且说明在各个有代表性的领域里我们正在集中研究的问题。当然还有很多没有收集到这个论文集子里边的论文，诸位读者要是想看的话，就要去查阅《燕山大学学报（哲学社会科学版）》近五年来各期的“典籍翻译研究”栏目的论文了。

而这，正是我们这个论文集的工作效果之一，或者说这篇序言所期望实现的目标之一，也就是引导大家更进一步关注这个刊物和这个栏目——除了这个集子本身所刊登的论文之外。

我在这里要祝愿《燕山大学学报（哲学社会科学版）》“典籍翻译研究”栏目越办越好！

同时也祝愿中国文化典籍翻译研究会各项事业的兴旺发达！

卒章显志。

在即将结束这篇序言的时候，一个重要的年份令我想起一件重要的事，一个难以磨灭的名字从我记忆的深处涌现出来。我想起了我们中国文化典籍翻译事业的另一位老前辈，中国文化典籍翻译研究会的顾问林戊荪先生。林先生是外文局老局长，《北京周报》编辑部的重要成员，后来任中国翻译协会主管国际合作的副会长，他又较早地翻译了《论语》和《孙子兵法》，是名副其实的典籍翻译的老前辈。今年九月份，是林先生的九十华诞，我想，最好的纪念就是学术本身的成果和学会的发展了。让我们把这个论文集献给德高望重的一直以来关注学会发展和典籍翻译传播事业的林先生，作为他的生日礼物吧！

祝林戊荪先生健康长寿，永葆学术青春！

祝我们的典籍翻译事业开出新的篇章！

王宏印（朱墨）

中国文化典籍翻译研究会会长

南开大学外国语学院教授

2018年5月8号晚10点半

于天津南开大学龙兴里寓所

"典籍翻译研究"特色栏目建设五年回眸与展望

（代前言）

早在2006年至2013年6月，《燕山大学学报(哲学社会科学版)》就零散发表过几篇有关"典籍翻译研究"的文章，而定期、集中、连续发文则在2013年9月"典籍翻译研究"专栏正式创立之时。专栏的设置主要缘于党的十八大将中国文化"走出去"作为文化发展战略的时代背景需求和时任燕山大学期刊社社长刘泽权教授的推动，以及编辑部对国内同业期刊栏目建设现状的调研分析。

作为地方性高校文科学报，《燕山大学学报(哲学社会科学版)》自2000年创刊以来，取得了一定成绩，获得过"河北省高校社科学报优秀期刊""全国优秀社科学报"等荣誉称号，但是学报的发展因受到地域、平台和资源的制约，与名牌高校的期刊发展存在一定差距。与其他普通高校学报一样，存在着刊物特点不鲜明、发文及栏目设置"千刊一面"的同质化问题及发展困境。为了寻求刊物的差异性和特色化，编辑部在刘泽权教授的领导下，抓住中国文化"走出去"和文化大发展、大繁荣上升为国家战略的良好时机，聚焦支撑文化"走出去"重要一环的典籍翻译研究领域，特别约请全国典籍英译专业委员会前会长汪榕培教授、会长王宏印教授和副会长李正栓教授，从各自的研究方向和专长撰文发表高见，历时3个月，3位教授如约赐稿，大力支持栏目建设。作为栏目负责人，笔者对汪榕培、王宏印、李正栓3位专家的文章做了精心编修，并将其作为开栏主打文章，刊发在2013年第3期上，全国首家"典籍翻译研究"专栏由此诞生。创栏之时，适逢第八届全国典籍英译学术研讨会召开，刘泽权教授带领编辑部同仁参加了此次会议，并在会中积极宣传和推介学报及"典籍翻译研究"栏目，此特色专栏在会中和会后引起翻译界学者、专家的广泛关注和赞赏。

根据编辑部的调研，2013年以前有关典籍翻译研究的文章在国内期刊中并非发文重点，也未引起外语类、文化类核心期刊的足够重视。据不完全统计，2006—2012年间，《中国翻译》《上海翻译》《外国语》《解放军外国语学院学报》《中国外语》5家核心期刊只发表过50多篇相关论文，且发文不定期，也不集中。这一出版现状，促使学报下决心开创并建设"典籍翻译研究"专栏，走"人无我有，人有我专"的刊物发展路线。

随着对典籍翻译及其研究领域学术动态和前沿的持续关注，我们了解到典籍翻译事业的地位是空前提高的，"大中华文库""中国图书对外推广计划""中国文化著作翻译出版工程"等国家出版资助力度持续加大，学者队伍不断壮大，典籍翻译研究中心等研究机构在高校、科研院所纷纷设立，业界学者的科研成果受到教育部人文社科基金和国家社科基金项目的更多关注和资助。上述利好的国家文化政策和科研环境，让我们看到"典籍翻译研究"领域前景广阔，值得"深耕细作"。

目前，典籍翻译研究已成为一门显学，且研究成果不断呈现纵深化和学科多元交叉的特点。"典籍翻译研究"栏目随着典籍翻译研究的学术成长，不断完善和推陈出新，由等着文章来，到主动策划约稿组稿，再到稿件不断、优中选优，发表了一批高质量、有影响力的学术论文，学界知名专家汪榕培、王宏印、李正栓、朱振武、包通法、孙会军、赵长江、李伟荣、陈伟等均在本栏目发表过重要文章。

创栏5年来,“典籍翻译研究”栏目共刊发相关文章80余篇,基金论文比为62%,特别是在特约栏目主持人陈伟教授、李伟荣教授、刘性峰博士等的大力支持下,编辑部策划组发了“民族典籍翻译研究”“《论语》海外传播研究”“《易经》海外传播与研究”“《道德经》海外传播研究”和“科技典籍翻译研究”等一系列专题专栏文章,刊发后受到业界学者专家的关注和认可。其中,有的文章被中国社会科学网全文转载,大量文章被核心期刊及博士论文引用,“典籍翻译研究”栏目已成为典籍翻译研究成果发表的重镇,并在外语界(尤其是翻译界)形成了一定的知名度和良好的口碑。

俗话说“十年磨一剑”,“典籍翻译研究”栏目已经走过5年的时光,有必要对所发文章进行整理和总结,笔者于2017年11月参加第十届全国典籍英译学术研讨会时,会长王宏印教授建议本刊精心梳理栏目发文成果,争取结集出版,以飨读者。会后笔者及时向领导汇报,此建议得到了燕山大学期刊社社长张纯江教授的支持和推动,并与燕山大学出版社达成了合作出版意向,笔者希望以此论文集的出版为新的起点和发展契机,进而扩大刊物及栏目的知名度,吸纳更多的学界宿将、新锐惠赐佳作。按照宏观与微观、理论与实践相结合的编选原则,编辑部从已发表的83篇文章中精选出30篇,由于文章多、名家多,本次编选只选编了部分作者的一篇最优文章,因此有些文章只能忍痛割爱,请感兴趣的学者朋友到中国知网下载阅读。

“典籍翻译研究”栏目自创办以来虽然取了一定的成绩,但本刊还不是核心期刊,也没有教育部“名栏工程”的资助,在资金支持和社会影响力方面还有较大的提升发展空间,这给栏目的约稿和组稿工作带来一定的难度。值得高兴的是,2017年春季,《燕山大学期刊社高水平期刊建设奖励政策(试行)》正式出台,栏目建设将走向快速发展的阶段。

在中国文化“走出去”国家战略推动下,在“讲好中国故事”、促进中西文明交流互鉴、构建人类命运共同体的时代话语背景下,为弘扬中国优秀文化、传播传统与现代精品力作,提高本刊的学术质量和栏目的社会影响力,本刊将重点向从事典籍翻译与中国文化对外传播研究领域或相关研究的专家、学者继续约发优质稿件。研究方向涉及:(1)中国典籍翻译的历史、现状与发展研究;(2)中国典籍翻译的理论与方法研究;(3)中国典籍翻译的评价与批评研究;(4)文学典籍、历史典籍、哲学与宗教典籍、民族典籍、科技典籍等翻译专题研究;(5)中国文化对外传播的历史、现状与发展研究;(6)中国文化对外传播的战略与策略研究;(7)中国现当代文学精品的海外译介、传播与接受研究等相关内容,总体来说,涵盖汉族典籍、民族典籍和海外汉学三个维度。

栏目发展定位是:既追溯文化历史、挖掘史料新价值,又关注当下文化热点,紧跟学术增长点(如古代俗文学、当代网络文学研究等),目标是争取用3~5年的时间,把“典籍翻译研究”栏目打造成一个精品栏目,入选教育部“名栏工程”培育栏目。

对照“教育部名栏建设工程”的申报要求,本刊的“典籍翻译研究”栏目还有多方面工作需要进一步开展和推进。第一,申请校内外专项基金,加大约稿力度,聘请该领域知名学者到期刊社编辑部来作学术讲座;第二,与校内外高校的外国语学院或翻译研究机构合作,承办或协办典籍翻译领域的学术会议,以提高栏目的知名度和影响力;第三,定期整理和筛选已发表的优秀论文给予精神及物质奖励,分类编辑成书出版,使优秀成果得到更大范围的推广、传播与阅读,服务学科建设,嘉惠学人;第四,向已经入选教育部“名栏工程”或入选全国高校优秀栏目的期刊学习，如《诗经》研究、宋史研究、赵文化研究、董仲舒与儒家思想文化研究等，取长补短，共促发展；第五，学术传播网络化、立体化，依托已加入的典籍翻译相关研究的微信学术群，整合作者资源，开通微信公众号，扩大栏目的宣传渠道和途径，为高校广大教师和科研人员从事社会科学研究，为中国文化走出去、提升国家文化软实力提供平台支持。

由于时间有限，编辑部不仅要忙于出版2018年上半年的期刊，同时还要编校本论文集书稿，疏漏之处在所难免，恳请学界专家、期刊同仁批评指正，也欢迎广大读者为期刊栏目建设和发展建言献策。最后，要特别感谢南开大学王宏印教授、河北师范大学李正栓教授、燕山大学期刊社张纯江教授、河南大学刘泽权教授对栏目建设和本书策划出版给予的大力支持，感谢学界好友在文章编选和书稿结构体例方面提供的指导和帮助！

董明伟

2018年2月11日

于燕山大学燕鸣湖畔

目　录

典籍翻译理论与批评研究

中国文化典籍翻译研究

中国文学典籍翻译研究

现当代文学翻译与海外传播研究

民族典籍翻译研究

科技典籍翻译研究

典籍翻译理论与批评研究

构建中国学派翻译理论:是否必要?有无可能?①

潘文国

摘　要　建设中国特色翻译学的必要性体现在三个方面:一是向世界回答中国有没有翻译学的问题,解决一个民族虚无主义的问题;二是给历史一个交代,解决一个历史虚无主义的问题;三是为未来树立一个标的,回答中国翻译学的发展前途问题。关于有无"中国特色翻译学"的争议归根到底是由一个世纪来"整理国故"的方法论引起的。这个方法造成了三个后果:一是中国传统学术先天不足,二是中国传统学术天然地落后于西方,三是中国学术发展的唯一途径是不断由西方引进。而建设中国特色翻译学的途径只有从逆"整理国故"开始,反对"格义"式的以西律中,发掘本土资源,重建中国话语,与世界平等对话。

关键词　中国特色翻译学;"整理国故";中国话语

Abstract　The significance of building the translation theory with Chinese characteristics lies in three aspects, to answer the world whether there has been any translation theory in China, to make a clearer narration of the history of translation in China, and to make a path for the future development of translation studies in China. Fundamentally, the dispute whether there is a translation theory with Chinese characteristics comes from a century's practice of "rearranging the traditional Chinese scholarship". Thus, to build a translation theory with Chinese characteristics must start from attempting another way.

Key words　the translation theory with Chinese characteristics; "rearranging Chinese scholarship" movement; Chinese discourse

作者简介:潘文国(1944—　),男,上海人,华东师范大学终身教授,博士生导师,研究方向为理论语言学、对比语言学、文化语言学、翻译理论与实践等。

一、引言

"中国特色"这个提法本身就很有"中国特色"。好像没有别国的人谈什么"国家特色",既然如此,中国人为什么非爱谈"中国特色"呢?难道除此就没有什么可谈的了吗?对此我想这样回答:英国、美国以及其他许多欧美国家确实没有必要谈什么国家特色,因为当今的国际秩序,包括科学、文化和学术的规范,就是以他们为样板建立起来的。以语言学为例,所谓的"现代语言学"就是在印欧语研究的基础上建立起来的;而当代的语言学理论,更是在英语研究的基础上建立起来的。"语言共性派"们要做的是如何以他们发现的"共性"去

① 原文发表于《燕山大学学报(哲学社会科学版)》2013 年第 4 期,刊发后被《外语教学》2015 年第 3 期《易为古今,译为中外——谈潘文国先生的翻译研究》一文引用,被《英语研究》2017 年第 1 期《再谈译者行为批评的战略性》一文引用。

解释别的非印欧语言中的特殊现象，使之纳入“共性”的范畴之中，或者充实、补充他的“共性”理论。如果一种理论自己以为，或者别人也承认就是人类“共同”的理论，那有什么必要去强调什么个性呢？翻译理论也是同样，目前国际上有影响的翻译理论，多数是建立在印欧语之间互译的基础上的，即使有非印欧语的加入，也有浓厚的印欧语色彩。这是因为各种语言的语言学理论本身(例如中国的《马氏文通》)就是在印欧语语言学的基础上建立起来的。因此，英、美等国不需要提“英美特色的语言学、翻译学”。而别的国家、民族有的也不提各国特色，有各种原因，有的是本身属于印欧语这个大系统，有的却是还缺少自我意识。我们现在提出或者强调中国特色，我想其主要意义还是一种自我意识的觉醒和宣示。

二、建设中国特色翻译学的必要性

那么，建设中国特色翻译学的必要性何在呢？我想这个问题可以从正反两个方面去回答。从反面来讲，就是不建设中国特色翻译学有什么坏处或不利之处。就正面来讲，就是强调建设中国特色翻译学有什么好处或有利之处。

不建设中国特色翻译学的坏处，我以为有三条：一是没有自己的目标，不知道翻译研究要达到什么目的；二是没有自己的方向，不知翻译理论研究沿着什么路走，只好看人家脸色，别人走到哪一步，我们就跟到哪一步。一旦人家不走了，我们也就无所适从了；三是无法指导我们的翻译实践，理论与实践是脱节的。近些年在理论界，我们经常听到有人主张，理论要远离实际，不要强调即时的应用。我以为这种说法对哲学和自然科学也许有一定道理，对人文和社会科学恐怕是有问题的。

那么，强调中国特色翻译学的好处或意义在哪里呢？我觉得首先就是通过大声疾呼，显示其自身的存在，尤其希望国际译界能听到这样的声音。更具体地说，我认为提出建设中国特色翻译学有三方面的意义。

第一，是向世界回答中国有没有翻译学的问题。中国有翻译学，尽管这个翻译学同西方的翻译学未必相同。中国翻译的历史有两千多年，一点都不亚于西方；中国的翻译作品，仅以《大藏经》的前身为例，据《开元释教录》所记，唐代集成的《藏经》就已有一千多部、五千多卷，近一亿字，超过了西方古代的全部翻译作品(当然《藏经》中有部分中国僧人的著述)。这么丰富的翻译实践，不可能不产生具有自身特色的翻译理论。说中国古代只有翻译实践、没有翻译理论是说不过去的。而这个建立在表意文字体系的中文与表音文字体系的非中文之间的翻译实践基础上形成的理论，肯定会与建立在表音文字语言彼此之间的翻译实践基础上形成的西方译论之间有很大的不同。中国翻译两千年，中国翻译却没有自己的理论，这不是个正确的答案，相信也不会是外国研究者愿意听到的结论。让世界了解中国，这是我们的责任。这是要解答一个民族虚无主义的问题。

第二，是要对历史有一个正确的认识，给历史一个正确的回答。“五四”以后，中国主流学者以“全盘西化”思想为指导，用“整理国故”的态度研究历史，取得了一些成就，但也有很大不足。什么叫“整理国故”？简单地说，就是用西方近代特别是这一百多年以来建立的学科体系为参照，对中国古代文化进行一番筛选，凡能纳入西方某种体系的，就认为中国古代也有过“某某学”，就有了生存和发展的入场券。如果纳不进去的，就成了“前科学”“伪科学”等，例如中医，在具体的研究上，则采取“格义”的办法，对传统的名词术语进行“重解”而实际往往是“曲解”。在这种“整理国故”的态度下，学术研究产生了三个后果。第一是觉得中国传统的学术是先天不完整的。这很容易理解，因为我们用别人的体系来套传统的东西，就好比拿了一张别人设计的现成表格，我们想方设法往里面填东西，总有找不到东西填的时候。第二是认为中国传统的学术是先天地落后于西方的。即西方已经建立了严密的体系，我们东搜西找才能找到一些零零碎碎的东西，自身又不成体系，跟人家当然没法比。第三是中国古代的东西用西方理论可以解释得很好，因此不断引进西方的新理论、新方法十分有必要。即是说我们的新体系本来就是在西方体系的基础上建立起来的，理论前提、方法论、术语体系等都是西方的，当然可以解释。可以举例说明，第一种的例子如哲学，我们依照西方的哲学建立了中国的哲学，结果发现中国从古至今缺少西方那种对本体(Logos或 Being)的研究。不研究 Being，那还叫哲学吗？因此西方哲学家的最激进观点是认为中国古代根本就没有哲学，只有伦理学和一些朴素的辩证法。第二种的例子如语言学，西方的语言学以语法为核心，而中国直到 1898 年马建忠出版了《马氏文通》，才有了现代意义上的语言学，之后直到如今的 100 多年，就只能始终跟在西方语言学后面追赶了。第三种的例子如文学以及哲学，用一对浪漫主义、现实主义的术语就把中国文学史全讲完了；用一对唯心主义、唯物主义的术语(或者加上同样从西方来的诡辩论、不可知论等)就可以讲完中国哲学史。在翻译研究中，这种对历史的曲解则是把西方的“直译、意译之争”的历史也套到了中国翻译史上，认为一部佛经翻译的历史就是一部直译意译之争的历史。在这种“整理国故”和“格义”状态下的中国文化史还是真实的文化史吗？80 年前陈寅恪先生说过：

“今日之谈中国古代哲学者，大抵即谈其今日自身之哲学者也。所著之中国哲学史者，即其今日自身之哲学史者也。其言论愈有条理统系，则去古人学说之真相愈远。……此近日号称整理国故之普遍状况，诚可为长叹息者也。”①

哲学上如此，其他学科也是如此。翻译问题涉及语言和文化。上面说过，在表意文字的中文和表音文字的西文基础上的翻译和在表音文字语言之间的翻译是两种很不相同的实践，需要引起我们极大的重视。同样，文化背景不同，起源于《圣经》翻译的西方译学观与起源于佛经翻译的中国译学观也会有很大的不同。只有立足于现实，才能还历史以真实的面貌，才会明白中国译学自有其传统，自有其关注的焦点，自有其“特色”。这是对历史的交代，也是要解决一个历史虚无主义的问题。

第三，是要对历史发展有一个展望。如果前面两条，一条是对民族负责，一条是对历史负责，那么这一条是对未来负责。中国正在飞快地发展，变得越来越强大，越来越快地融入世界。在这个过程中，翻译将会发挥重要的作用。实践需要有理论指导，当代的翻译实践，特别是当代中外翻译的实践要求理论界提供新的指导。那我们拿什么去指导？靠不断引进、实际上往往是复述西方日新月异的理论？实际上西方理论现在也正处在一个群龙无首的局面。不像当初文艺学派、语言学派、描写学派、改写学派，乃至后殖民主义学派，曾有过“各领风骚若干年”

---

① 陈寅恪：《冯友兰中国哲学史上册审查报告》，原载 1931 年 3 月《学衡》第 74 期。《陈寅恪集 · 金明馆从稿二编》第 2 版，北京：生活 · 读书 · 新知三联书店，2009 年 9 月，第 280 页、第 57 页。

的时代，现在好像没有哪一家理论是众望所归的。但是在这各家争鸣的时代，却听不到中国学者的声音，听不到中国学者发出的哪怕你不愿叫做"中国特色"的声音。中国学者学遍了世界万家的理论，却拿不出自己的一家，这无论如何不能算是完成了自己的历史使命和时代使命。而中国学者要提出能引起世界重视的理论，我看还是离不开"中国特色"四个字。否则，恕我不客气地说，西方译学已有如此深厚的积累，在这个基础上往前走，该提出的外国学者早就提出或即将提出了，恐怕轮不到我们超越在西方学者之前去发明。

三、建设中国特色翻译学的可能性

以上谈的是建立中国特色翻译学的必要性。有必要不等于有可能，有可能更不等于必然成功。但是道路和方向是可以预见的。这条路，就是古今中外结合之路；这个方向，就是立足自身的实践，在继承传统的基础上，努力吸收外来新知，来解决我们所面临的现实和历史问题。所谓"现实"问题，就是指导我们今天和今后一段时间的翻译实践，包括中译外和外译中；所谓"历史"，即是重新认识和解释历史上的翻译现象，比如严复和林纾的翻译，更往前追溯，还有佛经的翻译。这条道路，还是受到了20世纪全中国最博学的国学大师和国际学者陈寅恪先生的启示。陈先生说：

"窃疑中国自今日以后，即使能忠实输入北美或东欧之思想，其结局当亦等于玄奘唯识之学[①]，在吾国思想史上，既不能居最高之地位，亦且终归于歇绝者。其真能于思想上自成系统，有所创获者，必须一方面吸收输入外来之学说，一方面不忘本来民族之地位。"[②]

从目前的情况来看，吸收外来学说，是不成问题的。事实上我们国家很多学科的研究者，包括人文和社会学科在内，离开了外国理论，就没有什么好谈的。而发掘中国传统，"不忘本来民族之地位"，问题就相当严重。其原因就在于前面提到的"整理国故"造成的三个后果：一是认为传统没什么理论，或者不完整，只有零章碎片；二是认为传统落后，没什么可继承的，西方译论尚且在日新月异，传统东西不值得发掘；三是习惯了西方的话语体系，动不动用西方的术语去比附传统的观点。陈寅恪先生在80多年前就在为"整理国故"造成的后果叹息。而今这一后果可说已越来越严重。这三个后果中，第三个涉及根本的方法论问题。事实上正是因为方法论上出了问题，才导致了前两个认识上的后果。因此我认为要在传统译学基础上建立中国特色的翻译理论，第一步就要从改变传统的"格义"式的研究方法入手，避免西方概念的先入之见，以传统译论本身为主体，挖掘其本身的内涵。再与今天的西方译论相比较，相对照，相互阐发，相互补充。中国翻译历经几千年，传统译论中有很丰富的资源，这就为建立现代中国译学提供了可能性。

我还是想以中国传统译论中被扭曲得最厉害的两组术语为例来说明这个问题。一组

---

① 唯识宗，又称慈恩宗，玄奘创立，为佛经十大宗派之一，由于玄奘的身份及太宗、高宗两代皇帝的支持，一时如日中天，但因完全"忠实"于印度佛教，不知通变，不适中国国情，玄奘去世以后不久即消沉。

② 陈寅恪：《冯友兰中国哲学史下册审查报告》，原载1934年8月，商务印书馆，冯友兰：《中国哲学史》。《陈寅恪集 · 金明馆丛稿二编》第二版，北京：生活 · 读书 · 新知三联书店，2009年9月，第284-285页。

是南北朝佛经译论中的"文"和"质",一个是严复在《天演论译例言》中提出的"信达雅"。前者被类比于西方译学史中的"直译"和"意译",后者被类比于泰特勒的"翻译三原则"。前者是从梁启超1920年的《翻译文学与佛典》开始的,他以此为基调梳理了自汉迄唐的佛经翻译史,从支谶(Lokesema)"未熟的直译"、支谦和法护"未熟的意译"、主张"直译"的道安、主张"意译"的鸠摩罗什(Kumārajīva),直到"直译意译、圆满调和"的玄奘,似乎有一条明确的线索[①],似乎可以与西方翻译史相类比。而泰特勒的观点是1921年由郑振铎介绍引进的[②],我们虽然不知道是谁最早把它与严复的"信达雅"直接对接的,但至少从其后特别是30年代鲁迅、瞿秋白、陈西滢、林语堂开始,直至后来的赵元任,他们讨论的与其说是"信达雅",不如说是用中文表述的泰氏三原则。这两个类比之不妥,这些年我已在许多文章中提到过。这里我想从语言和文化上进一步探讨造成这一错误嫁接的原因。

文质问题不是直译、意译问题,其实梁启超自己也明白。他在讨论直译、意译与文质问题的一开始就说:"翻译文体之问题,则直译意译之得失,实为焦点。"[③]可见"文体"与"直译意译"是两回事。"文、质"是文体问题,即文章风格的雅驯与质直问题。这是所有书面文章都会有的两种风格。中国古代文章学发达,对这两种风格的讨论由来已久,南北朝时更达到了一个高峰。《文心雕龙》的"情采"篇就是专门讨论这一问题的。佛经翻译过来形成书面文字,当然也会有尚文尚质的不同,但这讨论的都是译文的风格。而"直译、意译"是翻译的方法,是在将译文与原文比较过程中看出来的,直译是字字对应(word-for-word),意译则是意思相对应(sense-for-sense)。这两种翻译方法都既可能造成"文"也可能造成"质"的效果。比如文言与白话,相对来说,文言比较"文"一些,白话比较"质"一些。但文言未必是意译的结果,白话也未必是直译的结果。所谓"直译意译、圆满调和",到底是翻译方法的最高境界,还是翻译造成的文体风格的最高境界,其实是说不清的。大家只要去读读玄奘翻译的《心经》就知道了。

其实从翻译史角度来看,我们更关心的是,既然"文、质"是文体问题,不是方法问题,那么为什么一部西方翻译史充满了直译、意译之争,而一部中国翻译史,至少是佛经翻译史,却充满了文质之争?这就要从语言和文化上找原因。从语言角度看,欧洲历史上的翻译几乎都发生在同一语系内部,或至少都是拼音文字的语言,在语言文字形态上比较接近,存在着严格意义上的直译(word-for-word)的可能性,采取比较死板的直译和较灵活的意译可以是不同的选择。而由于中文与梵文(及巴利文等其他佛经文字)在语言、文字形态上的巨大差别,几乎不存在完全直译的可能性,所有的翻译都是程度不同的意译。因而直译与意译的讨论,在欧洲是有意义的,在中国是没有意义也不可能有结果的,直到今天还是如此。第二个原因是欧洲历史上的翻译家,都是兼通双语的,对翻译过程较有切身的体会,对具体的

---

① 参见梁启超:《翻译文学与佛典》,1920年,载罗新璋:《翻译论集》,商务印书馆,1986年,第52-67页。

② 见郑振铎:《译文学书的方法如何?》,原载《小说月报》1921年12卷3号,转引自罗新璋:《翻译论集》,商务印书馆,1986年,第369-382页。

③ 《陈寅恪集·金明馆丛稿二编》,第57页。

语言转换更有不少心得。而中国历史上的翻译，大多采用译场制度，中外合作，口授的和笔录加工的分别由中外人士担任，外方的翻译家(汉代起的"番僧"到后来的利玛窦等人)作为口授的一方不会认为自己对原文的理解会有什么问题，但他们的中文理解和中文写作水平有限，只能放手给中方译家。而中方的翻译家，从谢安到徐光启，一直到20世纪初的林纾，除了玄奘和严复等少数人之外，真正精通外语的很少，甚至根本不懂外语，因而无从在原文和译文语言层面是否对应上作比较，跟他们讨论直译或意译不会有什么意义，他们更关心且讨论得更多的是译文的风格和效果，加上中国一向重视"文采"的传统，所谓"言之无文，行之不远"，因而把注意力集中在"文质"上就理所当然了。

而在语言文字背后，中西翻译史的关注点不同还有一个重要的文化原因。中西有记载的翻译史可说都起源于宗教翻译——西方的《圣经》翻译和中国的佛经翻译。但不同宗教的不同语言政策决定了其翻译传统，这是很多人所没有注意到的。世界三大宗教即伊斯兰教、基督教和佛教，它们采取的语言政策是不同的。简言之，伊斯兰教是"不准翻译"，基督教是"照本翻译"，佛教是"放任翻译"。伊斯兰教"不准翻译"，你要信奉伊斯兰教，就必须读《可兰经》的阿拉伯文原文，所有的其他语言译文都是不被承认的。因此一千多年来没有产生《可兰经》的翻译传统。基督教是"照本翻译"，《圣经》代表的是"上帝的声音"，因此原文的确定十分重要；而原文一旦确定，就有至高无上的地位。翻译要确保忠于原文不走样，直译是最基本的选择。而由于没有两种语言甚至方言间可以做到完全的直译，意译是不得已的补充，但必须处在可控的范围。这就使直译、意译之争成了西方翻译研究的永恒主题。佛教是"放任翻译"。季羡林先生说："原始佛教采取放任的语言政策。……不把佛所利用的语言摩揭陀语神圣化，使它升为经堂语而定为一尊。他允许比丘们利用自己的方言俗语来学习、宣传佛教教义。"而佛自己也说："听随国俗言音所解，诵习佛经。"[①]可见佛教重视的不是经典原文而是教义，它更看重的是传播的效果。中国在佛经翻译上形成了关注"文质"即译文风格和效果的传统，与这一政策不无关系。中国的佛教经典中没有像《可兰经》和《圣经》那样定于一尊的经典，而是有无数的经典，翻译与撰述分不清楚，甚至佛教徒自己写的书也成了经典(如《坛经》)。

以上论述也解释了为什么在西方译论史上"忠实"会成为至高无上的原则，而那些受了西方译论影响的人，一看到严复提出的"信"，马上会义无反顾地类比于西方的"忠实"；甚至有人还会为中国译论史建立起一条根本就不存在的以"忠实"为核心的"我国自成体系的翻译理论"[②]。实际上，佛经翻译从来没要求过语言学层面的绝对"忠实"，严复也从没主张过绝对的"忠实"，那些拿着严复的译文来批评他自己也做不到"信达雅"的人实际是在跟风车作战。严复的"信"另有含义，指的是中国文章学传统的"诚"，即对著述和翻译事业的"忠诚"。他的"雅"也不是"汉以前字法句法"那么简单，批评他的人都从后来白话文的眼光去看他，认为他"复古""守旧"，殊不知在严复那个时代，白话文远未诞生，《水浒》、《红楼梦》、元曲的文字并不适宜用来翻译思想家的深刻论文，而梁启超式犀利的报刊文字尽管影响

---

① 均引自季羡林：《原始佛教的语言问题》，载《北京大学学报》1957年第1期。

② 见罗新璋主编：《翻译论集》，商务印书馆，1986年，第1-19页。

大,也不宜用来翻译学术文字。严复是经过了比较权衡之后才选中了古文这一当时最合适的样式。后世白话文学家对他的批评既不公正,也歪曲了他的译论的原意。而严复的“信达雅”的本义,只有从中国两千年的文章学传统去看,才能看得清楚。

我们举出上面两个例子,不仅是要为“文质”“信达雅”等重新“正名”,更重要的是想由此提出一条建立“中国特色翻译学”的方法论原则。这就是彻底抛开“以西律中”的陈见,真正立足中国本土,发掘本土资源,寻找中国话语,在平等的基础上与世界对话。这样,建设中国特色的翻译学理论,就不仅是必要的,而且是可能的,是可以达到的。

中国典籍英译的几点认识[①]

汪榕培

作者简介：汪榕培(1942—2017)，男，苏州大学外国语学院教授，博士生导师，研究方向为英语词汇学、中国典籍英译。

20年前要出版一本中国典籍英译的书籍不那么容易，因为中国典籍英译向来是个冷门的学科方向，却在近年来成为翻译界炙手可热的课题，从事翻译者有之、从事评论者有之、从事理论研究者有之、从事教学实践者有之、从事文化交流者有之、显示国家软实力者有之。我本人也是在这样的时代背景下面转向致力于中国典籍英译的。不过，现在仍有必要对中国典籍英译的目的、做法、现状、规划等问题进行深入的探讨，才能在“放眼世界，立足本土”(Be global, act local)精神指导下，把中国典籍英译的工作做得更好。

一、为什么要进行中国典籍英译？

浩瀚的中国典籍是中国古老文明的结晶，是世界文明的一个组成部分，也是应该让世界各国人民都能够共同分享的一笔财富。但是，由于语言方面的障碍以及意识形态方面的差异，长期以来西方对于中国古老的文化知之甚少，有计划地把中国典籍翻译成为英语是一项基础的工作，需要很多人付出不懈的努力，进行长时间的文化积累。这种文化积累既需要国家层面的规划和扶植，例如《大中华文库》就是成功运行的一个项目，又需要有志者默默无闻的长期耕耘，经过世代的沉淀，建起一个庞大的数据库。某些优秀的作品随着时代的发展会出现多次重译，这是完全正常的，一部道家经典《老子》已经有了100多种英译本，得到不同的解读，不仅说明了这部作品在西方国家深受重视，而且说明翻译在思想传播中的作用。

典籍英译的工作不是一蹴而就的，更不是像高铁建设那样短期之内一哄而上。近年来中国随着经济实力的走强，国内出现了一股“让中国文化走向世界”的声音，出现了一阵汉译英的热潮，甚至出现了我国在世界各国举办“孔子学院”的浪头，其中不乏民族主义的情绪和输出中国观念的期望，往往不一定能够达到预期的效果。

二、中国典籍英译究竟翻译什么？

最早介绍到西方的中国典籍是孔子和老子的作品，Confucianism 和 Taoism 已经进入英语的词汇，但是中国典籍远不止儒家和道家的著作，诸子百家都是中国古代智慧的结晶。从社会科学到自然科学、从社会到生活、特别是文学中的小说、诗歌、散文、戏剧等各个门类都有大量值得翻译的内容。

以中国的古代戏剧为例，最早翻译到西方并有影响的是元代杂剧作家纪君祥的《赵氏孤儿》，曾引起法国启蒙运动思想家伏尔泰的注意。在1949年以后，我国重视关汉卿的《窦娥冤》

① 原文发表于《燕山大学学报(哲学社会科学版)》2013年第3期。

等作品，重点向国外翻译推介。上世纪末，一部《牡丹亭》由于偶然的原因引起西方的注意，有评论把《牡丹亭》说成是中国最伟大的戏剧作品，汤显祖是中国最伟大的剧作家，把他跟英国的莎士比亚相媲美。演出《牡丹亭》的剧种昆曲列入联合国公布的世界非物质文化遗产名录第一批的第一号，本来奄奄一息的昆曲继上世纪50年代《十五贯》的公演以后又一次在国内振兴起来，在国外巡演也受到观众的欢迎，受欢迎的程度甚至超过了京剧。值得向国外介绍的昆曲剧目何止《牡丹亭》一部，中国古典戏剧翻译俨然成为一个重要的方面。

再举一个例子，中国是一个多民族的国家，中华民族是一个由56个民族组成的大家庭，每个民族都有丰富的史诗和史料。藏族民间说唱体长篇英雄史诗《格萨尔》、蒙古族英雄史诗《江格尔》和柯尔克孜族传记性史诗《玛纳斯》被并称为中国少数民族的三大英雄史诗。壮族史诗《麽经布洛陀》、赫哲族《伊玛堪史诗》、达斡尔族乌钦体民间叙事诗《少郎和岱夫》等都已经开始逐渐被译成英语。少数民族典籍英译已经成为中国典籍英译的又一重要方面。

三、中国典籍英译由谁来做？

首先是由中国译者来做还是由英语国家的译者来做的问题。有的人认为，翻译应该由译入语国家的译者来做，举出的例子是莫言在国外得到认可就因为他的作品是外国人翻译的，另一个例子是《红楼梦》的两个译本，国外的译本明显地更受到西方读者的欢迎。以读者接受论的标准，这种说法似乎有一定的道理，因为英语国家的译者在行文方面更符合西方读者的思维习惯，在语言的使用方面更贴近当前的读者使用习惯。不过，我认为翻译的成败不能一概而论地以国籍来判断，就文学经典的翻译而论，主要是特定译者的语言和文学修养决定了作品的翻译水平，中国上世纪三四十年代拥有像胡适、林语堂和钱钟书等一批中英文俱佳的大师，只有大师才能译出足以传世的翻译佳作。

当然，比较翻译作品的标准也是有不同的，以译文更贴近原文的意境来说，中国人翻译中国的典籍也许更加理想；以译本更符合西方读者的欣赏习惯来说，英语国家的人翻译中国的典籍也许更加灵活。

四、中国典籍英译的标准究竟是什么？

用一个类比来说，中国的山水画跟西方的油画是两种不同的艺术，是对客观世界的不同感受。语言艺术的作品也是如此，汉语的思维方式和语言表达习惯跟英语是存在差异的。在中国典籍英译的时候，既要照顾中国人思维的特征，又要照顾西方人的语言表达习惯，在中间取得平衡，用我的说法就是"传神达意"，更准确地说就是"传神地达意"。翻译一部作品跟创作一部作品是一样的，熟读写作指导手册无法使一个人成为好的作家，翻译指导手册也无法使一个人成为好的翻译家。翻译的标准是供人"意会"和"领悟"的，而不是像尺子那样准确测量的。更何况不同的读者还有各自的审美观。

以文学本《牡丹亭》的英译为例，美国译者白之(Cyril Birch)提供了一个在西方反映不错的译本，我也提供了一个译本，他看了我的译本以后，给我写信时提到，感到我的译本不错，但是他还是更喜欢他自己的译本。我还是喜欢我自己的译本，我敢说我译的那些下场诗肯定比白之靠谱，至少是"有所云"的。当然，在今后肯定会有人比我译得更好，这就是所谓的"译可译，非常译"。

典籍翻译，任重道远[①]

——王宏印教授访谈录

王宏印，荣立宇

摘　要　论文针对典籍翻译中的一些问题采访了中华文化典籍翻译研究会会长、南开大学外国语学院翻译研究中心主任王宏印教授。王教授围绕目前典籍翻译事业取得的成绩、存在的问题，典籍翻译涉及的任务，学科性质，顺译与逆译，闭门造车与借船出海，典籍翻译与非典籍翻译的区分和对策，以及当下从事民族典籍翻译与传播研究的独特意义等问题，谈了自己的意见与看法。这些真知灼见对于当下的典籍翻译实践与研究具有十分重要的建设性意义。

关键词　典籍翻译；顺译与逆译；民族典籍；跨学科研究

Abstract　This article is an interview with Prof. Wang Hong-yin, vice director of Translation Studies Center of Nankai University, who states his points of view on hot issues involved in Chinese classics translation, such as the achievements and problems, tasks and disciplinary nature, translation from or translation into, translation for ourselves or for foreigners, differentiation of Chinese classics and non-Chinese classics and their respective translation strategies, etc. Prof. Wang's constructive viewpoints would no doubt shed light on Chinese classics translation and its research.

Key words　Chinese classics translation; translate from or translate into; classics of ethnic minorities; interdisciplinary studies

作者简介：王宏印(1953—　)，男，陕西华阴人，美国新墨西哥大学硕士，南开大学外国语学院英语系教授，翻译研究中心主任，英语语言文学学位点博士生导师，博士后流动站站长，中国文化典籍翻译研究会(中国英汉语比较研究会典籍英译专业委员会)会长；荣立宇(1980—　)，男，河北廊坊人，文学博士，天津师范大学外国语学院讲师。

王宏印教授，笔名朱墨，翻译家，翻译学研究专家，诗人；南开大学外国语学院英语系教授，翻译研究中心主任，英语语言文学学位点博士生导师，博士后流动站站长；教育部高校英语教学指导分委员会委员，全国翻译硕士专业学位(MTI)教育指导委员会委员；中华文化典籍翻译研究会会长，中国英汉语比较研究会副会长，中国跨文化交际学会常务理事，中国翻译协会理事、专家会员，天津市政府学位委员会学科评议组成员，《国际汉语诗坛》艺术顾问。在治学方法上，王教授以跨文化研究为基础，主要从事中西文化典籍翻译与中西翻译理论研究，兼及人文社科类比较研究及文学翻译批评研究。涉猎广泛，包括《公孙龙子》、

① 原文发表于《燕山大学学报(哲学社会科学版)》2013年第3期，刊发后被《安徽史学》(2017)、《上海翻译》(2017)、《贵州民族研究》(2016)、《出版广角》(2016)、《延边大学学报(社会科学版)》(2015)等核心期刊引用。

《二十四诗品》、《红楼梦》、《石涛话语录》、《哈姆雷特》、吴宓、穆旦以及陕北民歌等；著述宏丰，现已出版学术书籍50部，发表学术论文约90篇。有诗文集《彼岸集》、诗集《朱墨诗集》(创作卷)，译诗集《朱墨诗集》(翻译卷)等。王教授文通哲史，治学严谨，在诸多领域特别是典籍翻译领域取得了卓越的成就，为社会培养了一批典籍翻译方面的专业人才。

荣立宇：王老师，您在南开大学从事典籍翻译实践与研究多年，在该领域取得了十分显著的成绩，在湖南大学举办的第七届全国典籍翻译学术研讨会上被推举为新一届的会长。您作为典籍翻译方面的权威，首先请您谈谈目前我国的典籍翻译事业所取得的成绩有哪些？

王宏印：典籍翻译这件事情实际上在改革开放以后就一直在做，主要是汪榕培老师带领着大家做，已经有十几年的时间了，他自己也是一位非常勤奋的翻译家，翻译了不少东西。而且这个领域先后开了七次研讨会，最近一次在湖南大学，从事典籍翻译的人员通过学术研讨，逐渐把力量汇集到一起，产生了很大影响。除了这个影响以外，各个学科点现在也在培养典籍翻译方面的人才。这个方面全国已经有了一些成功的实践，包括南开大学、苏州大学、大连理工大学、河北师范大学等高校，都在培养这方面的人才，而且已经有博士毕业了。到现在为止，典籍翻译事业已经覆盖了一定的典籍翻译的量和典籍翻译研究的专题。另外一个全国性的活动主要是围绕大型的中国文化典籍英语翻译的出版问题。最早是由湖南出版社在做，起名"汉英对照中国古典名著丛书"，后来由杨牧之老师牵头的《大中华文库》纳入了湖南出版社的项目，出版了一套汉英对照的中国古典文化典籍，将近100种。这套书规模很大，计划性很强，又是一个国家级出版行为，所以整体效果非常好。可以说，中国古代文化的典籍最基本的一些已经出版了。这应该说是一个很大的成绩。

荣立宇：当下的典籍翻译在取得辉煌成绩的同时，是否也存在着一些问题？

王宏印：典籍翻译取得的成绩还是很大的，有了很多新发展，也形成了一个领域，引领很多人来从事这样一个活动，并且已经产生了很多译著，但是也存在着一些问题，例如，在进一步选择典籍，进一步深挖、扩充典籍的概念，选择一些典籍、原始文献朝外翻译的时候，会遇到几个方面的问题。一是人们的思想比较禁锢，总认为典籍是以儒家文化为核心的，这样道家文化和佛家文化就被放置在边缘的位置，更不用说法家和名家了。以儒家文化为典籍核心的说法，会产生很大的思想阻力。二是偏重于先秦的典籍，而先秦之后的典籍关注得不够。像宋明理学，陆王心学，其实里面有非常精彩的东西。可是这些东西现在被翻译的并不是特别多。这可能是由于《红楼梦》《牡丹亭》这样的文学作品在反抗理学的方面占据了很大的文学空间，所以人们好像总是认为"理学杀人"，使得很多人对于哲学和文学的问题不能很好地辨别。什么是封建伦理？什么是中国哲学的精华？什么是人的性灵？什么是人的解放？这些问题不从整体上对中国文化做很好的研究的话，会导致自己束缚自己的思想。这对于选择翻译中国哲学典籍产生了另外一个方面的抑制，对中国文化典籍的翻译事业是不利的。三是原来的典籍翻译的范围有偏差，有两个方面没能很好地照顾到。一方面是以汉族和汉语文化典籍为主，其他少数民族的典籍关注不够，这个问题现在已经有了一些纠正。少数民族像北方的藏族、蒙古族、满族、回族这些比较大的民族，他们的典籍现在开始受到重视，特别是他们的史诗比较宏大，作品源远流长，还有历史著作，像《蒙古秘史》已经受到了一定的重视。西南主要是云南这一块的民族典籍也已经开始进入我们的视野，像《阿诗玛》这样的叙事诗，目前也在进行研究。民族典籍在最近几年内将会成为一个热点，最重要的成果将会在这里面产生。它对中华民族各民族的大文学、大文学史的重写将会起到重要的推动作用。除了民族问题以外，另一个很大的误区在文学、艺术方面。文学方面只注意诗歌和小说是不够的，其实文学还有更多的东西，如长篇叙事诗等。戏剧理论，如李渔的戏剧理论；书法理论，如孙过庭的《书谱》；以及绘画理论，如石涛的《画语录》等，目前在典籍翻译领域关注得很不够。除文论、艺术理论以外，更广泛的像建筑、风水学、中医、中药、中餐等方面的典籍都应该受到重视。其实中国还是有很多东西可以研究的，这一部分有很大的量存在，但往往被传统文人所忽略。现在我们应该突破这个范围，寻找到更多的典籍进行翻译。典籍翻译最终会形成关于中国文化的总体认识和评估，如果没有这种认识上的突破，典籍翻译成为工具性的活动，那它的意义就不大了。典籍翻译最终会改变中华民族对自身的认识，改变一个民族的心理状态。

荣立宇：典籍翻译由国人来做，还是由外国人来做的问题，即顺向翻译与逆向翻译的问题，目前学界还存在着一定的争议，您对这个问题怎么看？

王宏印：这个问题其实分为学术层面和目前国内翻译界的实践层面。从学术层面讲，理论上来说应该是由外国人翻译，就是所谓的顺译。国际译联曾在某一年的纪念日上探讨过顺译的问题，题目叫做《*Translate in the Right Direction*》，即是按照正确的方向翻译。这个讨论实际上是强调顺译的。国外一般不太认可逆译，认为一个人的外语水平无论如何也没有他的本族语掌握运用得好，所以提倡顺译。应该说，在原理上顺译是有相当道理的。从历史上看，最早翻译中国文化典籍的除了唐玄奘翻译《老子》以外，就是古代的比较早期的汉学家的翻译，汉学家翻译对于他们来说是顺译，把中国文化翻译成英文、法文或是其他语言，后来传教士的翻译也是顺译。到了现在的一个阶段，中国的翻译家、学者自己主动来翻译，属于逆译。逆译的情况从学理上来说是有一定困难的。从表达方面讲，我们的英语和国外当下的英语是有距离的。最好的状态是出国进修一段时间，那么外语会有所提高，然后自己坚持写作和翻译，进行广泛的阅读，能达到较好的外语水平。林戊荪局长曾经非常理性地说无论如何，中国人的外语和外国人的外语还是有区别的，所以他主张顺译。但他真实的主张是：假如我们中国国内的翻译家进行翻译，应该请外国人做语言上的润色，最少有这样一种补救的措施。这种想法其实是有道理的。而从另外一个层面来说，国内现在很多学者比较主张由中国人进行翻译。例如潘文国教授和许渊冲教授，他们的主要论据是中国人对于自己的典籍认识比较深刻，可以通过汉语资料查阅中国典籍研究的状况，文字上也可以做考证，在翻译的时候可以吸取汉学本身的特点，尤其是中国大陆持续几千年的中国古典文献研究的成果。这一点肯定是有道理的。但这种观点在语言方面，即在外语的表达方面可能会有一定的轻视。这种轻视源于一种自信，认为我们的外语搞了很长时间，不会有太大的问题，实际上国内外语教育的问题不少，总的外语水平不及港台和海外学者、华人华侨。在这样的情况下，就会比较偏重中国古典的理解方面，典籍翻译由国人来做强调翻译中的理解方面是有道理的。如果国人翻译之后由外国人做审校或润色，或是在翻译的过程中采取合作翻译的办法，那就可以弥补典籍翻译在理解和表达两个方面的缺陷，在两个方面都可以取得好的成绩。刘士聪老师比较主张合作翻译，他的一部分译著是和外国人合作进行的。我觉得合作翻译可能是一个折中的途径，也可能是一种最佳的途径，可以扬长避短，不过文学翻译的合作会遇到另外的问题，以后再说。

荣立宇：罗选民教授提出了中国典籍翻译是"闭门造车"还是应该"借帆出海"的问题，您对这一问题持怎样的观点？

王宏印：罗老师的问题比较有见地。他经常出席国内外的学术会议，视野比较开阔，既熟悉国内翻译界的情况，也了解国外翻译领域的进展。他提出这个问题主要涉及中国典籍翻译出版的问题。我们现在看到的国内翻译的中国文化典籍的汉英对照的书籍，有多少可以进入到国际市场上，他对这个问题比较关注。他认为，在国际市场上，我们翻译的东西进入不到他们的核心部分。如果这样的话，我们翻译的东西等于出口转内销了，那我们的典籍翻译也就是在闭门造车了。这确实是个问题，所以他提倡借帆出海，即在翻译过程中，或者翻译完成以后，联系国外的出版社，在国际市场直接出版发行，那样效果会比较好。像霍克斯翻译的《红楼梦》、香港的张佩瑶老师主译的《中国传统译论精粹》的第一卷都是在国外出版发行的成功案例。罗老师提出这个问题，主要是害怕我们闭门造车，在国内自己做翻译，自己设想哪一些是重点，应该采用何种翻译策略，翻译以后直接出书，在国内市场流通，而我们始终不了解国际的需要，不了解西方文化目前的动向，他们需要我们中国文化典籍的哪些部分。我们应该考虑他们的需要，总是想把四书五经推出去，好像它们能够直接对西方现代文明的问题产生影响，也许这样的想法是比较天真的。每一个文化吸收外来文化都有一个现实的需要，可能他们需要中国古代的其他一些方面的东西。我们现在国外看到的一些情况，除了《老子》《论语》这些古典的东西以外，他们更加关注的是中国现当代的文学的发展情况，他们想了解中国当下发生的社会变革以及人们的生活和精神风貌，我们更多的时候总是想把古代的东西给他们看。还有唐诗、宋词的翻译，唐诗、宋词已经属于中国古典的诗词了，和西方古典的诗词在同一位置上，像浪漫派的诗歌。可是现在西方已经进入现代派的诗歌发展阶段，我们提供给他们古典的东西，他们能够吸收多少，真正的诗人在从事诗歌创作时，会有多少人从唐诗、宋词里面吸取养分。我们比较强调美国的意象派，比较强调当时庞德等人的一些观点，但这个高潮已经过去了。所以即使我们要翻译唐诗、宋词，我们也应该做一些朝现代意识方面的转化。尽管要保留古人的思想，但一些表述方式，包括格律诗要不要翻译成自由诗，一些意象要不要朝英语诗的意象转变，都是值得讨论的问题。我自己翻译的《二十四诗品》就是朝现代的方向转化过去，不押韵的，这样的一个方式就是想和世界的潮流结合起来。这本书我送给乐黛云老师的时候，她一眼就看出这是一种解释性的翻译，认为这是比较文学的一部分，非常重要。送给 Gentzler 的时候，他认为这些诗很有意思，可以发挥一定的作用。假如我们还是把唐诗、宋词翻译成古典的格律诗，而和现代的生活没有多少关系的话，诗歌的时代性就会出现问题。我目前翻译元曲就是要更多地朝现代的方向推进，舍去一些比较陈旧的典故和汉语里面特有的英语无法表达的东西，产生比较容易为现代读者所接受的效果，同时想尽量地保持中国文化里面特有的有价值的东西，但不是生搬硬套。我打算去掉词牌，而从诗歌本身里面去抽取各自新的题目。

荣立宇：我看到您在《朱墨诗集》（翻译卷）的前言中提到您的古典诗歌翻译原则，即"中

诗西化、古诗今化、含蓄美化”，那么可以说您在《诗集》里的古典诗歌翻译实践是您将古典诗词朝向现代诗歌推进的一次新的尝试吗？

王宏印：是的。我想在比较文学的层面上，将中西诗歌逐渐打通，古典的诗歌朝现代的方向转化，和现代诗接触，和现代的汉语诗的创作情况接触，能够把古诗转化成当下中国汉语诗歌创作的一个依据，一种资源。同时用英语阅读的时候，也能够和英语诗自由地衔接，就是朝西化的方向转化。同时想保持诗的含蓄品质，不要译成大喊大叫的那种效果。否则，诗的含蓄的美就丧失了。这样的一个方法逐渐提出来了，在翻译的时候也在逐渐地运用。但有的时候译诗是各种方法的折中，有的时候能自然地押上韵的也会押上韵。译诗会有不同的格局，现在还没有形成特别统一的格局，也不太想让它形成太统一的格局，尤其不想让它形成双行押韵的那种千篇一律的格局。诗和词想让它们有区分，诗和词的品质是不一样的，还不仅是长短句和格律的问题，它们读出来效果也是不一样的。再有就是想尽量保持每首诗中个性化的东西，不要译得千篇一律。毛泽东的诗词和鲁迅的诗在写法上是有区别的，虽然都有南方文学的传统，这种区别在翻译中要有所体现。就是译出来以后不要老像一个人译的，那样太单一，不丰富。这是现在翻译诗歌的一个主要问题。

荣立宇：据我所知，您做了大量的典籍翻译实践，特别是对于《公孙龙子》《石涛画语录》《二十四诗品》的翻译，可谓十分精道。请您结合从事典籍翻译的实践，谈谈典籍翻译与非典籍翻译的区分，在翻译处理时是否应该区别对待？

王宏印：这是一个比较学术的问题。狭义的文化典籍不包括文学，它应该偏重于理论的方面，就是哲学、思想性的东西，社会科学的很多方面，如宗教典籍等。这一部分带有中国文化的精神特质和国学基础的方面，它偏重于理性。所以这部分的特点是专业术语比较多，它的逻辑思维论述方式的中国特色比较强。这部分翻译一般都采用学术性、研究性比较强的典籍翻译的方法。就是原原本本地朝国外推介中国的哲学思想，比如说《老子》《论语》的翻译都属于这种。但是这部分里面也有文学性、艺术性比较强的，比如《庄子》，它既是道家哲学，又是文学散文。这样它自己的翻译就分为两派，哲学派和文学派。汪榕培老师的翻译想兼顾哲学和文学。但是，总的来说，中国现在的典籍翻译有一种文学化的倾向，就是把典籍以优美的文字译出，力图适合大众化的阅读。这种倾向在《圣经》翻译里面也可以看出来。广义的文化典籍既包括哲学的，宗教的典籍，像儒释道三教、诸子百家等经典，也包括文学的，像《诗经》、《楚辞》、唐诗、宋词、元曲等，也包括散文、小说和戏剧。文学典籍的翻译原则应该按文学作品来对待。文学作品的翻译应该区别于理论的、哲学的、宗教的经典的翻译。它的要点是比较灵动的意象、意境、人们情绪的宣泄以及语言的美感。文学典籍在翻译的时候仍然有两种处理方式：一种是把文学典籍处理得具有文化的深度，包括思想的基调、典故等，都予以保持，翻译得很深厚，那么出来的作品就具有典籍翻译的文化的深度；一种是把文学典籍朝纯美的方向进行处理，那么它作为典籍的深厚的文化底蕴方面会有损失，但是读者阅读起来会比较流畅，给人美的享受。即是说文学典籍翻译方面存在两种倾向，一种是文化化的倾向，另一种是文学化的倾向。换言之，文学典籍翻译里面也可以分出来作为典籍翻译的翻译方法、衡量标准和作为文学作品的纯文学的审美的翻译方法和标准。狭义的典籍翻译也可以分出两类，但两类中应该偏重于典籍翻译的那种学术的标准。而文学里边现在的潮流是比较偏重文学的方面。实际上,这样看来,不是说一部作品它是典籍就要翻译成典籍,而是取决于我们对于典籍的把握,是当作典籍翻译传达文化的东西更多,还是当作文学作品处理强调艺术性的东西更多。其实,两种截然相反的倾向都是允许的,而且截然相反的方向可以看出典籍本身的文化张力以及译者在艺术上的志趣,我觉得这样更加有利于多样化。我自己是朝一个方向走的,但我可以容纳很多的译法,并且吸取它们的优点。在认识方面,大家目前可能偏重于把典籍翻译得像典籍,强调文化的厚重,强调注释、典故的保留以及格律的再现等方面。但这种认识如果作为固定不变的认识的话,就是有问题的,因为它忽略了其他的方面和可能性。

荣立宇:我在 2011 年 10 月参加了第七届全国典籍英译学术研讨会,这次会议可谓盛况空前,老、中、青三代学者济济一堂,一起探讨当下典籍翻译中的各种问题。此次盛会在与会人数、提交论文数量以及博士生与会者比例上均创历届之最。作为新一届的会长,请您谈谈目前典籍翻译包括哪些方面的任务,存在着什么样的问题。

王宏印:典籍翻译有三个方面的任务,一是典籍作品翻译本身,到目前为止,已经翻译了相当的部分,而且这项事业仍在继续;二是典籍翻译的理论方面,理论方面目前不是很理想,研究得不太多。上一次在河南的会上有几篇论文,是关于纯理论的,包括黄忠廉的文章,是关于纯理论模式化的。这次会议的一个倾向就是把纯理论的研究融入到具体的评论和项目里边去,这可能是一个深入、渗透和融合的结果,但也可能反映我们在理论研究方面不太容易找到题目,导致理论研究很快中断。从这个角度来看,理论研究现在仍然是薄弱环节。理论研究的困难在于国内做理论研究的人本来就不多,而把典籍翻译作为选题进行理论研究的人就更少,因为这需要古文基础和对中国文化典籍本身有认识,而外语界从事这方面研究的人比较少。还有就是典籍翻译如何变成一个理论的题目?现在翻译界的理论题目大部分来自西方现当代的翻译理论,中国的翻译问题突然成为一个题目,这是很多人始料未及的,所以不太容易把握它,不太容易做好它。现在很多理论问题的关注点还在标准,或是归化、异化这些老生常谈的问题上。换言之,由于理论家们不够敏锐,不能提出来新的理论思考角度,所以一说典籍翻译又说到老的问题上去了,这是典籍翻译理论研究极为缺乏的一个状态。当然,这些老的问题也还没有完全解决,还可以做进一步的研究。我们将来应该在典籍翻译理论研究的方面做进一步的规划,鼓励更多的人来从事这个方面的研究。三是典籍翻译的文本批评。翻译批评这几年确实做得不错,进展比较快,在几年内将会覆盖我们现在已经翻译的大部分典籍,并且逐渐会有专门进行批评的书籍出现。这部分在最近几年还将继续是热点。但是目前发现的一个倾向就是单打一,好像收割庄稼一样,撂倒一批就结束,不注意收获。庄稼撂倒了,倘若下雨,就烂在地里,不收获就是没有把庄稼变成粮食,变成营养。每一个具体的翻译批评之后,不再进一步地进行汇集,最后的一个结果是不了了之,这样就造成一种浪费。我们应该做好翻译批评的基础上进一步探讨理论问题,让它成为理论的生长点,这样就会为找不到典籍翻译理论研究课题的理论家们提供一些新的材料和新的思路。

荣立宇:翻译研究由最初的文学研究、语言学研究到后来的哲学、文化研究,再到跨学科交叉研究,如翻译学与心理学交叉,与社会学、人类学交叉等等。典籍翻译与传播研究属

于什么样的研究?

王宏印:从纯学术的角度来看,典籍翻译研究会涉及很多的学科。一是古典学,在西方就是希腊、罗马的经典,在中国先秦时期产生的典籍构成古典,在印度以及其他一些地方都会有一个历史上叫做“轴心时代”的阶段,这一时期产生的作品构成了他们各自的典籍,如《奥义书》等,这是最重要的一个部分。二是文献学,包括对于古典的经典解释,包括小学、训诂等,包括文献的保持、查阅,对于图书的分类、现代图书馆的保管,善本还有古本复原等,我们统称之为“文献学”。文献学偏重于原始文献资料的保存、注释和传播,这部分和解释学、语义学有一些关系。三是语言学,这个语言学不是指现在所谓的形式主义或功能主义语言学,我所说的语言学涉及语言谱系的重新认识,比如说汉藏语系,实际上涉及印度文化和藏族文化古典之间的关系,这个语言学实际包括得比较多,比如季羡林研究的吐火罗语,陈寅恪研究的新疆的西北碑志等,都是我所说的语言学研究领域,就是语言和文字在一起,从语言符号的角度进行研究,和文献学有区别。文献是文本、物质材料,这里就要变成语言工具的研究。这一部分当然包括古汉语,现代汉语状况的改变,当代的散文的语言,新诗的语言的走向等,这也是一个很重要的学科领域的范畴。四是人类学,它涉及体质人类学和文化人类学。体质人类学涉及人种和人类的起源、民族的融合以及迁徙等问题,如《东归英雄传》中从俄罗斯返回来的蒙古民族的一支,可能是达尔扈特人,涉及民族迁徙的问题,再如黑人到美洲、美洲印第安人被白人同化,涉及民族融合问题等等。文化人类学涉及宗教之间的联系,不同教派的冲突和融合,习俗层面上的交往,衣食住行的混合变化,还有文学艺术,即文学人类学、艺术人类学等。我们想用人类学把世界联通起来,想用这些学科把人类文明的精神产品混合性地加以认识,就像这些东西在古代的人类群体迁徙和部落间征战的史诗中所表现出来的一样。要是缺乏这个的话,典籍翻译就会被看作是一个翻译工作,在机械地做转换,其实要进入人类学,尤其民族典籍翻译研究,应该和民族文化、地域文化形成比较好的研究格局。我们是想把典籍翻译做成一个事业,因此需要一个跨学科的理解和掌握。

荣立宇:近年来南开大学翻译研究中心在您的主持下,投入大量精力,以英语语言文学的博士点为依托,从事中华民族典籍的对外翻译与传播研究,取得了一定的成果。截至目前,在民族典籍翻译研究的版图上,已经出现了这样的研究布局:西北少数民族方面,李宁的新疆维吾尔族古典长诗《福乐智慧》的翻译研究,邢力的蒙古族百科全书《蒙古秘史》的翻译研究,王治国的藏族蒙古族长篇英雄史诗《格萨尔王》的翻译研究已经结出硕果;西南少数民族方面,崔晓霞的彝族撒尼人经典爱情叙事诗《阿诗玛》的翻译研究正在逐步成熟。这些成果使得南开大学翻译研究中心已经成为国内民族典籍翻译与传播研究的重镇。请您谈谈在当下从事民族典籍翻译与传播研究的独特意义。

王宏印:刚才我其实谈到了一些,就是民族典籍翻译与传播研究对于重新书写大中华各民族文学史的意义。除此以外,其实还有一些补充。现在我们处于这种后工业、后现代的文化阶段,民族问题将会成为一个比较重要的问题。民族问题和文化问题会成为人类相处的一些矛盾的焦点,比如基督教和伊斯兰教文化的冲突,它既是民族的冲突,也是文化的冲突。民族典籍的翻译、民族文学的关注,要是做得好的话,可以起到促进民族交流的作用。而且各个民族的文化用不同的语言来传播，用汉语、用英语、用其他民族语言相互传播和沟通，会起到较好的促进民族交流的作用。如果中国各民族之间能够比较好地相互交流的话，也会进一步改善世界上各民族国家之间的关系。从这个意义上来说，民族典籍可能有更好的更大的学问要做。另外，民族典籍翻译与传播研究可以把国内的国学和国外的汉学联系起来，比如《格萨尔王》的翻译，最早是由一些在中国从事调查的法国人和俄国人翻译的，后来国人又自己翻译。国内的国学除了传统的国学，还应该包括民族研究，如藏学、蒙古学、敦煌学等，这样国学的概念就扩大了，而且和世界文化之间的连接成为一个很自然的连接。这种连接就不仅是通过之前陆上丝绸之路的连接，以及后来海上丝绸之路的连接，而是一种多通道的连接，像现在的万维网一样。这样，中国的汉学、国学、蒙古学、敦煌学和世界其他国家和地区的如欧洲的汉学、美洲的汉学、日本的汉学在很多方面产生连接。所以民族典籍翻译与传播的研究是一个视野非常宽阔的路子，不应该把它看成是只是片面地将中国文化朝国外推行的问题，那样看的话就是工具性的思维了。这个题目是一个非常有意义的题目，有很多事情可以做。

荣立宇：王老师，谢谢您在百忙之中接受我的采访！与您的谈话让我着实收获匪浅、受益良多。相信您的这些见解对于当下的典籍翻译实践与研究也将会大有裨益。再次感谢您。

王宏印：谢谢！

民族典籍翻译批评：基于全球化语境的反思①

陈　伟

摘　要　全球化可能是当下的最大社会现实和学术思想研究的最大语境，论文在系统解析民族典籍翻译"特殊性"的基础上，指出我国当下的民族典籍翻译战略应该由全球化这一宏观语境参数获得规约性依据，跳出一以贯之的、单维的结构主义方法论，在民族性与世界性、经典化与大众化之间获得制约与平衡。这是一个涉及民族典籍翻译的系统性与生态性问题，值得民族典籍翻译批评反思并重视。

关键词　民族典籍翻译批评；全球化；文化软实力；民族性与世界性；经典化与大众化

Abstract　Globalization is probably the biggest social reality and hence the largest context for academic research in current society. Based on a systemic analysis of the "particularity" of ethnic classics translation, the paper argues that our present translation strategy of ethnic classics should, ridding itself of the pervading but single-dimensional methodology of structuralism, obtain conventionalization basis with the macro context of globalizationas parameters, get corresponding constraints and balance between nationality and cosmopolitanism, and between canonization and popularization. This issue concerns both the ecology and the systematization of ethnic classics translation, worthy of reflection and consideration on the part of translation criticism of ethnic classics.

Key words　translation criticism of ethnic classics; globalization; cultural soft power; nationality and cosmopolitanism; canonization and popularization

基金项目：国家社会科学基金项目"东西方翻译政策比较研究"（14BYY009）与天津市哲学社会科学规划课题"译学本位反思与翻译教材模式重构"（TJWW13-009）的阶段性成果。

作者简介：陈伟（1970—　），男，江苏扬州人，天津外国语大学外国语言文学文化研究中心副主任，教授，博士；天津外语电子音像出版社社长，语言/出版与软实力研究中心主任。

一、引言

这里所谓的"民族典籍"，是指我国以儒、释、道为主体的汉族典籍外的其他少数民族典籍文献，它们是中华典籍的重要组成部分，是各少数民族社会生活、文化习俗、价值观念、科学艺术等的重要载体与宝库。本文所谓的"民族典籍翻译"只是指把我国各少数民族典籍翻译为外语文本，其译者可以是我国精通外语的专家学者，也可以是海外汉学家。

相对于汉族典籍翻译实践与研究而言，民族典籍翻译似乎都处于边缘化境地。从20世纪90年代起，民族典籍翻译逐渐在国内盛行（区别于历史上海外汉学家先期开展的中华民

① 原文发表于《燕山大学学报（哲学社会科学版）》2017年第1期。

族典籍翻译），这一趋势尽管弱于且稍微滞后于同期兴起的汉族典籍（包括中国现当代文学作品）外译潮流，但毫无疑问，同样是我国政府推行的中国文学文化“走出去”战略及文化产业市场兴起与发展的张力使然。不难发现，民族典籍翻译的重镇多是东北地区、西南地区、中南地区、蒙古地区、西藏地区等少数民族院校，以及苏州大学、南开大学、河北师范大学这些有着民族典籍翻译与研究传统的院校。在这些院校，民族典籍翻译成为外语专业教师或团队的主要科研方向，而申请各个级别的民族典籍翻译项目则成为其重要的科研任务。这一学术现象虽有应景之嫌，但也确实极大地推动了我国民族典籍翻译的当下发展，相对于汉族典籍翻译而言，民族典籍翻译实践的质与量、民族典籍翻译研究的质与量都落后太多。

翻译批评是翻译实践不可或缺的一面，是对翻译实践的理性反思，能够有效地对翻译质量进行监察与调控。对于当前的民族典籍翻译高潮而言，其批评工作显然没有能够跟上，既有数量上的欠缺，更是质量上的范式局限。本文旨在从全球化视角做一个宏观性思考与解读，以期对民族典籍翻译批评的范式有一点推动作用。

二、民族典籍翻译的“特殊性”

我们首先要回答的是：相对于汉族典籍翻译而言，民族典籍翻译的特殊性体现在哪里？这是民族典籍翻译批评工作的逻辑起点。我们这里从三个维度进行解析。

第一，文本底本。汉族典籍翻译一般有着相对稳定或权威的“原文本”，与此不同，本文这里定位的民族典籍翻译则因为存在着一个从“源文本”（原少数民族文本或口传文献）到“原文本”（汉语转译文本）的过程，因而首先就有着一个原文本选定或定夺问题。彝族典籍翻译家朱崇先提出了民族典籍翻译底本选择的四条原则：(1)正确选择译注底本；(2)优先选择能够反映当地特点的文献作为译注底本；(3)在相同或相近的版本中优先考虑年代久远、书写工整、全书完好的彝文作为译注底本；(4)从同书异写的抄本中优先选择文字脱讹衍误较少的彝文古籍作为底本。[1]可见，要落实这一特殊性，对民族典籍翻译的先期学术性提出了极高的要求。

这一要求既体现在译者的民族语言与民族文化素养上，更体现在其研究能力上。在民族典籍原文本的优选过程中，为了确保民族典籍内容的本真性，译者需要能够掌握民族学、民俗学、语言学、文化学、社会学等学科的原理与工具，根据实际情况，深入而系统地研究相应少数民族的语言文化、社会历史、哲学思想、道德观念、科学文化、宗教文学、风俗习惯等领域，同时搜集、查考或核实与该民族典籍相关的国内、国际文本、手稿与资料并进行研究，尤其是对那些只存在于民间口传系统的文学典籍（常称作“口碑古籍”），例如藏族英雄史诗《格萨尔》、蒙古族的《江格尔》、赫哲族说唱文学“伊玛堪”、土家族的《梯玛歌》、锡伯族的《萨满神歌》、柯尔克孜族的《玛纳斯》等，以及那些少数民族语言文本，例如纳西族东巴用纳西语记载的《东巴经》、藏族喇嘛仓央嘉措搜集和创作的藏语诗歌等。

然而，在利用那些是由外语直接转译的原文本，或者借鉴现有的已经在国际上得到认可的外语译本时，译者应该随时保留审慎态度。这些海外文献对民族典籍翻译都具有较好的参考与利用价值，有助于文本的全面解读与准确选择。但是，对于前者而言，须重点防止出现民族志错误或偏差，而对于后者，则在同样防止出现民族志错误或偏差外，也要审察其译者的翻译理念与策略所依附的文化倾向或意识形态偏见。

第二,文本的民族性。与少数民族相比,汉族享有的社会资源、社会地位与社会影响显然占据压倒性优势,尤其是在历史发展进程中汉族在世界范围内的传播力度也非各少数民族所能及,因此在一般语境下,汉族典籍的民族性问题已非一个显著性参数,而对于民族典籍而言,其首要的功能往往都是叙述、交流与传播所涉少数民族的民族性,因而其民族性在一般语境下总是一个显著性参数,自然而然地得到张扬。这就意味着,民族典籍翻译比汉族典籍翻译面临着更为复杂的民族性处理问题。

第三,翻译的功能。鉴于我国各少数民族语言与文化的当下生存状态,民族典籍翻译更多地承担了一个民族文化抢救、整理与保护的责任(之后才可能实现少数民族语言与文化的国际传播与交流),这从近年来我国各级政府制定并颁布的一系列民族文化保护政策与措施就可以看出。这一特殊性使得民族典籍翻译必须具有一定的系统性,即尽量系统而全面地翻译某一类民族文化样态的典籍,从而有助于这一民族文化样态的知识体系的完善归类、复制与构建,最终起到保存并传承这一特殊民族文化样态的作用。

翻译实践标准与翻译批评准则都非静止的,或印象式定夺的,都是特定社会历史语境下的特定选择。在不考虑读者的多样性和复杂性的情况下,民族典籍翻译相对于汉族典籍翻译而言的这三点特殊性对于其自身的实践理念提出了新诉求。这些诉求也正是民族典籍翻译批评必须加以观照并执行的。然而,当下的民族典籍翻译批评大抵都是遵循常规翻译注重的语言本位或形式主义/结构主义方法论,即基于对语言的理解与表达而进行讨论与评判,而无视或低估民族典籍翻译自身的特殊性及特定的社会历史语境。作为翻译族系的一个类型,民族典籍翻译当然完整接受常规翻译理论的规约,但其显著性却是来源于其特殊性:语言本位的批评范式实际上隐盖了一个有关民族典籍翻译的历史价值评判或审美领导权问题,即民族典籍翻译的意图/动机或功能何在?

这一问题本质上关涉的正是民族典籍翻译的语境系统,对于我国当下的民族典籍翻译战略而言,这一语境参数无疑是显著性的,应该强有力地控制民族典籍翻译实践的原则、标准与策略,并在民族典籍翻译批评的范式中起到灵魂性建构作用。全球化可能是当下的最大社会现实和学术思想研究的最大语境。身处全球化语境中,全球化这一宏观语境参数毫无疑问成为解读这一问题的一把不可或缺的钥匙,需要民族典籍翻译批评据此进行自身范式的理性反思、定位与建构。下面我们就立足全球化语境,探讨这一语境参数对于民族典籍翻译批评提供的规约性依据,以指导民族典籍翻译批评实践客观而科学地开展。

三、全球化语境中的民族典籍翻译:民族性与世界性的制约与平衡

民族性与世界性之间的张力对抗,是全球化进程必然产生的一种现象或后果。全球化一方面意味着各国在政治、经济、文化以及日常生活方面联系的加强、影响与依赖,另一方面也催生并加剧了民族间、文化间与价值间的矛盾与对抗。全球化自身存在的这一对本质性对抗因子,应该是全球化语境下从事人文社会科学研究必须面对却难以平衡的一个问题。从民族典籍翻译批评角度来说,民族典籍翻译的特殊性要求我们必须重视全球化这一宏观语境参数可能带来的规约性依据,并在两者之间做出一个理性而有效的选择,或者获

得相应的平衡。

辩证认识全球化语境下民族性与世界性间的关系，是打开这一局面必不可少的一把钥匙。

进入20世纪以来，在经济、政治与文化全球化特征日趋明显的境遇中，社会已经成为全球范围的历史性存在，这必然呼唤着超越民族国家的全球视野与人类关怀。世界主义迎合了这一局势，它打破民族—国别界限，主张以全人类利益为目的，推广为全人类所认可的具有普遍人性和自然权利的价值。事实上，随着科学技术与人类文明的进步，世界主义在当今西方更为系统化与普遍化，并形成了显著的全球影响力。这显然与民族性之本质及意旨相悖。更为重要的是，从上个世纪90年代始，国际上不同国家之间综合国力的竞争重心由传统的以经济手段和军事资源为主的硬实力转至以文化为核心要素的软实力，这显然又背离了全球化或世界主义的本质与意旨："软实力"问题根本上强调的是民族国家至上，主张"民族优越论"，张扬民族文化、意识形态、政治价值观的吸引力。

当下，全球化浪潮与信息科技拓宽了我们的交际视野，强化了人与人之间的关联性与依靠度，谁也无法封闭自己，只能积极融入到世界主义这一大潮流大趋势中。另一方面，民族性是一个国家或民族立身之本，无法抹杀或忽视。辩证理解并解决这一对立性的文化政治诉求，我们只能打破民族性与世界性之间固有的二元对立思维，超越前者的差异性诉求与后者的同一性诉求这一对范畴，坚持"全球对话主义"(global dialogism)，既维持不同民族不可穿透的个体性存在，也坚持对这种存在的话语性超越。这就意味着，民族性与世界性之间任何一种极端的思维或取向都是应该摒弃的，在全球化语境下，两者的对立并非是绝对的，而是在民族—国别界限淡化的基础上，形成世界性与民族性的共存与互补，即民族性与世界性是全球化这枚硬币互为正反的两面，彼此联系又无法分割：民族性向来是转化成世界性的重要元素，也只有在世界性照射下才有价值，因而民族性志在跨越民族—国家界限而走向世界，从而将本国/族与世界相互连接起来，而世界性也只有在民族性映衬下才更现实。当然，这里需要补充解释的是，当下盛行的世界主义有着极强的右翼倾向，即推行新自由主义的普世主义与全球主义。它基本上是西方主导的世界不平等秩序的意识形态面具，竭力压抑各民族文化的特殊性与多元性，而致力于将西方模式、西方价值"普世化"和"全球化"，最终谋求国际垄断资本的全球霸权。对此我们需要保持警惕。

当然，两者中任何一种的张扬都需要经过历史和实践的选择。这就为我国民族典籍翻译的特殊性的应对处理找到了理论基点与取向，即充分体现或维持民族典籍的民族性，这在本质上同样是世界性的体现，是中国为"世界文化""全球知识"做出的贡献，无须自残、自损而改头换面地迎合。这一取向首先消解了民族典籍翻译的审美领导权问题，因为民族典籍翻译与汉族典籍翻译一样都是中国政府推行的中华文化"走出去"战略中的组成部分，旨在保护和推广我国各少数民族文化，同时服务于全世界范围内对我国各少数民族文化的沟通、了解与研究。在此语境下，以民族性为本，并非走入狭隘的民族主义与文化本位主义，而是让我国各少数民族的特殊文化样态健康地走进并融入到世界文明与文化的宏大图景中，完善世界文明与文化史，也让西方学者及普通人民能够系统地了解与认识我国各少数民族的文化与历史。这应该是当下全球化背景下我国民族典籍翻译的民族性的本义所在。

落实这一取向，民族典籍翻译在文本选择方面，就无须过分考虑国外受众的欣赏习惯和审美情趣：或是满足西方读者的猎奇式阅读心理，或是遵循市场运行规则，或是满足意识形态诉求，而应该系统而有序地选择我国各少数民族的文化典籍，记叙、整理、推广、传播渗透其间的民族文化、民族智慧与民族特色。在此，世界性也提出了文本选择的学理规约，即尽量选择那些优秀的、正面的、能够支撑民族自信的、体现中国民族智慧的文化风俗和文化故事或作品，其价值理念能够与世界性元素整合起来，能够获取世界范围的价值认同。坚持世界性必须坚持文化自信，自信地选择那些能够向世界推介并阐释的具有中国特色、体现中国精神、蕴藏中国智慧的优秀文化。我国政府一贯强调"走出去"的应该是优秀民族文化精品，能够代表核心的中华文化思想体系，传播和谐理念，展示真实的中国形象与文化思想，这是理性的，也是必要的。这与软实力(竞争)内涵也是相通的，因为能够在世界上获得吸引力并产生软实力的文化(资源)一定是获得了世界主义的某一(些)本性。而且，认知科学的研究成果显示，感受浓郁的民族性也能够促使西方读者逐渐走出狭隘民族主义封闭状态，培育世界主义视野与关怀，在全球化时代文化多元主义境遇中更加宽容、开放地尊重并接纳其他国家/民族的文学与文化。

落实这一取向则更多地向翻译策略提出了要求。在经院性文学翻译看来，翻译策略大抵等同于一个二项选择：陌生化(异化策略)或是亲切感(归化策略)，基本立足点在于译文读者的阅读感受，而通常没有太多深层意图。对于民族典籍翻译而言，维持民族典籍自身的"民族性"要求译者尽量恪守"脱政治"(apolitical)态度，最大限度地维持民族典籍所反映的独立的文化元素、文明习俗、思想或价值理念，而压抑自身价值观、自我创伤治疗、身份认同等张力的影响，规避维护西方文化思想与价值观体系的现实考虑。在这里，我国传统典籍外译(尤其是汉学家的汉族典籍外译)一贯坚持的用基督教思想来诠释中国经典，或者直接采用中国学者的解释并少量加入西方文化元素，或者以西方哲学思想来阐释中国思想等模式，都值得反思并加以抑制。肆意的"叛逆"而突破民族典籍的诗学规范而受制于目的语叙事的诗学规范，只能失实地记录少数民族，抑制或遮蔽其真实的民族本土经验和民族文化特质，最终在一定程度上造成西方人对中国民族风俗、文化及其思想的认知错误、混乱甚至误解。但是，为了宣传与传播中华优秀文化具有整体性的思想与智慧，可以适当利用优秀的儒家思想、道家思想或有关思想、政治或文化理念来阐释民族典籍中的相关道德观念、宗教伦理、民族团结、社会发展或处世智慧等元素。

从我国当下民族典籍翻译的状况来看，这一取向是基本得到落实的，即更多地强调忠实原文与准确可信，正如王宏印所归纳的："迄今为止，国内的民族典籍翻译已经形成一种较为固定的格式，可以说是以直译和忠实为基础的译本，形成了'中式英语'的语言特征，迥异于海外的译本面貌。"[2] 需要指出的是，这里所谓的忠实或直译最好/应该是基于"源文本"，而不是"原文本"。如果是原文本，它的转译应该是严格的直译甚至死译。只有这样，民族典籍中的文字、音韵、意象、修辞、结构、叙事、事件、场景、音乐等特有手法或元素才有可能得到维持，从而强烈地呼唤着民族与文化身份认同，为世界文化的构建、世界文化的建设提供具有民族性的资源。

四、全球化语境中的民族典籍翻译：经典化与大众化的制约与平衡

民族典籍承载的是民族文化，而民族文化承载着这个民族从形成、发展延续至今的一切，是各少数民族的根脉与重要特征，是他们的精神家园与精神支柱，也是不同民族间联系与交往的纽带。然而，现代生产生活方式给民族传统文化带来了一定的消极性冲击，加之相当一部分政府与民众对于民族传统文化的地位与保护的认识不够，民族文化面临着严重的萎靡、流失甚至消亡的困境。从这个意义上说，我们大规模、系统地进行民族典籍翻译，其民族语言与文化的抢救、保护、继承与传播功能显然是关键的，而为了实现这一功能，民族典籍翻译不得不优先重视民族典籍译本经典化的可能性。这里所谓的"经典"，指向的是优秀的具有"民族性"的文化、文明与美学标准，既涉及深层次的民族思想与道德品质，能够塑造读者的民族文化或精神话语权，也涉及语言及诗学层面的译文典范性与学术性，张扬文学文化作品的艺术性与审美性。

然而，全球化语境给当代文学创作造成了极大影响，"文学和文化的内涵已经发生了质的变化"[3]，一个直接后果就是大众文化或消费文化的兴起，形成了对精英文化艺术的强有力挑战：一方面，过去所谓的边缘文化产品或大众文化产品跻身文学殿堂，另一方面，新的文学类型或文学思潮，例如网络文学、博客文学、短信文学、底层文学、打工文学、新生代小说、晚生代小说等，此起彼伏并名正言顺地与精英文学争夺市场。社会变化导致了文学的转型，娱乐性、粗俗性等特征则成了全球化时代的主要文化消费心理。尽管文学的功能和本质并非单纯的消费和娱乐，需要思想与信仰，需要精神与心灵，需要美学价值和文学价值，但毫无疑问，读者的阅读兴趣与阅读特征已经发生了重大变化，获得了基于"大众化"的阅读取向与阅读方式：文化泛化、审美平民化与世俗化；轻松活泼、推崇快感和经济、视觉化、快餐化等等。

对于民族典籍翻译而言，这就不得不在译本的经典化与大众化之间做出基于各自原理与特性的平衡，甚至做出一个二项对立选择。

道理很简单，对于翻译实践而言，译本的经典化与大众化显然决定了不同的翻译理念及衍生的翻译方法：大众化关注一个民族生态文化在传播过程中的读者诉求，而经典化则决定了翻译的本真性与典范性诉求，因而两者在这里形成了一种相对性的翻译理念对立：前者聚焦作为一种文学或艺术样态的接受与传播，因而迎合读者的阅读兴趣与阅读特征而实行创造性处理是正常之道，而后者则聚焦作为一种民族生态文化的本真性与权威性维持，即对普通读者而言是原汁原味的欣赏性，对研究人员而言则是监察或利用其本真面貌，因而亦步亦趋地移植则是正常之道。彝族典籍翻译家朱崇先提出了民族典籍翻译的六大原则：(1)保持文献形式的完整性与内容的真实性；(2)反复阅读，认真推敲，深析文义；(3)尽量反映原文的语言特点；(4)译文所用的词语要符合原文的时代背景及其文化特征；(5)"实事求是"，切忌勉强翻译和随意注释；(6)严谨审慎，不能急于求成，匆忙定稿。[1]在这"六原则"中，具有严格翻译方法论意义的(1)(3)(4)(5)无一不是经典化诉求的具体体现。

这里所谓的"亦步亦趋地移植"，重心在于典范性地移植源文本的民族文化思想与诗学艺术特征，也包括考察甚至再现源文本的生存环境。鉴于民族典籍翻译的特殊性，有很多

外译实践处理的是原文本，而非源文本，那么，如果按照原文本(无论是汉语还是其他外语)进行翻译，那么其源文本的音韵节奏、文化意象、诗学特征能不能维持？其源文本叙事交流模式、视角、时间、空间、话语表达形式等具有民族认知与文化特征的异质性能不能维持？例如，藏族格言诗《萨迦格言》渗透着藏族文化自身的特点，反映着藏族人民的思维特征与藏族文化的精神内涵，它善于使用具象和抽象相融合的叙事方法，“比”的手法成为一种典型或基本的结构模式：四行诗中，前两行或后两行中肯定会使用比喻，而通常不会不使用比喻就进行说理论述。这些问题一方面涉及原文本的选择，需要慎重研究与选择，另一方面也对具体翻译方法论提出了要求，译者可以灵活地使用包括序言、附录、注释、专文介绍等副文本手段，在尽可能复制出其源文本的生存环境外，也将自己的翻译理念、处理手段等都一一展现出来，便于普通读者或其他研究者能够完整追踪并把握其源文本的生存环境。如果源“文化”是口头的，翻译实践过程会更复杂，除了转换成原文本外，源文化样态中那些具有显著意义的场景、声音、姿势、手势等都需要复写、记述并处理到位。这些元素虽然不是民族典籍的文字文本，但却是民族典籍经典化的重要组成部分，同样至关重要。

当然，民族典籍翻译在这里的理念也并非强求铁板一块，可以视具体参数而有所变化，区别对待。例如假定文本体裁这一参数。民族典籍按照体裁来分，可以有寓言、诗歌、民间故事等。寓言意在用假托的故事或拟人手法来说明某个道理或教训，民间故事是指流传于民间的传说故事，以表达某种愿望、要求和理想，反映某种思想、感情和意志，因此对于这类体裁的民族典籍，其对艺术性的追求可以降低，而重在准确地讲述清楚所要表达的故事或道理。对于诗歌，则要强调其艺术性与文学性的质量。例如三大少数民族英雄史诗藏族的《格萨尔》、蒙古族的《江格尔》与柯尔克孜族的《玛纳斯》，应该尽量维持甚至张扬源文本的原生态文学性。不过，格言诗要稍微例外。格言诗是诗歌，但更强调在求知、接人、待物、处世等方面的生活哲理、民间智慧、宗教智慧等。例如，藏族格言诗《萨迦格言》是藏汉印三种文化高度的结合体，是以格言体哲理诗来反映佛教的慈悲与忍让精神，大体描述的是人、人心、人性与人伦，具有人本主义的儒家哲学思想。

与民族性和世界性的辩证统一一样，经典化与大众化诉求也并非是完全对立的，在理论上是有可能获得统一的，从一定角度来说，只有那些能让普通大众易于理解与接受的民族典籍译本才是真正意义上的“经典”译本，因而，两者的完美结合则成为民族典籍翻译所追求的一种理想状态，值得优秀译者由此创造经典译本。当然，鉴于全球化语境下大众阅读的特殊性，尤其是大众化直接悖逆经典化的媚俗性特征，经典化与大众化诉求很有可能发生冲突。在这种情况下，如何迎合两者各自的制约因素并取得两者之间基于阅读与传播效果的平衡，则成为全球化语境下民族典籍翻译必须深入研究的一个问题。在必要的情况下，分别创造一个经典化版本与大众化版本都很可能是必要之事。

五、结语

翻译过程就是一个动态的选择过程，非常复杂。这是翻译原理的动态性使然，体现的正是翻译原理的刚性，张扬了翻译的特殊规律：译文总是非规定性的，只是谁更迎合特定语境的本真与规约。这一复杂性的根源就在于翻译实践的人文社会性，它的运作不仅受主客体与社会文化语境的制约，还是一定价值观与意识形态的体现，也是特定社会集团利益的具体体现。所以，身处全球化语境，我国当下蓬勃开展的民族典籍翻译潮流应该多一些先验性反思，跳出一以贯之的、单维的结构主义方法论，审察当前全球化语境下国际环境与国内环境对于民族典籍翻译自身的影响与制约，立足跨学科视阈开展有针对性的批评研究并获得规约性依据，为民族典籍翻译的方法论及其"走出去"路径提供理性支持。本文认为，全球化语境下的民族典籍翻译必须在民族性与世界性、经典化与大众化之间获得相应的制约与平衡。这是一个涉及民族典籍翻译的系统性与生态性问题，值得民族典籍翻译批评反思并重视。

参考文献

[1] 马祖毅，等. 中国翻译通史·现当代部分(第四卷)[M]. 武汉：湖北教育出版社，2006：195.

[2] 王宏印. 中华民族典籍翻译研究概论(上卷)[M]. 大连：大连海事大学出版社，2016：228.

[3] 王宁. 全球化语境下的中国当代文学和文化研究[J]. 探索与争鸣，2007(10)：54-59.

中国典籍英译批评范式研究综述[①]

刘性峰

摘　要　近年来，中国典籍英译研究受到社会各界的重视并进入了一个崭新的发展阶段，同时也面临着新的挑战，需要突破已有的批评范式进而推动该领域的发展。因此，文章梳理了中国典籍英译研究已有的四个批评范式，并指出其中存在的问题。

关键词　中国典籍英译；批评范式；语言学范式；文化批评范式；认知范式

Abstract　Over the first decade of the 21st century, China's study on translation of Chinese classics into English has entered into a new phase, and faces new challenges. Therefore, it is advisable to break the old critical paradigms, which can promote a sustainable development in this area. Accordingly, it is necessary to undertake a survey into the critical paradigms and to identify the existing problems.

Key words　critical paradigms; China's translation of Chinese classics into English; linguistic paradigm; cognitive paradigm

基金项目：国家社科基金项目资助(13BYY034)；南京工程学院校级基金项目(QKJB201315)。

作者简介：刘性峰(1978—　)，男，山东济宁人，博士，南京工程学院外国语学院副教授，研究方向为中西翻译理论、中国典籍英译。

一、引言

进入21世纪以来，中国典籍英译研究逐渐受到政府、出版界、学者们的广泛重视，研究逐步向广度和深度推进。一方面，我国政府对于国内典籍英译的输出更加关注，主要表现在资金资助、政策倾斜等；另一方面，国内学者研究典籍英译的自觉性日益提高，主要表现在这方面的硕博论文、专著、教材等不断的问世，全国和地方性的有关典籍翻译的学术研讨会日益增多以及与会者(尤其是青年学者)数量不断增加、提交论文质量逐步提高。表1是1995年到2013年9月12日期间，国内学者所撰写的有关典籍英译的研究论文的数量。从中我们可以发现，1995年至1999年期间，每年只有一篇相关论文。2000年到2003年，数目有所增加，但是增加的幅度比较小，维持在4到6篇。从2004年开始，研究典籍英译的论文数目开始大幅增加，2004年一年的数量几乎是2000年到2003年四年的总和。从2004年到2007年这一段时间，该数目以每年10篇左右的速度持续增长，2007年到2008年从54篇增加到74篇。2009年和2011年都是转折点，其数目较其前一年相比明显增加，这种增加的势头一直持续到现在。由此可见，国内翻译学界对典籍英译研究的热情越来越高，人数越来越多。

① 原文发表于《燕山大学学报(哲学社会科学版)》2015年第1期。

表1　1995—2013 中国知网"典籍英译"论文(包括硕、博士论文、期刊论文、会议论文)

年份	1995	1996	1997	1999	2000	2001	2002	2003	2004	2005	2006	2007	2008	2009	2010	2011	2012	2013
篇数	1	1	1	1	5	4	6	6	20	35	45	54	74	124	156	224	263	153

在这种大背景下,分析和梳理中国典籍英译批评范式有着十分重要的理论和实践意义。

由于受国内外翻译研究视角的影响,中国典籍英译也不再局限于早先的意义、对原文的理解、原文和译文之间的对比等结构主义的语言层面的比较,其批评范式由单一维度向多维度转变,其跨学科性质日益突显,界面研究更加突出。可以说,对于中国典籍英译的批评研究与对于翻译学的研究路径基本是一致的,其范式主要借鉴了20世纪中期至今的研究翻译学的范式。两者之间大致是平行关系。不过,就时间而言,前者稍晚于后者;就研究路径而言,前者稍窄于后者。与一般翻译研究相比,中国典籍英译研究有其独特性。因此,唯有从多棱镜、全方位、系统性地对中国典籍英译进行研究才能揭示和解释其本质和规律,为今后该领域研究的突破奠定基础。

二、翻译学批评范式概述

翻译批评可以说由来已久,从三言两语的点评到系统的理论分析,都可称为翻译批评。

1972年,James Holmes 在哥本哈根第三届国际应用语言学会上的主题发言《翻译学的名与实》(The Name and Nature of Translation)是一篇具有里程碑意义的论文,一方面,他将翻译学科科学地冠之以"翻译学"(translation studies);另一方面,他将"翻译学"研究范围做了很好的厘定。在这篇论文中,他将"翻译批评"(translation criticism)置于"应用翻译研究"名下。并且认为,如果"翻译学者和翻译批评家之间的联系更为紧密,就能够大大减少直觉的因素,使其更能为人们所接受"。如果能将翻译批评合理地运用到翻译理论与实践中,就会为翻译学的发展带来新的契机。

杨晓荣认为,翻译批评是依照一定的翻译标准,采用某种论证方法,对一部译作进行分析、评论、评价,或通过比较一部作品的不同译本对翻译中的某种现象做出评论。[1]3 肖维青给翻译批评下的定义更为客观、全面,"批评者运用翻译研究以及其他相关理论,或者参照一定标准和尺度,对具体的翻译现象(包括译作、译者、译事、译论和翻译过程等)进行的分析和评价,以提高译者的整体素质和翻译的整体质量,推动翻译学的发展。"[2]29 吕俊先生在翻译批评建设方面卓有成效,在他看来,"翻译批评学是总体性的,是整体性的,它必须要有一个系统性和一致性的理论来指导。"[3]18 概而言之,翻译批评涉及两个方面:一是借助于什么工具或理论,二是批评的对象。肖维青将后者范围扩大了许多,不仅仅局限于传统的对译作的批评,还应包括译作以外的其他方面,甚至方方面面。

鉴于此,我们可以说,中国典籍英译的批评范式,就是借助于一定的理论,对中国典籍英译活动的诸多方面进行比较、分析、评价的实践活动。这里的中国典籍英译活动,我们可以借用王宏教授[4]5 对翻译行为的界定,即"严格意义的翻译"和"宽泛意义的翻译"。严格意义的翻译是"以原文为对照,受译文读者需求、译者翻译目的、译入语文化所制约的语言转换"。宽泛意义的翻译则是"以原文为参照,受赞助者、译文读者需求、译者翻译目的、译入语文化所制约的跨文化交际活动”。所以，我们这里所说的中国典籍英译活动可以分为“严格意义的中国典籍英译”和“宽泛意义的中国典籍英译”。前者主要是从中国典籍作品到英语的译介这一活动，后者强调的是从中国典籍作品到英语语言文化的摆渡。据此，中国典籍英译的批评就是借助于相关的理论对“严格意义的中国典籍英译”与“宽泛意义的中国典籍英译”的比较、分析和评价。

三、中国典籍英译批评之语言学范式

纵观翻译学研究的历史，不难发现，没有语言学学科的发展，就不会有翻译学学科发展和进步。从索绪尔的结构语言学、韩礼德功能语言学，到德里达解构语言学，无一不对翻译学研究产生了重大影响。

中国典籍英译批评肇始于英汉语言对比研究，主要借鉴汉英语言对比的相关理论成果对汉译英典籍作品进行对比分析。

汪榕培[5]在《比较与翻译》一书中，结合其丰富的中国典籍翻译的实践，以“比较”为视角，对其本人翻译的《诗经》《庄子》《老子》《易经》等典籍作品展开分析研究。作者用了较多笔墨对比同一部典籍作品的不同译本，如《诗经》中的押韵、意象、比喻等翻译方法与策略。以此为基础，汪先生指出了“比读”与“复译”的关系：比读是复译的基础，复译是比读的升华。并提出了著名的翻译标准“传神达意”。

卓振英2003年所著《汉诗英译论要》比较系统地探讨了汉诗英译之样式的形似、节奏的实现、韵脚的寻求，以及汉诗英译中的“移情”“意象”“意境”等问题的处理。此外，作者结合实例，从美学的角度专门论述了汉诗英译的比较方法，其比较内容被细化为节奏美、结构美、音韵美、意象美、意境美、模糊美、语言美、风格美。作者强调“诗化译法中的韵体译法”，“按照这种以文艺美学、汉英比较诗学及翻译学有关理论（如等效理论）为支撑的全值再现原则翻译出来的文本，作为媒介和审美客体，更加适合受众。”[6]91 作者以“全值再现原文”为根本目标，这也是语言学批评范式的理据。

黄国文[7]比较系统地从功能语言学角度研究了“古诗词的英译本”，涵盖了诗词翻译语言学的多个维度，如从经验功能、逻辑功能、人际功能、语篇功能等方面探讨如何在翻译中国古典诗词时实现以上诸功能。接着，他又探讨了言语过程与语篇结构、汉英语篇对比、形式对等、诗词翻译静态与动态表现、专有名词的翻译、引述、人称代词等。作者提出了对语篇进行分析的六个步骤：观察、解读、描述、分析、解释、评估。

可以发现，语言学批评范式以“对等”为其翻译的终极目的，这种“对等”主要体现在形式和内容。从这个角度对中国典籍英译进行批评，主要是将译作与原作在不同层次上比较、分析，以“对等”为其评价体系的根本标准，译文离这种目标越近，译文质量就越好，反之亦然。这种批评范式的本质是尤金·奈达提出的“形式对等”(formal equivalence)和 Peter Newmark 提出的“语义翻译”(semantic translation)。虽然今天的翻译学学者的研究视域已经从语内转向语外，但是对于从事典籍英译的实践者而言，这却是他们孜孜以求的梦想。

四、中国典籍英译批评之文化批评范式

自从20世纪80年代学界一致认为翻译学进行了“文化转向”以来，翻译学研究的视角

出现了从语言学转向文化学的倾向，尤其是90年代中后期国内翻译学几乎可以说出现了一边倒的现象。文化视角可以突破单纯比较中国典籍作品与英语译文的框限，敲碎语言局限的牢笼，将研究触角延伸至源语和目的语各自的语言之外，如社会、经济、政治、意识形态等更加宽广的视域，因为文化的内涵几乎无所不包，涵盖人类的各个领域。从文化视角研究典籍英译，主要集中于以下方面：

1. 狭义文化视角

狭义文化视角是指依据两种语言中具体的文化异同，分析批评译者的处理方式，结合读者、社会、文化、历史等层面评价翻译作品之得失。

翻译是一种"跨文化、跨语际的信息传播活动"[8]1，典籍英译是更为复杂的过程，原作涉及的中国古代文化与当代中国的文化相距甚远，距离英语文化则又远了十万八千里。文化在这两度旅行之后，极有可能失真，甚至两度失真。所以，如何认识评价译者在翻译中处理文化异同的方法对于中国典籍英译学科发展极为重要。在狭义文化视域中考查典籍英译，多以文化差异为靶子，结合翻译目的，进行评说。有的学者坚持认为，典籍英译作品应该尽量保持原作的文化内涵，典籍英译"不应该只顾及内容的传达，更应该注重展示期间的文化内涵"。[9]165 更有学者将典籍英译的文化翻译放到文化传播的背景中考察，徐珺、霍跃红[10]45认为："把中国文化典籍翻译成英语时，应该以文化翻译观为指导，采用异化的策略，适度运用中国英语，从而使中国文化尽快走向世界，真正成为世界多元文化系统中的一员。"李为民结合余光中和卜立德(P. E. Pollard)对苏轼《前赤壁赋》英译文的评价，指出"译文的繁荣也有助于文化的交流和传播"。[11]77

在此情况下，中国典籍英译作品不再仅仅从语言层面纠结于英语译文的地道性和可接受性，而是从彰显中国典籍作品语言与文化异质性的角度证明采用异化策略，有些情况下使用中国英语翻译典籍作品是可取的、甚至是应该倡导的。在此背景下，中国典籍英译对语言、文化的处理方式更加灵活，容忍度更大，更具弹性、更加包容与开放。

2. 广义文化视角

广义的文化视角不再局限于对译文中某个文化差异的处理进行评价，而是"从目的语的文化语境中审视、考察翻译现象。……文化学派的核心范式是描写/系统/操纵范式"[12]197-198。在此视域内考察中国典籍英译，将典籍英译作品置于目的语社会历史文化大语境下，对其进行大文化的总体考量和系统评价。

有些学者从文化顺应的角度探求翻译中国典籍的途径。如孟健等[13]认为，在典籍英译过程中，"译者应根据不同语境作出动态顺应，克服不同文化语境的影响，灵活顺应文化差异，弥补文化缺省，才能避免翻译中出现信息传递障碍，保证译文再现原文旨意和风格"。魏晓红、李清源等[14]人指出，典籍英译应该从社会政治制度、民族文化、宗教文化等动态地顺应文化语境差异，才能实现译文和原文之间文化对等。可见，从文化的视角对典籍英译进行评价和批评超越了语言学范式单一的对比研究的狭隘性和局限性，研究视角从语言间的比较转向文化棱镜中各个方面的对比，如典籍作品创作时期的文化生态环境也成为学者们考查的重要指标。给我们的启示就是，典籍英译批评不能离开原作作者创作的时代背景。再比如，典籍英译批评同时还要将译者的翻译背景考虑在内，如有的中国典籍英译作品是100多年前来华的传教士为了特定的目的而译的，这时，如果仅仅从语言的角度进行研究，其结果势必会将典籍英译这一十分复杂的心智活动简单化。如果将其翻译时所处的历史文化背景，如翻译目的考虑在内，那么，其译作中有的错译、误译就会避免。

五、中国典籍英译批评之认知范式

20世纪，认知科学的飞速发展为认知语言学的形成与发展奠定了基础。受其影响，翻译学也开辟了新的领域——认知翻译学。近年来，不少学者从认知的角度研究中国典籍英译。汉诗英译中人称代词的翻译是译者经常碰到的问题，主要因为汉语，尤其是汉语诗歌语言和英语语言在人称代词方面存在较大差异，比如说，汉诗中，诗人经常省略人称代词，这时，译者的心智就发挥作用，依据上下文推理具体的人称代词。利用关联理论对这一过程可以做出一定的解释，对于同一首诗歌中的同一句话，不同的译者会采用不同的人称代词，因为原文中的人称代词是隐性的，而英译时要明示化，这一明示化过程主观性很强。贾卉、刘颖[15]246认为，汉诗英译时人称必须明示，译者应根据作者的交际意图和译文读者的认知环境进行理想化的语境假设，灵活选择人称视角来表达作者的交际意图，尽量避免误译，以求达到最佳效果。刘性峰、卢卫中的研究表明，汉诗中存在显性人称代词和隐性人称代词，对于前者而言，一般情况下，其翻译大都是简单的符码转化。而对于隐性的人称代词，译者根据背景知识、上下文及百科全书知识推断并选择具备最佳关联属性的人称代词。[16]121综合这两项研究，可以发现，译者在选择人称代词时不是随意而为，而要考虑其认知的语境效果是否具备较大的关联性。

王密卿等利用认知语境和跨文化交际理论探讨了汉诗英译中认知语境的构建，她指出："汉诗英译过程就是在翻译中构建认知语境的过程，只有为不熟悉源语文化的读者提供足够的语篇语境、情景语境和文化语境，帮助他们建立起与源语读者相同或相似的心理图式，译文读者才有可能在阅读译作中获得与源语读者相同或相近的感受。"[17]121其实，翻译从本质上讲就是解释和阐释的过程，这种解释和阐释旨在向译文读者传达尽可能多的信息。就诗歌而言，这种信息包括意象、音韵、意义等多个层面。在这一过程中，译者始终考虑译文读者的认知语境，努力营建与原文对读者相似的认知语境。

以上研究表明，从认知的角度对中国典籍英译评价批评的成果相对较少，这也限制了我们对典籍英译理论研究和实践评价的进一步拓展。如果简单地将典籍英译视为"编码—解码过程"未免过于简单化，因为译者在尝试对原作（创作于距今较久远年代的典籍作品）翻译时，不只是简单的解码，在原作和产生的译作之间，不存在简单的、公式化的符码对应物。这时，译者不得不调动其心智中心各个对于理解原作有关的神经细胞，尝试对原作进行一切可能的理解，最后从中选择一种符合上下文和翻译目的的解释。之后，译者在将其理解用英语进行表达时，同样要受制于包括其心智能力和局限在内的各个条件。由此可见，典籍英译过程需要认知方面的理论来指导。

六、中国典籍英译批评之传播范式

此处"传播"专门指中国典籍英译作品的出版发行以及在海外的传播。

"目前,国内的中国典籍英译译本多面向国内读者,缺乏有效的渠道走向国外。"[18]11 所以,近年来,对于翻译作品在国外的传播成为翻译学界关注的焦点之一。中国典籍英译的研究也不例外。这种研究属于语言文本之外的因素的研究,与出版商、出版发行、市场认可等要素有关。这些因素与翻译实践同样具有互动关系,这也是评价翻译作品最好的方式之一。

杨静借鉴模因论探讨《道德经》在英语世界的传播,结果发现,道家文化之所以能够在不同时期和不同人群中成功传播,得益于它能够及时做出相应的改变,以适应不断变化的文化环境。其传播是一个渐进的过程,整体趋势是道家文化模因的要义或者其完整的特征将在英语世界逐渐传播开去。[19]72-73 此研究指出了典籍英译作品的传播受制于文化环境,同时,文化模因具备变异的潜质,故可以适应不同的环境。所以,不同译本中同一个词汇不同译文的产生都与此有关。

陈梅、文军[20]100 另辟蹊径,以美国 Amazon 图书网上的中国典籍英译本的调查数据为基础,展开对中国典籍英译作品在国外的接受的研究。分析作者的调查结果得出结论:"要建立比较丰富的中国典籍英译国外阅读市场,还需要国内国际相关部门、出版社、译评家和读者的共同努力"。王宏教授[21]84 就曾提出典籍英译作品"借船出海"的出版策略,即由国内出版社与国外出版社联合出版,共同推动中国传统优秀文化的对外传播。

该研究既有意思,又有意义。同时,也拓展了人们对典籍英译作品的传播的认识。此类作品的传播不只是作者(一般为在世的)、译者和出版商之间的协商和妥协结果,而是涉及国内国外出版界的联手合作,翻译批评者和读者同样发挥比较重要的作用。国内外译者的结合可以克服双方本身的不足,因此,可能会产生更符合读者和市场需求的译作。展开对国外读者的调查,了解他们的需求和爱好以及所具备的有关典籍作品的背景知识等,这些都有助于翻译目的的实现。

中国典籍英译作为一个学科已经取得了很大的成绩,其发展到了极为关键的阶段。翻译批评是中国典籍英译发展的核心内容之一,因此,在当代语境下,有必要对中国典籍英译的批评范式进行总体的研究。本文探讨了中国典籍英译研究的几种批评范式,每一范式的引进都为中国典籍英译的研究开拓了新的视野,加深了我们对中国典籍英译活动纵深层次的认识,超越了"古典汉语—现代汉语—英语"单纯的字面转换,不再局限于纯语言比较。但是,我们也发现,在这些批评范式之中,中国典籍英译的语言学批评范式和文化批评范式较为系统,相对比较成熟。其他范式的研究相对比较薄弱,未形成一定规模和系统,今后有待学者做进一步的深入研究。

参考文献

[1] 杨晓荣. 翻译批评导论[M]. 北京:中国对外翻译出版公司,2005.

[2] 肖维青. 翻译批评模式研究[M]. 上海:上海外语教育出版社,2010.

[3] 吕俊. 翻译批评学引论[M]. 上海:上海外语教育出版社,2009.

[4] 王宏. 对当前翻译研究几个热点问题的思考[J]. 上海翻译,2007(2):4-8.

[5] 汪榕培. 比较与翻译[M]. 上海：上海外语教育出版社，1997.

[6] 卓振英. 汉诗英译论要[M]. 北京：中国科学文化出版社，2003.

[7] 黄国文. 翻译研究的语言学探索——古诗词英译本的语言学分析[M]. 上海：上海外语教育出版社，2006.

[8] 吕俊，侯向群. 翻译学导论[M]. 上海：上海外语教育出版社，2012.

[9] 班荣学，梁婧. 从英译《道德经》看典籍翻译中文化的传真[J]. 西北大学学报(哲学社会科学版)，2008(4)：162-166.

[10] 徐珺，霍跃红. 典籍英译：文化翻译观下的异化策略与中国英语[J]. 外语与外语教学，2008(7)：45-48.

[11] 李为民. 文学翻译重在文化传播[M]//汪榕培. 典籍英译研究：第三辑. 吉林：吉林大学出版社，2007.

[12] 谢天振. 当代外国翻译理论[M]. 天津：南开大学出版社，2008.

[13] 孟健，曲涛，夏洋. 文化顺应理论视域下的典籍英译——以辜鸿铭《论语》英译为例[J]. 外语学刊，2012(3)：104-108.

[14] 魏晓红，李清源. 典籍英译中的文化语境顺应研究[J]. 外语教学，2010(2)：109-112.

[15] 贾卉，刘颖. 从关联理论看汉诗英译的人称处理——以《红楼梦》中古诗的英译为例[J]. 江西社会科学，2009(3)：246-250.

[16] 刘性峰，卢卫中. 关联理论与汉诗英译中人称代词的翻译[J]. 大连大学学报，2012(1)：121-125.

[17] 王密卿，王治江，赵亮. 汉诗英译中认知语境的构建[J]. 河北师范大学学报(哲学社会科学版)，2009(6)：117-121.

[18] 王宏. 中国典籍英译：成绩、问题与对策[J]. 外语教学理论与实践，2012(3)：9-14.

[19] 杨静.《道德经》在英语世界的翻译和传播[D]. 郑州：河南大学，2008.

[20] 陈梅，文军. 中国典籍英译国外阅读市场及启示——亚马逊图书网上中国典籍英译本的调查[J]. 外语教学，2011(4)：100.

[21] 王宏.《牡丹亭》英译考辨[J]. 外文研究，2014(1)：84-92.

中国文化典籍翻译研究

《易经》的海外传播与研究

20 世纪中期以来《易经》在英语世界的译介与传播①

李伟荣

摘　要　到 20 世纪中期，卫礼贤所译的《易经》在世界上的影响渐趋衰微。此后，英语世界的《易经》翻译进入成熟期，主要以蒲乐道、孔理霭、林理彰和夏含夷等四位易学家为代表。文章以四位易学家的《易经》翻译为考察对象，分别按翻译体例、翻译例释以及译本所体现的易学思想对这些《易经》译本进行考察和梳理，比较其异同，总结其翻译特色及传播规律。借助他者的文化视角可以为当下中国文化走出去的国家战略提供翻译实践层面的启示，推动中国文化典籍在海外的传播。

关键词　《易经》；英译；蒲乐道；孔理霭；林理彰；夏含夷

Abstract　Till the Mid-20th Century, far and away the most influential translation of the *Yijing* has been by Richard Wilhelm. Since then, the translation of the *Yijing* in the English world has come into the rape period, manly represented by four yi-ologists, John Blofeld, Richard Alan Kunst, Richard John Lynn and Edward L. Shaughnessy. The paper scrutinizes the layout and exemplification of the translations, and thinkings on the *Yijing*, compares the different translations, and summarizes the translation traits and spread rules, so as to promote the spread of Chinese cultural classics overseas.

Key words　*The Yijing*; English translation; John Blofeld; Richard Alan Kunst; Richard John Lynn; Edward L. Shaughnessy

基金项目：国家社科基金一般项目"英语世界的《易经》研究"(12BWW011) 和中国翻译研究院 2015-2016 年度重点项目"中国传统经典文化对外翻译与国际传播调研报告"(2016B12)。

作者简介：李伟荣(1973—　)，男，湖南攸县人，博士，湖南大学外国语学院教授，美国科罗拉多州立大学孔子学院中方院长，中国比较文学学会理事、中国英汉语比较研究会典籍英译专业委员会常务理事；湖南省翻译协会副秘书长、常务理事。主要研究方向为中国文化对外传播、典籍翻译实践与研究、国际汉学研究与数据库建设。

《易经》在英语世界的译介与传播，经由理雅各和卫礼贤的翻译，尤其是贝恩斯夫人的转译(即将卫礼贤的《易经》德译本转为英译本)开始日渐为西方读者所熟悉，荣格为卫礼贤/贝恩斯《易经》英译本专门撰写了序言，高度赞扬了这一译本的质量及其价值。② 到 20

① 原文发表于《燕山大学学报(哲学社会科学版)》2016 年第 3 期，于 2017 年被山东大学的博士论文《卫德明易学哲学思想研究》(张丽丽)引用。

② C. G. Jung, "Preface", in Richard Wilhelm, *The I Ching, or Book of Changes*, rendered into English by Cary F. Baynes, 1989, p. 5.

世纪中期，卫礼贤所译的《易经》在世界上的影响渐趋衰微。[①] 此后，英语世界的《易经》翻译进入了成熟期，主要以五个易学家为代表。首先是蒲乐道(John Blofeld)的《易经》译本于1965年问世；1985年，孔理霭(Richard Alan Kunst)在加州大学伯克利分校完成自己的博士论文"原始《易经》"，但尚未出版；1984年，林理彰(Richard John Lynn)翻译出版了《易经：〈易经〉王弼注的新翻译》；1996年两部《易经》译著问世：一是茹特(Richard Rutt)的《周易新译》；二是夏含夷(Edward L. Shaughnessy)的《马王堆新出土的易经》。

笔者主要以蒲乐道、孔理霭、林理彰和夏含夷等四位代表性的海外易学家的《易经》翻译为考察对象，分别按翻译体例、翻译例释以及可能体现的易学思想对这些《易经》译本进行考察，比较其异同，提炼其翻译思想和特色。

一、蒲乐道与《易经》：译本的原创性和占筮之说

据茹特介绍，蒲乐道[②](John Blofeld，1913—1987)为人和蔼，是一位英国佛教徒，他的大半生住在中国或中国周边地区(如泰国)，践行中国宗教。他的《易经》译本颇具原创性，没有严格的学术性，但较忠实。他的《易经》译本影响也大，例如郝鹏(Peter Ten Hopen)就曾将其译为荷兰语，于1971年出版。[③] 蒲乐道译本的体例具体如下：

第一部分是德裔印籍佛教学者戈文达(Lama Anagarika Govinda)的"前言"。在"前言"中，戈文达主要表达如下几个重要观点：一是这个世界上所有的伟大作品中，《易经》的地位是独特的，它不强调永恒，也不以其神性或永恒性而将其拟人化[④]；二是尽管《易经》从古代占筮活动中产生，但它已从占筮之书转变为一种生命哲学，即易之法则的生成和定义[⑤]；三是戈文达将《易经》中创建象征系统的六十四重卦(hexagram)类比为十进制中的"0"，因为"0"是数学得以发展的最重要的步骤之一，而六十四重卦具有类似的作用，它们能够表示一系列的组合和变化，表示人类生命中所有状况的内在变化[⑥]；四是戈文达很自信地向所有喜爱中国智慧的人推荐这部新译本，因为他认为无人能如蒲乐道般胜任

---

① Roger T. Ames & Henry Rosemont, Jr., *The Analects of Confucius: A Philosophical Translation*, New York: Ballantine Books, p. 67.

② 国内学者一般将 John Blofeld 的名字音译为约翰·布劳菲尔德或约翰·布洛斐德。其实，他有中文名字，他曾著有中文著作《老蒲游记：一个外国人对中国的回忆》，1990年出版于明报出版社，2008年曾被李丹(Daniel Reid)译成英文出版，标题为 *My Journey in Mystic China: Old Pu's Travel Diary*，出版社为 Inner Traditions。戴镏龄在《英语教学旧人旧事杂记》一文曾提到过他。关于他自己的中文名字在《老蒲游记》第151页中有一段说明：我少年时在英国，请一位温州同学李超英先生为我取一个中国姓名。温州人把P声读为B声。结果他以"蒲"字代 Blofeld 之 B，以"乐"代 lo，以"道"代 d，而把 fel 三个字母置之不理。这便是"蒲乐道"一名的由来。

③ Richard Rutt, 1996. p. 79.

④ Lama Anagarika Govinda, "Forword", in John Blofeld trans., *I Ching*, *The Chinese Book of Change*, London: Allen & Unwin, 1965. pp. 5-6.

⑤ Lama Anagarika Govinda, "Forword", in John Blofeld trans., *I Ching*, *The Chinese Book of Change*, London: Allen & Unwin, 1965. pp. 6-7.

⑥ Lama Anagarika Govinda, "Forword", 1965. pp. 7-8.

这一翻译，蒲乐道不仅中文口语和书面语都非常好，而且完全熟悉各种各样的中国生活和文化。[①]

第二部分是译者"自序"。译者简要地说明了《易经》的内涵，即《易经》的作者们成功地将"易"本身分析成六十四个连续的过程，而每一个过程又分为六个阶段而相互影响；而且他们发明了一个方法，能将个人的事件与这些阶段和过程联系起来，以便能完全影响它们，这样就形成了一片钥匙，其后代就能解开未来之谜，决定最确定的方式与其普遍环境和谐相处。[②]

第三部分是"导论"。第四部分是本书正文的"第一部分"，主要是解释《易经》这本书的，共分六章。内容依次为"阅读《易经》的一种方法""《易经》的背景""《易经》的象征基础""占筮方法""诠释指南"和"用法总结"。第五部分是本书正文的"第二部分"，主要是经传文的翻译，分上经、下经和附言。第六部分是"附录：帮助诠释的图表"。

能够体现蒲乐道的易学思想的主要是"导论"、解释性的章节以及经传文的翻译。首先，蒲乐道的《易经》译本主要是供占卜者使用的，这从他设置了六章来说明怎样使用《易经》来占筮这一点可以看出。[③] 第二，蒲乐道的易学主张比较传统，他主张分传附经，例如他将《彖传》《象传》均附在各卦的后面，而《文言》则附在乾坤两卦的后面，类似于《易经》通行本的编排。

试以《乾卦》的翻译为例来说明蒲乐道是怎样安排经传文的。先是卦名、卦画，然后是卦辞和爻辞，之后是《彖传》《象传》和《文言》。《文言》之后是"更深入的疏解"(Further Commentaries)，这是《文言》的第二部分内容，所以只是乾坤两卦才有这部分内容(详见表1)。

从表1可以看出，蒲乐道基本是按《易经》通行本进行翻译编排的。《易经》通行本中《文言》部分的编排本来比较混乱，[文言曰：]本来是编排在后面的，没有跟"文言曰"下面的文字紧紧地编排在一起。为了阅读的便利，蒲乐道将这一部分内容进行了调整，他在注释中对此作了说明。[④] 他将卦名"乾"译为"Ch'ien The Creative Principle"，应该借鉴了卫礼贤的翻译，不过他没有像卫礼贤那样给出中文(如乾，1. *Ch'ien / The Creative*)。类似于理雅各，他也将"经"翻译成"TEXT"，那么《彖传》就自然译成了"COMMENTARY ON THE TEXT"，因为《彖传》就是对《易经》经文进行阐释。《象传》《文言》依次被译为"SYMBOL""THE WEN YEN COMMENTARY ON THE TEXT"；《文言》有一部分在通行本中本来编排在后面，蒲乐道将其进行了调整，而直接放在"THE WEN YEN COMMENTARY ON THE TEXT"之后，被命名为"FURTHER COMMENTARIES"，其实他们仍然是《文言》的一部分。蒲乐道这样做是为了方便自己插入一些说明性的文字在里面，后面译文的编排与此类似。

---

① Lama Anagarika Govinda, "Forword", 1965. pp. 8-9.

② John Blofeld, "Translator's Forword", 1965. p. 10.

③ John Blofeld trans., *I Ching*, *The Chinese Book of Change*, London: Allen & Unwin, 1965. pp. 21-81.

④ John Blofeld, pp. 89-90.

表1　中文《乾卦》与蒲乐道《易经》译本中《乾卦》译文的对照表

䷀乾。元亨利贞。 彖曰:大哉乾元,万物资始,乃统天。云行雨施,品物流行。大明终始,六位时成,时乘六龙以御天。乾道变化,各正性命,保合太和,乃利贞。首出庶物,万国咸宁。 文言曰:"元者,善之长也,亨者,嘉之会也,利者,义之和也,贞者,事之干也。君子体仁,足以长人;嘉会。足以合礼;利物,足以和义,贞固,足以干事。君子行此四者,故曰:乾,元亨利贞。" [文言曰:]乾元者,始而亨者也。利贞者,性情也。乾始能以美利利天下,不言所利。大矣哉!大哉乾乎?刚健中正,纯粹精也。六爻发挥,旁通情也。时乘六龙,以御天也。云行雨施,天下平也。 初九:潜龙勿用。 文言曰:初九曰:"潜龙勿用。"何谓也?子曰:"龙德而隐者也。不易乎世,不成乎名;遁世无闷,不见是而无闷;乐则行之,忧则违之;确乎其不可拔,潜龙也。" [文言曰:]潜龙勿用,阳在下也。潜龙勿用,阳气潜藏。终日乾乾,与时偕行。 九二:见龙在田,利见大人。 九三:君子终日乾乾,夕惕若,厉,无咎。 九四:或跃在渊,无咎。 九五:飞龙在天,利见大人。 上九:亢龙有悔。 用九:见群龙无首,吉。	Hexagram 1 Ch'ien The Creative Principle ䷀ TEXT The Creative Principle. Sublime Success! Persistence in a righteous course brings reward. 9 for the bottom place: the concealed dragon avoids action. 9 for the second place: the dragon is perceived in an open space; it is advantageous to visit a great man. 9 for the third place: the Superior Man busies himself the whole day through and evening finds him thoroughly alert. Disaster threatens - no error! 9 for the fourth place: leaping about on the brink of a chasm - no error! 9 for the fifth place: the dragon wings across the sky; it is advantageous to visit a great man. 9 for the top place: a willful dragon - cause for regret! 9 for all six places: a brood of headless dragons - good fortune! COMMENTARY ON THE TEXT Vast indeed is the sublime Creative Principle … SYMBOL This hexagram symbolizes … THE WEN YEN COMMENTARY ON THE TEXT The sublime is above all, that which … FURTHER COMMENTARY Whatever it … *The Lines* 9 FOR THE BOTTOME PLACE The concealed dragon refrains from action. What does this signify? THE WEN YEN COMMENTARY According to the Master, this symbolizes someone dragon-like in his virtue … FURTHER COMMENTARIES (a) The concealed dragon refraining from action implies that …

在"导论"部分,蒲乐道说自己翻译《易经》的目的是用尽可能简单的语言清晰地指导如何进行占筮。这样一来,讲英语的任何人,只要他想真诚而理智地研究它,就能将其作为绝对可靠的方法来趋利避害。当然这不是一本普通的算命书,事实上,该书的作者并不认为未来的事件不可改变,而倾向于让人遵循一般的趋势。它有助于卜筮者构建自己的命运,避免灾祸或使其最小化,从而使他们从任何可能的状况中都受益。[①]

蒲乐道特别提到卫礼贤的《易经》译本,并将其与自己的译本进行了比较。他说他翻译

① John Blofeld, pp. 15-16.

《易经》并不是为了与卫礼贤竞争，也不是卫礼贤译本的翻版；他的译本除了比卫礼贤的译本更短、更简单外，他自认为与卫礼贤的译本比起来还有其他一些特点。第一，蒲乐道译本中的“解释性章节”只涉及这本书许多维度中的一维，那就是占筮；而卫礼贤的译本在某种程度上可以说是一部教科书，说明经文是如何从卦图(symbolic diagrams)衍生的。第二，蒲乐道认为他的译文通常是可以理解的，而卫礼贤的译文中许多段落不可理解，例如“Someone does indeed increase him; ten pairs of tortoises cannot oppose it”等等。之所以译出如此难懂的段落，一方面是因为卫礼贤渴望完全忠实于原文，另一方面是因为卫礼贤没有理解这些段落。① 当然，他也提到《易经》之所以难译，其文体风格是其中的一个主要因素，因为《易经》的语言非常简洁，因此语义较模糊，翻译起来就有多种选择。②

二、孔理霭与“原始《易经》”

孔理霭的主要易学著作是他的博士论文，此文1985年完成于加州大学伯克利分校。论文的标题是“原始《易经》”(The Original *Yijing*: A Text, Phonetic Transcription, Translation, and Indexes, with Sample Glosses)，主要包括摘要、序言、导论、经文翻译、对《易经》经文的注释、附录以及参考文献。

在“摘要”中，他首先提到《易经》也叫《周易》③，在西方以 *Book of Changes* 之名为人所知，是中国古代最古老、最为人所知的文本之一。“原始”《易经》可追溯到中国有史以来最早的时期，即商晚期和西周，大约始于公元前第一个千禧年。它最初是以口述形式流传的，从预言集、俗语、历史传说和关于自然的智慧等汇集成为一册指南，其框架就是卦，筮师依靠这些卦而用蓍草来占卜。这一指南到周朝就越发普及，然后就被记录下来，被人编辑，并且附上了许多详尽的注疏。到汉代时，它便成了一部更大、更复杂的作品，成为中国自然和伦理哲学家的灵感来源，以后也逐渐传入日本和欧洲。④

孔理霭之所以想从事“原始《易经》”的工作，主要原因是以前的学者没有做过这种工作。国际上有名的两位《易经》译者理雅各和卫礼贤，都很大程度上借重中国学者的易学功底才做好自己的翻译工作，如王韬之于理雅各，劳乃宣之于卫礼贤。然而，理雅各和卫礼贤的《易经》翻译都富有比喻意味，没有传达多少对《易经》原始意义的思考。

孔理霭《易经》译著的一个主要特点是，他充分借鉴了古今中外的相关著作，书后列出的参考文献凡505种。其中大部分是《易经》译著、易学著作以及古文字学著作，主要是中文、英文、德文、法文和日文著作。

第二个特点是，孔理霭认为现在研究《易经》的关键是区分组成《易经》的不同层面。他将其宽泛地分为两个层面，最早的一层就是“经”；第二个层面就是“传”，“传”的主要目的就是解

---

① John Blofeld, pp. 16-17.

② John Blofeld, p. 17.

③ 这种说明并不确切。准确地说，狭义上的《易经》才等同于《周易》，而广义上的《易经》除古经经文外还包括《易传》。

④ Richard Alan Kunst, “Abstract”, p. 1.

释“经”义。而他所谓的“原始”《易经》指的就是前一个层面，也是他论文研究和翻译的对象。[①]

第三个特点是，孔理霭的《易经》研究和翻译深受“疑古派”思潮的影响，例如在判定《易经》的制作时代时他直接引用了顾颉刚《〈周易〉卦爻辞中的故事》一文，再佐以屈万里《〈周易〉卦爻辞成于周武王时考》。通过“帝乙归妹”这一爻辞例子推定帝乙是商朝的国王，其统治时间约为公元前 1181—1100 年间，而《易经》也可能成于那个时间。[②]

具体而言，孔理霭区分了文学之象和《象传》之象。《象传》之象指的是卦图，而兆象之象征与文学之象的象征之间并无严格的分界线，这在《诗经·国风》中的“兴”中尤为明显。他举了《诗经·国风·邶风·燕燕》为例来说明。他也指出洛德关于荷马史诗中主题的“超意义”也非常适用于《诗经》和《易经》中所折射的中国古代口传文学的传统。因此他提出的一个假设是，《易经》卦爻辞中被称之为“象”的零碎语词和短语可能是类似于那些保存在《诗经》中熟悉的歌谣。[③]

孔理霭同时发现《诗经》中的许多诗歌都有叠句的现象，例如《诗经·国风·周南·麟之趾》；而《易经》爻辞中也有很多类似的叠句现象，例如《易经·遯卦》中的“遯尾、系遯、好遯、嘉遯、肥遯”。孔理霭的结论是：《易经》中每一卦的爻辞中所发现的“象”与《诗经》的程式和主题密切相关，尤其与《诗经》“兴”体诗歌中的“启悟式”兆象密切相关。并且，每一卦中爻辞间的兆象变体可能源自兆象作为这些变体之目录的功能，这些变体在诗歌中以叠句的形式出现于诗节间。

对于《易经》语言的详尽分析无疑也是孔理霭易学研究的一大特点，也是他对西方易学研究的一大贡献。主要体现在三个层面：(1)“在现代阅读《易经》：字形和音韵问题”(Reading the Text Today: Graphic and Phonological Problems)；(2)“语法描述”(The Language of the Text)；(3)“一些重要词条”(Some Important Lexical Items)。孔理霭指出，通常认为现在的《易经》通行本不是西周人们所熟知的完整而结构严密的原始《易经》；但事实上所有的证据都证明，《易经》在许多个世纪的流传中，至少与其他类似的古代文本一样精确，甚至可能更精确一些。1973 年马王堆汉墓中出土发掘的易类文本就证明这一观点的可靠性。

有两个因素似乎使得《易经》在正字法上成为一个特殊例子，也说明《易经》比《诗经》或其他汉代之前的类似古代文本更为古老。第一，作为占筮之书，它不像许多儒家文本那样毁于秦火，因此秦亡汉兴之后无需对其进行重构；加上《易经》和《诗经》等多为口传文学，所以文中存有许多形声字和谐声字，随着书写文字逐渐形成并成为交流工具，书写文字便开始被用于向读者传授他们以前所不知道的信息。为了不让读者误解作者的意图，关键的是，不仅要写出“兑”，而且还要能写出“悦”“脱”“蜕”“说”等字。正是在此处，使《易经》在正字法上古老的第二个因素开始发挥作用了。因为在战国时期或汉代，缮写员开始着手汉字书写的现代化，在句意含混的许多篇章添加清晰的句法要素以使语言便于理解。如果缮写员对其诠释没把握，那么他就会在可疑的篇章中谨慎地照抄原文中的字符；或更糟糕的是，

① Richard Alan Kunst, pp. 2-3.

② Richard Alan Kunst, p. 6.

③ Richard Alan Kunst, pp. 67-72.

他写出一个新的任意的“借词”(loan)让读者去猜测。许多世纪过去了,越是语义不明的段落,越有可能保留原来古老的形式。每一部古代文献均有一些古老而语义不明的字符,孔理霭将其称之为“protograph”①(初形)②。

孔理霭所著的《易经》著作还有另一贡献,谢向荣曾在文章中专门提及,他说孔理霭的博士论文附录中所载的统计资料(以电脑之数位检索为辅)对《周易》全经的卦爻辞做过宏观分析,实有助于研究断占辞在“象”“辞”间的吉凶特征与内在规律,借以判断各存异断占辞之正误,省却统计分析之劳。③

孔理霭的《易经》翻译在《易经》西传史上占有特殊地位,其翻译方法迥异于其他翻译家的方法,他先将汉字的音标注出来,有古音的则还在括号中标注古音;然后对应每一个汉字下面译出其英文。如下面的书影所示:

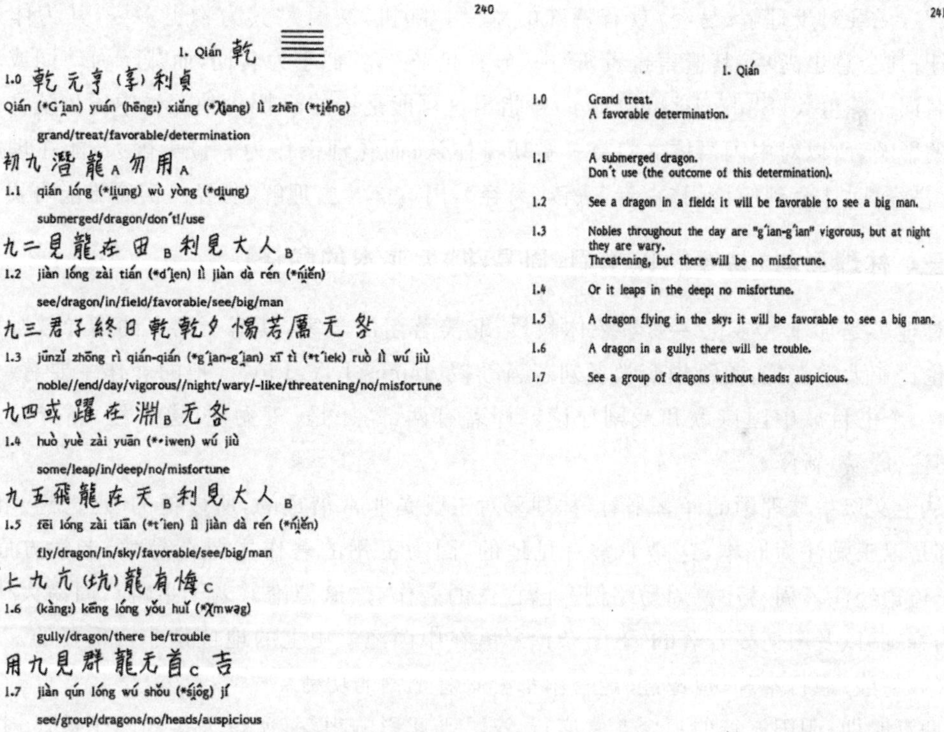
240

1. Qián 乾

1.0 乾元亨(享)利貞
Qián (*G'ian) yuán (hēng:) xiǎng (*χiang) lì zhēn (*tiěng)
grand/treat/favorable/determination

初九潛龍A 勿用A
1.1 qián lóng (*liung) wù yòng (*djung)
submerged/dragon/don't!/use

九二見龍在田B 利見大人B
1.2 jiàn lóng zài tián (*d'ien) lì jiàn dà rén (*ńiěn)
see/dragon/in/field/favorable/see/big/man

九三君子終日乾乾夕惕若厲无咎
1.3 jūnzǐ zhōng rì qián-qián (*g'ian-g'ian) xī tì (*t'iek) ruò lì wú jiù
noble//end/day/vigorous//night/wary/-like/threatening/no/misfortune

九四或躍在淵B 无咎
1.4 huò yuè zài yuān (*·iwen) wú jiù
some/leap/in/deep/no/misfortune

九五飛龍在天B 利見大人B
1.5 fēi lóng zài tiān (*t'ien) lì jiàn dà rén (*ńiěn)
fly/dragon/in/sky/favorable/see/big/man

上九亢(炕)龍有悔C
1.6 (kàng:) kēng lóng yǒu huǐ (*χmwəg)
gully/dragon/there be/trouble

用九見群龍无首C 吉
1.7 jiàn qún lóng wú shǒu (*śiôg) jí
see/group/dragons/no/heads/auspicious

241

1. Qián

1.0 Grand treat.
A favorable determination.

1.1 A submerged dragon.
Don't use (the outcome of this determination).

1.2 See a dragon in a field: it will be favorable to see a big man.

1.3 Nobles throughout the day are "g'ian-g'ian" vigorous, but at night they are wary.
Threatening, but there will be no misfortune.

1.4 Or it leaps in the deep: no misfortune.

1.5 A dragon flying in the sky: it will be favorable to see a big man.

1.6 A dragon in a gully: there will be trouble.

1.7 See a group of dragons without heads: auspicious.

图 1　孔理霭所译《易经·乾卦》书影

① Richard Alan Kunst, pp. 84-85;高本汉称“protograph”为 short forms 和 primary forms,吉德炜称之为 primary graphs,而郭沫若则称之为“初形”。详见 Richard Alan Kunst, p. 85.

② Richard Alan Kunst, pp. 82-87.

③ 赵伯雄,周国林,郑杰文等编:《古籍整理研究与中国古典文献学学科建设国际学术研讨会论文集》,山东大学文史哲研究院古典文献研究所,2009 年,第 336-337 页。孔理霭的博士论文请见:Kunst, Richard Alan. “The Original Yijing: A Text, Phonetic Transcription, Translation and Indexes, with Sample Glosses.” Ph. D. dissertation in Oriental Languages: University of California at Berkeley, 1985. pp. 488-603.

孔理霭译本也体现了他对《易经》中字词古音的辨识。例如，他的《易经》译稿中给每一个字均标上了现代汉语读音及其古音；他也标注了哪些字在古音中是押韵的，例如“龙”的古音“liung”和“用”的古音“diung”属于同一音节韵部(syllable-final)，他在中文旁边用下标的A表示，如“A”，如果有多个韵部，则继续使用“B”“C”等表示，依此类推。同时，孔理霭用x.0来表示卦辞，如《易经·乾卦》卦辞便表示为“1.0 乾元亨(享)利贞”，而在爻辞前分别用x.1、x.2、x.3……x.6来表示，例如《乾卦》初九便表示为“1.1 A submerged dragon. Don't use (the outcome of this determination)”。这样做也存在不利之处，因为如果只看译文的话，就不知道某一爻到底是阴爻还是阳爻。不过，孔理霭译文的前面有中文，所以不至于让读者误会。这不失为一种较为便捷的处理方法，而且译文显得相对简洁。

孔理霭以“古音”来标注《易经》字词的读音，并尽量用该字词原来的意义(或可称之为“古义”)，无疑对于理解《易经》具有特殊的意义。陆机《文赋》“其为物也多姿，其为体(变)也屡迁；其会意也尚巧，其遣言也贵妍”中，乍看起来“姿”似乎为名词，而“迁”为动词或至多为动名词。陈世骧(Shih-Hsiang Chen)曾指出这可能是错的[①]，因为他深受中国传统文化及文论的影响，所以对中国语体文自有一番切身体认；而孔理霭作为一位美国人，能在理解和翻译《易经》时体会到应该用“古音”去读《易经》，用“古义”去理解《易经》，实属难能可贵！

三、林理彰与《易经》：以王弼《周易注》为底本的翻译

林理彰是加拿大多伦多大学荣休教授，北美著名汉学家，其博士论文的指导教师是美国哥伦比亚大学教授，美籍华裔学者刘若愚教授(James J. Y. Liu)。他的著作主要有《中国文学：一个书目》《中国诗歌和戏剧导读》；译著有两部：一是《王弼注〈道德经〉新译》，二是《王弼注〈周易〉新译》[②]。

从上文所举林理彰的译著来看，林理彰对王弼是非常借重的，所以他的《道德经》和《易经》都是以王弼注为底本，这是非常有见地的，因为王弼的著作主要在易学、老学方面，如《老子道德经注》《周易注》《周易略例》，已亡佚的著作有《道德论》《老子指略》《周易大衍论》《论语释疑》以及与何晏合著的《老子杂论》等，在中国经学史上的地位是非常重要的。目前所见的《易经》通行本和《道德经》通行本都凝聚着王弼的功劳。

两汉时期，阴阳五行的观念非常盛行，汉易受此影响很深，所以大多局限于爻辰、卦气、互体、纳甲、世应、飞伏、游归、旁通、之正、卦变等象数范围中。而王弼易学则一扫象数易学的积弊，而将老庄玄学思想注入解易之中。

正因为王弼易学在易学史上的地位如此重要，所以林理彰翻译《易经》时选择王弼注的《易经》为底本显示出了林理彰对中国易学的深入把握；同时，他的译本翻译出版后得到许

① 陈世骧，“姿与GESTURE——中西文艺批评研究点滴”，见陈世骧：《陈世骧文存》，沈阳：辽宁教育出版社，1998年，第25页。

② Richard John Lynn, *Chinese literature: A Draft Bibliography in Western European Languages*; *Guide to Chinese Poetry and Drama*; *The Classic of the Way and Virtue: A New Translation of the Tao-te Ching of Laozi as Interpreted by Wang Bi*; *The Classic of Changes: A New Translation of the I Ching as Interpreted by Wang Bi*.

多西方汉学家的积极回应和评论。施罗德(J. Lee Schroeder)[①]、梅茵(Roderick Main)和宇文所安(Stephen Owen)[②]等人就对林理彰进行了及时的评价。

施罗德认为林理彰翻译的《易经》的主要贡献在于,其提到的许多材料迄今还无英语翻译,也就是说林理彰所译的王弼《周易注》和《周易略例》可能是英语世界的第一次翻译,因此林理彰的《易经》翻译为未来诸多哲学争辩奠定了基础。[③]

林理彰的《易经》译本刚一问世,国际著名汉学家宇文所安(Stephen Owen)就发表了自己对该译本的看法。宇文所安首先指出,应该注意到林理彰《易经》译本的副标题是"A New Translation of the *I Ching* as Interpreted by Wang Bi",就是说这一译本迥异于以前的《易经》译本,因为这是由王弼所注的《易经》翻译而来的。在林理彰的《易经》译本中,读者发现的不是关于智慧的永恒而透明的文本,而是中国人自己对古籍的多层次历史诠释。正如林理彰在"导论"中所告诉读者的那样,卫礼贤译本高度依赖20世纪对《易经》的注疏,而林理彰所译王弼的注疏则代表了3世纪对《易经》的诠释。[④] 其次,宇文所安感兴趣的是,一方面林理彰的《易经》翻译不仅提供了王弼的注疏,而且提供了比卫礼贤/贝恩斯更为准确的翻译;而且阅读林理彰《易经》译本的英语世界(西方世界)读者可以像中国人阅读《易经》一般觉得其文字言之有理,这一点优于卫礼贤/贝恩斯的《易经》译本;另一方面,林理彰的《易经》译本在主要连锁书店的"东方宗教"部是否能取代卫礼贤/贝恩斯的《易经》译本还有待时日来证明。[⑤]

总体而言,宇文所安认为林理彰的译文优于卫礼贤/贝恩斯的译文,他举了《易经·乾卦》和《易经·豫卦》为例说明了自己的观点。最后,宇文所安指出,读者可以信任译者对《易经》这一古籍的理解。[⑥]

---

① J. Lee Schroeder, A Book Review on The *Classic of Changes*: *A New Translation of the I Ching as Interpreted by Wang Bi* Translated by Richard John Lynn, *Journal of Chinese Philosophy*, 23 (1996), pp. 369-380.

② Stephen Owen, "Yin Yang Inc. A Book Review on The *Classic of Changes*: *A New Translation of the I Ching as Interpreted by Wang Bi* translated by Richard John Lynn", *The New Republic*, 22: 211 (November 22, 1994), pp. 66-70.

③ J. Lee Schroeder, 1996, pp. 369-380. 顾明栋曾对中外文献进行过搜索,发现几乎没有汉语理论和评论书籍特意提及王弼的《周易略例》,在中国传统文学思想论著中该书似乎也缺席,只有哈佛大学的宇文所安(Stephen Owen)教授在其著作 *Readings in Chinese Literary Thought* (Cambridge, MA: Harvard University Press, 1992, pp. 33-34)将部分论述收入,并讨论了它对中国文学理论的意义。详见 Ming Dong Gu, "Elucidation of Images in the *Book of Changes*: Ancient Insights into Modern Language Philosophy and Hermeneutics", *Journal of Chinese Philosophy*, 31:4 (December 2004), p. 470. 中文见顾明栋:《〈周易〉明象:现代语言哲学与诠释学的古代》《原创的焦虑——语言、文学、文化研究的多元途径》,南京:南京大学出版社,2009年,第64、84页。

④ Stephen Owen, "Yin Yang Inc. A Book Review on The *Classic of Changes*: *A New Translation of the I Ching as Interpreted by Wang Bi* translated by Richard John Lynn", *The New Republic*, 22: 211 (November 22, 1994), p. 68.

⑤ Stephen Owen, 1994, p. 68.

⑥ Stephen Owen, 1994, pp. 69-70.

林理彰的《易经》译本包括致谢、导论、王弼的《周易略例》《系辞传》(上)、《系辞传》(下)、《序卦》《杂卦》《说卦》《六十四卦》、参考文献、术语汇编、专有名词表和索引。

在"导论"中，林理彰首先简要介绍了《周易》的基本内容、形成过程、每一卦的基本内容、《易传》的基本内容、《周易》和《易传》的作者及其相关问题等，基本沿袭中国传统易学的观点，例如伏羲画卦、文王重卦、文王作卦辞、周公作爻辞等。①

接着，林理彰介绍了自己翻译王弼所注《易经》的组成、程序和方法以及翻译时所依据的底本。林理彰翻译了王弼的《周易注》(包括卦辞、爻辞、《彖传》《象传》和《文言》)和《周易略例》以及那些王弼未注疏而由其学生韩康伯注疏的部分(包括《系辞传》《序卦》《杂卦》和《说卦》)。林理彰翻译时依据的底本是楼宇烈所著的《王弼集校释》②。对于难解的或未注疏的段落，林理彰通常参考孔颖达的《周易正义》；翻译时，林理彰还参考了阮元编纂的《十三经注疏》③；除此之外，林理彰也参考了程颐的《伊川易传》、朱熹的《周易本义》和李光地编纂的《御纂周易折中》以及理雅各的英译本、卫礼贤的德译本、贝恩斯从卫礼贤德译再转译为英文的英译本和蒲乐道的英译本。在翻译这本书时，林理彰尽可能忠实于《易经》的字面意义；他指出，《易经》意义丰赡，须从不同的层次对其进行把握，关键的一点是读者应该接受该文本假设的历史现实。④

随后他简述了王弼的生平、交游及其学术贡献⑤以及王弼研究《周易》的方法。⑥ 最后介绍了两种占筮的方法：蓍草法和金钱卦法。⑦

林理彰认同"四德说"，所以他将"乾元亨利贞"译为"*Qian* consiscts of fundamentality [*yuan*], prevalence [*heng*], fitness [*li*], and constancy [*zhen*]"⑧。不得不承认的是，林理彰对"元亨利贞"的翻译与理雅各和卫礼贤等人的翻译不一样，甚至可以说他对这四个字的理解迥异于其他所有西方易学家的理解。

此外，林理彰认同分经附传观点，当然这也是王弼的观点。他既然选择了翻译王弼的《周易注》，就可以认为他接受了王弼的易学观。因此，他在翻译每一卦时，其顺序依次是卦画、卦名、卦辞、《彖传》《(大)象传》《系辞传》《杂卦》、爻位、爻辞、《文言》《(小)象传》。⑨

为了将王弼的注与其他学者的注区别开来，林理彰运用了很多符号，例如"{}"内都是

---

① Lynn, Richard John. trans. *The Classic of Changes: a New Translation of the I Ching as Interpreted by Wang Bi*. (602p.) New York; Chichester: Columbia University Press, 1994, pp. 3-5.

② 楼宇烈：《王弼集校释》(两卷本)，北京：中华书局，1980 年。

③ 阮元：《十三经注疏》，1815 年刻；台北：译文印书馆，1955 年重印。

④ Lynn, Richard John. trans. *The Classic of Changes: a New Translation of the I Ching as Interpreted by Wang Bi*. (602p.) New York; Chichester: Columbia University Press, 1994, pp. 5-9.

⑤ Lynn, Richard John, 1994, pp. 9-15.

⑥ Lynn, Richard John, 1994, pp. 15-18.

⑦ Lynn, Richard John, 1994, pp. 19-20.

⑧ Lynn, Richard John, 1994, p. 129.

⑨ 以《易经·乾卦》为例，详见 Lynn, Richard John, 1994, pp. 129-132.

韩康伯的注[①],另外还有"[]"、斜体等等之类的印刷符号,这无疑会让读者感到迷惑。符号太多是林理彰译本的一个缺点,当然这仅仅是白璧微瑕而已。

四、夏含夷与《易经》:以马王堆汉墓帛书《易经》为底本的翻译

夏含夷是一位出色的易学家和西周史专家,目前任教于美国芝加哥大学,其著作主要包括《西周史料》(*Sources of Western Zhou History: Inscribed Bronze Vessels*)、《孔子之前:中国经典研究》(*Before Confucius: Studies in the Creation of the Chinese Classics*)、《古史异观》《重写中国早期文献》(*Rewriting Early Chinese Texts*)、《中国智慧》(*Chinese Wisdom: Sayings from the Classical Masters*)[②]等。有关《易经》研究,他有两部专著,一是博士论文《〈周易〉的编纂》(The Composition of the *Zhouyi*)[③],目前尚未出版;二是《易经》英译(*I Ching: the Classic of Changes*)[④],1996 年出版。另外,还有许多易学论文散见于各种学术刊物,极具代表性的主要有《试论上博〈周易〉的卦序》《从出土文字数据看《〈周易〉的编纂》《阜阳周易和占筮指南的形成》[⑤]等。

夏含夷 1974 年大学毕业后到台湾师从爱新觉罗·毓鋆读《周易》《老子》和《庄子》等"三玄",研习中国古代思想史,但是觉得《周易》最有意思。1978 年回美国,师从倪德卫(David S. Nivison)。本来决定写篇与《周易》相关的博士论文,但是由于倪德卫当时对甲骨文着迷,所以第一年开始阅读甲骨卜辞,感觉贞卜与《周易》也不无关系。结果其研究兴趣也从研究哲学转到了研究历史和语言问题上,而且开始觉得历史问题和语言问题可能比纯粹的哲学问题更有意思。尽管自己的研究兴趣时有转变,但是他坚持认为研究中国古代文化史,应该本着王国维所提倡的"二重证据法",传统文献和出土文字资料应该有平等的价值。[⑥]

李学勤在《马王堆汉墓文物》一书的"序"中指出:"马王堆汉墓的发掘,确实使读者对汉

---

① Lynn, Richard John. trans. *The Classic of Changes: a New Translation of the I Ching as Interpreted by Wang Bi*. (602p.) New York; Chichester: Columbia University Press, 1994, n. 1, p. 68.

② Edward L. Shaughnessy, *Sources of Western Zhou History: Inscribed Bronze Vessels*, *Berkeley*: University of California Press, 1991; *Before Confucius: Studies in the Creation of the Chinese Classics*. Albany, N. Y.: SUNY Press, 1997;《古史异观》,上海:上海古籍出版社,2005 年; *Rewriting Early Chinese Texts*. Albany, N. Y.: SUNY Press, 2006; *Chinese Wisdom: Sayings from the Classical Masters*. London: Duncan Baird Publishers, 2010.

③ Edward L. Shaughnessy, *The Composition of the Zhouyi*. Unpublished PhD Dissertation, Stanford University, 1983.

④ Edward L. Shaughnessy, *I Ching: the Classic of Changes*. New York: Ballantine Books, 1996.

⑤ 夏含夷,"试论上博《周易》的卦序",《简帛》,2006 年第 1 期;"从出土文字数据看《周易》的编纂",见郑吉雄编:《周易经传文献新诠》,台北:台湾大学出版中心,2009 年;"The Fuyang *Zhou Yi* and the Making of a Divination Manual," *Asia Major*, 3rd ser. 14.1 (2003): 7-18.

⑥ 夏含夷,"自序",2005 年,第 4 页。

初的历史文化观感一新。称之为一项重大发现，无疑是名实相符的。”[①]张岱年也说，“应该承认，帛书《易传》是很有价值的宝贵典籍。”[②]

夏含夷回溯了自己研究《易经》的过程。20世纪80年代初，他在斯坦福大学时的博士论文为《〈周易〉的编纂》(The Composition of the *Zhouyi*)，该论文探讨的是《易经》的早期历史。那时，他已知道湖南长沙马王堆汉墓出土了《易经》手稿。不过，当他1983年完成博士论文时，马王堆帛书《易经》还没公开出版。所以他就一直关注这一手稿的公开出版，每次到中国来都问及这一手稿的进展。到1984年，才在《文物》上看到帛书《易经》的六十四卦卦爻辞。1992年有朋友参加庆祝马王堆汉墓出土二十周年纪念会，给他带了一部《马王堆汉墓文物》(*Cultural Relics from the Mawangdui Han Tomb*)。这部书里有六十四卦爻辞、《系辞传》的完整照片。到这时候，夏含夷觉得似乎可以开始研究帛书《易经》这一手稿了。

1994年，夏含夷开始翻译帛书《易经》。1996年，他翻译的帛书《易经》在纽约的巴兰坦图书出版集团(Ballantine Books Group)得以出版。夏含夷的《易经》译本共有八部分，分别是“致谢”“《易经》的起源及早期发展”“马王堆《易经》手稿”“翻译原则”“译本惯例”“译文正文”“注释”和“参考文献”。其中“译文正文”包括六部分，分别是《周易》(*The Zhouyi*)、《二三子问》(*The Several Disciples Asked*)、《系辞传》(*Appended Statement*)、《易之义》(*The Properties of the Changes*)、《要》(*The Essential*)以及《缪和》(*Mu He*)和《昭力》(*Zhao Li*)。

夏含夷这一译本的特点和意义均在于它是马王堆汉墓出土的帛书《易经》。这是目前国内外帛书《易经》最完整的英译本[③]。为了方便读者的阅读，夏含夷在译文正文之前制作了一份帛书《易经》与通行本《易经》卦序的对比图，这样读者就能对两种《易经》的卦序之异同一目了然了。

在“翻译原则”中，夏含夷提到，翻译早期文本时，译者必须时刻注意“语音通假”的问题。如果译者坚持按原稿的“原样”译出，那译者肯定无法公平处理原稿；另一方面，语音通假的可能存在并未赋予译者自由改变原稿的权力。如此一来，如果译者要调和这两个极端而达到“中庸”的话，那么最好的情况可能就是，他按誊写者的意图来再现原稿。[④]

对于帛书《易经》而言，同样存在类似的问题。而且，由于目前还有通行本《易经》，那么帛书《易经》的诠释和翻译问题就可能同时既得到了弱化又得到了加强。因为译者只要将帛书《易经》和通行本《易经》进行对照的话，便会马上发现其对应字符是否匹配。如果匹配的话，读者可能强烈(尽管还不肯定)推测，这一字符就代表了通常与其有着紧密关联的字符；如果不匹配，那么译者就得从不同的字符(意义)中进行选择。夏含夷举了通行本《乾

---

① 李学勤，“序”，见傅举有、陈松长编著，周世一、陈可风翻译：《马王堆汉墓文物》，湖南：湖南出版社，1992年。

② 张岱年：《初观帛书〈系辞〉》，见陈鼓应：《道家文化研究》(第三辑)，1993年，上海：上海古籍出版社，第3页。

③ 详见傅举有、陈松长编著，周世一、陈可风翻译：《马王堆汉墓文物》，湖南：湖南出版社，1992年。

④ Edward L. Shaughnessy, *I Ching: the Classic of Changes*. New York: Ballantine Books, 1996, p. 30.

卦》的“飞龙在天”和帛书本《键卦》的“翡龙在天”为例进行说明。他认为帛书本“翡龙在天”中的“翡”就是通行本“飞龙在天”中的“飞”。[①]

夏含夷对于《周易》部分的翻译，其体例如下：先是帛书《周易》，包括卦画、卦名、卦序、卦辞、爻位和爻辞；然后是通行本《周易》，包括卦画、卦名、卦序、卦辞、爻位和爻辞，这都在左边的一页里；右边的一页则是帛书《周易》的英译文，顺序依次是卦序、卦名、卦画、卦辞、爻位、爻辞。

他将《键卦》卦辞“键元享利贞”译为“The Key: Primary reception; beneficial to determine”，可见他没有接受“四德说”，而是认为“元”修饰“享”，故译为“primary reception”；而“利”则修饰“贞”，故译为“beneficial to determine”。对于爻位的翻译，夏含夷可能接受了卫礼贤/贝恩斯的译法，不过比他们的更为简洁，试看下表：

表 2　卫/贝《乾卦》译文和夏含夷《键卦》译文的爻位翻译比较

Wilhelm-Baynes		Edward L. Shaughnessy	
初九	Nine at the beginning means	初九	Initial Nine
九二	Nine in the second place means	九二	Nine in the Second
九三	Nine in the third place means	九三	Nine in the Third
九四	Nine in the fourth place means	九四	Nine in the Fourth
九五	Nine in the fifth place means	九五	Nine in the Fifth
上九	Nine at the top means	尚九	Elevated Nine
用九	When all the lines are nines, it means	迵九	Unified Nine

对于夏含夷的译文，值得一提的是，他充分利用了自己的古代历史、古代汉语的知识，其对卦的理解确实达到了很高水平。

五、结语

苏德恺指出，英语读者现在可以通过五扇门进入《易经》的漫长历史：《易经》本经、约 5 个世纪后的《十翼》、马王堆帛书《易经》、王弼的《周易注》和程朱所代表的新儒学《易经》。[②]

《易经》本经是指孔理霭的博士论文“原始《易经》”；程朱所代表的新儒学《易经》主要指理雅各和卫礼贤（尤其是理雅各）的《易经》译本，因为他们都是以《御纂周易折中》为翻译底本，而其中尤其借重了程颐和朱熹的易学见解和易学注疏。[③] 而林理彰翻译的则是以王弼《周易注》为底本的翻译，这是一种极具学术眼光的选择，因为易学史上义理派与象数派的

① Edward L. Shaughnessy, *I Ching: the Classic of Changes*. New York: Ballantine Books, 1996, pp. 30-31.

② Kidder Smith, "Contextualized Translation of the *Yijing*", *Philosophy East and West*, Vol. 49, No. 3, Human "Nature" in Chinese Philosophy: A Panel of the 1995 Annual Meeting of the Association for Asian Studies (Jul., 1999), p. 382.

③ Kidder Smith, "Contextualized Translation of the *Yijing*", *Philosophy East and West*, Vol. 49, No. 3, Human "Nature" in Chinese Philosophy: A Panel of the 1995 Annual Meeting of the Association for Asian Studies (Jul., 1999), pp. 377-383.

明显分野是从王弼才开始的。[①] 蒲乐道翻译的《易经》并非出于浓厚的学术兴趣,而是想译出一部语言简单且能清晰指导占筮的著作。夏含夷以马王堆汉墓中出土的帛书《易经》为底本来进行翻译,是一种极具学术敏感性的学术行为,因为马王堆帛书《易经》在所有《易经》版本中的地位是极为特殊的,而西方还没有类似的译著。

有关蒲乐道、孔理霭、林理彰和夏含夷等四位易学家译著的推出,对推动西方易学研究的多元化和进一步拓展具有非常重大的意义。而且,我们可以借助他者的文化视角为当下中国文化走出去的国家战略提供翻译实践层面的启示,推动中国文化典籍在海外的传播。

① 余敦康:《论王弼〈周易略例〉在易学史上的地位》,《周易研究》1989 年第 1 期,第 14-20 页。

闵福德《易经》英译与《易经》外译的两个系统[①]

——兼论中华古籍外译的当代化取向

王晓农

摘　要　闵福德的《易经》英译具有鲜明特色，特别是其“一本双译”的文本构成，即一个译本包括《易经》“青铜时代”的占筮书译文和“智慧之书”译文，反映了当前《易经》英译的新尝试。迄今的《易经》翻译分为经传合一、以传解经的译本系统和经传分离、专译古经的译本系统，而两个系统的发展最终可能是“一本一译”。现有译本多属前一系统，后一系统的译本尚不多见。为改变这一失衡状态，应着力将20世纪以来《易经》原貌研究的成果纳入翻译，以体现其文献价值。而前一系统的发展也应注意保持《易经》本文和《易传》等后世注疏在概念层面的差异，避免译文的同质化。推而广之，国内典籍外译界应着力反映近年来学界对原典研究的新成就，而这对中国古籍外语复译尤为迫切。

关键词　闵福德；《易经》；翻译；系统；取向

Abstract　John Minford's English translation of *Yijing* is innovative in some aspects, especially its “one translated book containing two versions”, i. e. the “Bronze Age Oracle” version and the “Book of Wisdom” version. Such feature reflects the current tentaive efforts in translating *Yijing*. Translations of *Yijing* up to now have formed two systems, one of which is the translation on the basis of the Ten Wings and other commentaries and annotations in the Chinese tradition, and the other of which is the translation of *Yijing* text with a separation from them. The ultimate trend of the two systems maybe“one translated book with one version”. The existent translated versions mostly belong to the former system, with few in publication belonging to the latter. To change such imbalance, we encourage more efforts in translating the new research achievements on the text itself of *Yijing* since early 20th century and highlighting its documentary value. For the former system, we advocate attention to the conceptual distinctions between the text and its commentaries, avoiding the homogeneity in their translation. For the project of re-translating Chinese classics into foreign languages, it is urgent to absorb recent findings in the original Chinese works research.

Key words　John Minford; *Yijing*; translation; system; orientation

作者简介：王晓农（1968—　），男，山东淄博人，博士，鲁东大学外国语学院副教授、硕士生导师，中国英汉语比较研究会典籍英译专业委员会常务理事，主要研究方向为典籍翻译与译论研究。

一、引言

西方对《易经》直接而系统的研究始于16世纪，其严格意义上的《易经》翻译则始自17

① 原文发表于《燕山大学学报（哲学社会科学版）》2017年第2期。

世纪来华的欧洲耶稣会士。《易经》英译若从麦丽芝(Canon Thomas R. H. McClatchie)1876年译本算起已逾140年。西方现在各种形式的英译本已有上百种，而国内翻译家的英译本较少。在美国，过去在一年中只有一二种《易经》翻译本问世，而今在短短七八年间，每年就有四五种新译本。[1]300 据美国宾尼法尼亚大学汉学教授金鹏程(Paul R. Goldin)列出的“十三经主要西方语言译本”可知，在西方影响较大的英译本主要有理雅各(James Legge，1882)、贝恩斯(Cary F. Baynes，1950，译自卫礼贤 Richard Wihelm 德译本)、蒲乐道(John Blofeld，1965)、林理璋(Richard J. Lynn，1994)、卢大荣(Richard Rutt，1996)、夏含夷(Edward L. Shaughnessy，1996)、裴松梅(Margaret J. Pearson，2011)等人的译本。[2] 总体而言，20世纪中期以来，英语世界的《易经》翻译进入成熟期。[3] 国内《易经》翻译研究在过去几十年来多关注较为古旧的译本，如理雅各译本、卫礼贤译本，在此基础上提出的关于《易经》外译的各种建议和构想就失去了当代《易经》英译实践的实证基础。[4] 近几年学者们开始把目光投向西方20世纪下半叶以来出现的新译本。最近的《易经》英译成果是闵福德(John Minford)2014年10月出版的译本 *I Ching: The Essential Translation of the Ancient Chinese Oracle and Book of Wisdom*。[5] 国内学者已开始对闵氏《易经》英译本进行研究并有成果发表。如李伟荣(2016)对该译本的翻译策略进行了分析，把译者的翻译策略概括为“追溯本义、秉承直译、充分发挥译者主体性”[6]。经笔者初步考察，认为该译本呈现出了一些与以往英译本不同的特征，反映出英语世界《易经》翻译的新趋势。本文将首先对该译本进行描述性简评，交代其主要成就及不足之处，由其“一本双译”的译本特点进一步探讨《易经》翻译的两个系统，并简论中华古籍外译的当代化取向问题，希望能够引起学界注意和进一步研究。

二、闵福德的《易经》英译

闵福德(1946—)这个名字对中国翻译界而言并不陌生。他早年师从澳洲华裔汉学家柳存仁教授，现为澳大利亚国立大学荣休教授，国际知名的汉学家、翻译家。曾因和岳父霍克思合译中国文学名著《石头记》(即《红楼梦》，1982；1986)而闻名，他负责后四十回的英译。另译有不少中国古今作品，如金庸武侠小说《鹿鼎记》(1997，1999，2002)、古籍《孙子兵法》(2003)、蒲松龄文言小说集《聊斋志异》(2006)等，其新译作《道德经》即将杀青。闵氏《易经》英译始于2002年，前后历时12年，该译本全书厚达928页，于2014年底由纽约企鹅出版集团的维京出版社出版(以下简称闵译本)。译本出版后，获得了2015年国际笔会福克纳文学奖评选提名。[7] 该书豪华精装版又于2015年12月出版。

闵译本正文主体分两部分。其一是一部已有2000多年历史的中国“智慧之书”(Book of Wisdom)的英译，供一般读者阅读、查考。译者声称，其译本不是一部纯学术译作[5]7，但通过阅读译文，读者也可了解以《易经》为核心而凝结在其周围的中国古代哲学的概貌[5]3。这部分译文按照每一卦的内容包括《易经》六十四卦经文、《易传》的部分文字、自汉代迄今的一些注疏的摘录和译者本人的评论和解读。在体例上呈现了新的格局，例如不同的内容采用不同的字号、对齐方式、标记符号等。译文更多地引用了中国古今《易经》传注疏等传统易学文献，尽量不涉及西方论著(包括其它译本对《易经》的诠释)。这一部分的主要解读资源包括王弼、程颐、朱熹等人的易学,另外的三个主要参照是18世纪清代全真道教龙门派道士刘一明(1734—1821)的道家易学、台湾学者陈鼓应颇具道家色彩的易学和香港学者闵建蜀从现代工商管理角度对《易经》的诠释,三者都主要涉及《易经》的应用。

其二是一部中国"青铜时代"占筮书(Bronze Age Oracle)的英译。这部分在时间上是从西周初期到春秋战国,译者试图把《易经》和《易传》及后世注疏剥离开,只译六十四卦经文,力图再现古经之原貌。译者"尽量尊重《易经》符号的原始神秘状态,使读者有可能体验到中国古人看待世界和与世界打交道的方式"[5]501。

相较前人《易经》译本,闵译本取得了一些新的成就。

一是其译文总体上属于解释性翻译,尽量避免了译文的简单化、平面化。为了提高译本的实用性,译者在译文中多和日常生活相联系,减少神秘感和过于学术化、抽象化。

例如,译本第一部分没有全文翻译《易传》,而是摘录了与翻译意图较为相关的文字;在注释中引用了一些今人从商务管理应用角度对《易经》的阐发。为了营造一种特殊的阅读氛围,译者在第一部分译文中引用了大量早期拉丁文《易经》译文中的拉丁文词语,这些拉丁文词语并不影响英文译文的意义表达。例如《乾》九四"或跃在渊。无咎。"译文是"He leaps / Into the deep, /*In profundis*. / No harm, /*Nullum malum*"[5]19-20。译者说,读到这样的译文,"好像是步入一所旧式教堂,听到神父在念叨一段拉丁文,没几个人能明白它。我希望给读者类似的感觉。你没有必要理解它们——旁边都有英文释义。"[7]"目的不是故意制造某种神秘感,而是创造出一种中国远古时代使用'咒语'那样的感觉,一种深邃的沉思感,产生一种中国早期'自知'和'修身'传统与西方欧洲早期精神传统之间的共鸣",即所谓"人同此心,心同此理"[5]4。译文中嵌入有的连译者本人也不甚理解的拉丁文词语是提醒人们"我们从未走出黑暗,所做的只能是试图抓住过去的'残片'"[5]5。

二是闵译本在同一译本内提供两种译文,力图涵盖《易经》和易学完整的发展史,即《易传》之前和之后,反映《易经》的两种面貌。闵译本可谓首部使两种译文共现于同一文本的《易经》英译本。

"智慧之书"译文涵盖古经和《易传》摘录等内容,篇幅较大。译者有意识地在译文体例、语言和风格上将二者加以区别,"青铜时代"的占筮书译文词句和句法更加简洁、风格更加古朴,而"智慧之书"的译文语言上更加成熟、更加易于理解。如"利见大人"分别是"Profits / To see a big man."[5]513和"It profits / To see a Great Man, *Magnum virum*."[5]21。即使译的同一个字,译文也可能不同,例如"大人"和"君子"在前者分别译作"big man"和"noble man",在后者译作"Great Man"和"The True Gentleman",通过首字母的大小写和不同用词体现出后者是哲学化的用语。"贞"在第一部分根据传统解释译为"steadfast"(正固、坚贞),而在第二部分则据近世研究译为"augury"(占筮)。再如卦名"乾""坤",在前者译作"Kan / Sun Rising""K'wen / Earth Flow",而在后者是"Qian / Heaven""Kun / Earth",体现了不同的读音和解释。另外,如前所述,第二部分译文中没有嵌入拉丁文词语。

三是译本除了征引古代解读《易经》资源如《诗经》《楚辞》等西汉《易经》经典化以前的文献,还汲取了不少近世以来文献学和考古学的新发现以及一些中西学者的研究成果,如高亨、李镜池、闻一多、亚瑟·韦利(Arthur Waley)、吉德炜(David Keightley)、孔理霭

(Richard A. Kunst)、夏含夷、卢大荣等学者和译者的《易经》研究成果及有关马王堆帛本《周易》等别本研究成果[5]502。

就闵译本存在的不足而言,考虑到译者的实用翻译目的,笔者认为有以下几点:

一是译者没有就所依据的《易经》版本进行说明和分析;对有些经文的解读与传统解读不一致,但却没有作出说明,例如《乾》卦辞的四个字,传统往往要么解为“元,亨,利,贞”,要么解为“元亨,利贞”,而第一部分的译文是“Supreme Fortune. /Profitable. /Steadfast. ”第二部分的译文是“Supreme Fortune. /Sacrifice Received. /Profitable Augury. ”因此,相当于解为“元,亨,利贞”。

二是虽然按照时代的区别把经文译成两套,但就“青铜时代”的占筮书译文而言,译文注释显得过于单薄,对多数原文字词的解释仍离不开一些后世传注,可能由于翻译目的的非学术性,对经文的训诂研究不够。如《坤》六二“不习”按照《论语》“学而时习之”之“习”解释而译为“Without practice”[5]515。也未就卦象符号的演变做出说明,因为译文中给出的卦象符号并非其周代本来的样子;古经的文、史、哲内涵解读都不够。

三是整体来看,译者对《易经》经文的解读未能取得突破,各种注释混杂,有拼凑迹象,而原文中经文和传注在概念层面上的差别在译文中大为弱化。换言之,原文传注对经文的单向解释关系在译文中模糊了。当然,这种差别的弱化是《易经》翻译难以避免的、在各种译本中都不同程度存在着。一个令人困惑的问题是,为何译者将拉丁词语用于第一部分“智慧之书”译文而不是第二部分,似乎后者更需要创造出一种译者所谓“使用‘咒语’”的氛围。除了以上问题,闵译本的“一本两译”格局虽有其创新之处,也不可避免地给人留下两种《易经》的印象。

三、《易经》翻译的两个系统

闵译本最令笔者感兴趣的是它的译本结构,即它包含了两个《易经》译文,以不同的视角来实现不同的翻译意图,并由此反映《易经》的发展史。从商周之际《易经》成书以后到清代末年,它3000多年的历史大致经历了三个阶段:周初成为筮书而其本义逐渐被忘却的阶段、春秋时期产生解释和发挥它的《易传》并在西汉和《易经》一并经典化的阶段以及逐渐形成易学并出现各种流派的阶段。《易传》的产生意味着《易经》的时空概念发生了很大变化,把《易经》看作用“象”来表意的符号体系,仅用两个符号的能指就把一切符号的所指涵盖了,这不是文字符号可以做到的。它把卦象系统视为一种宇宙观,表现的是宇宙的运动,能将大千世界囊括其中,谓之“易道广大,无所不包”。从一定意义上说,《易传》是用《易经》来说事的。《易经》对中华文化的形成和发展产生的影响广泛而深远,这无疑在很大程度上归功于《易传》对《易经》的哲学化诠释。这也是绝大多数《易经》译本都走经传合一、以传解经的路径的重要原因。

《易传》中的《易经》自然不是后者的本义。19世纪以降,中国深受内忧外患的困扰,学术思想也发生了重要变化,传统学术几乎崩溃而后又重新组合。[8]1与传统易学不同,20世纪的易学者大都能以历史眼光和哲学观念,对《周易》经传及其它易学材料取一种平等态度,不再专注于在传统易学内继续发挥过往的注疏,而是提出了不同于传统易学的新问题。[9]2 从20世纪初开始，易学出现转轨，取得一系列突破，其促成的因素主要有三：一是受西方科学精神和哲学思想影响，国内出现了一些新的思潮，儒家思想独尊局面式微，国人的价值观念发生变化，从而使易学思变朝着异于传统易学的方向和目标努力。二是考古学新的发现、大量地下文物的出土，为易学研究带来了新材料、新方法，促使易学研究对象出现转移。三是对于经传问题，以经观经、以传观传、经传分治的观点为更多学者所接受，逐渐脱离了传统经传关系的观念，由此不少学者开始专注古经的人文学术研究，并在《易经》古史、古歌和哲理方面取得了不少成就。这些研究成果很多还没有进入《易经》翻译，即便是最近问世的《易经》闵译本，也还是做得很不够。

在符号学意义上，所谓经典即是一个文化赋予特殊身份的文本，是文化的提喻。一部作品在一个古代文化中被选为经典，就像先民的图腾：它在神秘的情况下被选中，由文化精英加以神秘化，使部族大众从中找到凝聚力，取得归属感。[10]386 历史上《易经》的经典身份是在不断的诠释中形成的。今天的《易经》当然也需要新的诠释。但更重要的是回到源头，探索、揭示《易经》的本来面貌，这是当代《易经》研究的重要使命，而且也已经取得了一些新的研究成果。所谓"揭示《易经》的本来面貌"，即是通过研究，最大程度上还原它原始构成之本来特征。实际上，我们掌握的《易经》解读资源已经大大超过了孔子、朱熹，将《易经》和《易传》及其它后世注疏分离开来，不但可能而且可行，由此在传统易学之外开辟一条新的《易经》翻译之路，和传统易学基础上的《易经》翻译形成互补之势。

从理论上讲，《易经》的翻译是可以有两个取向、形成两个系统的，即传统易学基础上经传合一取向的《易经》翻译系统和剥离《易传》和后世注疏的、以古经专门研究成果为基础的《易经》翻译系统。若把《易经》和《易传》合称《周易》，我们不妨把前者称为《周易》翻译系统，后者为《易经》翻译系统。无论是传统易学或经学意义上的《易经》，抑或是原初意义上的《易经》，都是我们需要探究的，都有其价值，而且在一些方面难以或不能完全分开。传统学术在当代仍然作为一种学术传统在继续。对于了解中国传统文化，《周易》研究十分必要，经学意义上的《易经》已经渗透于中国传统文化，因此不了解《周易》，势难把握中国传统文化和学术的精髓。然而，传统学术与当代追求即有联系，又不能没有区别。应区分经学意义上的诠释和研究，以及与经学时代结束后尤其是五四以来根据多重证据对原典进行的相对独立的研究。今日看来，经学的学术传统只是一种研究路径，是多种可能之一。对于中国文化古籍和诸如传统经学等中国传统学术，当代研究和翻译所持的基本原则当是，对言之成理、确凿无疑者，能用则用，但要能入能出，不为传统学术所束缚。[11]343《易经》翻译与对《易经》的学术研究不同，因为前者要改变经文的语言。前一系统的根本缺陷是"以后释前"，主要表现为用后起概念解释经文。从追根溯源的意义上来讲，今日的《易经》外译应本着经传分离、分治的原则，将《易经》的解读、翻译和《易传》区别开来。而就《周易》和《易经》这两个过渡性系统的最终归宿而言，将是二合一，即独立的《易经》翻译和《易传》以及各流派注疏的翻译，合为《周易》的翻译。然而，这一设想只有在我们对《易经》的原貌和本义有了相当的把握时，才有可能实现。鉴于我们现在对《易经》的原貌和本义的了解还很有限，《易经》翻译的两个系统将会长期存在，但《易经》翻译系统的成果会越来越多。

一个文本的不可译性和可复译性是相互联系的两个方面。可能存在的一种情况是，一个文本的不可译性越高，它的可复译性也越高。这一点可被《易经》的高不可译性和大量译本的存在所证明。从一定意义上说，一部古代作品在历史上被反复解读恰好说明了该作品在其文化中的经典性质和地位，而该作品被重复向其它语言文化翻译，尤其是被以译入语为母语的译者反复翻译，则说明了它的世界经典地位和性质，正如《易经》外译文本的多样性即证明了它的世界经典地位。《易经》外译的多样性将会长期存在。

从严格意义上的学术翻译角度来看，《易经》和《易传》的翻译具有不同的任务。《易经》翻译应是在对多重证据的学术研究基础上旨在恢复其原貌的翻译——让人了解《易经》的原貌如何(当然，现在还无法完全做到这一步)。《易传》的翻译也是其哲学化解释的翻译——让人理解《易传》是如何将《易经》哲学化的，是如何渗透于汉代以来中国传统文化的。《易传》是一种解释系统，此外还有其它的解释系统，皆应作如是观。因此，就前者而言，《易经》文本的学术研究应力求避免以传解经的传统做法(尽管这种传统经学意义上的研究仍然需要)，而应基于多重证据努力探索六十四卦象和卦辞、爻辞的真相。在无法确定《易经》原始文本的情况下，这自然是非常困难的。比如，英译王弼《周易注》，如果我们对某一个字的理解只能依赖王弼的注释，我们是要音译该字另加注释说明实际情况，还是按照王弼的解读翻译？在理想状态下，《易经》的翻译也应是在学术研究基础上揭示其原貌，回归本源、寻根探源。即便是《易经》和《易传》合译，也应采取分立的方法，按《易经》译《易经》，按《易传》译《易传》，只能以《易经》制约《易传》的翻译，而不能以《易传》影响《易经》的翻译。鉴于现有译本多以《周易》为取向，译本多属《周易》翻译系统，《易经》翻译系统的建设应是未来一个时期的努力方向，是《易经》翻译批评的着力要点，也是改变《易经》翻译大大落后于《周易》研究局面的主要途径。当然，即便是《周易》翻译系统，其《易经》部分也应是作为《易传》诠释的对象来译的，因此，两个系统又存在必然的局部和整体的关联。译本应适当保持原文经传之间在理论概念系统上的差别，避免二者过于同质化。在这一方面，闵译本已经进行了有益的尝试。

四、中华古籍外译的当代化取向

中国文化古籍具有外译的价值，其外译之所以重要，根本在于其中有着对人生智慧的总结和积淀，而西方及其它文化也可从中找到适用的东西。即使在电子媒介文化时代，古代典籍仍是不可多得的生存智慧，不断激发人们对自然的热爱和对社会的关切以及对人自身的洞察。古籍原典研究是典籍翻译的学术基础。就中华文化古籍而言，随着原典研究的进展，新的研究成果不断出现，对原典的认识不断深入，造成古籍翻译的发展存在相对于学术研究的“滞后”状态，这是自然的翻译滞后律。这意味着，古籍研究的发展，呼唤着新译本的持续出现，以体现新的研究成果。从学术资源来说，对原典的研究大致存在两个取向，即传统学术基础上当代学术对古籍的研究和在当代学术基础上对原典的相对独立的研究，这两个取向分别支撑古籍翻译的两个取向①，而后者更具当代价值和开拓意义。

① 笔者这里使用“取向”而不是用“系统”，主要是由于有些典籍特别是晚近典籍与《周易》等远古典籍的翻译情况不同，还难以说可能形成两个翻译系统。

若就中国文化古籍作为典籍的外译而言，对《易经》来说，它主要是作为记录文化的文献而不是实用性占筮工具书，不管哪个取向，中国文化典籍外译的基本倾向都应是以文献性原则为主而兼顾文艺性原则。文献性为主就是要对中国文化原本的东西要坚持，保留中国文化的本土名目和它的典型文化特征。既要体现中国文化内涵，又能与西方文明沟通，行文古雅流畅，略带现代气息，思想深邃而无学究固态。[12]两个取向在文献性原则上所不同的，仅在于对原典解读的主要依据存在不同侧重，一者重在传统解读，一者重在当代新解。例如，基于传统易学为主对《易经》的解读和基于新证据为主、传统易学为辅对《易经》的解读是的不同。类似于《易经》翻译的情况，从总体的现实图景看，古籍译本多数是前一取向的，后一取向的译本要么是空白，要么是处于极度缺乏状态。因此，古籍翻译中存在的一个不平衡就是当代学术研究成果不能及时进入翻译，导致翻译过于落后学术研究的发展。因此，在中华古籍外译的当代取向上，加强对现有古籍译本的翻译批评研究，加大基于当代解读资源的古籍复译力度，努力反映近年来学术界对原典研究的新成就，在中国文化走出去、走进去的大背景下，显得尤为迫切。

五、结语

以上从描述闵福德《易经》英译本入手，分析了该译本的特征、成就和不足。然后从该译本的"一本双译"结构特征出发，重点探讨了《易经》翻译的两个系统建设问题，并简要讨论了中国文化古籍翻译中解读资源的当代取向。中国文化古籍外译的译本多样性存在是一种必然。然而，多样性存在并不一定意味着内在平衡的存在。因此，认识到中国文化古籍外译追求的多样性和译本存在的多样性未来必会愈加丰富的同时，我们也应有意识地加以引领，加强对原汁原味的中国文化典籍的翻译，以使得多样性的译本愈加具有互补性。闵福德的《易经》英译反映了《易经》英译的多样性。这一中华古籍外译的多样性要求中外学者和翻译家的共同努力。基于这一理解，中国学者和翻译家应进一步发挥在《易经》等原典研究方面的优势，不但要加强翻译批评力度，也要让研究成果更多进入古籍外译，减少"以后释前"的倾向和古籍本文译文和传注译文之间在理论概念层面的同质化，更好地通过翻译体现古籍的文献价值，更好地传播中华文化。

参考文献

[1] 成中英. 易学本体论[M]. 北京：北京大学出版社，2006：300.

[2] Goldin，P. R. "Principal Translations of the Thirteen Classics into Western Languages" [EB/OL]. http://www.sas.upenn.edu/ealc/paul-r-goldin [2016-07-10].

[3] 李伟荣. 20世纪中期以来《易经》在英语世界的译介与传播[J]. 燕山大学学报(哲学社会科学版)，2016(3)：87-95.

[4] 王晓农. 对理雅各和卫礼贤后《易经》英译本的描述性评析：以蒲乐道英译本为例[J]. 周易研究，2016(3)：65-72.

[5] Minford，J. *I Ching：The Essential Translation of the Ancient Chinese Oracle and Book of Wisdom* [M]. New York：Viking，2014.

[6] 李伟荣. 汉学家闵福德与《易经》研究[J]. 中国文化研究，2016(2)：159-171.

[7] 崔莹. 英国学者12年译完《易经》[EB/OL]. http://cul.qq.com/a/20150714/025742.htm [2015-07-15].
[8] 郑吉雄. 易图像与易诠释[M]. 上海:华东师范大学出版社,2008:1.
[9] 杨庆中. 二十世纪中国易学史[M]. 北京:人民出版社,2000:2.
[10] 赵毅衡. 符号学原理与推演[M]. 南京:南京大学出版社,2011:386.
[11] 王晓农.《易经》英译的符号学研究[M]. 北京:中国社会科学出版社,2016:343.
[12] 王宏印,李绍青. 翻译中华典籍 传播神州文化:全国典籍翻译研究会会长王宏印访谈录[J]. 当代外语研究,2015(3):1-7.

《论语》的海外传播与研究

理雅各《论语》英译的变异研究①

万 燚

摘 要 变异在中国文化典籍英译中极为常见，理雅各(James Legge)英译《论语》是考察中国文化典籍英译变异现象的典范文本，其形态主要有语义变异、风格变异、文化思想变异、形象变异，变异的产生既与译者的生活时代、译介目的、意识形态、主流诗学等因素直接相关，还与中西文化碰撞密切联系。

关键词 理雅各；英译《论语》；变异

Abstract Variations are common phenomena in English translations of Chinese cultural classics. Take James Legge's English translation of *Confucian Analects* for example, there are four types of variations——semantic variation, stylistic variation, ideological variation and image variation. Those variations are closely related to translator's lifetime, translation purpose, ideology, mainstream poetics and the collision between Chinese and Western culture as well.

Key words James Legge; English translation of *Confucian Analects*; semantic variation; stylistic variation; ideological variation; image variation

基金项目：教育部2012年哲学社会科学重大课题攻关项目“英语世界中国文学的译介与研究”(12JZD016)。

作者简介：万燚(1979—)，女，四川邻水人，文学博士，四川理工学院人文学院副教授。主要研究方向为海外汉学。

中国文化典籍作为民族文化的重要载体，是中华民族哲学观念、思维方式、伦理道德和行为准则的集中体现。在中外文化交流史上，中国文化典籍深受异域接受者的重视，译者与研究者不乏其人。但与此同时，在语际翻译中，译者的诠释体现出较强主观性，具体表现为目的性、历史忠实性和选择性，因而变异也不可避免。中国文化典籍因其丰富而独特的文化意蕴与含蓄蕴藉、简洁凝练的审美特征而极其难译，也极易发生变异。同时，语言的模糊性与暗示性导致意义的充溢性与不稳定性，这给阐释与译介带来极大困难。另外，中国文化典籍经过千年沉淀，内蕴不断累积，与异域译者遭遇时，已经过时间的压缩与空间的折叠，丰富的意蕴在“文本行旅”与“文化想象”中难免发生变形。

作为西方汉学的奠基人物之一，理雅各(James Legge)所译中国文化典籍涉及诸多儒家与道家经典，其于1861至1871年间出版的中英文对照版《中国经典》(*The Chinese Clas-*

① 原文发表于《燕山大学学报(哲学社会科学版)》2015年第2期，同年被CSSCI《历史文献研究》2015年第2期《“忠于原文”是可能——理雅各〈论语〉英译本发微》一文引用。

sics)被西方各国多次重印，现仍流行于西方学术界与教育界，对西方汉学发展影响颇为深远。《论语》是其所译《中国经典》的重要组成部分，我们试图通过对其《论语》译本变异现象的考察，一窥英语世界中国文化典籍的接受状况。理雅各英译《论语》中的变异主要涉及语义层面、风格层面、文化思想层面与孔子形象建构层面。

一、语义变异

语义变异主要指对原著的误读误译，具体表现为对原著字句涵义理解不准确，或曲解其思想内蕴，选取不恰切的词句进行译介，进而导致译文与原著本义不合或背离。作为一名治学严谨且对中国文化有较深了解的学者，理雅各的中国典籍英译力求准确达意，但由于文化隔阂也难免出现误读、误译。如以下两例：

慎终追远，民德归厚矣(《论语·学而》)

then the virtue of the people will resume its proper excellence.[1]5

理雅各将“归”译为“resume”，可解为“恢复”，而“归”在此应作“归于”解，而非“恢复”。

子曰：“爱之，能勿劳乎？忠焉，能勿诲乎”(《论语·宪问》)

Can there be love which does not lead to strictness with its object? Can there be loyalty which does not lead to the instruction of its object?[1]142

理雅各以“strictness”译“劳”，作“严格”“严厉”解，而历代注疏家于“劳”多作“忧”“勉”讲，显然与原义相距较远。

当然，类似误译在理雅各译本中并不多见，这与其以中国注疏形式进行“诠释型翻译”(interpretive translation)有关，他翻译时还参考朱熹《四书章句集注》及其他中国古典文献，且采用“直译”，力求忠实于原义，属于典型的“学术型翻译”(scholarly translation)。

二、语句风格变异

由于《论语》辞约意丰、比喻精妙，且人物形象鲜活、修辞手段多样，故理雅各严谨、忠实的“直译”虽然有助于西方读者了解《论语》及中国文化，但不可避免引起风格层面的变异。他极力追求一一对应译出每个字、词、句，加之英语注重语义明晰、逻辑推理的语言特质，在由语法结构相对松散、语义含蓄蕴藉的汉语转换为英文时，必须补出相应的语法成分与语词意义，且他大量使用正式的书面用语，使其英译《论语》呈现出与原文大相径庭的审美特征：措辞拘谨生硬、句式冗长僵硬、语气呆板滞缓。

1. 语辞风格变异

《论语》作为语录体典籍，主要记录孔子及其弟子言行，多为以口语出现的对话，而理雅各译文措辞大量使用正式的书面用语，不免显得拘谨生硬。如理雅各将“管氏有三归……焉得俭”(《八佾》)之“焉得俭”译为“how can he be considered parsimonious”，“俭”在此处是“节俭”意，乃褒义词，而“parsimonious”却是“吝啬”之意，是贬义词，二者词性不同，且后者为正式用语，与原文语境不合，不如译为“simple”，简洁明快，符合《论语》的语言风格。因此，辜鸿铭直言理雅各“大量依赖了那些生造的专门术语，……那些术语是深涩的、粗疏和不适当的，有的地方简直不符合语言习惯，……理雅各的儒经翻译为普通的英文读者所呈

现出的中国人的思想和道德观，就仿若普通英国人眼里中国人的穿着和外表一样，非常离奇怪诞”。[2]viii

2. **句式风格变异**

理雅各《论语》译本句式冗长僵硬，缺乏优雅洒脱，学界对此不乏批评。可见他对“丘也闻有国有家者，不患寡而患不均，不患贫而患不安。盖均无贫，和无寡，安无倾”（《论语·季氏》）的翻译：

I have heard that rulers of States and chiefs of families are not troubled lest their people should be few, but are troubled lest they should not keep their several places; that they are not troubled with fears of poverty, but are troubled with fears of a want of contented repose among the people in their several places. For when people keep their several places, there will be no poverty; when harmony prevails, there will be no scarcity of people; and when there is such a contented repose, there will be no rebellious upsettings.[1]13

译文忠于原文的形式（语义与句法），逐一对照字面意义进行翻译，而且大量使用从句而非短语或介词结构使得句子冗长笨拙，原文的简约、凝练、含蓄之风荡然无存。对此，欧阳桢指出：“理雅各学者气的译文中处处流露出维多利亚时代造作冗长的文风，凝重自负的语气和笨拙倒置的句法。这无疑与中国传统文学变化多端、活泼轻快和高度隐喻的特征有着天壤之别。”[3]107 当然，也有为理雅各辩护者，如吉瑞德（Norman J. Girardot）：

十九世纪和二十世纪的评论家们常常指责理雅各翻译中表现的“僵硬”感，这一点与其说是批评他对原文的忠实和译文的精确地追求，毋宁说是针对他的文学品味和学术立场而发的。长期以来，人们就注意到，由于理雅各的译文紧紧追随原文的结构，如果把它们用作学龄孩子学习中国古文的教科书，那是非常出色的，理雅各的译文的确在语义和句法方面紧紧追随原文的句子，但它们却不是“逐字”的死译。理雅各的翻译显露出维多利亚时代的措辞和拉丁文抑扬顿挫的风格，二十世纪和二十一世纪的读者们读上去毫无感觉，其实，这才是问题所在。[4]357

无论是肯定理雅各的维多利亚式措辞和拉丁文节奏风格，还是批评理雅各僵硬冗长的措辞与句式，这都使研究者们注意到理雅各译本中存在改变《论语》辞约意丰、简洁明快风格的变异现象。

三、文化思想变异

理雅各《论语》译介中的更深层变异体现在文化思想变异，也就是译本对原著文化思想的改造，因为译介行为并非简单的语言符号转换，而是对异质文化传统的理解与阐释，我们由此可见语言转换背后深层的文化碰撞与冲突。

理雅各《论语》译介中的文化思想变异典型体现在文化关键词译介方面。如“仁”是孔子思想的核心，也是儒家文化关键词，在《论语》中共出现 109 次，内涵丰富复杂。在中国文化语境中，读者往往根据上下文来确定其具体涵义，但在英译中若也根据上下文译为不同词语，则无法使英语读者认识到“仁”这一关键词的文化内蕴与思想连贯性，因此，大多译者都将“仁”译为同一个词。然而，这在保持“仁”思想连贯性与整体性的同时，却不可避免跌入“文化简单主义”的陷阱,这显然是一个难以克服的译介悖论。与多数译者一样,理雅各多使用一个固定词翻译“仁”,但与其他译者使用 good、goodness、benevolent、benevolence、kindness、love、charity、generosity、altruism、compassion、magnanimity、perfect virtue、true manhood、humanity、manhood at its best、human－heartedness、humaneness、authoritative conduct 不同,理雅各大多将“仁”译为“virtue”,意思是“美德”或“崇高的德行”(moral goodness or excellence; behavior showing high moral standards)。“virtue”是一个具有宽泛意义的抽象名词,涵括人类通过努力获得的所有德行,是完美德行的总称。从内涵上更贴近《论语》的“德”。理雅各也意识到这一点,其将“有德者”译为“the virtuous”,而当“有德者”与“仁者”同时出现时(“有德者必有言,有言者不必有德;仁者必有勇,勇者不必有仁”《宪问》),则将“仁者”译为“men of principle”,而“men of principle”译为中文却是“讲原则的人”。理雅各在“仁”与“德”单独出现时,将二者都译为“virtue”,并未对二者进行明确区分;而在二者同时出现的情况下,又将“仁”译为“principle”,表明其对“仁”的内涵缺乏透彻深入的理解。那么,究竟如何译“仁”才能解决这一悖论呢?在英语体系中无法找到对应词时,当代英语世界儒学研究者倾向于直接音译 ren,而不是用英语中某个词来替换,这或许不失为一个平息争论的办法。

如果说文化关键词译介变异显得较为隐蔽的话,那么他在《中国经典》“导论”(prolegomena)中对孔子思想的理解则存在明显的误读与偏见。① 综括起来,大致有以下几个方面:

第一,批评孔子“述而不作”,未能创造新知识,提出新思想,只是想回到远古社会。他认为:孔子认为自己为天下担负了特殊使命,但其“使命”不过是传播前人知识,以避免失传。孔子既没有揭示什么真理,也没有开创新的经济模式。他生活的时代已离周文王甚远,感到自己的德行也远不及周文王,他只是追随尧、舜、禹和周文王,在领悟先王们治天下之道的基础上,以先王之名,努力在混乱的世界重建秩序。[1]95

实际上孔子虽然强调尊奉圣人之道,将“述而不作”作为其对待文化传统的基本态度,但孔子在君子人格塑造、为政理念、审美追求等方面都有创获,后人多认为“述而不作”为夫子自谦之辞(如朱熹),不可概而论之“因循守旧”。

第二,认为孔子仅仅关注现世生活、社会道德、人伦关系等,从未涉及形而上方面及人类灵魂的升华、救赎问题,更未向人们揭示关于上帝的真理。[1]98-101 与西方文化强调理性推演相比,东方文化对形而上问题关注度较低,而对现世更为重视,但这是文化差异使然,并无高低贵贱之分,理雅各以西方宗教思想强解,无疑有“文化偏见”嫌疑。

第三,认为孔子的“为政”观点是封闭落后社会的产物,只适合对一个与世隔绝、规模较小的宗族社会管理,且在涉及国与国交往方面只字未提。[1]107 孔子“为政”思想是对其前代治理经验的总结,且后世数千年中国政治体制也深受孔子政治观念的影响,因此,谓其“只适

① 理雅各翻译儒家典籍长达近 30 年,在由传教士变为牛津大学汉学教授的过程中,他对中国社会、历史、哲学等都有进一步的认识,其对孔子及其学说的看法也发生了一定变化。在 1893 年所修订的《中国经典》“导论”中他说:“我对他(指孔子)的个性和观点了解和研究越多,就越对他充满敬仰。”但在 1960 年版中的“导论”部分我们依然发现他对孔子及其学说存在误解和偏见。

合于对一个与世隔绝、规模较小的宗族社会管理"失之偏颇。同时,在华夷之辨观念影响下,并不存在今日的国际交往问题,多是天下与诸侯国或诸侯国之间的关系问题。

第四,认为孔子的思想学说远逊色于基督教教义,孔子本人也远不如耶稣基督。[4]302 理雅各在《论语》译介时往往用注释与评介形式阐明关于孔子学说不如基督教教义的立场。比如他在翻译"何以报德?以直报怨,以德报德"(《论语·宪问》)时评论道:"他(指孔子)的道德是智力平衡的结果。这种道德为古人的决定所限制,既不是来自天堂的爱心,也不源于对脆弱人类的同情。"[1]288 理雅各是将孔子所言与《圣经》中耶稣所言"爱你的敌人"予以比较,认为孔子境界不如耶稣,这显然忽视了文化的差异性,而且有美化基督教教义的成分,自然是理雅各文化保守与文化偏见的体现。

四、孔子形象变异

与理雅各思想文化变异相关的是孔子形象变异,他认为孔子思想守成,无救赎观念,且虚伪不诚实。

在《中国经典》的"导论"部分,他指出:孔子所谓"礼"(propriety),其实是通向孔子思想的障碍(stumbling-block)。孔子的道德学说是它深受古人思想羁绊的结果,并非是受到天国的影响,从而对那些脆弱而容易滑向歧途的人类表达同情,因此不是对人类的爱的结果。[1]111

理雅各笔下的孔子形象冥顽不化、因循守旧、照搬他人思想、缺乏个性,而且无耶稣那种对众生的救赎之爱。在理雅各看来,孔子从不关心凡尘俗世中人类灵魂的归宿,缺乏人类的终极关怀,以基督教义作为判断他者文化标准的倾向十分显著。

除此之外,理雅各还认为孔子是一个极其虚伪、不诚实(insincere)的人。他以孔子拒见孺悲为据,认为孔子佯称生病拒见孺悲,同时却"取瑟而歌,使之闻之",足显虚伪、待人不诚。进而指出,虽然孔子经常教诲他的学生为人要讲忠信,但他本人"并不完全是那种最令人称许的忠信之人"[1]100,这对中国文化产生了严重的负面影响:凡缺乏真诚、惯于撒谎的人必为之受过。然身为万世之师的孔子虽一再撒谎,却不为人诟病,反而成为模范。中国人与他们的圣人都爱说假话。这与古代犹太人与他们的导师无异。正所谓"引导你的人使你走上错路,还毁坏你所行走的路"(《以赛亚书 3:12》)。[1]101

理雅各由此批评孔子的思想缺乏宗教维度,认为孔子提倡"亲亲",强调"忠""信"等德行,都应该建立在"诚"或称"对真理的热爱"的基础上,若缺乏了"诚",是无法让堕落的心灵得到救赎的,也不可能构建一个良好的家庭与社会,且无法让说谎人为自己的行为感到羞耻。[1]102 他据此强调,由于孔子思想的影响,中国未能将远古对天和上帝的崇拜发展成像基督教那样成熟、完善的宗教。因此,"在与基督教文明的碰撞中,中国势必土崩瓦解。"[1]108 唯一能够拯救中国的,便是中国人"完全放弃他们古代的先哲,去面向(基督教)的上帝。"[1]108 可见,传播基督教教义实则是理雅各译介、研究中国文化的最终目的。

理雅各对孔子形象的歪曲在西方汉学界影响深远,此后不少学者持此论调,动辄从基督教教义优于孔子学说的"先见"出发评价孔子及其思想。如詹宁斯(Lionel Giles)1895 年出版的《论语》英译本"序言"就援引理雅各观点评论孔子,言其"无法将孔子视为一个伟人"[5]23-24，还说"孔子的教义里有自私成分，而且还使受孔子影响的弟子们自我感觉了不起并为之洋洋自得"[5]25。直到20世纪中期，西方依然毫无顾忌地以基督教教义来阐释孔子学说。如1951年英国出版了《孔子与基督：从基督徒角度评孔子》(*Confucius and Christ: A Christian Estimate of Confucius*)一书，有论者言：

> 作者在书中的每一章探讨孔子学说的一个话题，比如"上帝""家庭""君子""仁德"等，每章均以孔子的话开头，然后陈述作者观点，但篇末总无一例外通过"对比"得出耶稣高于孔子的结论。[6]262-263

尽管不能将孔子形象在西方汉学界被歪曲完全归罪于理雅各，但理雅各的确在其间扮演了重要角色。孔子形象在英语世界中的变异可以用一段话进行总结：在绝大多数人心中，孔子的名字总是令人想到一位乏味到极点的哲学家，其行为正确得近乎无可指摘，但却枯燥、死板、恪守成规、不近人情、对"礼"的要求固执得一成不变；其性情固然值得称道，但却总是流于高谈阔论而不付诸实践。[5]25

五、变异原因探赜

理雅各英译《论语》在语义层面、风格层面、文化思想层面、孔子形象层面都存在程度不一的变异，这是因为任何译介行为都是一种改写，译介即是理解与阐释，任何"先见"或称"偏见"都会引起"文化过滤"与"文学误读"，任何一种译介都是在"喻体"意义上的迁延，都隐喻着一种现实关怀。理雅各也不例外，他对孔子及其学说的误读与偏见无疑与其生活时代、教育经历、意识形态、主流诗学、译介目的等因素紧密相关，尤其是意识形态与主流诗学关系较大，勒弗威尔(André Lefevere)曾指出意识形态与主流诗学对翻译的影响：

> 两个因素基本决定者一部译作在译语文化中的形象。按其重要性而言，一是译者个人的意识形态观念(无论是译者个人欣然认同的，还是某种形式的赞助人强加给译者的约束机制)，一是在翻译得以进行时译语文学系统中处于支配地位的诗学。译者的意识形态决定其采取的翻译策略，同样也决定译者如何处理原著所呈现的"话语世界"和原著本身所使用的语言等问题。[7]41

作为一名来华传教士，理雅各是其本着"了解你的敌人"(Knowing Thine Enemy)以便"征服你的敌人"的传教目的译介中国典籍的。1866年，理雅各解释了译介中国典籍的动机：

> 我对中国学术所做的成功研究，是二十五年多辛勤劳作的结果。为了让世界真正了解中国这一伟大帝国，尤其是为了顺利开展我们在中国的传教事业并获得永久成功，这样的学术研究是必不可少的。我认为，将孔子所有的著作(儒家经典)翻译并加上注释出版，会为未来的传教士们开展传教工作带来极大便利。[4]1

理雅各这一翻译动机直接影响了他对儒家经典的解读与译介，无论是字词意义的考索与选择，还是他对孔子思想体系和中国文化的评价，都与其传教宗旨密切相关，他把深入了解中国经典视为向"异教徒"传教的必经之道，因此，他虽然以中国注疏方式并参考众多中国古典文献逐字逐句直译以贴近原文句法、语义，不失为严谨的"学术型翻译"，但特殊的传教目的又使他不失时机地标榜基督教教义优于儒家思想，这对当时及后来的传教士均产生了深远影响，也对当时急于了解中国的西方读者产生了误导。换句话说，理雅各的译介目的、阐释立场、文化传统、意识形态使得他将耶稣基督置于孔子及中国文化之上，他对耶稣基督的坚定信仰和对新教传教事业的必胜信念使他无法客观全面理解、评价以孔子为代表的中国文化，且隐含着基督教中心主义或称文化沙文主义倾向，缺乏对异域文化的宽容与接纳，这与他宣称异质文化交流需秉持"不仅仅要发自内心，而且要将心比心"[1]34 的言论有违。

此外，从当时世界文化力量分布态势上看，孔子及其思想在英语世界发生变异与 19 世纪西方文明的强势地位紧密相关，美籍华裔学者吴伏生指出：

> 19 世纪中期是西方向全世界扩张的时代。西方列国，尤其是大英帝国，所面对的多是不堪一击的弱者，形不成对西方文明的挑战。面对代表不同文化的"他者"，人类的最初反应一般都是从自身及其谙熟的传统和角度去理解异类文化，用业已存在的概念和词汇将来自他者的陌生现象"自然化(naturalize)"。不能自然化者，便将之归为异类，加以贬低和排除，尤其是接触一方处于优势时，更是如此。[8]25

概而言之，文化地位、文化理念、文化冲突直接影响了翻译行为，而通过考察文化典籍翻译中的变异，便可窥见翻译中隐藏的文化差异与冲突，然而理想的异质文化交流形态无疑是平等的对话与交流。

参考文献

[1] James Legge. *The Chinese Classics. vol.* 1[M]. Hong Kong University Press,1960.

[2] Ku Hung-Ming. *Dicourses and Sayings of Confucius* [M]. Shanghai: Kelly and Walsh, Limited,1898.

[3] Eugene Chen Eoyang. *The Transparent Eye.: Reflections on Translation, Chinese Literature, and Comparative Poetics* [M]. University of Hawaii Press, 1993.

[4] Norman J. Girardot. *The Victorian Translation of China.: James Legge's Oriental Pilgrimage* [M]. University of California Press, 2002.

[5] Lionel Giles. *The Sayings of Confucius: a New Translation of the Greater Part of the Confucian Analects* [M]. New York: E. P. Dutton and Company,1910.

[6] Y. P. Mei. Review of Confucius and Christ: A Christian Estimate of Confucius by Leo Sherley-Price [J]. *Philosophy: East and West*,1952,2(3):262-263.

[7] André Lefevere. *Translation, Rewriting and the Manipulation of Literary Fame* [M]. Routledge,1992.

[8] 吴伏生. 汉诗英译研究:理雅各、翟理斯、韦利、庞德 [M]. 北京:学苑出版社,2012.

卫礼贤的汉学成就及其《论语》德译本[①]

解 藜

摘 要 卫礼贤是20世纪初期德国最负盛名的汉学家。他在中国生活了25年之久，先后翻译了多部中国先秦典籍。除了广为人知的《易经》德译本，他还翻译了《老子》《论语》《孟子》《列子》等典籍，其中，卫礼贤的《论语》译本不仅对后来诸多《论语》德译本产生了深远影响，在某种程度上甚至超越了被誉为范本的英国汉学家理雅各的《论语》英译本。

关键词 卫礼贤；《论语》；德文译本

Abstract Richard Wilhelm was the most famous sinologist of Germany in 21 century. He has lived in China for 25 years, and has translated a number of pre-Qin classics of China. R. Wilhelm translated *Lao Tzu's Tao Te Ching*, *The Analects of Confucius*, *Mencius*, *The book of Liehtzu*, besides the well-known German translation edi-tion *I Ching*. Among them, Richard Wilhelm's version *The Analects of Confucius* not only has a far-reaching influence for the later German versions, but also beyond the known as the model of British Sinologist James Legge's English translation *the Analects of Confucius*.

Key words Richard Wilhelm ; *The Analects of Confucius*; German translation version

基金项目：教育部人文社会科学研究青年基金项目"德语世界的《论语》研究"(13YJC751018)；四川省教育厅2013年度科研项目"《论语》德语译本与孔子形象在德语世界的转变"(13SB0234)。

作者简介：解藜(1981—)，女，安徽合肥人，博士，四川师范大学国际教育学院副教授。

卫礼贤(Wilhelm Richard，1873—1930)[②]是20世纪初德国最负盛名的汉学家和翻译家。他以同善会传教士的身份来到中国，并且在中国生活前后长达二十五年之久，却"没有劝说任何中国人皈依基督教"[③]。著名学者杨武能先生指出："纵观卫礼贤的汉学生涯，他从一个新教传教士成为一个儒家信徒，从一个翻译家成为一个著述家，从一个神学家成为一个汉学家，从一个德国人成为一个'伟大的德意志中国人'。"[④]

一、"伟大的德意志中国人"卫礼贤和他的汉学成就

卫礼贤的汉学生涯以翻译中国古代典籍为起点，1902年，他在《远东》上发表的《三字

① 原文发表于《燕山大学学报(哲学社会科学版)》2015年第2期，本文与原文的内容略有差异，信息更加丰富。

② 也译作"尉礼贤"。

③ 张君劢：《卫礼贤——世界公民》，孙立新、蒋锐主编：《东西方之间——中外学者论卫礼贤》，济南：山东大学出版社，2004年，第27页。

④ 杨武能：《卫礼贤——伟大的德意志中国人》，载《人民日报》，1990年2月22日。

经》德语译文可以视为其翻译实践的第一次尝试。1910 年，他翻译并出版了《论语》的完整德语译本。次年，位于德国耶拿(Jena)的奥伊根·迪德里希斯出版社(Eugen Diederichs Verlag in Jena)[①]计划出版十部由卫礼贤翻译的中国典籍，该系列被命名为"中国宗教与哲学"(*Die Religion und Philosophie Chinas*)，除了《论语》的修订本，还包括《古代宗教：〈书经〉、〈诗经〉和〈易经〉节选》《〈大学〉、〈中庸〉、〈孝经〉和〈礼记〉节选》《孟子》《老子》[②]等。"一战"爆发前，这个系列丛书出版了《老子》《列子》《庄子》和修订再版的《论语》，《孟子》也于战争期间面世。通过"中国宗教与哲学"系列丛书，卫礼贤在德国汉学界崭露头角。1924 年，卫礼贤翻译、出版了令他享誉世界的《易经》德语译本(*I-ging, das Buch der Wandlungen*)。除翻译方面的伟大成就之外，卫礼贤在其学术生涯的后期撰写出版了一系列汉学著作，如《中国人的生活智慧》(*Chinesische Lebensweisheit*，1922)、《孔子——生平与事业》(*Kungfutse：Leben und Werk. Stuttgart*，1925)、《老子与道教》(*Lao-tse und der Taoismus*，1925)、《中国的精神》(*Die Seele Chinas*，1926)、《孔子与儒家》(*K'ungtse und der Konfuzianismus*，1928)、《中国文化史》(*Geschichte der chinesischen Kultur*，1928)等。直至半个多世纪之后的今天，卫礼贤的中国典籍译本和关于中国哲学、文学、文化的著述仍然是德语地区汉学、东方学的基础文本和必读书目。

二、"非学院派的汉学家"卫礼贤

德国当代汉学家罗梅君(Mechthild Leutner)指出，尽管德语世界的汉学家和对中国感兴趣的知识分子几乎都是通过卫礼贤的著述了解中国哲学和中国文化，但是他与占主流地位的学院派汉学家之间的分歧却是显而易见的。[③] 这不能不说是一个奇怪的现象。

卫礼贤对中国古典作品的翻译首当其冲受到专业汉学家的批评，批评意见主要集中在以下方面：首先，卫礼贤在翻译过程中与中国学者进行合作，因此有的专业汉学家认为他在汉学研究方面不能自立。对此，卫礼贤的同事威廉·许勒(Wilhelm Schüler)在文章中有力地回击道："试想，有多少人能像卫礼贤那样，对语言的熟练程度到了用汉语作学术报告的程度！……他对书面语言的理解绝对正确。"[④]第二，卫礼贤没有接受过语言学训练，也没有从事过语言学研究，学院派汉学家认为这是导致他的译本缺乏详细的注释及文本考订的原因，卫礼贤翻译的"科学性"受到他们的强烈质疑。不过，正如罗梅君所说，卫礼贤是以"通俗易懂的叙述方式向对汉学感兴趣的人们介绍其有关中国的研究成果"[⑤]，换句话说，卫礼

---

① 奥伊根·迪德里希斯出版社(Eugen Diederichs Verlag in Jena)是当时德语文学界最著名的出版社。

② 该系列丛书的具体书目参见卫礼贤《论语》译本末页的出版计划。

③ 参见罗梅君：《汉学界的争论：魏玛共和国时期卫礼贤的文化批评立场和学术地位》，孙立新、蒋锐主编：《东西方之间——中外学者论卫礼贤》，济南：山东大学出版社，2004 年，第 113-114 页。

④ 威廉·许勒：《卫礼贤的科学著作》，载孙立新、蒋锐主编：《东西方之间——中外学者论卫礼贤》，济南：山东大学出版社，2004 年，第 12 页。

⑤ 罗梅君：《汉学界的争论：魏玛共和国时期卫礼贤的文化批评立场和学术地位》，载孙立新、蒋锐主编：《东西方之间——中外学者论卫礼贤》，前引书，第 115 页。

贤的翻译面向的应该是普通知识分子而非职业汉学家。虽然一位汉学家在原则上应该掌握汉学涉及的所有领域的相关知识——包括中国的语言、文学、历史、哲学、宗教、艺术、社会等，但是事实上又有哪位汉学家能够做到呢？因此，仅仅因为卫礼贤没有接受过专业语言学训练、他的译本缺乏文本考据就判断他的翻译作品不准确或者不可信，这个结论未免过于武断。此外，他在翻译中国典籍时通过康德、歌德等西方思想家的概念在两种文化间制造出一种可比性，试图以此缩小两种异质文化之间的差距。这种做法也招致强烈批评，学院派汉学家福兰阁、佛尔克等人指责他的翻译过于随意，在译文太过自由地融入自己的解释，使得"中文原文的意义和表述严重褪色"[①]。然而这一点其实恰是卫礼贤翻译的一大特色，面对来自异质文化的《论语》，用德语世界普通读者极为熟悉的思想家引导他们进入《论语》的文本，消除他们的陌生感，不失为一个行之有效的方法。

尽管专业汉学家对卫礼贤和他的作品持保留态度、甚至不以为然，但是他的科学研究成果对于德语地区乃至整个欧洲的深远影响是毋庸置疑的。19 世纪末，由于德国在东方政治和贸易往来的迫切需要，柏林大学东方语言研究所受到德国外交部的资助，对有关人员进行中文培训，毕业后将受训人员派遣至驻华外交和商务机构充任翻译员。20 世纪初，这批人员回到德国时已是精熟中文、饱读诗书，后来成为德国汉学界的大家。福兰阁和佛尔克就是其中的代表人物。作为一名常年生活在中国的传教士和神学家，卫礼贤既没有在东方语言研究所学习过，也没有在获得教职前担任过外交部分的翻译员，他的经历使他被排除在居德国汉学界主流地位的学院派汉学家之外。罗梅君认为，卫礼贤对中国的认知更接近反对殖民中国政策的莱比锡学派。[②] 不过，随着 1928 年波恩东方学家大会的召开，卫礼贤和他的汉学研究逐步受到德国汉学界认可。此后，卫礼贤的译作被译为英文出版，他在英语地区的影响也得以扩大。卫礼贤不仅获得法兰克福大学汉学教授席位，还于 1925 年建立起"中国学社"，该机构后来成为德国最著名的中国学研究中心，为德国汉学的迅速崛起创造了条件。

卫礼贤的"非学院派汉学家"身份似乎难以与他对德语世界"中国观"的巨大影响相匹配。20 世纪 20 年代德语地区的"中国热"与卫礼贤的学术研究和中国学社的积极活动密切相关。与当时占主流地位的、消极的、欧洲中心主义的中国观相比，卫礼贤向人们展示了一个"文化高度发展并拥有所谓永恒精神与道德价值的中国，一个在哲学上和思想上也能给西方人某种启示的中国"[③]。

对于卫礼贤在德国汉学界和世界汉学领域的影响和贡献，罗梅君的评价非常中肯："在著述与普及有关中国的知识方面，当时再没有汉学家能像卫礼贤那样产生广泛而特殊的传播效应。他不仅对《易经》的翻译和解说直到今天仍在全世界传播并获得了学术界的认可，

---

① 威廉·许勒：《卫礼贤的科学著作》，载孙立新、蒋锐主编：《东西方之间——中外学者论卫礼贤》，前引书，第 12 页。

② 参见罗梅君：《汉学界的争论：魏玛共和国时期卫礼贤的文化批评立场和学术地位》，载孙立新、蒋锐主编：《东西方之间——中外学者论卫礼贤》，济南：山东大学出版社，2004 年，第 117-118 页。

③ 罗梅君：《汉学界的争论：魏玛共和国时期卫礼贤的文化批评立场和学术地位》，载孙立新、蒋锐主编：《东西方之间——中外学者论卫礼贤》，前引书，第 119 页。

对那些最重要哲学著作的翻译和解说也通过不断再版直到今天还对专业人士和大众的中国观具有决定性影响。"[①]

三、卫礼贤对孔子的态度:狂热崇拜

如果借用比较文学形象学"注视者与他者关系"的相关理论,卫礼贤心目中的"孔子"实际上是一个完全理想化的孔子。在注视者与他者之间构成的三种关系——狂热、憎恶、亲善之中,作为注视者的卫礼贤与作为他者的孔子之间构成一种狂热的关系。

纵观卫礼贤的整个汉学生涯,孔子和儒家思想对他的深刻影响显而易见,甚至他为自己取的中文名字和他的表字"希圣"都体现出他对孔子的仰慕之情。关于卫礼贤早期对孔子的认识和评价,我们可以从他早年所作的学术报告《孔子在人类代表人物中的地位》(1903 年)以及 1909 年发表的《孔子的意义》一文中窥见一二。在《孔子的意义》中,他把孔子称为"人类十分伟大的人物之一"[②],不仅因为孔子对整个东亚世界的影响持续至今,还因为孔子代表的道德理想可与其他世界性宗教媲美。

关于对孔子的评价问题,卫礼贤与当时汉学界的主流观点完全相反。无论是在他与出版商的往来书信、所作的主题报告、《论语》译本还是关于孔子和儒家学说的著作中,卫礼贤始终坚持遵循一条"积极的解说路线"。卫礼贤称孔子是"伟大的精神英雄",称他的道德目标是超越历史的。[③] 与此相反,当时的多数汉学家"追随消极的接受路线",他们不承认孔子"哲学家"的身份,只称孔子为"道德家"或"政治家"。佛尔克的意见在当时具有代表性:"……但是我们必须承认,孔子在道德方面并没有过多超越他的国人。他的道德触觉并不总是非常确切,因此他需要弟子常常指出他的错误。因此不难理解,孔子同时代的某些人认为孔子的一些弟子比他更加卓越。……孔子是否是一位伟大的哲学家?他与亚里士多德、康德等人地位是否相当?答案是否定的。甚至孟子、老子、列子、庄子在思想方面远胜于他。一位伟大的哲学家必须是一个具有创造性的人,有个人的独特思想。孔子不具备这些特点。他缺少形而上学思维的天资和独立冥想的能力。如果要像康德或其他实证主义者那样反对形而上学,那么他必须为反对观点提出深入根据,单纯以古代思想作为依据是不充分的。"[④]卫礼贤通过他的译著坚决抵制孔子遭遇的消极评价,而且成功地使反对意见在德语地区普及开来。对此,福兰阁指出,"卫礼贤对孔子的评价过高"。[⑤] 福兰阁认为孔子非常平凡,是特殊的有利环境造就了他的伟大形象。他略带指责地说:"卫礼贤和用英语写

① 罗梅君:《汉学界的争论:魏玛共和国时期卫礼贤的文化批评立场和学术地位》,载孙立新、蒋锐主编:《东西方之间——中外学者论卫礼贤》,前引书,第 115 页。

② 蒋锐编译,孙立新译校:《孔子的意义》,载《东方之光——卫礼贤论中国文化》,北京:外语教学与研究出版社,2007 年,第 141 页。

③ Richard Wilhelm. Kungfutse: *Leben und Werk*. Stuttgart: FR. Frommanns Verlag(H. Kurts), 1925. p. 153.

④ Alfred Forke, *Geschichte der alten chinesischen Philosophie*. Hamburg: Cram, de Gruyter & CO., 1964 (I. 1927). p. 115.

⑤ Alfred Forke, *Geschichte der alten chinesischen Philosophie*. Ibid. p. 348.

作、以善于引经据典而闻名的中国人辜鸿铭，在德国唤起了新一轮的孔子崇拜，这个新的尊孔学社丝毫不逊于17、18世纪博古通今的传教士。”[①]罗梅君指出，卫礼贤对孔子和儒家思想的评价具有重大意义。因为孔子及其思想的研究在当时属于汉学研究的核心部分，对德语地区乃至整个欧洲的“中国观”有决定性影响。[②] 事实上，正如中外研究者一再提及的，在卫礼贤的影响之下，德语世界19世纪末以来居于主流地位的消极甚至扭曲的“中国观”逐步转变为积极的中国观。

卫礼贤对孔子及其思想从积极肯定发展到狂热崇拜，与他在中国的经历有直接关系。卫礼贤最初踏上中国土地就与中国旧文人建立了密切联系。他建立的礼贤中学聘请举人、贡生担任古文教员，这些旧文人多是饱学之士，其中的一位教员、举人邢克昌在卫礼贤研习、翻译《论语》《大学》《诗经》等儒家典籍时对他助益良多。[③] 中国民国成立之后，前清遗老纷纷避居青岛，卫礼贤与他们“结尊孔文社以讲求圣人之道”[④]。在此期间，卫礼贤结识与康有为、陈焕章、劳乃宣等人相识相交，卫礼贤的《易经》翻译便是在劳乃宣的精心讲解与帮助之下完成。另一方面，卫礼贤人性中对完美、和谐的追求使他与中国两千多年前的孔子产生共鸣，“儒家所追求的仁、善和秩序与基督教关于神之本质的理解是完全一致的”[⑤]，这是卫礼贤崇拜孔子的原因之一。

四、卫礼贤《论语》德译本的特色

1904年，卫礼贤的《论语》德语译本首先连载于《德亚观察报》的副刊《东方世界》。[⑥] 1910年，卫礼贤翻译的《论语》由迪德里希斯出版社出版，这部译本代表卫礼贤学术生涯早期的最高成就。该译本于1911年修订再版，并纳入迪德里希斯出版社“中国宗教与哲学”系列丛书。在此之前，德语版的《论语》只有威廉·硕特的早期译本(1826年)；在卫礼贤之后，虽然出版了多部各具特色的《论语》德语译本，但它们普遍“受到卫氏译本的持久影响”。[⑦]

与大部分西方汉学家不同，卫礼贤参考的不是朱熹的注本《论语集解》，而是宋代之前的《论语》注本。这正是卫礼贤译本超越之前的硕特译本和被誉为范本的理雅各英文译本

---

① Otto Franke. *Der geschichtliche Konfuzius. In*: *O. F.*: *Aus Kultur und Geschichte Chinas. Vorträge und Abhandlungen aus den Jahren*, 1902-1942. Peking :Deutschland-Institut,1945. p. 254.

② 参见罗梅君：《汉学界的争论：魏玛共和国时期卫礼贤的文化批评立场和学术地位》，载孙立新、蒋锐主编：《东西方之间——中外学者论卫礼贤》，济南：山东大学出版社，2004年，第143页。

③ 参见蒋锐：《卫礼贤汉学生涯的三个阶段》，载孙立新、蒋锐主编：《东西方之间——中外学者论卫礼贤》，前引书，第99页。

④ 参见劳乃宣：《青岛尊孔文社藏书楼记》，转引自鲁海：《卫礼贤在青岛》，载孙立新、蒋锐主编：《东西方之间——中外学者论卫礼贤》，前引书，第71页。

⑤ 蒋锐：《卫礼贤汉学生涯的三个阶段》，载孙立新、蒋锐主编：《东西方之间——中外学者论卫礼贤》，前引书，第106页。

⑥ 吴素乐：《卫礼贤(1873～1930)传略》，载孙立新、蒋锐主编：《东西方之间——中外学者论卫礼贤》，前引书，第42页，注释1。

⑦ 罗梅君：《汉学界的争论：魏玛共和国时期卫礼贤的文化批评立场和学术地位》，载孙立新、蒋锐主编：《东西方之间——中外学者论卫礼贤》，济南：山东大学出版社，2004年，第115页，注释2。

的重要原因，即"试图通过追述中国古代的注疏来理解《论语》，消除600年来已成为正统的理学大师、宋代博学天才朱熹注疏的影响"[①]。卫礼贤译本的"再版序言"[②]也证明，卫礼贤参考何晏、邢昺等人注疏对第一版多处进行修订、增补。此外，译文之前的长篇序言介绍了孔子的生平、伟大事业和他在中国社会的重要意义，另附一篇介绍"《论语》历史"的小论文。

卫礼贤译本的标题为"*Kungfutse. Gesprache. Lun Yü*"，可直译为"孔子谈话录：论语"。根据笔者收集到的译本情况来看，卫礼贤是第一位将"论语"翻译成*Gespräche*(对话，谈话)的译者。虽然《论语》并不是真正意义上的"孔子谈话录"，但这样的译名显然会使人联想到《柏拉图对话集》等欧洲读者耳熟能详的作品，带给他们亲切的阅读感受。下面具体介绍卫礼贤《论语》译本的情况：

1. 篇章标题：凸显主题、体现逻辑

除了序言之外，卫礼贤译本[③]包括正文、注释、目录、参考文献、人物索引和内容索引。译本沿用了《论语》原文的篇章结构，分篇二十。《论语》原文的各篇篇名乃是取自篇首除"子曰"或"孔子"外的前两个字或前三字，比如第一篇篇名"学而"来自第一句"子曰：'学而时习之'"；而第十五篇篇名"卫灵公"出自本篇第一句"卫灵公问陈于孔子"。卫礼贤在译本的正文用罗马数字为序号代替原有篇名，如第一篇为"Buch I"[④]，第二篇为"Buch II"，以此类推，最后一篇为"Buch XX"。在译本目录中，除罗马数字序号外，卫礼贤在序号后加上了中文篇名的音译，第一篇篇名是"*Buch I. HÜO ERL*"，第二篇为"*Buch II. WE DSCHONG*"。当然，这样的音译篇名会令不熟悉原文的读者感到困惑，不知*HÜO ERL*、*WE DSCHONG*究竟是指什么。因此他特别在目录下方做出说明："目录中的各篇题目类似于希伯来'陀拉'(Thora)即'摩西五经'中的题目，实际上就是该篇篇首的几个字。"[⑤]

卫氏译本各章均设有标题，这也是这部译本的独特之处。该译本的章节标题部分直接取自原文，如《论语·为政》篇第1章的标题"北极星"，出自原文"为政以德，譬如北辰"之"北辰"。有的标题是对本章所述事件之概括，如《论语·季氏》篇第1章描写"季氏将伐颛臾"。孔子指出，颛臾是先王封国，"在城邦之中"，又是"社稷之臣"，季孙氏真正的目的"不在颛臾，而在萧墙之内"，季氏伐颛臾实际上是要削弱鲁王的权力，因此卫礼贤所拟的标题"非正义之战"是对本章内容精炼、准确的概括。还有的标题是对本章论述主题的概括，如《论语·颜渊》篇第22章"樊迟问仁"的标题为"仁与知"。

有时，译本的章节标题能够展现出各章之间的关系。《论语·卫灵公》篇第17章至22章讨论的主题皆为"君子"，卫礼贤为之拟定"君子 I"、"君子 II"……"君子 VI"等标题，这6

---

① 威廉·许勒：《卫礼贤的科学著作》，载孙立新、蒋锐主编：《东西方之间——中外学者论卫礼贤》，前引书，第15页。

② Richard Wilhelm. *Kungfutes. Gespräche. Lun Yu*. Jena: Eugen Diederichs, 1921. Vorrede zur zweiten Auflage.

③ 遗憾的是，由于没有收集到卫礼贤译本的初版即1910年版，本文采用的是卫礼贤译本修订版(Eugen Diederichs, 1914)的再版(Eugen Diederichs, 1921)，特此说明。

④ (das)Buch 为德语词，指"卷，篇，部"。

⑤ Richard Wilhelm. *Kungfutse. Gespräche. Lun Yu*. Jena: Eugen Diederichs, 1921. p. 240.

章之间的关系便一目了然。

对于并非出自孔子本人之口的言论，卫礼贤特别在各章标题之前标注符号“*”以示区别。而且在标有*的章节标题之后，他还用括号注明本章究竟出自谁人之口，例如《学而》篇第2章，卫礼贤在该章标题“敬畏乃是国家秩序的基础”之后注明“有若”，指明该章是有若的言论。又如《八佾》篇第19章，他在该章标题“诸侯与官员”后注明“鲁定公”，因为该章记载了鲁定公对孔子的提问。借助于这样的提示，读者很容易看出孔子言论在《论语》各篇的大致分布。《乡党》篇、《微子》篇和《子张》篇基本上没有孔子本人的言论。

2. 篇首提要：介绍与阐释并用

“篇首提要”是卫礼贤译本的另一特色。除《学而》篇和《为政》篇之外，卫礼贤在其余18篇译文之前均著有“篇首提要”。与硕特译本的篇首提要不同，卫礼贤译本的篇首提要不是单纯的流水账式的内容简介，除了介绍本篇章数、概括主要内容，还对本篇所涉之孔子思想进行阐释，并且提醒读者值得注意或可疑之处，有时还附有译者的个人感受。以下试举几例：

《泰伯》篇的篇首提要主要介绍本篇内容，并对部分材料来源作出判断：

“第八篇含21章，其中第1章和最后4章关注古代的伟大人物。第3至7章是曾参的观点和生平轶事，曾参在本篇被尊称为‘子’，由此可以推断这一部分材料来源于曾参学派。其他的11章是孔子关于道德修养、治理国家和学习等主题的格言。”①

《论语·子路》篇的篇首提要除了介绍本篇主要内容，特别提醒读者注意一个重要细节：

“本篇含30章，与前一篇类似，主要研究政治问题和个人的道德修养。值得注意的是，卫国在这一篇中的重要角色(参见第3、7、8、9章)。卫国是弟子原宪在孔子去世之后生活的地方，下一篇恰好以原宪的名字为题目(《宪问》)。同时，卫国也是子贡的家乡。这里可能提供了资料来源的一个线索。”②

接下来的《宪问》篇的篇首题要特别指出篇章结构安排的某种可能性：

“本篇含47章，是全书篇幅最长的一篇。许多中国的注家认为这一篇属于孔子的直系弟子原宪(字子思)。他们提出若干依据：第1章以原宪的名字开始，这是提及某位弟子时从未出现的情况。在《论语》其他各处，提到某位弟子一般称其‘字’；至少也会用姓氏称呼，有时也会称‘字’。只有自称或者老师称弟子才会单用‘名’。本篇主要内容：除了关于行为准则的言论，还有孔子对历史人物和同时代人物的评价。另外还有孔子的生平轶事，可信度极高。关于原宪其人我们所知甚少，甚至连他是鲁国人还是宋国人都不能确定。孔子去世后，原宪隐居卫国，不问世事，潜心研究。前一篇(《子路》篇)已经暗示该篇与卫国的某种内在联系。本篇紧随其后或许不是出于偶然。这种现象极有可能提示我们两篇之间的关系。”③

---

① Richard Wilhelm. *Kungfutse. Gespräche. Lun Yu*. Jena：Eugen Diederichs，1921. p. 76.

② Richard Wilhelm. *Kungfutse. Gespräche. Lun Yu*. Ibid. p. 134.

③ Richard Wilhelm. *Kungfutse. Gespräche. Lun Yu*. Jena：Eugen Diederichs，1921. p. 148.

又如《乡党》篇篇首提要：

“本篇与其他各篇不同之处在于，本篇只展现出孔子的个人生活，提供了许多有趣的材料。值得注意的是，在全篇中孔子只有一次被称为‘子’，其余皆称‘孔子’或‘君子’。这个现象令人怀疑本篇另有出处。另外，本篇的叙述方式也支持这一观点，即全部为传记式、肖像式的描写。另外还需注意，本篇本为一段，后来出于实用考虑才划分为十七章。欧洲人不熟悉这种过于精细的细节描述，但是不要忘记这正是中文的特殊风格。与我们欧洲人相反，中国注疏家及其钟爱细节描写，因为细节使得孔子形象栩栩如生、跃然纸上。本篇还可证明，孔子非常谨慎地协调理论与实践的关系，这一点与康德有相似之处。另外，本篇的真实性受到严重质疑。”①

3. 译文表达：直译与改写兼具

直译与改写兼具是卫礼贤《论语》译本的显著特点，在译本中，卫礼贤一方面按照字面意思翻译汉字本身表达的内容，另一方面采用改写式的、符合德语语言习惯和德国人思维方式的翻译方法，后者事实上也蕴含了译者对文本思想的理解。在下文的分析中，卫礼贤译文的两种复述形式分别注明为“译文I”和“译文II”，其中“译文I”代表直译，“译文II”代表改写。

“子曰：‘为政以德，譬如北辰，居其所而星共之。’”

译文I：Der Meister sprach：“Wer kraft seines Wesens herrscht，gleicht dem Nordstern. Der verweilt an seinem Ort und alle Sterne umkreisen ihn.”

回译：孔子说：“以德治国之人就像北极星一样。北极星就停留在自己的位置上，其他的星星都围绕着它。”

译文II：Wie die Sonne nur durch die Überlegenheit ihrer Anziehungskraft die Planeten in ihre Bahnen zwingt，so herrscht der Genius nur durch die immanente Schwerkraft seiner Persanlichkeit ohne alle Vielgeschaftigkeit.

回译：就像太阳通过引力的优势使其他行星在各自轨道运行，有天赋的人治理国家只是凭借个人内在力量，无需做其他事情。

我们注意到，卫礼贤的第一段译文与原文几乎如出一辙，原文使用的比喻手法也在译文中得以再现。然而在译文II中，卫礼贤用“太阳”代替“北辰”，将“譬如北辰”解释为“就像太阳通过引力的优势是其他行星在各自轨道运行”，看似与原文有所偏差，其实却体现出卫礼贤的用心。因为在西方文化中，“太阳”是一个比“北极星”更具有象征意义、更为人所熟悉的意象，卫礼贤的改写更加符合德语读者的心理和语言习惯。自古以来对这一章的解释很多，治国到底应当“有为”还是“无为”也是众说纷纭。《论语注疏》对这一章的解释是：“北极谓之北辰。北辰常居其所而不移，故众星共尊之，以况人君为政以德，无为清静，亦众人共尊之也。”，卫礼贤将“居其所而众星共之”翻译成“有天赋的人治理国家只是凭借个人内在力量，无需做其他事情”，显然是把隐喻手法背后的含义理解为“无为”，与《论语注疏》的解释是一致的。

① Richard Wilhelm. *Kungfuses. Gespräche. Lun Yu*. Ibid. p. 97.

4. 注释:内容丰富、述评结合

"缺乏进行科学研究的参考资料"[①]是卫礼贤译本受到的批评之一,他的汉语水平也因此受到怀疑。不过,德国汉学家吴素乐(Ursula Ballin)特别指出,卫礼贤在他的译稿中"绝对附上了评论性的注解,但是迪德里希斯出版社为了使出版物能够迎合公众的口味,将之删除了。"他从卫礼贤与迪德里希斯出版社的往来书信中发现,"为了让出版社能够采用这些注释,威廉(即卫礼贤)和他们进行了激励的斗争。在以后的版本中得以保留了其中的一部分注释。"[②]

通过对比最古老的1914年版和最近出版的2008年版卫礼贤译本,我们发现不仅改写式的翻译被大量删减,1914年版中的注释也几乎不复存在,这不得不说是一个巨大的遗憾。与理雅各的《论语》英译本相比,卫礼贤译本的注释在学院派汉学家的眼中欠缺严谨。但是,对于原文只有一万多字的《论语》而言,多达四百页的理雅各译本无疑过于繁冗。该译本详尽的注释和文献式的翻译方法吸引的大多为专业研究者,理雅各的译本也被誉为"学术范本"。卫礼贤的译本与前者形成鲜明对比,因为"卫礼贤进行翻译并不是要向职业汉学家小圈子证明自己的汉语知识,而是要为德国知识界开发隐藏于东方世界的精神财富和人生理想财富"[③]。从1914年版译本的注释情况来看,卫礼贤的注释非常丰富,大致包括人物介绍、概念阐释、歧义字句、历史背景、译者感受等方面的内容。

据统计,《论语》中出现了150多个人物,其中名和字都可查到的有60人左右。[④] 其中既有孔门众弟子,也有众多知名或不知名的历史人物,再加上有时称"名",有时称"字",即便是中国读者,如果不熟悉历史背景,看到如此庞杂的人名也难免一头雾水。用注释的形式介绍人物不仅能够帮助读者弄清人物身份,也不会损害译文的流畅性。

对《论语》的重要概念进行阐述、解释是卫礼贤译本注释的重要组成部分。例如《论语》全书的第一个字、同时也是孔子思想中的重要概念"学",卫礼贤在注释中是这样阐释的:中文的"学"一般翻译为"lernen",孔子所说的"学"是指学习在实践中运用生活方式的正确原则,也就是继承个人修养必需的文化遗产。对孔子而言,"学"没有脱离道德意义的纯粹理论学习。[⑤]

卫礼贤在处理《论语》中争议较大的字句时,通常会以注释的形式进行补充。

例一:

"子夏曰:'贤贤易色……'"

"贤贤易色"一般翻译为"回避爱好美色的心,转向尊敬贤能的心"。这种译法受到《论

---

① 吴素乐:《卫礼贤——传教士、翻译家和文化诠释者》,载马汉茂、汉雅娜、张西平、李雪涛主编:《德国汉学:历史、发展、人物与视角》,郑州:大象出版社,2005年,第479页。

② 吴素乐:《卫礼贤——传教士、翻译家和文化诠释者》,载马汉茂、汉雅娜、张西平、李雪涛主编:《德国汉学:历史、发展、人物与视角》,前引书,第479页。

③ 威廉·许勒:《卫礼贤的科学著作》,孙立新、蒋锐主编:《东西方之间——中外学者论卫礼贤》,济南:山东大学出版社,2004年,第13页。

④ 参见"国学网"对杨伯峻《论语译注·论语词典》和程石泉《论语读训·论语索引》的研究。

⑤ Richard Wilhelm. *Kungfutes. Gespräche. Lun Yu*. Jena:Eugen Diederichs,1921. p. 1.

语·子罕》"吾未见好德如好色者也"的影响,在语法上是不成立的。另有一种翻译:"重视贤能、轻视美色的人"。(可参看毛奇龄有关著作)[①]

《论语·宪问》篇"陈成子弑简公"全文如下:

"陈成子弑简公。孔子沐浴而朝,告于哀公曰:'陈桓弑其君,请讨之。'公曰:'告夫三子!'孔子曰:'以吾从大夫之后,不敢不告也。君曰'告夫三子'者!'之三子告,不可。孔子曰:'以吾从大夫之后,不敢不告也。'"

卫礼贤在注释中首先介绍"陈成子弑简公"事件发生的时间,"这个事件发生在公元前481年,即孔子去世之前两年"。接下来他解释孔子为何"告夫三子":"孔子认为,人们不应容忍邻国发生这样危害道德的罪行,因此他以这样的方式提出异议(沐浴和斋戒在进行神圣的行动前是普遍的)。当时鲁国的权力掌握在三家大夫孟孙氏、叔孙氏、季孙氏手中,哀公不敢介入此事,让孔子报告三家大夫。孔子非常得体地表达出自己的反对意见。他很清楚,自己在同样有意弑君夺权的三家大夫那里不可能得到支持。但是他还是向三家大夫禀报此事。《左传》中也记载了对孔子政治智慧的评价:"陈恒弑其君,民之不与者半。以鲁之众加齐之半,可克也。'"[②]

卫礼贤常常在注释中写进自己的阅读感受,这或许是他的翻译被指"过于随意"的原因之一。在对《论语·雍也》篇"知之者不如好知者,好知者不如乐知者"的注释中,他把孔子所说的"乐知者"与歌德联系起来,"在这个阶段,我们会不由自主地想到歌德和他的自然科学研究"[③]。歌德是德语世界和整个西方世界最伟大的作家和思想家之一,除了诗歌、小说、戏剧方面的伟大成就,歌德还在哲学、历史学甚至植物学等自然科学领域取得过令人称道的成就。由"乐知者"联想到歌德能够消除德语读者的陌生感,帮助他们理解"乐知者"这个词汇的含义。

卫礼贤对《论语·先进》篇"子路、曾皙、冉有、公西华侍坐"的注释更是融入译者的多重感受:"本篇最后一章是整部《论语》中最具有文学价值、同时也是最生动的篇章。将本章与类似段落进行比较,会发现《论语》中布局方式的巨大差异。如在《论语·公冶长》篇第25章中,子路和颜渊表达自己的志向,又如《论语·雍也》篇第6章中,孔子与季氏对话时把三位弟子的爱好描述为他们的才能。不仅风格方面有巨大差异,与其他章节朴实、古老的叙述方式相比,本章风格细腻、描写生动,令人联想到柏拉图对话的某些片断。曾皙的想象让人想到毕克林(Böcklin)描画的春天景象。除了曾皙(名点),这段对话中的其他人都在别处出现过。曾皙是曾参的父亲。"[④]

在注释中,卫礼贤不仅从孔子与弟子的对话联想到柏拉图的对话,还从《论语》中描述的场景描述联想到毕克林的画作,思维非常开阔,无怪乎有人称赞卫礼贤是一位"具有天才

---

① Richard Wilhelm. *Kungfutes. Gespräche. Lun Yu*. Jena:Eugen Diederichs,1921. p. 3.

② Richard Wilhelm. *Kungfutes. Gespräche. Lun Yu*. Ibid. p. 159.

③ Richard Wilhelm. *Kungfutes. Gespräche. Lun Yu*. Ibid. p. 56.

④ Richard Wilhelm. *Kungfutes. Gespräche. Lun Yu*. Jena:Eugen Diederichs,1921. p.117.

艺术家气质"[①]的翻译家。

五、结语

卫礼贤的《论语》译本堪称德语世界最优秀的《论语》译本，与众多《论语》英文译本相比也毫不逊色。一方面，为了保证译文的准确性，他不仅对原文进行逐字逐句的翻译，附加大量注释对《论语》中的人物、历史事件、重要概念、歧义字句等进行补充介绍，还采用德国或欧洲知名哲学家、文学家的名言或观点与《论语》中的观点相互印证；另一方面，由于逐字直译与德语语言惯用法不符，卫礼贤就在每章的直译译文旁加上意译的译文（或者称之为改写）。两种不同风格的译文互相辉映，是卫礼贤《论语》德语译本最大的特色。

① 威廉·许勒：《卫礼贤的科学著作》，孙立新、蒋锐主编：《东西方之间——中外学者论卫礼贤》，济南：山东大学出版社，2004年，第13页。

《论语》在法国的译介与研究述略[①]

成　蕾，赵治平

摘　要　中国儒家典籍《论语》不仅在国内影响深远，而且被译成多国文字在全世界产生着重要影响。法国汉学在世界汉学界地位颇高，成果丰厚，对《论语》的译介和研究历史悠久。国内学界已有不少关于儒家学说对法国文化影响的研究，但截至目前，少有人以儒家典籍的译介为线索，来探讨儒家思想在法语文化中的接受情况。文章梳理了《论语》在法国的翻译、传播和接受状况，展现了儒家文化与法国文化在不同历史、社会背景下的接触、交流和碰撞，进而分析各时期不同境遇的原因。

关键词　《论语》；法译；研究历史；评述

基金项目：2012 年教育部哲学社会科学重大课题攻关项目“英语世界中国文学的译介与研究”(12JZD016)。

作者简介：成蕾(1982—　)，女，湖北潜江人，西南交通大学外国语学院讲师，四川大学文学与新闻学院博士生；赵治平(1992—　)，女，陕西咸阳人，西南交通大学外国语学院研究生。

《文心雕龙·原道》云：“道沿圣以垂文，圣因文而明道。”这是说论文说道要向圣人学习。《论语》作为中国最早的一部语录体儒家经典，记录了“圣人”孔子和他周围人物的言论和行动。以孔子思想为核心和主要代表的中国传统儒家文化，是无可争议的中国传统文化主流，影响和决定着中华文明的传承和发展。同时，在中法文化交流史上，从最初开始关注中国文化的那一批法国耶稣会士，到今天作为法国东方战略智库重要组成部分的法国汉学家，他们研究的中心从未偏离过以孔子思想为核心的中国儒家文化。

国内学界已有不少关于儒家学说对法国文化影响的研究。这些研究或重在海外汉学史整理，探讨不同时期法国关于中国儒家思想的研究状况、法国汉学家研究成果等；或关注翻译中对语言层面的研究，比较不同译本。笔者搜集、整理并归纳分析了这类研究成果(主要是期刊论文和极少数学位论文)，发现以儒家典籍为线索，探讨儒家典籍在法语文化中的接受情况的研究并不多。同时，之前的研究者由于法语语言水平所限，可能在研究中并未使用第一手原文文献，导致有少数论文出现明显的信息错误，甚至有未经严密考证就随意引用不实信息，以至于以讹传讹的现象。本论文将梳理《论语》在法国的翻译、传播和接受之境遇，展现儒家文化与法国文化在不同历史、社会背景下的接触、交流、碰撞的过程，进而分析各时期不同境遇的原因。

一、法译本的“前身”：早期欧洲的拉丁文译本

法国对《论语》的最初认识，与中法思想交流史起源于同一时代。中国与法国的思想交

①　原文发表于《燕山大学学报(哲学社会科学版)》2015 年第 2 期。

流，包括文学、文化、宗教、艺术等，最初是从17世纪欧洲传教士进入中国开始的。17至18世纪有大批欧洲传教士来到中国，这些传教士是传播中国思想的垦荒者，他们的贡献之一就是翻译中国经典。

意大利传教士罗明坚(Michele Ruggieri)和利玛窦(Matteo Ricci)是第一批抵达中国的欧洲耶稣会士。1579年罗明坚抵达澳门并逗留了八年多，期间学习汉语和中国文化礼仪。回欧洲后，他将儒家典籍《四书》全文译成拉丁文，翻译作品手稿至今仍然存放在意大利国家图书馆中。有研究显示，罗明坚的翻译著作随后被发表，成为第一次在欧洲发表的汉学译著，遗憾的是，当时欧洲主流社会并未对中国有太多的关注。

利玛窦到达中国后观察到，中国士大夫阶层的培养始于《四书》，于是他也尝试将中国典籍翻译成拉丁文，随后又有至少17个耶稣会士对此进行了修改和研究。虽然这部译著并未出版而且已经散失，但是他的这一翻译行为是可以考证的。利玛窦曾在通信中多次明确提到他翻译了《四书》，并将译稿寄回了欧洲。在1594年11月15日的信中，他提到："几年前(按为1591年)我着手翻译著名的中国《四书》为拉丁文，它是一本值得一读的书，是伦理格言集，充满卓越智能的书。待明年整理妥后，再寄给总会长神甫，届时你就可以阅读欣赏了。"[1]143有学者认为，利玛窦的译著在当时的中国长期被作为入华耶稣会士的中文课本，并成为后来比利时耶稣会士柏应理(Phillippe Couplet)等人所编译的《中国哲学家孔子》的底本。

这些传教士对中国语言、文化典籍、礼仪习俗的学习、研究和翻译，可以视为中西文化交流的源头，并直接影响了后来持续了长达两个世纪的欧洲"中国礼仪之争"事件。也可以认为，罗明坚和利玛窦的行为本身就属于"中国礼仪之争"事件的组成部分，但由于这一批到达中国时间最早的传教士来自意大利，加之礼仪之争时间持续时间较长，故笔者在本文中将上述内容及他们的拉丁文译本单独评述。

二、"礼仪之争"时期的另类布道

"中国礼仪之争"是中西文化大冲撞的一次重要事件。明清之际来华的耶稣会士将底蕴深厚的中国文化介绍到西方，引起了西方社会的震荡。来华传教士们就种种中国礼仪——如祭天祭祖等是否是迷信或偶像崇拜、能否与基督教教义并行不悖、中国人对孔夫子的崇拜的性质等问题展开了激烈的争论。欧洲人就中国礼仪问题而展开的争论极大地动摇了欧洲封建神权的绝对权威，罗马教廷为息事宁人费尽周折，焦头烂额之下最终宣判中国礼仪属于迷信，禁止通融。

传教士在这场争论中对中国文化进行了全面的研究和介绍，这一时期对儒家典籍的翻译、对孔子思想的介绍颇多。"在所有的传教士中，入华耶稣会士可能是最有学问者。所以，唯有他们才理解绝不能正面与崇拜孔子的古老礼仪相对抗，因为孔子'奠定了天朝帝国的社会制度形态，从而也确定了其行政制度'。"[2]75葡萄牙耶稣会士郭纳爵(Ignatius da Costa)、意大利耶稣会士殷铎泽(Prosper Intercetta)合作翻译了《论语》拉丁文版本。1687年，巴黎出版了由柏应理、殷铎泽、恩理格(Christian Herdtricht)和鲁日满(Franciscus Rougemont)的共同著作《中国哲学家孔子》(*Confucius Sinarum Philosophus*)，书中附有

《大学》《中庸》《论语》的拉丁文译本。这些译文就是以郭氏和殷氏的《论语》《大学》译本为基础的。由于当时正值"礼仪之争"的高峰时期，拉丁语又是当时的"学术语言"，这个作为向欧洲介绍儒家思想的重要文献一出版就反响强烈。该书在欧洲学界刮起了一阵中国思想文化之风，在中西文化交流史上，《中国哲学家孔子》地位颇为重要。

"中国礼仪之争"事件对儒家典籍翻译的掣肘之处在于，它使这些传教士的翻译介绍工作饱受争议。随着传教士内部的论战日益激烈，越来越多的人都开始认为中国典籍翻译不应与基督教教条相悖，这使得教会中的本土主义者占了上风。在他们看来，耶稣会会士们即使已经开始放弃他们信仰中的基本观点，试图与中国的迷信调和，结果也徒劳无功。可能正是因为这一因素的影响，使得《论语》的拉丁文译本虽然引起了很大反响，但是并没有很快被译成其它欧洲语言，因此也未得到更广泛的传播。可以算作《论语》和儒家著作译文的还有 1688 年法国人西蒙·富歇(Simon Foucher)出版的用法文撰写的《关于孔子道德的信札》(*Lettres sur la Morale de Confucius*)和让·德拉布吕纳出版的法文著作《中国哲学家孔子的道德箴言》(*La Morale de Confucius*, *Philosophe de la Chine*)，此后相当一段时间内此书是法国人了解儒家思想的主要读物。但是，尽管书中相当详细地论述了《中庸》和《大学》，但是对于《论语》的处理则比较草率。同时，这两本著作并不是对孔子论著的翻译文本，而只是对先前出版的拉丁文译本的概括阐述。而且在这些概括性的介绍中，《论语》只是被翻译为几十条毫无趣味和文学美感的伦理说教"箴言"。书中并没有明确表现出孔子及其作品的具体内容和真实价值，因此很难使读者对此书有更深入的了解。

1687 年 12 月，在阿姆斯特丹出版的法文月刊《世界和历史文库》(*Bibliothèque Universelle et Historique*)刊登了一篇对著作《中国哲学家孔子》的书评，作者是法国新教学者让·勒克莱尔(Jean Le Clerc)。书评后附有由他本人从拉丁文转译成法文的 16 段《论语》译文。书评长达 68 页，十分引人注目，勒克莱尔在其中显示出对《论语》的浓厚研究兴趣，认为孔子的思想广泛而丰富。他对之前耶稣会会士们的编撰著作中的某些信息持保留态度，认为他们模糊了孔子自己的论述以及孔子作品中某些段落出现的评注等。同时，他还认为，《中国哲学家孔子》一书中没有汉字，使得读者不能区别正文和评论。

1711 年布拉格大学刊印了比利时传教士卫方济(François Noël)的《中国典籍六种》，其中也收有《论语》的拉丁文译文。此书后来被转译成法文，于 1784 至 1786 年间在巴黎出版。由上文可知，中国典籍作品传播到欧洲时，大都是先被翻译成拉丁文，然后再被转译成法文、英文和德文等欧洲国家各自的语言，这是中国文化海外传播的一个规律性线索。

三、18 至 19 世纪法国的"汉学热"：对《论语》及儒家思想的推崇

法国一直是欧洲汉学研究的中心，这归功于始于早期法国传教士和法国历代学者在翻译、介绍、研究中国典籍方面的重要贡献。从 1776 年起，法国开始编辑出版在华法国传教士的汉学论文集《中国历史学术艺术风俗习惯之研究》(十六巨册)、《海外传教士耶稣会士通信录》(十六卷)、冯秉正(Joseph-Francois-Marie-Anne de Moyriac de Mailla)编的《中国通史》(十二卷)和杜赫德(Jean-Baptiste du Halde)编的《中华帝国全志》(四巨册)，这把法国汉学推到了一个独霸世界汉学研究之圣坛的地位。[3]59-60 其中最重要、影响最大的是杜赫德编

纂的《中华帝国志》一书，该书46卷，是18世纪西方有关中国知识的一部百科全书，为当时欧洲知识界了解中国文明提供了重要的资料来源。

当时正处于启蒙运动如火如荼的时期，欧洲的启蒙运动者们试图以哲学、理性的权威来代替基督教神权的权威。而经过耶稣会士翻译到欧洲大陆去的以《论语》为代表的儒家文化，为反宗教论者提供了攻击宗教文化的极好武器。他们对非宗教的孔子学说的理性客观给予了热烈的欢迎和崇拜。但这一时期启蒙思想家对《论语》及儒家典籍的了解主要是通过前一时期来华传教士的翻译译本，启蒙思想家们以此为中介，研究了儒家典籍和儒家思想。

对于孔子以德服人的气魄，伏尔泰表示十分赞赏；伏尔泰也推崇以孔子为代表的儒家思想，认为中国政治体制是世界上最为完美的一种政治体制。作为"启蒙运动的旗手"，伏尔泰推崇孔子及其学说。但是，在当时的环境下，他的有些行为是非常令人吃惊的。在西方民众心目中，"救世主"耶稣的崇高地位是不言而喻、不可侵犯的，可是伏尔泰竟然敢将耶稣画像改为孔子画像，并且早晚礼拜，二十年如一日。他认为"己所不欲，勿施于人"才是道德的最高准则，应该成为众人牢记的座右铭。自此之后，无数启蒙思想家都对儒家学说所代表的中国文化产生非常浓厚的兴趣，他们不仅阅读相关的中国典籍翻译，而且还常常对典籍中的思想进行分析和研究，从而得出了许多经验、教训。法籍德裔的霍尔巴赫(Heinrich Diefrich)，他是一位启蒙思想家、哲学家、无神论者。他认为"中国是世界上唯一的将政治与伦理道德相结合的国家"，而且他又提出"德治"主张，向大家号召说"欧洲政府必须以中国为模范"。百科全书派的代表人物狄德罗(Denis Diderot)编撰了《百科全书字典》，在其中他赞叹说，孔子儒教"只须以理性和真理，便可治国平天下"。而且，他也在其所编撰的百科全书中撰写"中国(Chine)"和"中国哲学(Philosophie des Chinois)"两个词条。此外，作为三权分立思想的提出者，孟德斯鸠(Montesquieu)也赞美过中国的德治思想，他说"中国人民生活在一种最完善、最实用的道德之下，这种道德是这个地区的任何一个国家所不拥有的。"[4]122

纵观启蒙运动时期，尽管当时在法国流行的儒家典籍《四书》是由传教士完成的译本，但是与此前不同的是，这些译作曾经在法国，甚至在欧洲掀起过一股中国热潮，无数思想家因此为之倾倒，为之迷狂。儒家学说中的"仁""德"等核心概念更被广泛提及和运用到法国和欧洲社会的方方面面。作为法国大革命时期雅各宾派的领袖，罗伯斯庇尔曾把《论语》里面所说的"己所不欲，勿施于人"(*Ne fait pas à autrui ce que tu ne voudrais pas qu'on te fasse*)，作为自由道德标志而写入他自己所起草的《人权宣言》(*Déclaration des Droits de l'Hommeet du Citoyen*)。[4]122

此外，18世纪重要的孔子研究著作还包括钱德明(Jean-Joseph-Marie Amiot)于1785年出版的《孔子传》。钱德明被认为是入华耶稣会士中的最后一位大汉学家，他有关中国的著作很多，能用汉语、法语、满文、蒙文著书立说，是一位罕见的多才多艺的传教士汉学家。

启蒙运动的浪潮过后，19世纪法语翻译史上产生了几个重要的《论语》译本。汉学家波蒂埃(Guillaume Pauthier)于1846年出版了《四书：中国道德和政治哲学》(*Les quatre livres de philosophie morale et politique de la Chine*，1846)。书中全译了包括《论语》在内的《四书》,并在导论和序言中做了相关评述,给予了孔子极高的赞誉。波蒂埃译本的价值还体现在,与先前由拉丁文译本转译成的法译本不同,它是第一部根据汉语文本直接翻译而来的法译本。除此译著外,波蒂埃还有多部汉学著作,研究涉及中国历史、文学、文化,代表作有《现代中国:中华大帝国之历史、地理、文学述写》(*Chine Moderne ou Description Historique, Géographique et Littéraire de ce vaste empire*)。

法国耶稣会士顾赛芬(Seraphin Couvreur)于1895年在巴黎的出版社先后出版了包括《论语》在内的《四书》法译本(*Les quatre livres: La Grande Etude, L'Invariable Milieu, Entretiens de Confucius et de ses disciples, Oeuvres de Meng Tzeu (Seu Chou)*)。他酷爱中国古典文学,写得一手好文章,编写过辞书并翻译了大量中国典籍,他是这时期汉学家中用法文翻译、研究中国典籍成绩最为卓著者之一。法国汉学家戴密微(Paul Demieville)评价说:"顾赛芬的法文、拉丁文准确优美,无可挑剔,他的翻译严格忠于当时中国官方推崇的朱熹学派的诠注,没有做任何独出心裁的解释或个人评论的意图","顾赛芬的译文是可靠的,至今仍有很强的实用价值"。[5]他的译本被多次再版,是《论语》众多法译本中最经典的译本之一。他翻译的儒家典籍除《四书》外还包括1896年出版的《诗经》、1897年出版的《书经》和1899年出版的《礼记》等。

四、20世纪以来《论语》法译的研究转向

如果说早期法国对《论语》的研究是以基督教神学研究附会孔子的儒家学说,启蒙时期对《论语》的研究又是为自身革命寻求武器的话,那么19世纪末特别是20世纪以来的《论语》研究有了新的转向。这个时期的学者最大程度上摆脱了宗教等信仰的苑囿,以科学的态度和丰富的方法论,来研究《论语》和儒家思想。"一般来说,法国现在的倾向是更新传统性的汉学,甚至是断然地从中摆脱出来,一直超越传统的分界,并将从人文科学借鉴来的方法论(结构论、符号学、认识论等)纳入其中。"[6]97

这一时期,法国出现了数量众多的汉学研究机构和大学,其中较为著名的儒学研究机构有:法国远东学院(École Fran caise d' Extrême-Orienl)、法兰西学院(Collège de France)、近代现代中国研究中心(Centre d' études sur la Chine moderne et contemporaine),法国社会科学高等研究院(Ecole des hautes études en sciences sociales)[4]123。法兰西学院于1814年起设置汉学教授讲席,这标志着法国汉学研究从宗教化开始转向世俗化。法国多位著名汉学家都对《论语》的译介起过积极作用,有着卓越贡献。

葛兰言(Marcel Granet)在其1934年出版的著作《中国人思维》(*La Pensée chinoise*)中,专列一章介绍孔子和他的人文主义精神。葛兰言多处引用《论语》的章节并做了翻译,特别是对其中反复出现的一些文化负载词,如"君子""小人"等的翻译方式,做了专门探讨。

汪德迈(Léon Vandermeersch)是另一位直接从事儒学研究的学者。"他的教学工作在过去的数年里一直集中在介绍中华帝国早期的儒学作家","在他的心目中,儒学更是代表了整个中国文化中最具有特征性的东西,同时也是一种普遍适用的模式"。[7]113

师从汪德迈教授的程艾兰(Anne Cheng)是法籍华裔知名学者,多年来也一直从事法国的儒学研究。她于1981年在法国Le Seuil出版社出版了《〈论语〉翻译及简介、笔记、地图和

年表》(*Traduction intégrale des Entretiens de Confucius, avec introduction, notes, cartes et chronologie*);1985 年,此书在同一个出版社再版;1992 年,又由该社收录在《人类的伟大经书》(*Les grands texts sacrés de l' humanité*)丛书中再次出版,她的译本一直是权威的法语译本。除翻译《论语》外,程艾兰的儒学研究著作《汉代儒学研究》(*Étude sur le confucianisme Han*,1985 年)和《中国思想史》(*Histoire de la pensée chinoise*)均获得极高的赞誉。特别是后者,在法国和整个西方汉学界都具有划时代的意义。

比利时汉学家皮埃尔·里克曼于 1987 年出版了《论语》的法译本,由东方知识出版社出版。澳大利亚国籍的他以西蒙·利斯(Simon Leys)的笔名于 1997 年出版了《论语》的英译本。由于作者本人也是小说家,他在《论语》引言中谈到,他并非将《论语》当做思想巨著,而是作为文学作品来欣赏,他为他的译文预先设定的读者是普通人,而非学者。他的英语译本中注释旁征博引,涵盖大量西方文化,便于西方文化背景的读者理解。相比之下,法译本中的注释偏少。

另外一个法语译本是由法国汉学家雷威安(André Lévy)翻译完成的。雷威安是法国研究中国古典文学的学者和翻译家,童年时期在中国度过,对中国文化有着特殊情结。他的译本《孔子与弟子的对话录》(*Entretiens de Confucius et de ses disciples*)于 1994 年在法国 Flammarion 出版社出版。雷威安对中国古典文学在法国的传播做了很大贡献,除《论语》外,他的著作主要还有《十六、十七世纪中国白话小说》《中国古典文学概览》《金瓶梅词话》《西游记》《聊斋志异》《牡丹亭》等,这些译著为西方读者广泛阅读,在法国汉学界很有影响。

当代围绕《论语》的译介以及对儒家思想进行的研究,除上述翻译成果外,还体现在汉学家的研究中,包括当前在法国汉学界、比较文学界都引起极大反响的著名学者弗朗索瓦·朱利安(Francois Jullien)、马克(Marc Kalinowski)等。法国国家科研中心研究员马蒂厄(Rémy Mathieu)2006 年出版了《孔子》一书,书中的翻译涉及了包括《论语》在内的多部儒家典籍,并集中了包括四书五经、《孝经》《荀子》等经典文献在内的主体性阐述。关于这一领域的研究状况,法国国立东方语言文化学院的王论跃教授在《当前法国儒学研究现状》[8]25-32一文中有全面的介绍。

五、结语

通过整理法国对《论语》的翻译和研究历史,我们可以发现,法国不同时期对这部典籍及其承载的思想的接受状况受以下因素的影响:首先,受当时法国的社会、历史背景的影响,法国社会以何种态度对待中国的古老文明是影响《论语》在法国的接受状况的最主要因素,因此笔者以这个标准,将本文的结构划分为早期拉丁文译本时期、礼仪之争时代、启蒙时期、近代和现当代。其次,受译者和研究者身份的影响。从翻译研究中译者主体性理论、比较文学接受学理论、阐释学理论等角度,都可以论证这一因素的影响。译者和研究者的身份,包括其教育背景、生活经历、职业等,都决定了他将以何种眼光、出于何种目的来阅读《论语》、用何种方法来翻译、研究《论语》。在上文中提到的译者和研究者中,有初次探索神秘东方的欧洲传教士,有想从东方智慧中寻求武器的启蒙思想家,有对中国文学文化有浓烈兴趣的汉学家，有单纯以科学研究为目的的当代思想家，他们的身份决定了各自对《论语》的接受状况。

在当今法国学界，如何解读《论语》，如何研究儒学和中国思想，依旧存在不同声音之间的激烈争论。但是相同的是他们都认为，《论语》虽然是两千多年前的著作，但它代表的是中国传统和文化源头，是一个永远开放的文本，对它的研究在任何时代都是有重要意义的。

参考文献

[1] 利玛窦书信集[M]. 罗渔，译. 台北：光启出版社、辅仁大学出版社联合发行，中华民国七十五年六月初版.

[2] [法]维吉尔·毕诺. 中国对法国哲学思想形成的影响[M]. 耿昇，译. 北京：商务印书馆，2013.

[3] 梁真惠. 中国儒家学说的译介对欧洲启蒙运动的影响——以法国启蒙运动思想家为例[J]. 2010(3)：57-62.

[4] 谢欣吟，成蕾. 儒家典籍四书在法国的译介与研究综述[J]. 华西语文学刊，2012(2)：120-123.

[5] [法]保罗·戴密微. 法国汉学研究史概述：中[J]. 秦时月，译. 中国文化研究，1994(1).

[6] [法]汪德迈，程艾兰. 法国对中国哲学史和儒教的研究[J]. 世界汉学，1998(1)：97.

[7] [法]程艾兰. 儒学在法国——历史的探讨，当前的评价和未来的展望[J]. 孔子研究，1989(1)：113.

[8] 王论跃. 当前法国儒学研究现状[J]. 湖南大学学报(社会科学版)，2008(4)：25-32.

古代以来《论语》在日本的接受、传播与研究史述[①]

瞿莎蔚,邓亚婷,王冰菁

摘　要　《论语》东传日本形成了与其历史社会发展相适应的独特的发展脉络。论文立足于对《论语》在日本接受与传播的考察,首先介绍了《论语》在古代日本的传入与流播概况,并从《论语》的早期政治实践、《论语》新旧注释的受容与变化、江户《论语》诠释古学派的独创研究、经世实用的近现代日本《论语》研究等四个方面,对日本《论语》研究及其目的性与价值性的渐变过程进行梳理,力求演绎出日本古代以来,大和民族对《论语》的受容、流播进而产生独立性和特色研究的历史轨迹。

关键词　《论语》;古代日本;传播;研究史

基金项目:国家社科基金一般项目(12BWW011)。

作者简介:瞿莎蔚(1978—　),男,湖南汨罗人,湖南大学外国语与国际教育学院讲师,博士;邓亚婷(1990—　),女,湖南衡阳人,湖南大学外国语与国际教育学院研究生;王冰菁(1977—　),女,湖南岳阳人,湖南大学外国语与国际教育学院讲师,博士。

日本人生活谚语中有“犬に論語”(意为“对牛弹琴”),“論語読みの論語知らず”(意为“读论语而不知论语”)等,江户大儒学家伊藤仁斋更将《论语》誉为“最上至极宇宙第一书”。[1]204《论语》在日本的传播与影响,由此可见一斑。自古至今,特别是近代以来,上至达官贵族,下至庶民百姓,《论语》这棵宝贵的精神文化大树,从公元7世纪播种发芽以来,逐渐在学者乃至普通民众生活中根深蒂固,并形成日本独特《论语》文化之脉络。当然,这在很大程度上也离不开日本儒学者绵延千余年孜孜不倦、不断创新的探讨与研究。关于日本《论语》的历史研究,中日众多学者都曾有过学术史性质的总结。本文以对《论语》传日后的流播与研究发展的历史考察为纲,对日本《论语》研究的变迁史与时代特征等进行梳理。日本历史的发展过程迥异于我国,虽然两国儒学研究领域多有异曲同工之妙,但包括《论语》等儒家经典在内,在不同历史背景及社会传统、人文语境下,不同主体对于其接受与理解的目的必然不尽相同。这就造成了古代以来日本接受与研究《论语》的(包括过程、方式、选择性与开创度)独立清晰的多样化系统。

一、《论语》在日本的接受与传播分期

我国春秋战国时期儒学形成之后,经由朝鲜半岛继而东传日本。关于其初传日本的具体时间,众说纷纭,尚无定论。日本现存最古的史书《古事记》(成书于712年)中曾有记载:公元285年,“百济国若有贤人者贡上故受命以贡上人名和迩吉师即论语十卷千字文一卷并

① 原文发表于《燕山大学学报(哲学社会科学版)》2015年第2期,2016年被吉林大学博士论文《福泽谕吉“脱亚入欧”思想研究》引用。

十一卷付是人即贡进(此和迩吉师者、文首等祖)”①。另在现存日本最古的正史《日本书纪》(720年)中也有关于此事的部分记载,但其中却未言及具体典籍的名称。“十六年春二月,王仁来,太子菟道稚郎子拜为师,随王仁所习诸典籍,无不通晓。故将王仁推为文首之祖。”[2]145-146

事实上,后世考证,关于《论语》传日的时间,《古事记》和《日本书纪》两部史书的记载都不够准确。中国《千字文》一书完成于公元6世纪,按此推算,王仁赴日时间实际应该远在3世纪之后。更多中日学者根据可靠史料考察后,认为中国儒学应是在5至8世纪之间传入日本的[3]59。在传入日本的众多儒家经典汉籍之中,《论语》书名可见于正仓院书库。② 然而,现研究一般认为,传入日本的《论语》并非是单独成书的经文,而是伴随中国的注释书籍一起传入的。可以说,所谓古代日本对《论语》的接受,严格意义上讲,是指对《论语》原经并其注释书籍的同时受容。

王仁带到日本的《论语》究竟是何版本,因为没有相关实物遗存以及文献记载,我们不得而知。7世纪中后期,从中原家和清原家的“明经道博士”使用过的存世古钞本可以窥见日本古代《论语》的诵读与讲解情况。

儒学经典经由朝鲜传递至日本后,为《论语》在日本流播、应用与研究提供了物质基础。其后一千多年,日本儒学开始逐渐丰富发展,古代日本儒学研究的变化过程,如果去掉明治之后的时期来归纳的话,可分为三个阶段:传入期(上古—飞鸟奈良时代)、发展期(平安—安土桃山时代)和兴盛期(江户—明治时代),虽然大部分时间《论语》研究与儒学发展基本同轨,但是明治时代后逐渐衰落的儒学研究,并未削弱论语研究在近现代经世学运用中所起到的巨大作用。

1. 传入期

5世纪儒学传入日本这一史实,仍可以通过当时形成的诸多文献得到验证。初传期的日本儒学被称为“早期儒学”,伴随其诞生与发展,日本国内也开始进行《论语》等儒家经典的讲习。6世纪时,日本已经开始定期招聘来自朝鲜半岛的五经博士前来讲习儒学。推古天皇在位的飞鸟时代以前,仰慕中国经史子集已久的日本人不得不通过来自朝鲜百济博士等传入,《论语》等儒家思想的涌入,某种意义上是通过朝鲜中转形成的。7世纪以后,则直接从中国开始输入儒学。而自古朝起,派遣遣隋使、遣唐使(607—894)的“留学生”赴中国求学取经,开创了儒学东传的新局面。《论语》在这段历史中,对日本社会自始至终产生着巨大的影响。平安时代皇室贵族、僧侣们纷纷学习研读《论语》注释本。7世纪中后期,日本朝廷仿照唐制,设立大学寮,大学必修科目中就有《论语》《孝经》等,日本中古汉文学文化也由此开花散叶。但是,这个时期的《论语》研读,仅限于僧侣等高级知识分子及上层公卿贵族学者之中,传播范围相当有限。早期儒学者研究论语,基本随行于中国学者的《论语》注释的传统,这种传承中华的风格,一直延续到日本中世纪时期。日本学者内野熊一郎在《日

① 《古事記》中卷6《应神天皇》。

② 日本天平二年(730)七月四日的《写书杂用帐》(《大日本古文书》一),天平年中(729—749)的《读诵考试历名》(《大日本古文书》二四)。

本古代(上代より平安初期)経書学的研究》中，根据日本古代典籍中经书语句的使用记录，探讨其出处，其中一部分阐明了《论语》注释书的收容情况：奈良时代的论语学使用的是《论语郑玄注》《论语集解》《论语义疏》等。[4]其中阅读的《论语》注释本主要是魏何晏纂《论语集解》与梁皇侃注《论语义疏》。在日本古代，这两部著作是同时广泛流传，而且在日本古代论语学以及《论语》注释研究史上的影响可以相提并论。另外，郑玄注也有着较大的影响力。在惟宗允亮的《政事要略》[5]中提及的《论语图》《论语图注》等其他注释本，虽然都曾流传日本，但影响力及传诵时间、范围等，与三者都不可同日而语。直至近世以来，日本论语注释学研究的重心才开始转移到南宋朱熹的《论语集注》本。

2. 发展期

平安时代继飞鸟奈良时代，继续通过派遣遣唐使来扩大与唐朝的文化交流与学习。9世纪以降，日本文献记载，平安时代，《论语》习诵学风更胜前朝。当时，设有被称为"明经道博士"的专职官吏负责专门传授儒教经典。"明经道博士"的更迭随后演变为家族世袭，长期由清原和中原两个世家担任。清和天皇在贞观三年(861)，亲自设坛讲解《论语》，当时称其为"圆珠经"。"圆珠"的词源可见于皇侃《论语义疏》的序文，其中写到："论语小而圆通，有如明珠。"朱子学传至日本后，《论语》《易经》等儒学、汉学学问，在武士阶层也成为学习兵法时的必修课程。日本儒学发展期(794—1603)中的日本《论语》传播与研究，与奈良时代相比，脉络上并未有本质的变化，只不过出现了多种传播形式，手段更为丰富。

3. 兴盛期

武力统一日本全土，结束长年混战的战国时代之后，德川家康开创持续200多年相对和平的江户幕府。家康接受被誉为"日本近世儒学之祖"的藤原惺窝的教诲，将儒学定为新时代的官学正统，宣扬德治主义。第5代将军德川纲吉建造汤岛圣堂，里设孔庙与圣堂学问所，专门讲授儒学，推行文治。《论语》也自然成为官学教育的授业中核。可以说，《论语》在当时，无论庶民武士，男女老幼，都无人不知，无人不读。

德川时代的日本儒学者诵读《论语》，留下大量注释《论语》的文字，从林罗山引用《论语》来阐释个人修养和国家平治的问题，到江湖末期出生的涩泽荣一的《论语与算盘》等，各自为著，此时代的日本《论语》研究呈现出百花齐放的多元化景象。

二、早期具有政治目的的《论语》实践

在日本飞鸟·奈良时期，圣德太子悉心学习儒家经典，他力求改革，试图建立以天皇为核心的中央集权制。早期儒学对日本社会产生的重大作用，就是为这种政治改革服务，提供思想与制度上的高层设计。最为人所熟知的是6世纪中期圣德太子领导制定的著名的《宪法十七条》。其中大量的语句，就来源于《诗》《书》《论语》《孟子》等经典。从日本飞鸟时代与奈良时代有关中国典籍的传播状况的古文献记载可以看出，《宪法十七条》多以人人对话记录进行，具备《论语》记录模式的特征。且远在圣德太子之前，《论语》已经在日本逐渐展现出其在政治方面的影响力。《日本书纪》(卷十一)中记载了应神帝太子与兄长大鷦鷯之间互相恭让帝位的一段佳话。

誉天天皇即应神天皇崩。时太子菟道稚郎子让位于大鷦鷯尊。未即帝位，仍谘大鷦鷯

尊:“夫天下以治万民者,盖之如天,容之如地,上有欢心,以使百姓,百姓欣然,天下安矣。今我也弟之,且文献不足,何敢继嗣位,登天业乎大王者风姿岐嶷,仁孝远聆,以齿且长,足为天下之君。其先帝立我为太子,岂有能才乎,唯受之者也。亦奉宗庙社稷重事,也仆亦不佞,不足以称。夫昆上而季下,圣君而愚臣,古今之常典焉。愿王勿疑,须即帝位,我则为臣之助尔。”大鷦鷯对言:“先皇谓皇位者一同之不可空,故予选明德立王为耳,祚之以嗣授之以民,宠其章令闻于国。我虽不贤,岂弃先帝之命辄从弟王之愿乎。”固辞不承,各相让之。

无独有偶,类似兄弟相让帝位的故事,早在中国史书中《左传》和《史记周本记》中也有记载,是关于周泰伯、仲雍让位于季历的典故。应神帝太子与兄长大鷦鷯的谦让帝位甚至可以视为《论语·泰伯》在异邦的投影。

此后,仁德天皇登位后(即大鷦鷯),施政以仁,爱护百姓,也可视为亲自实践《论语》之思想。《日本书纪》卷十一《仁德紀》中记载(仁德)天皇曰:“其天之立君,是为百姓。然则君以百姓为本。是以古圣王者一人飢寒,顾之责身。今百姓贫之则朕贫也,百姓富之则朕富也。未之有百姓富之君贫矣”,这应和了《论语·颜渊》篇中所述“百姓足,君孰与不足;百姓不足,君孰与足”。日本古代帝王的典故,恰恰鲜明地表现了当时皇族崇尚《论语》的事实,此时《论语》应该已成为统治者极其依赖的重要政治指南。天皇们提倡的“德治仁政”的政治思想,正是汲取了《论语》的政治道义。

推古天皇在位年间,立厩户皇子为太子(即圣德太子),是为摄政。圣德太子制定了被称为日本最早的成文法规的“十七条宪法”,并借此来大力推行政治系列的改革。与日本后世众多法律性质的《律令》不同,“十七条宪法”与其说是法律条文,不如说是一种立国与规范官臣的行为道德准则。其中大量的语句直接援引自中国著名经典,引自《论语》的实例也为数不少。譬如,宪法第一条中“以和为贵”出自于《论语学而》“礼之用,和为贵”;第四条“群臣百寮,以礼为本。其治民之本,要在乎礼。上不礼而下非齐此外”出自《论语为政》“道之以德,齐之以礼,有耻且格”;第九条“信是义本,每事有信”出自《论语学而》“信近于义”等。此外,还有很多引用语句及思想来源于《礼记》《左传》《孝经》等典籍。圣德太子深受佛教思想影响这一观点是毋庸置疑的,但是通过分析也可以看出,与抽象的佛教理论相比,《论语》中所提到的“为政以德”政治思想对其施政改革的影响更为具体鲜明。《论语》在日本封建社会形成前期的统治阶级中,已经成为其谋求权力,掌握政权,施政治国的一大主要武器,在影响日本上层领导阶级的范围内,《论语》的地位与贡献都相当重大。

文武天皇(683—707)时,以唐朝律令制度为蓝本制定《大宝律令》(701)中《学令》学制规定的《孝经》《论语》为必修教授科目。平安时期,日本君主公卿尊《论语》为政治圣经,刻苦习读《论语》中的“仁义”理论知识,实现为政养德的目标。如日本平安中期杰出的学者、政治家菅原道真(845—903)了解到晚唐中华之政治体制衰败,内乱丛生,洞悉唐文化必然没落之趋势,力主废除延续两百余年历史的遣唐使派遣政策,在他的著作《菅家文草》中,就有多首诗歌借《论语》而抒发盼望君王施行德政,治国救民的情怀。“仲春释尊,听讲论语”,“王度读论语,聊命杯酌”,“尼丘千万刃,高仰欲扬名”表明作者修行孔子典籍后,内心充溢着对孔子高山仰止之情。“赋得春之德风”“远近吹无颇,高低至有邻”句则借用了“德不孤,必有邻”(《论语·里仁》)的典故追慕仁德。不但体现了古代日本学者政客文章诗句中对

《论语》语句的运用,也让后世窥见其尊崇《论语》的政治主张。

综上所述,在早期儒学及中世儒学的研究中,日本学者更多着力于《论语》在封建君主制的建立与"为政以德"政治主张的运用,虽然符合当时时代社会发展的需求,但是并未形成独立系统的《论语》学研究体系,多体现为《论语》部分篇章语句的理解与诠释。

三、《论语》古新注释在日本的受容与变化

前文所述,古代日本人阅读《论语》主要依据何晏《论语集解》、皇侃《论语义疏》以及郑玄《论语注》。日本学者也将以上注释本称为"古注"。古注在日本流行主要在江户时代之前,遣唐使及日本僧侣海归携带的汉典,使诸种注释在日本高级知识阶层间得以传播。7世纪,大学寮的设立进一步将《论语》注释教育普及到官学体系的人才中。9世纪起,日本豪族开始创办私学,同样也将《论语》及注释的研读成果传递到对本族子弟的教育中。10世纪末以后,清原、中原两家的世袭明经道博士很好地承传了《论语》古本。

由此可知,古注传日后相当长的一段时间,仅仅流播于知识阶层、公卿贵族、官学及豪族私学之中,其研读的目的在于:一为修身养性,提高学识水平;二为维护贵族或武士集团的统治,宣扬德政王道思想;再就是成为诗词歌赋中辞藻运用的素材。

与古注相对应的是被称为"新注"的南宋朱熹的《论语集注》本。朱注传入日本最早可见室町时代的记载,虽然也有学者不断研究,但一直影响甚微。之后历经数百年,直至江户幕府确定"朱子学"为官学正统之后,才开始急速传播。与之前古注流行时期对仅限于知识阶层修性致知和谋求出官入仕不同,江户时期的日本《论语》学终于出现了较全面开放的官私民间融合的学术性研究局面。贯穿德川幕府二百余年的历史,日本论语学者所著注释研究的文章巨著,数量之多殊为可观,且常常博采众长,互相批评,构成了一个多元丰富化的江户《论语》研究态势。

新注研究的流行,并未完全导致古注研究的消亡。相反到了江户中前期,伊藤仁斋(1627—1705)和荻生徂徕(1666—1728)等积极宣扬和尊崇古注,批驳朱子理学,使魏何晏《论语集解》为主的古注研究数百年后再行风靡。尊重古注的论语学给中国也带来了较大影响,为日本确立考证学、校勘学提供了契机。

江户时代是日本儒学的鼎盛时期,儒家著作与思想的普及,与去中国化的本土改造,使儒家的教育传道等社会功能更加贴近和符合江户百姓的需要。另外,幕府根据统治的需要,将儒家伦理打造成了坚实的思想统治工具。其中,具有本土化特色的日本朱子学则是这些统治工具的重中之重。《论语》研究自然就随着朱子学的地位平步青云。

江户大儒藤原惺窝(1561—1619)从朱熹的客观唯心主义汲取哲学思想,并且更加强调精神力量的作用,把理视作宇宙的唯一根源,认为"天人一理"。林罗山(1583—1657)认为六经的要旨尽在程朱理学,继藤原惺窝之后,发展了日本的儒学,巩固幕藩体制。他在惺窝以修身、齐家为中心目的的宋学研究,提升到了治国、平天下的高度。在1629年撰写的《春鉴抄・礼》章中,他引用《论语》文句,以阐释个人修养与国家平治问题。林罗山首次以朱注取代古注,引发了日本《论语》诠释史上的重大变革,并著有《论语谚解》一书。

考证学在江户时代后期的兴起推动了日本儒学者《论语》研究新动向。日本文化年间

(1804—1818),出现了市野迷庵(1765—1826)所著的正平版《论语》校勘记(《正平版论语札记》),宽政年间(1789—1800)吉田篁墩(1765—1798)所著《论语集解考异》。以上是在古刻古钞本《论语》研究领域,日本学者做出的巨大成就。江户时代考证学上的进步与成就为明治时代岛田翰(1879—1915,字彦桢)所提出的"明治校勘学"夯实了基础。

另外,有山本乐所所著《论语补解》。这本书由日本和歌山藩校学习馆出版,面向日本全国销售,现存稀少。山本乐所(本名惟孝,1764—1841)是和歌山藩的儒者,他吸收前人研究的精髓,舍烦归简对古注实施校订,另外补充诸种新注为参考,编纂出这本浅显易懂的权威《论语》教科书。林泰辅博士曾在《论语年谱》[6]一书中,对《论语》及古新注释在日本被接受的情况做了详细介绍。

由上得知,平安至江户时代前期的儒学研究,依然附随中国学者诠释著作的理解,但与早期的研究相比,出现了独立的诠释著作与研究方法,可以视为日本《论语》研究历史上的重大突破。同时,与时俱进的研究方法与对日本社会结构及统治阶级意识的迎合,使得中国古注与新注在日本渐进受容,并为后世日本脉络化的《论语》诠释系统的形成提供了基础。进入江户时代后,《论语》古注、新注研究争相竞妍,出现了学派诸家研究《论语》的新局面,根据新的统治阶级的政治需求以及社会变化,新的《论语》诠释系统随继开始出现。

四、论语诠释学古学派中的日本特色研究

日本古学派其实大部分原来都跟随江户儒学大势,笃信朱子学,后来又纷纷予以摈弃,另创门户,最终与朱子学、阳明学构成日本江户儒学的三足鼎立。有学者认为,江户《论语》诠释古学中,颇具特色的一种是以伊藤仁斋为代表的护教学经典诠释学;另一种则是以荻生徂徕为代表的带有政治论述色彩的经典诠释学。古学派两大代表,即京都的伊藤仁斋(1627—1705)和江户的荻生徂徕(1666—1728)。他们在批判朱子学对孔子"道"的歪曲解释,着力回归经典古义,主张直接忠实理解圣人圣教的思想等方面,有同样的节操与共性,同时也存在诸多殊异。

从伊藤仁斋早期撰写的《敬斋记》《心学原论》等著作中可以看出,他当时沉浸于朱子学的影响,直到32岁他才完全摆脱出来,批佛学,驳宋儒,尤其朱子等对后世儒者另解古义的思辨性的经典解释示范,予以排斥。遂弃朱子转而通过训诂学研究来探求"道""仁""义"的方向,认为"六经"就是先王之道,而宋儒的解释系统脱离了古代儒学的正统脉络,所以使圣人之训支离破碎。而要穷究圣人之道,就必须直截了当地通过阐释"六经"来阐明"先王之道",要解读"六经",唯一有效的方法就是研读古语的本义,在德川论语学中,有两种典型的诠释论点,颇具日本特色。

伊藤仁斋对《论语》的解释独具特色,宫内市定(1901—1995)则推崇仁斋以具有日本特色的方法解释《论语》。[7]57 伊藤仁斋本人则将《论语》推崇至"最上至极宇宙第一书"的地位,撰写《语孟子义》与《论语古义》两部著作来阐释孔子的思想。尤其是他最为得意的《论语古义》一书,不仅展示了仁斋的古学派大师的功力,更开拓了日本论语研究的新形态,即通过对《论语》等经典的古义诠释,批驳旁逸斜出的宋儒学,重构经典古义的系统。

仁斋认为宋儒理学背离孔孟古道,于是弃朱子学转而主张恢复儒家经典古义,虽遭到

当时江户主流朱子学派的攻击,仍坚持己见并最终形成古义学派。仁斋重视教育和实践,不作烦琐的考证,用通俗说理的方法注释儒家的经典,返璞归真,将他认为脱离古义语境的宋儒朱子学的"道"与"仁"的语言解释拉回轨道,建立了"道在俗中"的思想脉络。

概而言之,伊藤仁斋通过注解《论语》而重新解释孔子思想的古义,主要体现为两种方式:一是用训诂学的方法重读《论语》,批驳宋儒解释体系的偏误;二是强调《论语》《孟子》《书经》《义经》等经典圣人之道,言繁而道一以贯之的思想,通贯各经典之义理,并与《论语》融汇一体,形成新的诠释系统。

当时在日本寓居的大明遗民朱舜水曾说:"伊藤诚修兄策问甚佳,较之旧年诸作,遂若天渊。倘由此而进之,竟成名笔,岂逊中国人才也,敬服,敬服!"[8]194

荻生徂徕(1666—1728)是日本德川时期著名的儒学思想家兼古文辞学派大师,他的论语学被视为政治论述的经典诠释学代表。日本学者岩桥遵成曾称赞徂徕是对日本思想界影响最大,但也是最受争议的思想家。[9]1 他自成一派,批判宋儒朱子,也驳斥伊藤仁斋,因而备受后代儒者指摘。但是在经典厘定上,日本无出其右。在其著作《论语徵》中,以"道""圣人""六经"为关键词,构建了对孔子思想的政治解读。

徂徕的思想核心是关于"道"的见解。他把中国古代自尧帝到周公施政的社会看作是理想社会,主张复古。徂徕批判了宋儒朱子的天道,同时也批判了仁斋的俗道,他认为,孔子讲的"道"就是"先王之道"的政道,"先王"指的是尧、舜、禹、汤、文、武、周公这七个圣人,"先王之道"是他们创造出来的,所以"先王之道"又叫做"圣人之道"。"先王之道"也就是安天下的"道"。体现"先王之道"的是"物"。所谓"物",指的是礼、乐、刑、政。离开礼、乐、刑、政,就无所谓"道"。为了安天下,为政者本人的道德修养是根本,而这种道德修养必须出于安天下的心愿,这就是仁。

荻生徂徕生活的德川社会,由于政治上采用"幕藩体制""天皇幕府二元制""兵农分离制""参觐交代制"等制度原因,随着社会商品经济大发展,町人阶层以及町人文化的兴起之后,逐渐呈现并引发出各种深重的社会问题。而此时作为德川社会主流思想的朱子学却又无法解决这些问题。因此在封建统治阶级内部,学术思想逐渐产生分化,各种文化思想随之扑面而来,"古学派"就是其中之一。徂徕是"古学派"中"古文辞学派"的创始人,在他的一生中,学术思想历经了一个复杂而漫长的转变过程。他从青少年时期崇信朱子学,到中年时期质疑朱子学,再到后来继而批判朱子学,最后终于形成了自己独树一帜的思想脉络体系。荻生徂徕一生著述颇丰,在众多领域都有所建树,总体思想模块也比较繁杂。但就其最本质的思想脉络而言,主要是强调采用"古文辞学"的方法论,返回中国古典,即"六经"和"论语"。他认为只有"六经"和"论语"才是先王思想之原意,希冀从中探求出"先王之道""圣人之道"的真谛。徂徕通过对"先王之道"的独特论述,主张将个人道德与社会政治分离,挣脱开了以往儒学道德本位、道德至上的理念,在一定程度上促进了日本朱子学乃至日本儒学的思维解体,客观上导致了日本儒学的衰落与崩溃。同时徂徕的很多思想内容、改革措施可能又具有一定的近代意义,但视其本质,徂徕哲学思想的源动力以及终极目标却是维护封建幕府统治,为加强封建统治而服务。

此外,日本阳明学派创始者中江藤树(1608—1648)对《论语》诠释的著作《论语乡党蒙翼传》中，着眼于乡党篇中记述的圣人孔子行为中的“心”与“迹”，将其区别分析，并将“迹”具备的行为一律规范性，认为行为的内容是应该无差别化的。中江藤树要求“学者”不仅在治国平天下，更要在日常行为中实现圣人之“迹”。他进一步将《论语》中孔子行为的“心”具象化，即将孔子的行为作为最高标准，使《论语》准则化的同时兼具权威性。学者要体会圣心，使圣心为本心。因而，对于儒家学者来说，记录圣人心迹的《论语》，自然处于不得动摇的经典地位。虽然与仁斋、徂徕的研究观点不尽相同，但也可以理解为是日本阳明学派对《论语》研究进行树范性的创新。

无论是伊藤仁斋还是荻生徂徕，都呈现出江户《论语》研究者敢于挑战唐宋儒学理学的独立性格，此二人所代表的包括江户古学派、同时期的阳明学派、连同朱子学派一起，三足鼎立，这将江户时期日本《论语》的研究提升到了前所未有的高度。尤其古学派，更是摆脱了当时中日两国主流研究的桎梏，形成了比其他两派更加鲜明的日本特色流派。

五、明治儒学与《论语》研究的经世性格

江户儒学之后，日本迎来了改革维新的明治时期。这一时期及其后的儒学与《论语》学研究是古新儒家传统思想的碰撞期，同时也是精神文化儒学与经世入俗儒学的过渡期。

1. 明治儒学

日本学者渡边和靖认为，明治儒学是日本儒学的最终形态[12]12-13。儒学体验是明治人精神根底中的共同体验，而之后大正时期，则衰退为“教养”的儒学，这与通过诵读《论语》等儒家著作的体验、师生授受、家传世袭等血肉化的儒学体验的性质存在本质的差别，明治时期儒学的精神传统是无法在大正时期人们的心中引起共鸣的。因此，从某种意义上可以说，明治时期的《论语》研究是日本儒学研究的顶峰。这一时期，日本《论语》研究领域出现了以狩野直喜等为首的“实证主义学派”、津田左右吉等为代表的“批判主义学派”和服部宇之吉等为代表的“新儒家学派”。

2. 经世实学的《论语》研究

黄俊杰指出：德川时代的《论语》诠释学，富有强烈的经世性格[11]271。纵观日本《论语》传播、应用、研究史，我们可以看出：无论是上古天皇的为政以德、圣德太子的改革创新，还是江户时期的朱子学系统化和古学派的重新诠释，都具备了典型的“存在论本质”的现实性特征。经世实学的研究视角，一直是日本《论语》研究的主要立足点。近世以来，更出现了很多非儒学家的《论语》诠释作品。如实业家涉泽荣一(1840—1931)被誉为日本资本主义之父，这位经济界巨人著有洋洋数十万字的《论语讲义》，在大正十二(1923)年4月第1号至大正十四(1925)年9月第3号的《二松学舍讲义录》上连载，大正十四年10月，结集《论语讲义》由二松学舍出版部刊行。同海内外鳞次栉比的《论语》注疏及研究著作不同，《论语讲义》是从一位《论语》实践者的角度来阐释《论语》的。更加通俗地告知民众：与其说是圣人孔子，不如说他既是伟大的存在，又是彻底活生生的作为人的孔子。《论语》的解释史，也是圣人观的变迁史。在圣人存在的说服力已经减退的近代，儒学的典范要被全然发挥其机能是困难的，但关于《论语》，由于离开了所谓的圣人框架，比起其他经书，还更能持续保有其生命力。在近现代日本《论语》研究中，将儒学以外的《论语》解释也引入视野，注重《论语》

的经世实用研究,同时包容因地域环境、民族差异造成的圣人观之多样性及其历史的变迁,已经成为《论语》研究发展的新趋势。

六、结语

自《论语》传入日本,广为流播,可谓源远流长。然而,上古后数百年,受制于当时社会较低的发展水平,《论语》作为儒家文化之集大成者,被日本皇室、贵族至学者、僧侣等文明上层视为璀璨瑰宝而备受推崇,多呈现以翻译、诵读、明释、承传或附随中国学者研究成果的传播形式,或有政客文人将其语句应用于政治及文学创作上,因而并未形成日本国内独立文史研究之脉络。同时,受《论语》明经道博士世袭罔替的家族承传体系的限制,整体而言,其研读水平也仅长期滞步于读解皇疏何晏集解的水平。其后,伴随佛学禅宗在东传日本逐渐兴盛,以及日本江户幕府对文教体系的大力改革和对林家儒学的独尊,《论语》朱注等宋学乘此东风一跃而为官学体制教育的核心内容,同时极大地鼓舞了民间开展《论语》研究的热情。古义学、古辞文学、折中考据学等纷纷崛起,名士大家层出不穷,此时间古学研究成果斐然。同时,《论语》学术发展历程很大程度上与日本的儒学研究同轨,多为日本皇室万世一系及幕府统治提供思想服务,反对异姓革命、皇室更迭,甚至出现对中国经学研究成果的批判或反刍。德川幕府及其后明治时期的三百多年,可谓日本《论语》研读的黄金时期。近世以来,《论语》研究的主客体更随着社会进步扩大丰富发展,学术研究进一步融入经济文化及普通大众的生活。传播形式与途径的多样化演变使《论语》研究及其成果凸显出更大的现实意义与效应。综上可见,自大化改新前圣德太子以《论语》制典立国,及至中世《论语》治思立说,到近现代《论语》经国济世,《论语》在日本的传播与研究,历经符合岛国历史发展需求的丰富变迁。有关《论语》的研究,也同样呈现了从无到有、由共及殊、从随到成的变化过程。

参考文献

[1] 家永三郎.近世思想家文集:卷上[M].东京:岩波书店,1981.
[2] 黑板胜美.日本书纪:中册[M].东京:岩波书店,1931.
[3] 邱紫华.中国儒学对日本文化思想的影响[J].黄冈师专学报,1998(8):59.
[4] 内野熊一郎.日本古代(上代より平安初期)経書学的研究[M]//日本汉学文艺史研究.东京教育大学文学部纪要:二,1955.
[5] 惟宗允亮,黑板勝美.国史大系第二十八卷[M].吉川弘文館,2000.
[6] 林泰辅.论语年谱[M].东京:大仓书店,1916.
[7] 宫内市定.論語の新研究[M].东京:岩波书店,1974.
[8] 朱舜水.答安东守约书三十首[M]//朱舜水集:卷七.中华书局,1981.
[9] 岩桥遵成.徂徕研究:序言[M].东京:关书院,1934.
[10] 渡边和靖.明治思想史——儒教の伝統と近代認識論[M].ぺりかん社,1978
[11] 黄俊杰.德川日本《论语》诠释史论[M].上海古籍出版社,2008.

其他文化典籍翻译研究

《坛经》与中国禅文化的国外传播①

——兼论典籍英译的一种策略

蒋坚松

摘　要　《坛经》是记录禅宗"东土第六祖"唐朝高僧惠能(638—715)讲道内容和弘法机缘的佛教经典，也是唯一一部和释迦牟尼佛典并称"经"的中国僧人的著述。许多世纪以来惠能的禅宗学说已经成为一种独具中国特色的禅文化，今天已融入宗教文化和世俗文化，其影响已远远超出中国的范围。文章探讨中国禅文化在朝鲜、日本和美国的传播和影响，旨在证明其超越时代、超越国度、超越文化、超越信仰的强大生命力。文章还论及全球化语境下中国典籍英译的一种翻译策略，提出"从内容到形式回归原典"的主张，并以《坛经》一个新英译本为例讨论了相关的翻译原则和方法。

关键词　《坛经》；中国禅文化；跨文化传播；典籍翻译；"回归原典"

Abstract　*Tan Jing*: *The Sutra of Huineng* is a Buddhist classic which records the preachings and convertings of the eminent Tang dynasty monk Huineng (638-713), known as "the 6th Patriarch of China" of Chan Buddhism. It is the only work by a Chinese Buddhist esteemed as "sutra", to rank with the Sakyamuni canon. Over the centuries Huineng's Chan doctrine has become a Chan culture of distinct Chinese characteristics, and is now part of secular as well as religious culture, its influence reaching far beyond China. The present study investigates the spread and influence of Chinese Chan culture in Korea, Japan and America with a view to proving its great vitality which continues across age, country, culture and faith. The thesis also considers the strategy of "return to the canonical text in content and form", a strategy proposed for the English translation of Chinese classics in the context of globalization. Related translation principles and methods are illustrated using examples from a new English version of the *Tan Jing*.

Key words　*Tan Jing*: *The Sutra of Huineng*; Chinese Chan culture; cross-culture spread; translation of Chinese classics; "return to the canonical text"

作者简介：蒋坚松(1942—　)，男，湖南新邵人，主要研究方向为英美文学、文学翻译、典籍英译。出版《英美散文选读》、《苔丝》(中译)、《哈代短篇小说选》(中译)、《菜根谭》(英译)、《坛经》(英译)、《英汉对比与汉译英研究》、《英汉翻译例句词典》(执行副主编)等专著、编著、译著、大型双语工具书10余部，论文数十篇。担任湖南省译协会长，湖南省政府英文门户网首席专家，汉英对照"大中华文库"英文审读。湖南师范大学外国语学院教授，博士生导师，湖南省译协会长。

① 原文发表于《燕山大学学报(哲学社会科学版)》2014年第4期。

一

在世界宗教史上，成体制的宗教本土地最重要的两大成就是罗马天主教和中国佛教：前者是基督教的罗马化，后者是佛教的中国化。而中国佛教创造的最具中国色彩、流传地域最广、影响最久远的宗派当数禅宗。隋唐以后，禅宗几乎成为中国佛教的代名词。[1]249

禅宗又称"佛心宗"，是以禅定为宗旨，以开启众生本有的佛性为目的的佛教派别。它由始祖菩提达摩创立，经二祖慧可、三祖僧璨、四祖道信传至五祖弘忍，其后分为南北二宗。北宗以神秀为代表，强调通经，力主渐修，隋唐以后，日见式微。南宗以被尊为"东土第六祖"的惠能为首。由于他对禅宗的思想和禅法实践进行了一系列被后世称为"六祖革命"的大胆改革，被看作中国禅宗的实际创始人。[2]452而记录其得法因缘、说法内容和弘法事迹的《坛经》，则被中国和世界佛教徒尊为"经"。一名中国僧人的著述被赋予和释迦牟尼本人传法记录一样的地位，在世界佛教史上绝无仅有。

惠能的禅法思想和修行理论，其基础是认为众人皆有佛性，成佛与否，在于迷悟。他说："菩提般若之智，世人本自有之，只缘心迷不能自悟，须假大善知识示导见性。当知：愚人智人，佛性并无差别；只缘迷悟不同，所以有愚有智。"(《坛经·般若品第二》)从佛性皆有的思想出发，他提出"即心即佛"(《坛经·机缘品第七》)、见性成佛的主张。在修行理论上，惠能舍弃了念佛、坐禅等手段，代之以生动活泼的自力立场，不假外修，强调佛性的直接体现和自然显露。在上述禅学思想和修行理论的基础上，惠能提出了自己独具特色的"顿悟成佛"说，强调"佛法在世间，不离世间觉……迷闻经累劫，悟则刹那间"(《坛经·般若品第二》)。

惠能的"佛性皆有""顿悟成佛"说，在中国佛教史上具有革新开拓的意义。他一反中国佛教重视读经念佛、出家修行、布施积德的传统做法，强调"自识本心，自见本性"，"直指人心，见性成佛"，使中国禅宗和中国佛教别开生面，成为中国禅佛教的一代宗师。在这个意义上，他的禅宗思想和禅法实践也就成了中国禅文化的源头。

对于中国禅宗思想的实质，有学者作了高度概括："中国禅宗的禅是一种文化理想，一种追求人生理想境界的独特修持方法，或者说是一种生命哲学、生活艺术、心灵超越法。""超越是禅宗思想的本质，超越现实矛盾、生命痛苦，追求思想解放，心灵自由，是禅宗追求的理想目标，它如一条红线贯串于整个禅宗思想体系之中。"[2]472

禅宗的超越精神，有其合理内核，有利于提高人们的文化品位和精神境界。它的"修持方法、生活态度、终极关怀、超脱情怀，对于人的心灵世界、精神生活是有不可否认的正面意义的"。在历史上，它对破产的农民、失意的士大夫和知识分子起到一定的思想解放作用，也对一些思想家、文学家、艺术家产生过重要的影响，对促进思想文化的发展有过积极作用。与此相反，禅宗对客观环境和客观矛盾的消沉冷漠，也对人的精神生活和物质生活有着消极影响。[2]472但不管人们对中国禅宗思想、理念、实践作何评价，它已经成为一种宗教文化和世俗文化，其影响早已超出中国，走向世界。

二

关于中国禅文化的国外传播，其在朝鲜、日本和美国的流行各具特点，各有其代表性。

在三国中，朝鲜作为中国的紧邻，最先受到汉传佛教的影响。据史料记载，中国佛教公元4世纪后期就传入朝鲜。当时正值高句丽、百济和新罗三国鼎立时期，直到7世纪中叶建立统一的新罗王国。新罗禅宗先后由不同的僧人从中国传入，在各地以某个寺院为中心传授禅法，到新罗末年已形成8个较大的中心。[3]482

到高丽王朝(918—1392)时期，佛教在多数时候已是朝鲜的国教，僧侣地位很高，佛典受到国家的保护。禅宗的传播还影响到朝鲜汉诗的创作。不但一些禅僧写了大量的禅诗，许多士大夫的诗也富有禅蕴。如高丽时期的著名汉诗人李仁老(1152—1220)的名诗《山居》："春去花犹在，天晴谷自阴。杜鹃啼白日，始觉卜居深。"该诗意境空旷幽远，充满参透玄机、遁世逃名的禅意，与王维的《鹿柴》："空山不见人，但闻人语响。返景入深林，复照青苔上"，或者贾岛的《寻隐者不遇》："松下问童子，言师采药去。只在此山中，云深不知处"，有异曲同工之妙。又如苏轼的诗文常寓禅理禅机，传入高丽后广受喜爱和模仿，促进了当地诗的风尚。

日本禅宗创始人明菴荣西(1141—1215)于1168年和1187年两度来到中国学禅，承临济宗法脉，被南宋孝宗赐"千光法师"封号。他1191年回国弘法，成为日本禅宗临济宗初祖。以后陆续有日本僧人来华，将禅宗传到日本。由于传入者所承法统不同，日本禅宗在历史上形成24个支派，称为"禅宗24流"。如今日本禅宗有近19 000所寺院，信众850多万，其中最主要的派别曹洞宗就有信众约800万。禅宗对日本文坛也产生了广泛的影响，所谓"禅文一味"以及"诗外无禅，禅外无诗"的"诗禅一致"的理念被许多人所信奉，催生了兴盛的禅林文学。如江户时期以松尾芭蕉(1644—1694)为代表的俳句文学，就常常充满禅机禅趣。此外，日本的绘画、园林艺术乃至茶道也无不受到佛禅思想的影响。

在日本，对禅宗的研究和传播作出特殊贡献的是被日本政府封为国宝的铃木大拙(D. T. Suzuki, 1870—1966)。铃木21岁到东京学习时开始接触禅学。他用禅的思想阐发禅宗与日本文化的深层关系，唤醒日俄战争(1904—1905)后日本古老的民族精神，著有《禅与日本文化》、《禅与心理分析》、《大乘起信论》(译著)、《大乘佛教概要》等书。他曾3次参加世界东西方哲学家大会，在英美等大学讲授"禅与日本文化"等课程，凭着对禅宗的深入研究和精通英文，极力向西方介绍禅的思想和智慧，对禅宗在美国和欧洲的传播发挥了重要作用。

佛教在美国的真正传播始于19世纪中期。随着美国西部淘金热的兴起，大批中国劳工从中国南部来到美国，他们的到来也带来了中国的宗教文化。1853年，第一座佛教寺庙在旧金山的唐人街建立。到19世纪末，沿着美国西海岸已经兴起400多座寺庙。19世纪中后期的美国知识精英如爱默生(Ralph Waldo Emerson, 1803—1882)、梭罗(Henry David Thoreau, 1817—1862)、惠特曼(Walt Whitman, 1819—1892)等追求超越世俗的神秘经验，以优美的文笔劝喻美国人关注东方的宗教文化。[4]禅宗进入美国社会，铃木大拙起到了关键的作用，1927年他在伦敦出版的《禅佛教论集》(*Essays in Zen Buddhism*, 1927)被认为是禅宗正式进入西方世界的标志性事件。[5]20 1893年世界宗教大会召开。以此为契机，包括铃木在内的一批日本著名禅师，以及来自越南的一行(Thich Nhat Hanh)禅师和来自韩国的崇山(Seung Sahn)禅师等先后来到美国弘法。听众和信徒中有作家、艺术家、商人、精神分析师等。由于铃木和其他禅僧的推动，到20世纪50年代后期，学禅、习禅在美国已经成为一种风尚。到20世纪60年代，禅宗在美国的传播已经蔚为大观，佛教已从少数知识精英的书中，延伸到思想前卫的美国青年心里。[4]

禅宗对美国文化的影响突出地反映在其对20世纪50年代兴起的“垮掉派”文学运动的影响。诗人金斯伯格(Allen Ginsberg，1926—1997)、小说家凯鲁亚克(Jack Kerouac，1922—1969)坚持坐禅，他们的作品也深受佛禅思想的影响。凯鲁亚克还创作了以另一个“垮掉派”作家斯奈德(Gary Snyder，1930—)为原型的小说《法丐》(*The Dharma Bums*，1958)。而斯奈德正是“垮掉派”诗人中与禅宗渊源最深的一个。他从青年时代起就开始坐禅，阅读了《金刚经》《坛经》等佛典，还赴日本习禅达10余年。斯奈德习禅、传禅的经历深刻影响了其创作。他把禅学理念和感情与自己的自然、生态思想融合，表现在自己的诗文中。《地球家园》(*Earth House Hold*，1969)一书记录了他担任森林防火员时写下的日志。他在其中一天的日志中写道：“溪中的磐石岿然不动/溪水却总是结伴而行！//一间由矿工弗兰克·毕比搭的/摇摇欲坠的窝棚。/从路口走到这里得花两天。/日本的艺术：观月/听虫/读惠能的佛经。//不需要大学和图书馆/只需要体悟周遭的一切/一边说道‘诸事随缘’。”[6]2

佛禅思想一方面直接影响美国作家，另一方面通过中国禅意诗影响美国文学。唐朝诗僧寒山早年生活优渥，聪颖好文，后遭遇乱世和家庭变故，流离半世后返回故乡咸阳，终于彻悟，吟哦着“郑州梨，青州枣，万物无过出处好”，奔天台山而去。归隐后的寒山，“头戴树皮帽，足登破木屐，时而自言自语，时而放声大笑，时而望空谩骂，又常在林间水边唱偈吟诗，书之树间、石上和田野人家的墙壁，其中有相当数量的禅诗，为唐宋以来历代高僧唱和讲禅之经典。”[7]英国汉学家韦利(Arthur Waley，1889—1966)1954年发表了自己翻译的27首寒山诗，在英美诗坛引起反响。4年以后斯奈德在一位中国教授的帮助下翻译了24首寒山诗，发表在“垮掉派”刊物《常青评论》(*Evergreen Review*)上。寒山在诗中表现的远遁尘世、栖身山野、放浪形骸的形象正符合一些反对工业文明和传统艺术的人的审美期待，寒山甚至成了20世纪60年代嬉皮士运动的偶像。

寒山在唐代诗人中的地位顶多算二三流，在一些中国文学史中甚至名不见经传，经斯奈德译介，美国诗界几乎无人不晓。1984年斯奈德随美国作家代表团访华，去苏州寒山寺访问时还把自己的寒山诗英译本赠给住持，并当场吟了一首名《枫桥边》的诗。[8]斯奈德以后，美国的寒山诗译介和研究持续发热。1983年和1990年还出了寒山诗的两个全译本，分别收有309首和311首寒山诗并附有详细的注释和考证，说明这个以禅入诗的中国古代诗僧，远涉重洋，在后工业化时代，在一个迥然不同的文学和文化传统中已经被经典化。此外，禅宗思想对诗人斯蒂文斯(Wallace Stevens，1879—1955)和先锋派作曲家约翰·凯奇(John Cage，1912—1992)等文化名人的思想和创作也产生了持久和深刻的影响。[9][10]

总而言之，在中国佛教史上，惠能的禅学思想承前启后，别开生面。他大胆的宗教改革一反中国佛教过于繁琐的“经院化”传统，使参悟修行这一曾经的“王谢堂前燕”，一朝“飞入寻常百姓家”。《坛经》把日常生活当作宗教的终极世界，把人性中本有的美好东西当作宗教追求的佛性，反映了对宗教的某种超越和向人文精神的回归。这种超越和回归，使中国禅宗得以广为传播而流传久远,影响所及,已经超出了中国的范围,也超出了佛教的范围。如今它的思想和实践也许已经渐渐淡出了普通人的信仰世界,但无疑深入了他们的生活和艺术世界,成为了一种生活的追求,一种人生的境界,一种处世的智慧,一种情致,一种品位,一种风度。这一切,证明了以惠能为代表的中国禅文化超越时代、超越国度、超越文化、超越信仰的强大生命力。

三

关于中国禅文化的国外流传,《坛经》的对外译介对它起到了不可忽视的作用。以英译为例,自从由黄茂林(Wong Mou Lam)翻译,1930年由上海佛教净业社出版的《坛经》英译本以来,已出版包括陈荣捷(Wing-tsit Chan)、铃木大拙、陆宽昱(Charles Luk)、冯氏兄弟(Paul and George Fung)、任普斯基(Philip Yampolsky)、恒贤(Heng Yin)等译本(或节译本)在内的众多英译本(或重译本)。由于各译者的背景和翻译目的、翻译策略不同,译本的内容和行文风格也大异其趣。[11]

翻译策略的选择离不开对目标读者的定位以及对其阅读动机的分析。今天,由于国际文化交往的频繁,读者人数日增并且日趋多元化,译者面临一种前所未有的复杂和困难的局面。以中国文学的英译为例,第一代译者如韦利(Arthur Waley)和庞德(Ezra Pound)针对的几乎是清一色的西方读者,但随后一代译者就需要面对三个不同读者群,“这种局面意味着很少有译文不会受到责难”。[12]

关于译文读者的分类,或繁或简,译家、译论家、比较文学学者有过不同的标准和方法。在典籍翻译中,为了方便翻译操作,对目标读者的分类似乎宜粗不宜细,不妨根据有无相关背景和知识以及阅读的动机和方式将目标读者分为两大类:仔细的(准)专家读者(the careful (quasi-) expert reader)和随意的一般读者(the casual general reader)。第一类读者包括对原作或原作者有相当了解或感兴趣的人,对中国历史、中国文化、中国文学、中西比较文化或文学有相当了解或感兴趣的人,以及从事中国典籍翻译及其研究的人。第二类读者包括寻找书中的东方式智慧和思想启迪的人,对书中的内容和异质文化感兴趣的人,以及因为好奇或为了消遣偶尔涉猎的人。典籍外译,除非是特别针对某一部分读者(比如青少年)的翻译(或节译、编译、改写),应该主要针对第一类读者。满足了第一类读者的需要,一般也满足了第二类读者的需要,反之则不然。

就翻译取向而言,在全球化的今天,在后现代思潮的影响下,读者的思想、信仰、价值、审美趣味多元,高雅文化和通俗文化平起平坐,不同流派、不同理念、不同传统、不同语域的东西杂然纷呈;在翻译理论界,各种新的理论、路子迭出,探讨之再探讨,否定之再否定,热闹非凡,一方面推动翻译研究向纵深发展,另一方面也使译者无所适从,难以取舍。在这种纷繁变化的形势下,既然典籍的生命力来自其经典性,为了保证译文的生命力,最好的策略也许是以不变应万变,从内容到形式回归原典。例如《坛经》不但充满深刻的佛教思想和教义,蕴涵丰富的佛教文化和中国传统文化,而且具有鲜明的汉语佛经的散文和韵文文体特征。为了全面地反映原典面貌,满足第一类读者求知、益智和审美的需要,在传达文本的字面意义的同时,应力争在可能的范围内传达文化内涵,再现文体特征。对文本、文化、文体

的这种三重关注,可以作为翻译这部佛典的一种可选的策略或取向。[13]17-39

字面意义的传达以直译为主。有时原文因为过于简约而含义太丰富,对应的译文无法清楚地传达原文的意思,则在对应的译文之外加释义,作为译者对文本的一种阐释,聊备一说。例如:

吾灭后五六年,当有一人,来取吾首。听吾记曰:

头上养亲,口里须餐,

遇满之难,杨柳为官。

Five or six years after I die, a certain man will come for my head. Mark my prophesy:

Man who wants to worship my head

Sends someone whose mouth must be fed.

This fateful"*man*"("满")is due

When there rule Yang and Liu. ①

文化内涵可能影响对文本意义的充分理解,需要在翻译中择要传达,传达的方式主要是加注。例如:

惠能退至后院。有一行者,差惠能破柴踏碓。

I complied and withdrew to the backyard, where an untonsured monk told me to split firewood and tread the *dui grain-husker*. ②

又如:

众疑,诣问曰:"和尚少病少恼否?"曰:"病即无,衣法已南矣。""谁人传授?"曰:"能者得之。"众乃知焉。

Suspicious, the disciples went to inquire after his health: "We hope Your Holiness is not indisposed or in worries?" To this he replied: "I am quite all right. The robe and the Dharma have gone south though." "Who has inherited them?" they queried. "The capable③," was the answer. Then all understood.

为了不过多使用页下注,也在译文中用增词、加括号等方式提供必要的背景知识。例如:

师振锡卓地,泉应手而出,积以为池。

---

① A certain man, who wants to have my head for worship and giving offerings, will hire someone to steal it. The latter is obliged to do the unpalatable job because he has no means of feeding himself. This fateful event having to do with the Chinese character"满"(man) will occur when Yang and Liu should be the local officials.

② 碓 *dui* grain-husker, an apparatus for husking rice and other grains, or, as in this case, for polishing husked rice by removing the seed coat(a dubious practice by modern nutrition standards). It consists of a stone pestle and its matching. stone mortar, the former fixed on one end of a beam balanced on a support, and is worked see-saw fashion by alternately treading down and releasing the other end.

③ The original 能者(*nengzhe*),which ostensibly means "the capable" or "the deserving," alludes to Huineng (the Sixth Patriarch).

No sooner had he prodded the ground with his Buddhist staff, *jingling the attached metal rings*, than water gushed out, to form a pool in no time.(增词)

一众闻法,欢喜作礼而退。

The sermon over, all rejoiced, respectfully saluted like Buddhists(*i. e. put their palms together with a slight inclination of the head*),and withdrew.(加括号解释)

《坛经》是中国化、平民化、简易化的佛经,它的语言除了一些佛教词语外,大体上是通俗、质朴、简洁、略带古语色彩的口语。掌握其语言的这个基本特点,有利于从整体上再现其文体风格。例如:

天明,祖唤卢供奉来,向南廊壁间绘画图相。忽见其偈,报言:"供奉却不用画,劳尔远来。……但留此偈,与人诵持。依此偈修,免堕恶道;依此偈修,有大利益。"

After daybreak, the Patriarch sent for Lu Zhen the court artist, and accompanied him to the south corridor for the latter to paint the scriptural scenes and images on its walls. Suddenly His Holiness saw the stanza, and he apologized to Lu, "The paintings could wait—so sorry to have made you come so far... Leave this stanza here for people to recite and act upon. He who practises it will be saved from falling into evil ways; he who practises it will reap huge benefits."

文学作品的形式和技巧,例如诗歌的形式和韵律,能够透露原文语境的文学、诗学、美学信息,因此也是文体再现应关注的方面。《坛经》中有偈、颂30余首,分四言、五言、六言、七言,短的4行,长的近60行。在传达意义的前提下,保留原诗的形式也是诗歌翻译的一种取向。在翻译下面卧龙禅师的偈和惠能应答的偈时,就试图保留两偈唱和式的押韵方式和针锋相对的言辞:

(卧轮偈)卧轮有伎俩,能断百思想。
对境心不起,菩提日日长。

A rare power in me e'er you find
To banish thoughts of every kind.
For objects prompt not a thought; nay,
How Bodhi grows, if you don't mind!

(惠能偈)惠能没伎俩,不断百思想。
对境心数起,菩提作么长?

A rare power in me ne'er you find
To banish thoughts of any kind.
For objects prompt many thoughts; pray,
How grows Bodhi,① if you don't mind?

由于相关的两种语言和两种诗学传统的巨大差异,在很多情况下要借助译语的诗歌形式和技巧,以求达到一种庶几相近的诗歌效果。下面这首偈的翻译,就用押头韵的成对同

① Being constant, the Bodhi neither "becomes" nor ceases, neither waxes nor wanes.

(近)义词(如 steady and square，free and fair 等)、尾韵(spare，bear，ne'er)、头韵(如 steady …square…spare)、行内韵(如 square…spare)以及每行中的逗号来传递原文的叠字(兀兀、腾腾、寂寂、荡荡)、押韵(恶、著)和顿(如"兀兀——不修善")等修辞和音韵效果：

兀兀不修善，腾腾不追恶。

寂寂断见闻，荡荡心无著。

Steady and square, all good spare.

Free and fair, no evil bear.

Clean and clear, neither see nor hear.

Barren and bare, mind abides ne'er.

下面这首"颂"的翻译则借助了英诗的英雄偶句体(the heroic couplet)的形式和头韵(daily dealings… deny)、视韵(deny，charity)、接排诗行(最后一行)等诗歌手段：

……

苦口的是良药，逆耳必是忠言。

改过必生智慧，护短心内非贤。

日用常行饶益，成道非由施钱。

菩提只向心觅，何劳向外求玄。

听说依此修行，西方只在目前。

……

What tastes bitter correct medicine may prove;

What sound unpleasant words that men improve.

You bring forth wisdom mending faulty ways,

The hiding which a worthless mind betrays.

In daily dealings e'er yourself deny,

Though Buddhahood lies not in charity.

Within the mind is Bodhi found forsooth:

What need to seek without the mystic truth?

You here who mark and follow this advice

Will see before your eyes a paradise.

在翻译中考虑诗歌的形式和技巧，是再现文体的需要，是"回归原典"工作的一部分，也是为了在传达文本意义和文化内涵的同时，提供一定的审美愉悦。动机如此，这个作法的效果和得失如何，其中的度该怎么把握，还有待读者的评论和专家的指点。

参考文献

[1] 赖永海. 佛典辑要[M]. 北京：中国人民大学出版社，2007.

[2] 方立天. 隋唐佛教[M]. 北京：中国人民大学出版社，2006.

[3] 杨曾文. 唐五代禅宗史[M]. 北京：中国社会科学出版社，1995.

[4] 李四龙. 佛教在美国的传播及其特点[N]. 中国社会科学报，2014-8-13(B05).

[5] 李四龙.欧美佛教学术史[M].北京:北京大学出版社,2009.

[6] Snyder,Gary. *Earth House Hold* [M]. New York:New Directions,1969.

[7] 毛剑杰.1960S:美国禅宗热潮[J].看历史,2011(11):44-49.

[8] 张子清.美国禅诗[J].外国文学评论,1998(1):71-81.

[9] 高子文.华莱士·斯蒂文斯诗剧中的禅宗文化[J].中国比较文学,2013(2):94-102.

[10] 王欣,李利安.铃木大拙对西方禅佛教发展的影响[J].西北大学学报(哲学社会科学版),2008,38(5):81-85.

[11] Bielefeldt,C. and L. Lancaster. T'an Ching (Platform Scripture) [J]. *Philosophy East and West*, 1975,25(2):197-212.

[12] Eoyang,Eugene Chen. *The Transparent Eye:Reflections on Translation,Chinese Literature,and Comparative Studies* [M]. Honolulu:University of Hawaii Press,1993:68.

[13] 蒋坚松.前言[M]//[唐]惠能.坛经(大中华文库).蒋坚松,译.长沙:湖南人民出版社,2012.

《孟子》译本与其翻译研究识度①

包通法,刘　翌

摘　要　《孟子》及其思想是儒家经典文化中不可缺少的主流部分。对于《孟子》的研究和翻译是近、当代学者一直关注的热点问题之一。论文基于对 2000—2009 年十年间关于孟子和《孟子》研究及翻译的论文进行了统计、归类和分析,着重厘清了这一领域的研究内容和研究视角,并基于所选典型研究,选取比较能代表有关《孟子》翻译研究的识度,重点分析了近年来国内外关于翻译中所采用的识度与样态,并就研究中的盲区提出了建议。

关键词　《孟子》;研究内容;研究视角

Abstract　Mencius and his thought in works are an indispensible essence of Confucianism classics in Chinese culture, whose translations have been one of modern scholars' concerns in translation studies. The paper classifies and analyses the theses of Mencius during 2000－2009, mainly on clarifying the research contents and the theoretical perspectives so to have a clear sense of current tendency of translation studies of Mencius. Based on the data collected, the research deliberatively focuses on typical research epistemologies and perspectives, making clear the research foci and the blind ones in the studies of translated versions of Mencious, and presenting the author's personal views and suggestions.

Key words　Mencius; research category; research perspective

作者简介:包通法(1952—　),男,江苏丹阳人,江南大学外国语学院教授,硕士生导师,中国英汉语比较研究会典籍英译专业委员会常务理事,研究方向为翻译诗学、中西哲学比较;刘翌,江南大学外语学院讲师,研究方向为翻译学、翻译诗学。

一、引言

孟子是战国时期伟大的思想家,也是儒家的主要代表人物之一。元朝至顺元年(1330年),孟子被加封为"亚圣公",其思想与孔子思想合称为"孔孟之道"。孟子及其所著作《孟子》,16 至 19 世纪期间,多次被欧洲译介。各种文献与实物证明,《孟子》是最早被翻译到欧洲的中国典籍之一。译介过程中不同的译者对孟子的思想有不同的解读,反映了不同文化的差异。[1]

传统典籍,尤其是先秦诸子典籍,是中华传统文化的重要载体。通过翻译,中华民族传统文化精神识度和构式得以走进西方人的精神世界。从这个意义上讲,中华典籍外译并不仅仅是语符表层指称意义的重现,更是两种不同文化滋润出的不同精神的相互交流与移

①　原文发表于《燕山大学学报(哲学社会科学版)》2014 年第 4 期,于 2016 年被湖南师范大学博士论文《基于读者接受的〈孟子〉英译与传播研究》引用,本篇文字经过再修订,略有调整。

植。从人们认识识度分类，笔者认为，文化一般可以分为三个层面：(1)物质形态层面；(2)知识论层面；(3)精神哲学层面。中华典籍所承载的是华夏民族数千年来对世界和人身的解读精神识度与构式。故在当下中国文化走向世界、增强和提升中华文化的软实力历史进程中，回顾有关《孟子》翻译以及相关研究样态，以便在今后的中华文化译介中，准确把握孟子精神识度和认识样态，显得尤为重要。

二、关于《孟子》英译本现状

中国典籍外译可以追溯至秦汉时期，有文献记载的《孟子》西译始于16世纪下半叶。明末清初，传教士们为传教之目的而开启了《孟子》西译的进程。各种文献与实物证明，孟子是最早被介绍到欧洲的哲人之一，而《孟子》则是最早被翻译到欧洲的中国典籍之一。自此以后，《孟子》一书多次被中外学者译介，仅《孟子》现存英文版全译本和节译本就有16种之多，可见《孟子》一书在西方世界的认可度和影响力之大。

最早的《孟子》英译本源于英国伦敦会传教士、英华书院第三任校长柯大卫(David Collie，?—1828)的《中国古典：通称四书》(*The Chinese Classical Work Commonly Called the Four Books*)，此译本的翻译目的在于形式和内涵尽可能忠实于原作的同时，还十分关注读者是否能够认知和把握原文精神构式与识度，所以译文语言显得晦涩难懂。为了让读者能够理解原文的要旨，译者附有大量的注释。作为最早的英译本，该译本具有里程碑式的意义。

英国著名汉学家理雅各(James Legge，1814—1897)是19世纪中国经典英译的核心人物。作为传教士的理雅各，其英译《中国经典》(*The Chinese Classics*)于1861年分两卷依次在香港出版，其中《孟子》英译本收录在该译本第二卷。该译本将原文、译文、脚注显示在同一页面，书末对文中提到的人、物附有详细说明，极大地方便了读者把握原文的要旨。为使来华传教士尽可能了解中国人的价值观和精神识度，完成传播上帝福音，译文基本采取亦步亦趋的翻译手法，尽可能保留原文的精神样态和识度，因而译文有时显得过于僵硬晦涩。但不影响此书后来成为英译《孟子》的典范，在国内外得到多次再版，影响巨大而深远，成为研究中国问题学者的参考书。美国理海大学教授吉瑞德称赞理雅各"开辟了一条专业化的汉学研究道路，结束了西方学者对中国文献停留在业余水平上研究的历史"[2]9。

1932年英国Longmans，Green And Co. LTD.出版社出版了由兰雅(Leonard Arthur Lyall，1867—?)翻译的《孟子》。兰雅是一个很有造诣的汉学家，他一生翻译了多部汉典籍如《论语》《中庸》等。该译本和《孟子》原文采取同步一致的编排方式，共十四卷。作者在前言中称他尽可能地采用了字对字的翻译，个别无法字对字译的地方，他通常在注释中给出直译。译文基本使用单音节英语，用语简洁明快，对普通读者有较大吸引力。虽然这种翻译方法对译者来说也许未有语言本体论的自觉意识，但实际效果却在下意识的翻译实践中贯彻了语言与思想具有同构性的翻译思想。该译本自1932年在伦敦出版后，数次在不同地区再版。

此后，英国翻译家翟林奈(Lionel Giles，1875—1958) 1942年所译《孟子经典》(*The Books of Mencius*)在伦敦出版，该译本只是《孟子》的删译本(《孟子》一书共260节，译文仅保留了138节)。例如,“他删掉了《孟子·告子上》第七章中‘心之所同然者’与口同耆、目同美等相类比,而这正是戴震伦理学的最重要来源。还有《孟子·尽心上》的第十五章“不虑而知者,其良知也”,这是王阳明“良知”概念的来源。[3]224

1955年魏鲁男翻译了面对大众的、用语形象、生动流畅、没有脚注的《孟子说》版本。其中,魏鲁男为美国当代著名的汉学家,哈佛大学远东语文学部主持汉语教学。

20世纪50年代著名诗人Ezra Pound(1885—1972)向西方介绍了代表中国哲学价值观的《孟子》(*Mencius*)节译本。

1960年哈佛大学汉语副教授詹姆士·威尔(James R. Ware)翻译了《孟子说》(*The Sayings of Mencius*),该译本有很详细的绪论和四个附录(包括孟子时代的中国的地图,中国朝代列表,参考文献和主题索引),但威尔在该译本中把一些汉文化特有的文化概念作了不恰当的误化裁剪翻译,如“天”译为sky;“仁”译为manhood-at-its-best;“心”译为heart-and-mind;“道”译为right procedure、“德”译为excellence、“君子”和“小人”译为great man和pretty man等等。另外,威尔(Ware)的译本有很多词语是他根据词源学自己创造的,不乏怪异,难以理解。

1963年加拿大多伦多大学教授杜百胜W. A. C. H. Dobson(1913—)翻译出版的《孟子:*Mencius: A New Translation Arranged and Annotated for the General Reader*》,这个译本被收入“联合国教科文组织代表作品集/中国系列”。“人们会注意到这种编排的人为性,但不否认它的有用性。把所有有关公孙丑的内容合并在一起,这是有用的。”[3]虽然这一译本有很多优点,如译文流畅等,但有时太过随意的行文会使译文失去原文的精神识度。可以看出,译者基本持有信息论者和语言工具论者的观点:语言形式是不能翻译的,所能翻译的只是句子承载的信息。

1965年翟楚(Chu Chai)、翟文伯(Winberg Chai)父子编写了《孔子圣书及其他中国经典》(*The Sacred Books of Confucius and Other Confucian Classics*),书中包括《孔子》《孟子》《荀子》《大学》《中庸》《孝经》《礼记》等,由美国University Books,Inc.,出版。

20世纪70年代著名翻译家和哲学家刘殿爵(D. C. Lau,1921—)翻译了《孟子》英译本。他所译《孟子》自面世以来,一直被誉为中国典籍英译的典范之作,受到西方汉学界的普遍好评。学者琼克尔评价本书是“理雅各译本的杰出后继者,在各方面都达到了当今学者的需求,足以代替理译本”[4]。

20世纪90年代以后,才有真正意义上由中国学者独立完成的《孟子》英译本:如1993年赵甄陶(1921—2000)翻译的《孟子》(*Mencius*)出版发行,后被《大中华文库》收录;1999由何祚康先生译的《孟子》(*Mencius*)出版、后被编入《汉英对照中国圣人文化丛书》系列。另外,这一时期还有一个《孟子》全译本值得关注:1998年美国Counterpoint出版社推出《孟子》全译本,由大卫·辛顿(David Hinton)翻译的。

21世纪初、国内出的有关《孟子》研究的译本包括:由何祚康、郁苓译的《孟子名言录》(*Quotations from Mencius*),郁苓译的《孟子的故事》(*The Life and Wisdom of Mencius*),汉佳、王国振译的《亚圣(孟子)》(*Mencius:A Benevolent Saint for the Ages*)等。2006年金沛霖的英汉对照版《孟子语录》出版,2008年王恒展的汉英双语版《孟子语录》出版等等。

纵观国内外学者英译《孟子》,可谓良莠不齐。例如国内译者以传播、推广中国传统文化为己任,因而其翻译认识论和方法论更多关注译文的通俗性,因而忘却了翻译中华典籍最为关切的一点——传播中华文化精神智慧,使中华文化为解决人类一般问题提供答案。

三、《孟子》译本的研究识度

(一)研究方法、数据处理及统计结果

笔者对CNKI(中国知识资源总库)2000至2009年的1668篇论文的题名、摘要进行分析,希望对近年来国内外学者关于孟子和其著作的研究及不同译本所承载的思维识度、语言风格的差异做出较为客观、全面的分析。

笔者利用CNKI以"孟子"为主题,以论文题目、摘要及部分文章的全文内容为依据,筛选出其中所有关于介绍孟子各个方面的论文,并进行分类,最终选出150篇论文进入统计范围。笔者对这150篇论文焦距点分别进行二次分类,主要分成孟子的精神贡献、思想观点、生平介绍和《孟子》的语言风格等研究大类,并注重对其中认识观点部分作细致分析,进行三次分类,具体统计结果如下表所示。

表1 对于各类文章性质的二、三次分类

<table>
<tr><th colspan="4">思想观点</th><th rowspan="2">生平介绍</th><th rowspan="2">《孟子》语言风格</th><th rowspan="2">精神贡献</th></tr>
<tr><td>民生</td><td>教育</td><td>义利观</td><td>思想比较</td></tr>
<tr><td>17</td><td>12</td><td>4</td><td>23</td><td>2</td><td>31</td><td>61</td></tr>
</table>

本文以2004年、2005年为分界,分别统计2000至2004和2005至2009间的论文情况(见表2)。仅从数量上,可以看出关于孟子及其著作的研究增幅明显。

表2 论文样本数据统计

数据库	载文量	
	2000—2004	2005—2009
CNKI中国期刊全文数据库(核心期刊)	494	1025
CNKI中国优秀硕士学位论文全文数据库	25	113
CNKI中国博士学位论文全文数据库	2	9
合计	521	1147

(二)《孟子》翻译的研究识度综述

国内学者关于《孟子》翻译的研究不仅数量较多,而且研究角度多样,质量也较高。下面将从如下不同的角度来说明国内在此领域内的研究。

1. 关于孟子翻译史的研究

刘单平把《孟子》翻译史分为两个阶段进行研究:"一是传教士以传教为目的的经典翻译;二是学者以研究、传播中国文化为目的的经典翻译。他认为,传教士的经典翻译带有明

显的基督教倾向，以研究中国传统文化为主要目的，比较关注译本的学术价值和研究价值，但受本国文化传统和自身知识构成的制约，经常会误译和曲解文意。华人译者尤其是国内译者以传播、推广中国传统文化为己任，更关注译文的准确和通俗易懂。”[5]

杨颖育勾勒出《孟子》一书在英语世界接受与变异的态势。他提出，英语世界的《孟子》研究有三大特点：(1)文本翻译：其内涵是对东方典籍的译介以及基督教与儒教的互阐互释；(2)对比研究：孟子与中、西方哲学家的比较研究；(3)孟子哲学思想和诗学概念的专项研究，并且以崭新的视角提出了“孟子研究与女性主义、生态批评相结合的跨学科视域已成为英语世界孟子研究的又一新动态”[6]。

另外，季红琴和姜新[7]也分别对《孟子》外译史进行了较为详尽的梳理，并选取了其中有代表性的译本，评析其优点和不足。这些研究对各个译本作出了极富研究价值的评论，为后续孟学的研究工作提供了便利。

2. 对《孟子》中一些有个性的话语作了专项翻译研究

洪涛对《孟子》辩辞的翻译进行了讨论，具体论及的问题有偶句、排句、重复、意合现象和譬喻等。其文章以理雅各和刘殿爵的译文为主要评论对象，讨论了“译者翻译辩词时的做法及其得失。并得出结论：要翻译孟子的辩辞，形式上的仿拟是可能做到的，而且也不难做到，但是，亦步亦趋的做法并不是最好的做法”[8]。

陈琳琳对《孟子》成语典故的翻译进行了研究，她选取理雅各的译本，考量了理雅各对《孟子》中某些成语典故的翻译，认为存在某种不当之处。“一个词不仅有直接的、表面的、字典上的意义，还有内涵的、情感的、牵涉许多联想的意义”(王佐良 1981 年提出的)，因此翻译成语典故时不能僵硬刻板地仿照字面意思生搬硬套。而理译本恰恰存在这样的问题，他的译文只停留在表层意义上，过分直译，对于某些成语典故的翻译，显得刻板僵硬，使读者无法充分理解原文的真谛，有待改进。[9]6

另外，王佐杰对《孟子》中虚词“焉”的翻译，季红琴在《孟子》称谓翻译中人际功能的丢失与非等值重构一文中对《孟子》称谓的翻译都进行了较细致的研究。可以说，研究涉及《孟子》翻译的方方面面，甚至包括个别字词，可谓研究深入细微，面面俱到。

3. 对《孟子》某一个英译本或某一个译者的译本进行研究

任伟对大中华文库版《孟子》文本外注释进行了研究，他从注释概念厘定出发，研究大中华文库版《孟子》在文本外注释(包括总序、前言部分) 存在的问题，重点围绕语言问题、非语言即态度问题进行展开说明。并指出赞助人在大中华文库翻译出版中所起的作用实为。强大的赞助人虽然让文库取得阶段性成绩，但也掩盖背后存在的问题。隐患不除，很难说文库可以向世界说明中国。[10]139

吴志刚对理雅各的《孟子》英译本进行了指瑕。他认为，因其自身知识和文化方面的局限，理雅各未能完全准确理解原作，造成了译作与原作意义的不符，并在文章中分析了理雅各英译《孟子》的瑕疵，指出准确理解原作是典籍英译的关键。吴志刚也指出，理雅各在中西文化交流史上的地位是不容抹杀的，他对中国传统典籍翻译所做出的贡献也是不容忽视的。[11]

金学勤对戴维·辛顿英译的《孟子》进行了解读，指出了其中的不足，同时也给予了较高的评价。他对辛顿的译本总结如下：行文简练，博采众长；通俗流畅，独具一格；信美难全，几点商榷。可以说有褒有贬，研究全面。[12]

另外，除了上面提到的吴志刚，还有张静对理雅各《孟子》翻译也进行了研究[13]。可以看出，对《孟子》某个英译本或某个译者的译本进行研究是学者们关注的热点之一。其中，作为在东西交流史上作出杰出贡献的传教士理雅各及其译本又是研究的焦点之一。

4. 对《孟子》或《孟子》中句段的翻译进行不同译本之间的对比研究

杨颖育选取了理雅各、刘殿爵、赵甄陶三位译者的译本，重点探讨了“性善论”“知言养气”两个孟子思想的重要关键词的英译问题，以考察暗含于术语英译符码转换差异下的文化策略和历史动因，讨论了归化异化的关系、元典本义和注家阐释、以及对外国译者典籍英译的再评价三方面的问题。[6]

刘单平、曾振宇则通过比较当前流行的几个《孟子》英译本（詹姆斯·理雅各（James Legge）、赖发洛（Leonard A. Lyall）、大卫·亨顿（David Hinton）、刘殿爵以及赵甄陶主译的英文版《孟子》），总结出译者在翻译《孟子》时存在三大误区：利用西方概念和经典教义简单“反向格义”孟子思想的误区；忽视语义的不确定性，机械翻译的误区；不重视训诂，错解原文的误区。上述三个误区各有其显著的表现和危害，制约了典籍外译本的准确性和忠实度。[14]这一研究给包括《孟子》在内的典籍外译指明了一条新的道路，可以说，为典籍外译的发展和完善作出了贡献。

季红琴在《〈孟子〉英译方法解读》一文中提到了全译和变译的概念。她将理雅各的《孟子》全译本和多布森的变译本进行对比，从两位译者的身份和他们翻译原因的角度进行阐释，可谓角度新颖。她提出，两位译者之所以选择不同的翻译方法，与他们各自的身份、翻译的原因和译文读者有着密切的关系。在此，季红琴还提到了多布森以读者为中心的观点，这在典籍翻译的研究中提出“读者中心”论已是创新之举，为典籍翻译提供了新的研究视角。[15]

除此之外，从这一视角对《孟子》翻译进行的研究还包括孙芳的《孟子〈告子·上〉》节选、洪涛的《孟子》英译所涉及的字义问题和文化问题等。其中，孙芳依据严复的“信达雅”三原则对《孟子〈告子·上〉》的两个英译本进行了对比分析；洪涛以理雅各和刘殿爵的译文为主要评论对象，讨论翻译《孟子》时译者如何处理书中的术语、汉文化中特有的词语和历史人物。

5. 有些学者对典籍英译方法提出建议

王静、娄红立提出如果要传递诸子散文中的文化信息，互文性理论对诸子散文的翻译提供了新的视角。他们的文章考察了《庄子》和《孟子》译本中的几处具有文化特色的词的互文性处理方法，探讨了如何利用互文性的微观视角最大限度地把原文中的文化内涵传递给读者，并提出文中加注释或脚注和阐释的翻译方法论。[16]

四、结语

本文主要以定量和描述研究相结合的方法，通过统计、归类、分析2000—2009年十年来国内外关于孟子及其著作的研究论文，厘清了对于孟子、孟子思想及其著作的研究内容和研究视角，并对其进行述评，试从中窥探出近年来对于孟子研究的现状和发展动向。

从研究概况上看，关于孟子英译本的研究呈现出宽视野、多维度、跨文化的态势。译界的学者在其翻译上应放宽视野、在不同文化背景下采取相互包容的态度，最大程度的考察各种不同文化背景下的翻译话语表征，兼顾读者、译者、原本、译本、社会、历史、文化等多个层面、多维视角，最大程度上接近原作的精神识度、思维构式，对于更近一步理解原作、发扬弘大的中华思想精髓、使它者文化群体认同、追随中华文化，是大有裨益的。

然而，值得注意的一点是：大多数研究或是关注小学层面的微观问题、或是采取描述性研究、去中心识度，很少有相关的研究专注于考量翻译本体论回归的理论问题，即使有些研究亦关注文本意义跨语际、跨文化传输，却缺乏翻译中的语言本体论意识、翻译本体论意识，未能就最大程度上接近原作的精神识度、思维构式、语言表征样式与精神格局同构性这一典籍翻译根本问题作出理论的探索。而这一点恰恰是中华典籍外译的本体性问题。

“跨文化跨语际翻译，尤其是中华典籍外译不仅仅是‘小学’之理的认识与操作的范畴，更是“大学”之道的观照与境界。”[17] 从这个意义上讲，中华典籍外译应该纳入“大学”层面的问题框架内。语言不仅是思维表达的理性工具，更是人的思维本体、认识本体。语言在中西先哲的眼里不仅是一种思维交际的工具，而被视为思维交际的本体，是一种存在方式、生存方式和精神家园。伽达默尔认为：“谁拥有语言，谁就‘拥有’世界。”[18]533 我们通过语言来理解世界，语言体现且表达了人与世界的关系。人与世界本是相互独立的，是语言在人与世界之间架起了一座桥梁，从而世界进入了人的语言中，人通过语言来呈现他生活的世界。“想象一种语言就意味着想象一种生活。”[19] 洪堡特认为：“每一语言都包含着一种独特的世界观。”[20]51 人类各民族的语言不仅是一个符号体系或交际媒介，还是该民族认识世界、阐释世界的一个意义体系和价值体系，因为任何一个民族的日常词汇都形成、发展于该民族的精神文化品格与格局。从一般意义上讲，每个民族生活的每个时代的思想和样态与那个时代的语言表征是一致的。因此，语言与思维的关系并不是纯粹的个性化心理问题，而是一个关涉文化大背景下该群体所秉持的宇宙观和主流诗学观的问题。从一般意义上讲，语言的样态就是人思维的样态和认识的路径。以此类推，翻译中关怀原作和译文话语样式的同构性就是关怀了中国先哲的精神格局、认识路径和思维样态。

这是中华典籍外译带根本性的问题框架，只有我们在典籍翻译实践中自觉贯彻这一语言本体论意识，我们翻译中才有准绳、才能触及到典籍文本的本然意义，才能发扬弘大中华思想精髓、使它者文化群体能够触摸到中华文化精神魅力，从而认同、甚至追随我中华文化。

参考文献

[1] 李长江. 从“目的论”角度解读典籍翻译[J]. 中国校外教育：理论，2009(8).

[2] Norman J. Girardot. *The Victorian Translation of China*: *James Legge's Oriental Pilgrim age*[M]. Berkeley: University of California Press, 2002.

[3] 倪德卫，万白安. 儒家之道：中国哲学之探讨[M]. 南京：江苏人民出版社，2006:218.

[4] D. R. Jonker Review. Mencius by D. C.. Lau [J], 1973.

[5] 刘单平.《孟子》西译史述评[J]. 理论学刊,2010(8).

[6] 杨颖育. 百年《孟子》英译研究综述[J]. 西华师范大学学报(哲学社会科学版),2010(5).

[7] 姜新. 走向欧洲的孟子——译介《孟子》的西文图书述略[J]. 徐州师范大学学报,2009(5).

[8] 洪涛.《孟子》英译所涉及的自己问题和文化问题[J]. 聊城大学学报,2002(1).

[9] 陈琳琳. 析论理雅各对《孟子》中些许成语典故的翻译[J]. 江西科技师范学院学报,2005(3):6.

[10] 任伟. 大中华文库版《孟子》文本外注释研究[J]. 重庆科技学院学报(社会科学版),2008(7):139.

[11] 吴志刚. 准确理解原作是典籍英译的关键——理雅各英译《孟子》指瑕[J]. 重庆科技学院学报(社会科学版),2009(5):148.

[12] 金学勤. 通俗简练 瑕不掩瑜——评戴维·亨顿的《论语》和《孟子》英译[J]. 孔子研究,2010(5).

[13] 张静. 理雅各《孟子》翻译研究[D]. 山东大学,2008.

[14] 刘单平,曾振宇. 英译《孟子》的三种误区分析[J]. 东岳论丛,2011(3):59.

[15] 季红琴.《孟子》的英译方法解读——全译与变译[J]. 湖南师范大学社会科学学报,2011(4):139-141.

[16] 王静,娄红立. 诸子散文英译中互文性的微观操作——以《孟子》和《庄子》为例[J]. 新乡学院学报(社会科学版),2010,24(3).

[17] 包通法.《道》与中华典籍外译[M]. 北京:中国财富出版社,2014.

[18] 伽达默尔. 真理与方法:下卷[M]. 洪汉鼎,译. 台北 1993.

[19] 维特根斯坦. 逻辑哲学论[M]. 北京:商务印书馆,1996.

[20] 洪堡特. 论人类语言结构的差异及其对人类精神发展的影响[M]. 北京:商务印书馆,1977.

论《道德经》中“神”之英译[①]

金永平

摘　要　《道德经》是我国古代最重要的典籍之一,整部著作言约而旨丰、隽永而透达。然而该著作中的一些“概念”“范畴”也存在着玄奥难解的情况,其意可谓言人人殊。在英译过程中,译者由于个人的理解不同,这些“概念”“范畴”在英译过程中呈现出不同的译法,因而也引发不少值得探讨的话题。文章以该著作中“神”之英译为考察对象,对此类“概念”“范畴”的可译、不可译等问题进行探讨,以期引起译界的注意。

关键词　《道德经》;神;内涵;英译

Abstract　*Tao Te Ching* is one of the most important works in ancient China. It is concise and comprenhensive, pithy and penetrating. However, some concepts and categories in the book are obscure and hard to understand, which cause different scholars give different views. Due to different personal understanding of these concepts and categories, the translators presented in different English translations, and thus caused a lot of worthy topics to discuss. In the article, the author has taken “Shen” in the book as an example to discuss translatability and untranslatability of such concepts and categories , and excepts to draw translating circle’s attention.

Key words　*Tao Te Ching*; Shen; Connotation; English Translation

基金项目:中国翻译研究院2015—2016年度重点项目“中国传统经典文化对外翻译与国际传播调研报告”(2016B12)。

作者简介:金永平(1977—　),男,浙江义乌人,复旦大学中文系博士后,丽水学院文学院讲师,博士。

《道德经》又名《老子》或“五千言”,是我国古代最重要的典籍之一。它不仅直接塑构了中国人的宇宙观、人生观和社会观,对国内政治、历史、文化等领域产生了深远的影响,而且在国外也引起广泛的注意,并受到不少外国政要、知名企业家、哲学家、作家与诗人的喜爱。自近代以降,汉学家对该经典进行了译介;到目前为止,世界上的主要语种都有其译本,其中尤以英译本见多——大概两百种左右[②]。译者对它的关注可谓盛况空前,远非其它的经典可比。问题是辞约旨丰、玄奥难解的《道德经》能在另一种语言里得到很好地呈现吗?尤其是该著作中的一些基本“概念”“范畴”能在英译中有效地表达出来吗?本文通过对《道德经》中“神”这一基本概念的英译进行考察,对上述问题进行一个初步的回答。

“神”在《道德经》中出现的次数不多,但是,它是该著作中一个重要的概念。关于这一点,已有不少学者表示认同。任继愈先生在他所著的《老子绎读》一书中,就把“神”与“道”

① 原文发表于《燕山大学学报(哲学社会科学版)》2016年第4期。

② 参见王越西:《译者主体视角下的〈老子〉英译研究》,外语与教学研究出版社出版,2015年,第3页。

“德”“无”等范畴与概念并置；无独有偶，在大型丛书“大中华文库”《老子》一书中，该译本的校注者傅惠生先生也把“神”作为重要的概念进行梳理，以上两例都可佐证笔者的这一判断。在《道德经》中，“神”首先出现在第六章“谷神不死，是谓玄牝”①中，其后依次是“天下神器，不可为也”（第二十九章），“神得一以灵；谷得一以盈”（第三十九章），“以道莅天下，其鬼不神，非其鬼不神，其神不伤人；非其神不伤人，圣人亦不伤人”（第六十章）。下面就上述几章中的“神”之英译逐一探讨。正如前面所述，《道德经》英译本众多，本文选取的译本有阿瑟·韦利（Arthur Waley）翻译的 *Tao Te Ching*（以下简称“韦本”）、刘殿爵（D. C. Lau）翻译的 *Tao Te Ching*（以下简称“刘本”）、埃德蒙·雷顿（Edmund Ryden）翻译的 *Dao De Jing*（以下简称“雷本”）、斯蒂芬·米切尔（Stenphen Mitchell）翻译的 *Tao Te Ching*（以下简称“米本”）、布莱克耐（R. B. Blakney）翻译的 *Tao Té Ching*（以下简称“布本”）、辜正坤翻译的《老子道德经》（*Lao Tzu：The Book of Tao and Teh*）（以下简称“辜本”）、许渊冲翻译的《道德经：汉英对照》（以下简称“许本”）、王柯平翻译的 *Dao De Jing*（以下简称“王本”）、马德五翻译的《老子道德经·汉英对照》（以下简称“马本”）、陈乃扬翻译的《英译老子》（以下简称“陈本”）等。

一、“神”与“God”“Spirit”

先看“神得一以灵，谷得一以盈”的英译：

The spirits keep their holiness，The abyss is replenished. [1]41

Gods in virtue of the one have their potencies；The valley in virtue of the One is full. [2]46

Spirits grasped the unique and became ghostly；Gullies grasped the unique and became full. [3]83

The spirits got it and were energized；The valleys had it ，filled to overflow. [4]108

Gods that hold the One become efficacious；Valleys that hold the One become full. [5]179

Spirits are divide，valleys are full. [6]46

The Gods obtained the One and became divine；the valleys obtained the One and became full. [7]69

When a god acts according to the universal Principle，it will become divine. When a valley is as empty as the universal Principle，its emptiness will be filled. [8]97

Spirits ，with the one，become gods. Vales，with the one ，flow with fullness. [9]79

在上述的英译中，“神”分别译为“spirit(s)” 和“God” ，选译前者的有“韦本”“雷本”“布本”“许本”“陈本”等，选译后者的有“刘本”“辜本”“王本”“马本”等。斯蒂芬·米切尔在他的译本 *Tao Te Ching* 中没有把此句翻译出来，属于漏译。关于“神”的解释，许慎在《说文解字》中云：“神，天神，引出万物者也。”[10]3 用现代汉语来说，神就是万事万物的创造者。很

① 朱谦之：《老子校释》，中华书局出版，1984 年，第 25 页。（以下所引据此版本，只标章节）

明显,许慎关于“神”的释义与先秦典籍中“帝”“上帝”的概念相似,如《尚书·洪范》:“帝乃震怒,不畀洪范九筹”[11]298、“是彝是训,于帝其训”[12]312,《诗经》中的“履帝武敏歆”[12]800、“昊天上帝,则不我遗……后稷不克,上帝不临”[12]882-883,《楚辞·天问》中的“帝降夷羿,革孽瞎民”[13]99等,这些例句中的“帝”“上帝”的概念就是那无所不能、高高在上的天神。而在英语中,God的英文解释是“sole Supreme Being, enternal, spiritual, and transcendent, who is the creator and ruler of all and is infinite in all attributes; the object of in monotheistic religion”[11]704,本身就有万物创造者的意思;而Spirit在英语中的含义之一就是“God, esp when regard as transcending material limitations”[14]1580。从中不难看出,就“万物的创造者”这一意义上来说,许慎对“神”的释义与西方基督教的“God”“Spirit”大体相当。译者把“神”译为“God”“Spirit”有其合理性。

不过,笔者需要指出的是,《道德经》中的“神”与“God”“Spirit”却不是对等的概念。在先秦时期,“神”是一个非常特殊的概念,与“气”有密切的联系,且常与“鬼”相对。这在《道德经》大致同一时期的典籍中得到证明。如《论语·先进》云:“季路问事鬼神,子曰:‘未能事人,焉能事鬼?’”[15]125《述而》:“子不语怪、力、乱、神。”[15]98《楚辞·九歌》:“身既死兮神以灵,子魂魄兮为鬼雄。”[13]83《诗经·大雅·云汉》云:“敬恭明神,宜无悔怒。”[12]886《小雅·大田》:“田祖有神,秉炎火畀。”[12]673而在《礼记·祭义》更有详细的记载:“宰我曰:‘吾闻鬼神之名,不知其所谓!’子曰:‘气也者,神之盛也。魄也者,鬼之盛也。和鬼与神,教之至也。众生必死,死必归土,此之为鬼。骨肉毙于下阴为野土,其气发扬于上为昭明,焄蒿凄怆,此百物之精也,神之著也’。”[16]1324-1325从中我们可以看出,在先秦人的观念中,魄亡谓之鬼,精气仍存,发扬于上谓之神,“神”与“鬼”是处在同一层面的,它们都具有超人类特殊能力;但是,它们都不是古代那个万事万物的创造者,而《道德经》中的“神”这一概念正是这一层意义上衍生的,它与西方的无所不能、创造人类的“God”和“Spirit”有很大的差异。

二、神与“The Tao”

请看“谷神不死,是谓玄牝”的英译:

The Vale Spirit never dies. It is named the Mysterious Female.[1]6

The spirit of valley never dies. This is called the mysterious female.[2]17

The gully's spirit does not die; She is called 'the mysterious cleft'.[3]15

The valley spirit is not dead: They say it is the mystic female.[4]65

The Tao never dies; It is a deep womb.[5]73

The vale spirit never dies. It is the mysterious womb.[6]73

The spirit of valley is immortal. It is called the subtle and profound female.[7]20

Because it is endowed with the feminine principle, emptiness is inceaseless change.[8]13

The Spirit of the Valley never dies. She is called the Mysitcal Female.[9]13

The Tao is called the Great Mother: empty yet inexhaustible.[17]5

在此句中,“谷神”是复合名词,由“神”和“谷”构成,其表层意思是掌管谷的大神,在汉语中,相类似的词有"花神""河神""山神""海神""庙神"等。从"谷神"的英译来看,韦本的"the Vale Spirit"、刘本的"the spirit of valley"、雷本的"the gully's spirit"、布本的"the valley spirit"、许本的"the vale spirit"、王本的"the spirit of valley"等,都是把"神"翻译为"spirit"。正如前面所言,先秦时期的神是与鬼联系在一起的,从而组成了中国特有的鬼神观。而"花神""河神""山神""海神""庙神"等都是此种观念下神的具象之表现,所不同的是,它们各有所司,各有所责。从这意义上说,《道德经》的"谷神"也应如此。至于此后出现的"仙",是常与"神"联系在一起的,如我们常说"神仙"。而事实上,"神"与"仙"还是有区别的。如《封神演义》中记载:

元始曰:"贤弟为何设此阵?这是何说?当时在你碧游宫共议封神榜,当面弥封,立有三等:根行深者成其仙道,根行稍次成其神道,根行浅薄成其人道,仍随轮回之劫。"[18]569-570

不仅如此,在法力上,《封神演义》中"仙"比"神"更高一层次,"子牙把打神鞭使在空中,此鞭只打得神,打不得仙,打不得人,四大天王乃是释门中人,打不得。"[18]281 只不过这是明清时期的宗教观。

而事实上,在《道德经》中,"谷神"有另外的含义。河上公认为,"谷,养也。人能养神则不死也。神为五藏之神也。肝藏魂,肺藏魄,心藏神,肾藏精,脾藏志,五藏尽伤,则五神去矣。"[19]13 而王弼则认为,"谷神,谷中央五谷也。无形无影,无逆无违,处卑不动,守静不衰,谷以成而不见其形,此至物也"[19]13。在这里,"谷神"就是迎之不见其首、随之不见其后的"道"。今人任继愈先生在他所著的《老子绎读》中把"谷神"译成"道"[20]70,其道理正在此,辜正坤先生把"谷神"英译成"The Tao"也就是从这个角度阐释的,而前面所举的英译,都没有把原文的这一层意思给翻译出来,这是颇为遗憾的。

三、神与"Mysterious"

再看"天下神器,不可为也"的英译:

For that which is under heaven is like a holy vessel, dangerous to tamper with. [1]30

The empire is a sacred vessel and nothing should be done to it. [2]34

The world is a spiritual vessel and cannot be run. [3]61

For the world is sacred vessel not made to be altered by man. [4]95

The kingship is so sacred that cannot be obtained through force. [5]145

The world is a sacred realm not to be interfered in. [6]35

The state as a sacred vessel should not be acted upon. [7]54

Ruling a country is a mysterious thing. It can not be done dogmatically. [8]72

The state is a divine vessel, not to be grabbed by men. [9]59

The world is sacred. It can't be improved. [19]29

在上述诸家的英译中,"神器"一词分别翻译成"a holy vessel"(韦本)、"a sacred vessel"(刘本)、"a spiritual vessel"(雷本)、"sacred"(米本)、"sacred vessel"(布本)、"so sacred"(辜本)、"a sacred realm"(许本)、"a sacred vessel"(王本)、"a mysterious thing"(马本)、"a divine vessel"(陈本);诸位译者把"神"翻译成"holy""sacred""spiritual""mysterious""divine”。在权威的英语词典中，“holy”的解释是“dedicated or consecrated to God or a religios purpose ”[21]1039，“sacred”的解释是“connected with God (or the gods) or dedicated to a religious purpose and so deversing veneration”[21]1931，“spiritual”的解释是“of or relating to religion or religious belief”[21]2120、“mysterious”的解释是“difficult or impossible to understand, explain, or indentify; of a person deliberately enigmatic”[21]1452、“divine”的解释是“of ,from, or like God or a god”[21]635。除了“mysterious”外，其它几个英译都与宗教有关。而在汉语中，“神器”的“器”是物质名词，而“神”是属于修辞性名词，相当于形容词，起到修饰的作用，相类似的词语有“神力”“神气”“神人”“神童”“神珠”等，本身只是引申义，已无宗教的内涵了。对于“神器”，王弼的解释是“神，无形五方也，器，合也。以形以合，故谓之神器”[18]61，河上公则认为，“器，物也。人乃天下神物也。神物好安静，不可以有为治”[18]61。根据王、河的解释，上述所举几家对“神器”的英译对原文的理解，其距离可谓甚远！

四、“神”与假借字义项

最后看“以道莅天下，其鬼不神 ”的英译：

They who by Tao ruled all that is under heaven did not let an evil spirit within them display its powers. [1]63

When the empire is ruled in accordance with the way, the spirits lose their potencies. [2]67

When you employ the Way to approach the world, Ghosts will have no spirit. [3]125

The evil spirits of the world lose sanction as divinities when government proceeds according to the Way. [4]132

When the Tao prevails in the world,Even ghosts and spirits become harmless. [5]245

If the world is ruled in conformity with the divine law,the spirits will lose their supernatural power. [6]67

If the Dao is applied to the world,Ghosts will lose their supernatural influence. [7]106

When a ruler rules his country with the policy of not bothering people ,even the pirits will not ba attracted to hurt people. [8]149

Governing the empire in the way of Tao causes ghosts not to haunt. [9]121

Center your country in the Tao and evil will have no power. [17]66

上述几家对“不神”的英译分别是“did not display its powers”（韦本）、“lose their potencies”（刘本）、“have no spirit”（雷本）、“lose sanction”（布本）、“become harmless”（辜本）、“lose their supernatural power”（许本）、“lose their supernatural influence”（王本）、“not ba attracted to hurt people”（马本）、“not to haunt”（陈本）、“will have no power”（米本）。

对于此句，王弼认为：“神不害自然也。物守自然，则神无所加。神无所加，则不知神之为神也。”[18]153河上公也持有大致的看法：“其鬼非无精神也，邪不入正，不能伤自然之人。”[18]153

而对此句中“鬼”与“神”的解释，范应元认为：“鬼神，阴阳中之灵也。鬼，归也，神，申也。”[22]299张子的解释：“鬼神者，二气之良能也。”[22]299高亨则认为：“此神字借‘魋’，鬼灵曰魋，其鬼不魋，犹言鬼不灵耳。”[22]299朱文公则说：“以二气言，则鬼者，阴之灵也；神者，阳之灵也。以一气言，则至而伸者为神，反而归者为鬼，其实一物而已。然则圣人以道无为，而临天下，则阴阳和顺，其归于阴者，不伸于阳也。”[22]299在上述几家中，范应元认为“神”应训为“申”，高亨则认为“神”是“魋”借字，其余各家具体的阐释，虽说有异，但在“鬼神观”笼罩下的言说，其旨是大体相同——“不神”即没有效用的意思。对于此句中“不神”的英译，除了“雷本”的“have no spirit”（意为“没有神”）属误译外，其余各家翻译都可接受。

五、结语

从上述的英译中，我们可以看到，在《道德经》中，“神”有时是作为一种宗教信仰出现的，在当时与“鬼”相对；它既不同于当时无所不能的“帝”“天帝”，也区别与许慎所说的产生万物的创造者，更有别于西方宗教信仰层面的“God”“Spirit”；有时“神”是与其它字构成作为专有名词出现的，有其特定的内涵，如前面所举的“谷神”；而有时它又改变了词性、甚或是本身是个假借字，凡是种种，皆可说明“神”这一字内涵的复杂性，这也在一定程度上造成英译过程出现这样那样的偏差。因此，在《道德经》的英译过程中，译者应该特别重视那些在貌似相似现象的背后存在着中西文化异质性差别，尽可能发挥自己的才华，把误译降低到最小程度。

参考文献

[1] Lao Tzu. *Tao Te Ching* [M]. Arthur Waley, trans. Wordsworth Editions Limited, 1997.

[2] Lao Tzu. *Tao Te Ching* [M]. D. C. Lau, trans. Penguin, 1963.

[3] Lao Tzu. *Tao Te Ching* [M]. Edmund Ryden, trans. Oxford University Press, 2008.

[4] Lao Tzu. *Tao Te Ching* [M]. R. B. Blakney, trans. Penguin Group Inc. 2007.

[5] 老子道德经（汉英对照）[M]. 辜正坤，译. 北京：北京大学出版社，1995.

[6] 许译中国经典诗文集：道德经（汉英对照）[M]. 许渊冲，译. 北京：五洲传播出版社，2012.

[7] 道德经 [M]. 王柯平，译. 北京：外文出版社，2008.

[8] 老子道德经（汉英对照）[M]. 马德五，译. 天津：天津古籍出版社，2008.

[9] 英译老子[M]. 陈乃扬，译. 上海：上海外语教育出版社，2012.

[10] 许慎. 说文解字[M]. 段玉裁，注. 上海：上海古籍出版社，1981.

[11] 十三经注疏·尚书正义[M]. 孔安国传，孔颖达疏证. 北京：北京大学出版社，1998.

[12] 程俊英，蒋见元. 诗经注析 [M]. 北京：中华书局，1991.

[13] 洪兴祖. 楚辞补注[M]. 白化文，许德楠，李如鸾，方进，点校，北京：中华书局，1983.

[14] *Collins English Dictionary* [M]. 11th edition. Harper Colins Publishers, 2011.

[15] 朱熹. 四书章句集注[M]. 北京：中华书局，1983.

[16] 十三经注疏·礼记正义[M]. 郑玄注，孔颖达疏. 北京：北京大学出版社，1999.

[17] Lao Tzu. *Tao Te Ching* [M]. Stenphen Mitchell, trans. Frances Lincoln Ltd, 1988.

[18] 许仲琳，李云翔. 封神演义 [M]. 南京：凤凰出版社，2007.

[19] 老子 [M]. 河上公,王弼注,严遵指归,刘思禾校点. 上海:上海古籍出版社,2013.

[20] 任继愈. 老子绎读[M]. 北京:商务印书馆,2009.

[21] 牛津大学出版社. 新牛津英汉双语大词典[M]. 上海外语教育出版社,编译. 上海:上海外语教育出版社,2013.

[22] 陈鼓应. 老子注释及评介[M]. 北京:中华书局,1984.

中国文学典籍翻译研究

古代、近代文学典籍翻译研究

20世纪汉语文学典籍海外英译的百年流变①

刘晓晖，朱　源

摘　要　20世纪海外汉语文学典籍的英译成就突飞猛进，经历了复杂的流变历程，呈现四大转向：学者型和作家型翻译家的主流化、译者翻译取向的非主流化与转译的失宠、翻译中"求全"与"双赢"的凸显、以及海外翻译环境的提优蜕变。研究20世纪百年来汉语文学典籍在海外的译介及传播流变，对于了解中国文化的国际地位、理清中国文化的传播格局以及掌握汉语典籍海外译介的总体趋势与规律具有特别重要的意义。

关键词　汉语文学典籍英译；海外译者；20世纪；百年流变

Abstract　The 20th century witnessed a remarkable breakthrough in the development of Chinese classics translation in the western world. The whole changing process, full of complexity, undergoes four crucial turns, namely, the mainstreaming of scholar-translators and writer-translators, the non-mainstreaming on translator's choice of text and the gradual disappearance of not-from-the-original-text rendering, the highlight of perfection and win-win effect, and, last but not least, the optimization of translation environment. This study, devoting to exploring the dynamic changes of English translation of Chineseliterary classics by western translators in the 20th Century, is of great significance in that it can help cognize the international status of Chinese culture, clarify the transmission pattern of Chinese culture and recognize the overall development trend of Chinese classics translation.

Key words　translation of Chinese literary classics; western translators; 20th century; centenary changes

基金项目：2016年度辽宁省社科规划基金项目"从派屈克·韩南汉籍英译的价值建构看中国文学'走出去'"(L16BYY014)的阶段性成果。

作者简介：刘晓晖(1975—　)，女，大连外国语大学英语学院副教授，中国人民大学博士研究生，硕士生导师，主要从事文学典籍翻译研究；朱源(1962—　)，男，中国人民大学外国语学院教授，博士生导师，主要从事汉语典籍英译研究，中国英汉语比较研究会典籍英译专业委员会常务理事。

一、引言

20世纪以来中国国际地位的变化、新中国对中国文学译介的大力推介、海外移民和海外留学热潮的迭起以及海外汉学的拓展等促使汉语文学典籍英译动态发生了嬗变，译者队

① 原文发表于《燕山大学学报(哲学社会科学版)》2018年第1期。

伍的转型、翻译对象的选择、译本质与量的提升、翻译环境的改善等都史无前例。

汉语文学典籍直接译为英文的历史可追溯至18世纪初期的英国，在此之前都是由欧洲其他语言转译为英语的。1719年，威尔金森(J. Wilkinson)将清代长篇小说《好逑传》译成英文，开辟了汉语文学典籍海外英译的先河。有关汉语典籍的海外英译概况，不少学者已做过相关探索，成就斐然。汪次昕(2000)编撰五代至清末的诗词曲英译索引，共收录英译文6700首，统计时间截至1999年，涉及原作者612人，检索方法科学便捷；王尔敏(1975)完成中国文献西译书目，广泛搜编汉籍外译各类译本，原本上起先秦，下至五代，涉及汉语字典、文史哲著作等，统计了几百年来西方翻译汉籍的概貌，涉及英、法、德等十几种语言；马祖毅、任荣珍(1997)编撰中国哲学、社会科学和自然科学著作在国外的翻译史略，文本以中国古代典籍为主，同时涉及部分中国现当代书籍。学科领域广泛，涵盖文学、宗教、历史、政治、经济、艺术、语言等；黄鸣奋(1997)从散文、诗歌、戏剧、小说四个层面综述了汉语文学典籍在英语世界的译介和传播，数据信息庞大，宏微兼顾；王丽娜(1988)着眼中国古典小说和戏曲名著的国外传播动态，不但系统爬梳汉语古典小说和戏曲的多种外文译本，而且罗列相关的汉学专题论文或专著目录。除此之外，相关学术论文的发表也为该领域的研究提供导引。学者们主要从三个层面展现海外汉语文学典籍翻译的历史动态。其一是单部作品在国外的译介和传播。相关学者包括何文静(2010)、宋丽娟(2009)、裘何敏(2011)、赵征军(2013)、徐来(2005)、郭延礼(2003)、焦勇(2013)、何敏(2009)、辛红娟和高圣兵(2008)、黄卫总(2011)等，研究对象涉及《楚辞》《今古奇观》《牡丹亭》《庄子》《老残游记》《墨子》《诗经》《聊斋志异》《道德经》《金瓶梅》等。其二是某位作家作品在国外的译介和传播。比如羽离子(2001)和何敏(2008)分别研究了李渔作品的外译，王丽娜(2001)探寻了李白诗歌的外译等。其三是某类文学体裁在国外的译介和传播。何敏(2011)总结了清代小说在英语世界的译介与特点，黄鸣奋(1998)概览了中国古代戏曲在英语世界的传播，党争胜(2012)阐述了中国古典诗歌在国外的译介与影响，杨静(2014)梳理了美国20世纪中国儒学典籍英译史。总体而言，这些成果虽然范畴不同、目标不一，深浅不等，但从不同侧面折射出海外文学典籍英译的发展轨迹，为海外翻译研究提供了参考。当然，受研究时间、研究视角或是研究目的所限，这些成果也有美中不足之处。其中最为称憾的就是：大多数成果以目录检索或是文献罗列为主要目的，缺乏对海外汉语文学典籍英译的发展脉络、演变格局和流动趋势的深入分析和解码。本研究以此为出发点，首次探寻海外汉语文学典籍英译在20世纪的百年流变轨迹。在前人成果的基础上，本研究归类、分析和整理了大量文献资料，力求补阙拾遗，微中窥质，勾勒出20世纪汉语文学典籍海外英译的四大流变特征，即译者群体向"学者型"与"作家型"转向、"非主流""上位"与转译"失宠"、翻译中"求全"与"双赢"的变迁、翻译环境从"无"到"有"发生蜕变。

汉语文学典籍英译作品在国际上流传最广、影响最大的仍然出自海外译者之笔。研究20世纪汉语文学典籍的海外英译动态，对于了解中国文化的国际地位、理清中国文化的传播格局、掌握汉语典籍英译总体趋势与规律、思考中国文化走出去的最佳策略具有重要的意义。

二、"学者型"与"作家型"——译者群体的转型

进入20世纪后，海外汉语文学典籍的译者队伍结构逐步发生了转型。在19世纪末翻译者的队伍中传教士、商人、领事馆官员是主流，同时受西人在华兴办学校、报社和出版社的影响，这些人也可能同时身兼教师、编辑等角色。20世纪这些来华人士回国之后，不少人进入高等学府，如领事馆官员道格拉斯(R. K. Douglas)和翟里斯(H. A. Giles)、政府官员庄士敦(R. F. Johnson)、传教士修中诚(E. R. Hughes)、苏慧廉(W. E. Soothill)等。出于对中国文学的热爱，他们利用大学提供的条件从事汉学研究，并培养了自己的门生，比如霍克思(D. Hawkes)就是前传教士修中诚的弟子，逐渐形成规模日渐庞大的以师生关系为特征的汉学研究群体。由于这个汉学群体中很多人热衷于中国文学典籍英译，最终引发了汉语文学典籍英译的学者型转向。"学者型译者是翻译活动的重要群体，学者角色与译者角色相互配合，既是外来文化的选择者、把关者，又是翻译者、再传人，既填补了学科空白，又保障了翻译质量，他们是传媒组织选择译者的理想人选"[1]。20世纪以前，像理雅各(James Legge)、翟里斯(H. A. Gills)那样回国能到高校就职的学者非常有限，汉学教职也少得可怜，所以翻译家群体尚未学者化。进入20世纪后，随着高校汉学研究环境的优化和汉学研究群体的递增，这种情况逐步改观，学者型翻译家渐成主流，傅汉思(H. H. Frankel)、柯迂儒(J. I. Crump)、杜德桥(G. Dudbridge)、葛瑞汉(A. C. Graham)等都是杰出代表。值得一提的是，这些翻译家大都有着"特殊背景"。比如有些是"传教士"的后代。他们曾随父母来华生活，深受中国文化的熏陶，练就了扎实的汉语语言文化功底。回国后他们进入汉学领域，投入汉学研究的同时从事典籍英译。例如，爱德华兹(E. D. Edwards)生于中国，在中国接受教育，回国后受聘于伦敦大学，曾译《孔子》等；《金瓶梅》的全译者芮效卫(D. T. Roy)也曾随传教士父母到华生活多年，家里特聘教书先生教授汉语，回国后曾任美国芝加哥大学教授；翟林奈是这其中比较特殊的一位，父亲翟里斯既是外交官又是汉学家。随父返英后，到大英博物馆东方部工作，曾译《论语》(1910)、《孙子兵法》(1910)、《墨子》、《列子中的道家思想》(1912)、《庄子选读》、《老子语录》(1915)等，以前两部最为著名。德效骞(D. D. Dubs)更为特殊，曾两次来华。幼时随父母赴华传教，后回美完成学业。1918年硕士毕业后，以传教士身份再次来华。后又回国深造，专攻荀子研究，于1925年获得哲学博士学位。自此一直在西方多所大学任教，译作包括《荀子》注译本、班固的《汉书》等。翻译群体中还有一批是留学并移民的华裔学者。19世纪以来，留学热潮不断升温，其中许多留学生把中国古典文学作为专业，博士毕业后选择留在英美任教，同时从事文学典籍翻译和汉学研究。他们当中多人现已成为该领域的知名人士，例如施友忠、张心沧、罗郁正、马幼垣、时钟雯等，皆影响深远。

"学者型"的翻译家由高等院校或文化机构的教授、汉学家构成，而"作家型"的翻译者则指小说家、诗人等。"学者型"的翻译家主要借力文学批评研究或者史学研究来进行翻译实践，他们的汉学研究成果和翻译成果经常紧密联系，而"作家型"的翻译者则通常用艺术创作的眼光和原作者对话，从而产出译著。早期的"作家型"的翻译家较少，典型的代表除意象派代表庞德(E. Pound)外，还有美国著名诗人宾纳(W. Bynner)。宾纳曾在1920年到

过中国，学习中国文学。最大贡献是与江亢虎合作翻译了《唐诗三百首》首部全译本，多次再版，影响弥深。之后，作家型的翻译家逐渐增多，典型代表之一是王红公(K. Rexroth)，美国诗人、作家和翻译家。王红公是旧金山诗学中心的创始人之一，曾受宾纳的影响翻译中国古诗，贡献卓著。译著有《汉诗一百首》(1956)、《续汉诗一百首》(1970)、《兰舟：中国女诗人诗选》(1972)、《李清照诗全集》(1979，与钟玲合译)。作为诗人，他强烈呼吁从中国古典诗词中汲取养料发展美国新诗。翻译界认为王红公的译文恰到好处地译出了中国诗的风味，是诗人体味之后的创作，因此将其译文等同于"一流的英文创作"。到20世纪末期，王红公的中诗译文在北美已成经典，常见于美国大学的教科书、图书馆和文学选集中。此外，王红公的门生汉米尔(S. Hamill)也是诗人兼翻译家，不但在诗歌创作上深受其影响，而且同样翻译了大量中国古诗，其译文可见于《爱莲之人》(1985)、《谪仙李太白》(1987)、《〈对雪〉：杜甫所见》(1988)、《夜游：汉诗英译》(1985)等。除此之外，"作家型"翻译家还有著名诗人亨顿(D. Hinton)，主要译作有《杜甫诗选》(1989)、《陶潜诗选》(1993)、《李白诗选》(1996)、《孟郊晚唐诗歌》(1996)等。

当然，"学者型"和"作家型"翻译家只是整个翻译群体的主流之一，但绝对不是全部，翻译队伍中也不乏集作家、翻译家和学者于一身的多才多能之人，比如亚瑟·韦利(A. Waley)、巴恩斯通(W. Barstone & T. Barstone)父子，三方面皆有成果出版。还有一部分中国古典文学爱好者也喜欢"小试牛刀"，付梓出版的译作也可见于美国各书店、图书馆和销售网站。

三、"上位"与"失宠"——"非主流"与转译的更迭

纵观20世纪汉语文学典籍的英译成果，可以看出大多数海外译者依然对"主流"作品偏爱有加，使得唐诗宋词、孔孟老庄的散文、四大经典小说、元杂剧四大家的代表作等古典文学主流频繁复译，艺术魅力经久不衰。据统计，仅在1934至1963三十年间，《道德经》的英译本就有25种之多[2]。这些"主流"妙品承载了中华文学之"魂"，它们在历史的长河中已完成经典化的洗礼，是汉语文学的代言者和传播者。因此，翻译中的"主流"取向是情理之中，也是大势所趋。当然，20世纪初的海外英译中也有《好逑传》这样的"非主流"受到追捧，但那是特殊历史环境和译者自身的局限性所致，而非译者深思熟虑后的本意。20世纪后期，随着汉学研究水平的提高和研究范围的扩展，一些早期遭受冷落的典籍作品进入海外翻译家的视野。他们打破了只译经典、高雅作品的历史局限性，转而以当下的审美眼光和价值思维对那些原本定性为"禁书"或是"肤浅"的通俗作品进行全新的考究、评鉴和定位，开启"非主流"汉语文学典籍的"增魅化"时代。美国哈佛大学教授，国际著名汉学家、翻译家韩南(P. Hannan)就是一位典型代表。韩南对清初作家李渔、19世纪中国通俗小说尤其是晚清言情小说的研究建树非凡，擅于雅俗并举，文献考据和文学理论并重，以精辟独到著称。20世纪末明清小说的译介和研究空前高涨，韩南的贡献功不可没。其丰富的汉学研究成果暂且不提，单看清代小说的译介成果就可见一斑。韩南在20世纪付梓的译本包括清代文学家李渔的三部著作《肉蒲团》(1990)、《无声戏》(1990)和《十二楼》(1998)、清末吴沃尧的《恨海》(1995)和清末符霖的《禽海石》(1995)(两者合订出版)。他的译文质量上乘，考究仔细，文笔优美，译文前的"序言"则可谓精彩的研究论文[3]。其中《肉蒲团》译本到1995年已发行

三版，亚马逊图书网称其为“中国色欲寓言”。1996 年，该译本荣登美国《出版者周刊》1995 年最佳图书榜。此外，《无声戏》译本成为美国诸多大学东亚文学课程的必读材料。《十二楼》选译本的反响也超过了茅国权(N. K. Mao)的全译本。韩南对翻译对象的选择与他的学术发现紧密相连，常以价值重构为旨归。比如，他将《恨海》和《禽海石》合订出版，一是出于对二者的相似性和关联性的思考，二是为了肯定《禽海石》的潜在价值，改变其遭受冷遇的地位。在他看来，《禽海石》是第一部严格意义上的第一人称叙事小说，一部真正的“私小说”[4]。进入 21 世纪后，韩南初衷依旧，分别于 2009 年和 2014 年推出晚清小说《风月梦》和《蜃楼志》首部英译本，大有将“非主流”进行到底之势。其他非主流译者还有利维(H. S. Levy)，他于 1962 年首次选译清代张庭华编辑的《香艳丛书》。《香艳丛书》全书 20 集 80 卷，共收书 335 种，揽括从隋代至晚清女性创作的作品和有关女性的诗词曲赋、野史笔记、文言小说等，具有珍贵的历史和文化价值。利维的译介意义非凡，选译以故事为主，译本题名为《幻火：中国爱情故事 10 种》。另外还有南加州大学教授希曼(G. Seaman)翻译的神魔小说《北游记》(1987)等多种非主流英译本。

如果说“非主流”的上位是汉学研究和翻译发展的一种必然的话，“转译”的失宠可谓必然中之必然。转译大都在翻译原语文本的匮乏或是目的语不通的情况下不得已而为之。18、19 世纪，“有不少中国古典名著最先是通过法语译介而为西方人所知晓，如《赵氏孤儿》、《水浒传》、《金瓶梅》、‘三言’等”[5]。但 20 世纪的译者，除庞德这样的个案之外，绝大多数都具备阅读汉语原典的能力，他们对古籍的钻研和领悟程度令人钦佩。同时，中国文献资料的获取也比原来容易很多，各大图书馆和研究机构的藏书以及各种汉学期刊、出版物的大量涌现为汉语文学典籍的海外英译提供了便捷。因此，“转译”的边缘化在所难免。纵观整个 20 世纪，转译文本在 20 世纪上半叶多于下半叶。但到了 20 世纪末，转译本被彻底边缘化。20 世纪出现的转译文本类型主要以小说为主，转译的语言则以德法为主。根据黄鸣奋教授的统计[4]，20 世纪上半叶被英译的中国文学典籍法译本主要包括儒莲(S. Julien)的《灰阑记》(1832，休谟 1954 年英译)，德莫兰特(G. S. De Morrant)《月光下的威风：第二才子书好逑传》(1925，贝德福德—约恩斯 1926 年英译)、德莫兰特《中国侠义、爱情故事》(1921，马瑟斯 1928 年英译)；被英译的德译本主要有魏汉姆(R. Whlhelm)的《中国优美故事》(1919，马瑟斯 1921 年英译)、洪德生(V. Hundhausen)的《卖油郎独占花魁》(1928，罗伊施 1938 年英译)、埃伦施泰因(A. Ehrenstein)的《强盗与士兵》(选自《水浒传》，1927 年德译，邓洛普(G. Dunlop)1929 年英译)、亨施克(A. Henschke)的《灰阑记》(拉沃尔 1929 英译)、中国文学典籍德译巨擘库恩(F. Kuhn)的《金瓶梅：西门庆与其六妾奇情史》(1930，迈阿尔 1939 年英译)。20 世纪下半叶转译的对象主要涉及到三位德国译者，魏汉姆、库恩、布伯(M. Buber)，魏汉姆的《中国童话》(1955)被奥泽(E. Osers)1971 英译；库恩共有三部作品被英语转译，包括《红楼梦》节译本(1932，麦克休姐妹 1958 年英译)、《隔帘花影》(1956，基恩 1959 英译)、《肉蒲团》(1959，马丁 1963 年英译)；布伯的《南华经》和《聊斋志异》德译本被佩奇(A. Page)1991 年英译，取名为《中国故事：庄子、成语与寓言以及中国的鬼怪和爱情故事》。

四、“求全”与“双赢”——翻译“质”与“量”的变迁

出于种种原因，翻译中国文学典籍经常出现或多或少的删减现象，早期的海外英译更

是大都以零星节译的方式散见于报刊和专著选集之中,就连汉学大儒韦利在译《诗经》时由于不喜欢政治讽刺诗也舍弃了变雅,可见这种现象不在少数。与18、19世纪相比,20世纪的海外英译文本的完整度、全面度在质和量上都发生了飞跃,体现出"求全"的意识和倾向。本文所说的"求全"有两层含义:一种为"量全",主要指文本的全译本和时间跨度完整、涉及作者群体规模庞大的选集本。典型的例子包括施友忠翻译的《文心雕龙》(1959)、余国藩教授的《西游记》(1977—1983)、马瑞志(R. B. Mather)译注的《世说新语》(1976)。倪豪士(W. H. Nienhauser)翻译团队正在完成的《史记》全译本(1995—)、柳无忌和罗郁正合编的《葵晔集:3000年中国诗选》(1975)、叶维廉编译的《中国诗:主要样式与体裁》(1976),以及1984年沃森(B. Watson)出版的《哥伦比亚中国诗集:上古至13世纪》等。另一种"求全"为"质全",注重文本意义的细枝末节,力求巨细无遗。《金瓶梅》的译者芮效卫是典型代表。2012年,年近80岁的芮效卫完成《金瓶梅》最后一卷的翻译(第一卷发表于1993年)。至此,该小说首部英语全译本完整付梓。全版共3000多页,4400个注解。译者一丝不苟地考证了小说中的诗词、骈文、佛经、谚语、歌曲等晦涩难解之处,研读了海量文献,制作索引几万条。芮效卫版《金瓶梅》不同于许多删节版本,力求精雕细琢。对他而言,《金瓶梅》只有完整呈现才能绽放出不朽的魅力。此外,陈荣捷《近思录》(1967)的英译也很"较真",除译文精益求精外,还附译中、日、韩三国的评论600余条,注释百余种,另附大量详细的选语来源考,做到"有词必释、有名必传、有引必溯其源"[6],不愧为"把东方哲学文化思想最为完备地介绍到西方的中国大儒"[7]。事实上,20世纪尤其是下半叶,很多译者追求的是"两全",既要量又求质,上文提到的施友忠版《文心雕龙》、余国藩版《西游记》、马瑞志版《世说新语》等就是"两全"的杰出代表。

20世纪海外译者的学术化转型致使汉学界出现很多科研与翻译或创作与翻译"双赢"的现象,第一种"双赢"的代表首推韩禄伯(R. G. Henrick)。他以道教与佛教研究为核心目标,对崇尚老庄的嵇康、禅僧寒山和道教的开山鼻祖老子的兴趣尤浓,学术和翻译成果蜚声美国汉学界。韩禄伯的"双赢"最可见于他对马王堆汉墓帛书的研究和翻译。在马王堆帛书《老子》的译本出炉之前,韩禄伯多年潜心研究,发表了《马王堆帛书〈老子〉考:与王弼本的比较研究》(1979)、《马王堆本〈老子〉的异体字》(1981)等数篇论文。该译本因注释详尽、考究严谨、阐释恰当、文笔优美而广为流传,曾在欧美创下五年连出七版的神话。西方学术界普遍认可的《古代中国典籍导读》中共收入《道德经》译本七部,韩禄伯译本榜上有名。此外,出于撰写博士论文需要而英译汉学典籍的情况也是"双赢"的表现。美国当代著名汉学家、翻译家齐皎瀚(J. Chaves)可谓典型代表。齐皎瀚的译作《中国宋代诗人杨万里诗选》(1975)与博士论文《杨万里的诗》同时完成,之后又在此基础上出版了传记《杨万里》(1976),是汉学研究与典籍英译当之无愧的双赢家。美国另一德高望重的汉学家海陶玮(J. R. Hightower)也是双赢的绝佳例证。海陶玮曾多年从事《韩诗外传》的研究,发表论文《〈韩诗外传〉与〈三家诗〉》等。1948年,海陶玮付梓《韩诗外传》注译本。1950年,他的博士论文《〈韩诗外传〉:韩婴对〈诗经〉教化应用的说明》出版,文后附上了《韩诗外传》的译文,同样获得了双赢成果。

创作与翻译的"双赢"的典范可举美国翻译家和作家赤松(Red Pine,真名Bill Porter),

以翻译道家和佛家文本出名，主攻中国禅诗和佛经翻译，成就斐然。20 世纪的译作包括《寒山诗歌集》(1983)、《丰干拾得诗集》(1984)、《拾梅导引：宋伯仁诗选》(1995)、《老子的道德经》(1996)、《宋伯仁禅诗：一位十四世纪隐士的诗与思》(1997)等。赤松在寒山诗英译方面贡献尤其卓著，他的《寒山诗歌集》是英语世界首部全译本。他“对于源语文本的细腻考证、散体化翻译策略的确定以及译本加注手段的运用为寒山诗在英语世界的传布、接受与经典化奠定了坚实的基础”[8]。赤松曾长期旅居台湾、香港，并游历中国大江南北，或寻访隐士，或考察诗僧故居，曾出版两部倾力之作：《天堂之路：中国隐士访谈》(1993)和《僧人的行囊：中国朝圣之旅》(2008)，好评如潮。除了赤松外，还有王红公和弟子汉米尔。王红公的诗集有《龙与独角兽》(1952)、《新诗》(1974)、《心之花园，花园之心》(1967)、《晨星》(1979)等。汉米尔从中国的禅诗中汲取精华，20 世纪发表了《零终点：1970—1995 年诗歌》(1995)、《夜半笛声》(1994)等杰作。

五、从“无”到“有”——翻译环境的蜕变

20 世纪之后英语文化圈的翻译环境随着汉学的产生、兴起与发展而渐优渐进。不可否认，20 世纪上半叶西方各国的殖民野心是他们制定对外文化政策的主导动因。当时的英语国家，尤其是英美两国，鼓励建立汉学研究机构的初衷不乏出于殖民扩张的需要，带有鲜明的政治和功利倾向。但随着国际关系的改善以及交流环境的优化，尤其是改革开放以来中国与国际对话的频繁和深入，及其在国际舞台上政治和经济地位的提升，西人不再盲目地对中国进行“文化去魅”和“病理剖析”，欧洲中心化的倾向渐弱，与汉学相关的图书馆、研究机构和团体、出版机构、报刊等逐渐增多，从多方面实现了从“无”到“有”的蜕变，为海外汉学典籍翻译的发展提供了契机。

英美诸多高等学府是海外汉学翻译和研究的主要集散地，英国起步早于美国二百年多年，著名的牛津大学、剑桥大学和伦敦大学贡献最为突出，理雅各、苏慧廉、翟里斯、霍克思、葛瑞汉、道格拉斯等翻译家兼学者都曾在三所学府担任教职，培养的博士如杜德桥(G. Dudbridge)、白芝(C. Birch)、韩南等都已成为国际知名翻译家和汉学家。据汪榕培教授所述：“英国对中国典籍的研究集中于伦敦，近代以来，伦敦共有 100 余家出版机构印行过中国古典文学的书籍，总数达 200 余种。牛津和剑桥分别出版过约 40 种、20 种中国古典文学的书籍。近 400 年来，英国有关中国古典文学的书籍出版了 300 余种，博士论文 30 余篇。”[9]然而，二次世界大战以后美国汉学发展突飞猛进，成就惊人。就 20 世纪而言，不论是翻译家、译著，还是汉学论著的数量都已傲踞世界之首，拥有的书籍和博士论文达 1000 多种。因此，本文主要以美国为例管窥 20 世纪英语国家翻译环境发生的巨变。1901 年，美国哥伦比亚大学“丁龙中文讲座”的开设是海外汉学从“无”到“有”的开端。自 20 世纪 20 年代起，美国福特基金会等多家机构提供大量资金资助中国研究，“截至第二次世界大战以前，美国研究中国的机构共有 90 个”[10]，成功在各个领域培养了一批中国研究专家。此后，美国各种汉学研究机构迅速递增，“到 50 年代，已有 30 多所高校设立了亚洲或是中国研究中心”，而“到了 60 年代末，美国设有亚洲或是中国研究中心机构的大学，增加到 50 多所”[10]。它们将招贤纳士、人才培养和学术研究三举并进，极大繁荣了汉学的发展。翻译的发展与汉学的研

究紧密相连,美国汉学环境的蜕变为汉语文学典籍翻译提供可能。仅以位于塔尖的哈佛大学为例。其远东语言文学系师资力量雄厚,有毕晓普(J. L. Bishop)、海陶玮、韩南等顶级翻译家和汉学家,培养了芮效卫等享誉全球的翻译巨擘。哈佛燕京学社(成立于1928年)在东西文化交流中起到了举足轻重的作用,韩南和新儒学第三代代表杜维明都曾任社长。该社曾资助大批研究生到中国留学,魏鲁男(J. R. Ware)、海陶玮、费正清(John king Fairbank)等就是其中的受益者。哈佛燕京学社图书馆的东亚藏书量位居西方榜首,单计馆藏的中国善本书,包括宋、元、明、清初诸种版本就达2500余种,为中国文学典籍翻译提供了一手研究材料和考证依据。此外,哈佛创办的重要刊物——《哈佛亚洲研究杂志》和《中国文丛》——经常刊载中国文学典籍的论文,为翻译文本的研究、鉴赏以及选择等提供参考。除哈佛大学外,美国还有很多高校拥有优质的汉学典籍英译环境,比如加州大学伯克利分校、康奈尔大学、夏威夷大学、普林斯顿大学、芝加哥大学、密西根大学、威斯康辛大学麦迪逊分校、华盛顿大学等,皆拥有丰厚的汉学文献馆藏。此外,同哈佛一样,他们也大都创办了汉学刊物,比如加州大学伯克利分校的《古代中国》、克多拉多大学的《唐学报》、纽约州立大学奥尔巴尼分校的《宋辽金元研究》、霍巴特和威廉姆史密斯学院的《明代研究》、威斯康辛大学麦迪逊分校的《中国文学》等,为文学典籍翻译家们提供了解汉学动态、掌握汉学资料和寻求考据材料的便捷平台。同时,美国大学出版社为中国文学典籍的付梓做出了巨大贡献,其中以哥伦比亚大学出版社最为卓然。葛浩文在一次访谈中特别称赞了哥伦比亚大学出版社不"唯利是图","一直在坚持出中国文学的翻译"[11]。该社曾推出《亚洲经典翻译丛书》系列,单沃森一人就曾在此出版译著16种。《亚洲经典翻译丛书》系列包含了著名翻译家韩禄伯、梅维恒(V. H. Mair)、伊维德(W. L. Idema)、林理彰(R. J. Lynn)、布鲁斯(B. E. Bruce)等多部汉语文学典籍译著。其它在中国文学典籍译本出版方面成就卓著的大学出版社还有普林斯顿大学出版社、斯坦福大学出版社、耶鲁大学出版社等。

当然,高等学府文化圈并不能完全满足中国文学典籍翻译的发展需求,很多社会机构和学术团体的存在也为翻译的良性发展提供必然条件。首先,美国最大的藏书机构美国国会图书馆为翻译者们提供了更为丰富的翻译文本和研究材料。1928年曾专门设立中国文学部(现为亚洲部),拥有西方最大的中文书库,馆藏资料包括同治皇帝赠予的古典和科学明清刻本九百余卷等,为汉语典籍翻译和研究提供了有力保障。其次,以中国为对象的社会研究团体也为翻译家们展开学术交流,分享翻译见地提供平台。亚洲研究协会是美国亚洲研究的最大协会,此外还有美国东方学会、中国文化研究会、北美中国研究会等。亚洲研究协会主办四种学术出版物,包括《亚洲研究通讯》《亚洲研究文献目录》《亚洲研究学刊》和《亚洲研究博士论文摘要》,美国东方学会创办《美国东方学会会刊》,其它学会的学刊包括《翻译中心通报》《民族文学评论》等。这些刊物为翻译家们发表译文、思想交流、材料查找、文本品鉴等提供宝贵资源。

海外文学典籍翻译的质与量的提升离不开翻译环境的影响。虽然政治、经济、宗教方面的大环境对翻译行为有所操控,但20世纪下半叶以来通过图书馆、汉学研究团体、出版机构、报刊等建立的优质翻译环境逐渐使得汉语文学典籍翻译导向从"文化去魅"走向"文化认同"。英语世界翻译环境的改变为译作的生产和传播创造机遇。各种汉学软硬件环境的充分保障为汉语文学典籍英译摆脱边缘化地位、不断发声提供可能。20世纪后期中国文学典籍英译之所以飞跃发展与翻译环境从“无”到“有”的蜕变密不可分。

六、结语

综上所述，20世纪中国文学典籍的海外英译实现了从译者到译文再到环境的多重巨变。学者型和作家型译者的主流化、翻译取向的“非主流化”、翻译“求全”意识的凸显、翻译与学术和创作的强强联合以及翻译环境的提优等为海外汉语古典文学翻译“质”与“量”的腾飞铺平了道路。在全球化语境中，文化走出去是一项涉及诸多方面的宏伟工程。海外汉学典籍翻译的深度化发展对于中国文化精神、文化形象与文化传统的海外传播和接受意义重大，也为制定和实施全方位、具体化、有效化的中国文化走出去发展战略和传播途径提供省思。

参考文献

[1] 章方.学者型译者在翻译中的跨学科互动[J].北京邮电大学学报(社会科学版)，2007(4)：63-64.

[2] 辛红娟，高圣兵.追寻老子的踪迹：《道德经》英语译本的历时描述[J].南京农业大学学报(社会科学版)，2008(1)：83.

[3] 顾钧.韩南与三部言情小说[J].博览群书，2010(1)：94.

[4] Fu, Lin and Wu Jianren. *The Sea of Regret: Two Turn-of-the-Century Chinese Romantic Novels* [M]. Patrick Hanan. Trans. Honolulu: University of Hawaii Press, 1995: Introduction 9-10.

[5] 黄鸣奋.英语世界中国古典文学之传播[M].上海：学林出版社，1997：44-45.

[6] 韦政通.白鹿薪传一代宗师：国外弘扬中国哲学六十年的陈荣捷先生[J].读书，1995(3)：134.

[7] 陈来.陈荣杰与朱子学论著[N].光明日报，2007-11-17(05).

[8] 胡安江，周晓琳.空谷幽兰：美国译者赤松的寒山诗全译本研究[J].西南政法大学学报，2009(3)：131.

[9] 汪榕培，王宏.中国典籍英译[M].上海：上海外语教育出版社，2009：5.

[10] 马祖毅，任荣珍.汉籍外译史[M].武汉：湖北教育出版社，2003：16.

[11] 季进.另一种声音：海外汉学访谈录[M].上海：复旦大学出版社，2011：131.

宇文所安的中国文学作品英译理路①

李 洁

摘 要 美国著名汉学家宇文所安,有着与大部分中国译者不同的文化背景、思维方式、治学方法和研究视野,他的中国文学作品英译理路呈现出与中国译者不同的特点:在原文解读层面,他秉承文本中心论的解读观,对原文的意义和形式,做出了富有创见的解读;在译本创造层面,他重构形式,用英文创造了一个充满形式差异的译文世界;在文化取向层面,他用文学经纪人和代言人来定位译者身份,认为一个国家的民族文化也是人类文化的共同遗产,译者应以高度的国际视野,积极进行文化沟通和协调。研究和思考宇文所安的中国文学英译理路,可以拓展国内翻译研究的广度和深度,积极参与到与西方译者的对话中去。

关键词 宇文所安;中国文学作品;英译;理路

Abstract Stephen Owen a well-known American sinologist, has made great contribution to the translation of Chinese literary works. Due to different cultural background, thinking mode, method and vision of research, his translation thoughts and practices take on unique features. In understanding source texts, he sticks to the principle that the text itself should be regarded as the center for analysis, and by close-reading, he interprets the meaning and the form of source texts in his creative way. In producing target texts, he creates a translation world full of formal differences. In terms of translators' cultural positions, he holds that translators are literary spokesmen and cultural coordinators, that the culture of a nation is the common wealth and heritage of the whole world and that translators have the responsibility to balance, coordinate and harmonize the different cultures in their translations. Studying Stephen Owen's literary translation thoughts helps us change our stereotyped perspectives and broaden the vision of translation studies in China, and is beneficial for us to have a dialogue with the western translators and translation reasearchers.

Key words Stephen Owen; Chinese literary works; english translation translation thoughts

基金项目:辽宁省社会科学规划基金项目“中国文学走出去:中西译者翻译思想比较研究”(L14DYY034)

作者简介:李洁(1972—),女,沈阳人,东北大学外国语学院副教授,博士。

中国文学走向世界,需要中西译者的共同努力。中国译者的逆向翻译,折射出中国译者的文化情怀、哲学思想、思维方式以及诗学传统,是文化自觉和文化自信的体现。同样,西方译者的翻译活动和译文,也反映出西方译者的文化背景、思维方式、治学方法和研究视野。对于中西译者的翻译思想和翻译实践,我们应承认差异,认识局限,相互借鉴,共同发展。

① 原文发表于《燕山大学学报(哲学社会科学版)》2017 年第 4 期。

相当数量的西方汉学家既是中国文学的研究者,也是中国文学的翻译者。美国哈佛大学东亚系教授、汉学家兼翻译家宇文所安(Stephen Owen),是国际汉学界的杰出代表。他在中国古典诗歌和文论研究方面,孜孜不倦,成果斐然,出版了《初唐诗》《盛唐诗》《晚唐:九世纪中叶的中国诗歌》《追忆》等多部力作。2016 年,69 岁的宇文所安历经 8 年,完成了杜甫诗歌全集的英语全译本《杜甫诗》,为中国文学和文化走向世界做出了贡献。

国内有关宇文所安的研究,多集中于比较文学领域和海外汉学研究领域,学者们更关注宇文所安的文学和文论研究成果,关注他作为汉学家、文学和诗学研究者、文学批评家的身份和成就。近年,随着国际汉学和中国典籍英译研究的结合和发展,有关宇文所安的文学翻译思想的相关研究,越来越受到学者们的青睐,但是这方面的研究还是不足的。

宇文所安有着与多数中国译者不同的教育背景、学术传统和研究方法,他对中国文学的研究视角独具特色,建立在其研究基础上的翻译实践也呈现出与中国译者不同的特征。本文从原文解读、译本创造和文化取向三个层面,探讨宇文所安的中国文学作品英译理路,并在此基础上提出自己的思考。研究和思考宇文所安的中国文学英译理路,一方面可以帮助我们转换视角,跳出固定思维的窠臼,开拓研究视野,拓展国内翻译研究的广度和深度,积极参与到与西方译者的对话中去;另一方面,也促使我们思考中国文学在走向世界,成为英语世界中的翻译文学的进程中,需要经历怎样的适应和转变。

一、原文解读层面:以文本为中心的解读观

对文学文本的解读,是一种"文学接受或文学鉴赏活动,是一个反映、实现、改变、丰富文本的过程"[1]59,也是一个融会了译者的审美判断和研究成果的活动,是文学翻译的起点和基础。对原文的解读,主要包括对原文的意义和形式的解读两个方面,体现出的是译者的解读观。

大部分中国学者在文本解读时,主张从社会、政治、文化、历史、作者生平等角度去理解作品,"知人论世""以意逆志""诗言志"是一种以作者为中心的解读观。与此不同,宇文所安受英美新批评、结构主义、解构主义、新历史主义等西方哲学思潮的影响,更倾向于以文本为中心的解读观,即认为文学是一个自足的、封闭的系统,"语言自身的组织、结构、形式与规则产生了意义"[1]61。宇文所安不依赖已有的观点或成型的结论,主张读者的自由解读。他运用文本细读的方法,对原文文本的结构、话语、张力、词汇、修辞等要素仔细研读,反复推敲,斟酌思考,在此基础上做出自己的理解和结论。这种解读观体现出的是西方学者的学术传统和价值立场。

从他编译的《中国文学选集:从先秦至 1911 年》(*An Anthology of Chinese Literature, Beginnings to* 1911)[2],以及他的有关唐诗研究的一系列著作中,我们看到他对原文意义的理解,对中国文学或文人的经典形象的认识,往往独辟蹊径。例如:李清照不再是一个与丈夫琴瑟和鸣的完美才女,而是一个遭受丈夫冷落、渐生怨气的闺怨女子,一个"面对沉湎于金石书籍中的丈夫,内心出现裂缝、不无闺怨的有血有肉的女性"[3]225;陶渊明不再是一个甘于平凡和隐逸的真正隐者,而是一个内心焦虑、充满矛盾的诗人,一个生活在农舍田间,心里却仍然具有成名意识的双重自我形象;杜甫不再是为"朱门酒肉臭,路有冻死骨"而不平

怒号的悲悯诗圣，而是一个幽默随便的智者、虚幻想象的诗人[3]290-295；李白不再是一个爽朗大方、倨傲纵酒的"谪仙人"，而是一个具有强烈自我表现欲的职业诗人；鱼玄机不再是一个名不见正史的边缘诗人，而是一个敢于大胆书写爱情和人性的重要女性作家；李商隐的朦胧诗，则犹如重重的山峰、紧缩的大门，是一个独特心灵的天才表现[4]。这些中国文学经典形象在宇文所安的研究和解读中，具有了新的形象意义，体现了宇文所安的独立思考和研究创新，体现了西方译者的不同视角和学术传统，为中国的文学研究和翻译研究拓展了思路。我们可以利用这种不同文化语境下的研究成果，反观自我，作为补充，"形成一种综合的、立体的研究"[5]。

对原文形式的解读，宇文所安有着自己细致入微的观察和研究。他长年在耶鲁大学和哈佛大学讲授中国文学，是欧美学界研究中国文学的大师级人物。他对中国古典文学和文论的研究情有独钟，造诣深厚，深谙中国古典文学作品中的音韵、格律、节奏、谐音、排比等语言形式，对《诗经》、辞赋、五言诗、七言诗、散文、传记、传奇等体裁形式，对不同时代、文类、文体和风格，以及不同作家的个性差异所致的作品形式特征，都非常敏感。在译文中如何再现这些形式特征，如何展现中国文学作品形式的差异性和多样性，一直是宇文所安的翻译追求。[6]81 我们从他对不同文体形式的翻译处理上，可以看出他对形式的可译性以及形式的再创造等问题的清醒认识和独立思考。

二、译本创造层面：独立翻译与形式重构

"文学的译本的创造是在对原作进行充分解读的基础上，采用新的语言和文学形式重新创造原作在译入语中的形象。"[1]107 对于中国文学作品的英译，尤其是古典文学作品英译，无论是在词汇、句法、篇章等语言层面，还是在译文的效果层面，等值和等效都是不可能的，必须给译文注入新的元素，做出创新、适应和改变。英汉语言的差异和文化的差异、中国古典文学与西方文学的各个层面的差异、中国古典文学内部不同文类文体的差异、不同作家体现在原文中的创作个性差异等等，宇文所安都格外关注。在译本创造层面，宇文所安翻译理路最突出的特点就是，创造出能够让译文读者感知的、可识别的、有规律的形式差异。

第一，独立翻译。以《中国文学选集：从先秦至 1911 年》为例，如果由多名译者共同完成，至少有以下不足：一是每个译者只关注自己的任务部分，不能通观全局地掌握原文本的各种文体的不同特点和相互之间的差异，采取不同的翻译策略，以凸显每种文体的特点和形式差异。二是不同译者所采用的翻译策略不同，读者阅读译文时，感受到的差异多来自于不同译者的翻译策略选择，而非原文。例如对于"绝句"这类诗歌，每个译者会采用自己认为合适的形式，体现自己的翻译认识和翻译理想，"绝句"因此会呈现出不同的译文形式，缺乏一致性，缺乏让读者可以感知和识别的形式规律。第三，不同译者的写作风格也不同，译文必然会打上译者个人的风格印记，读者因此感受的差异很可能是来自于不同译者的文风差异，而不是不同文体形式的差异。因此，宇文所安选择独立完成所有选篇的翻译，目的就是统揽全局，以便采用相应的翻译策略，展现不同时代、文体、文风和作家个性等方面的差异和规律性。

第二,形式重构。宇文所安认为,中国古典文学形式多样,用现代英语重现或复制这些形式特征是做不到的,只能依靠形式重构和创新。他曾说:"多年来我一直致力于寻找以英文表示中文诗句长短的优雅方式。"[7]"我翻译时会找来不同的版本,力求翻译出不同诗人、不同诗歌之间背后的东西和彼此之间的差异,要让一个美国人或英国人一看我的翻译,就立刻知道这是杜甫的、那是苏轼的,而不是其他人的诗。每个时代,每个诗人,问题都不一样,所以最重要的工作是把差别翻译成英语。"[8]66 例如为了体现中国古诗的形式差异,他把四言或五言诗中的每一句,处理成英语的一行;他把七言诗的每一句,处理成英文的两行,错落排列,既可以克服译诗每行过长的问题,又给七言诗译文赋予了独特风貌;把分节式诗歌的每一句(每行十个字,中间有逗号隔开,例如陶渊明的《归园田居》),处理成英文的两行,组成一节,与下一节空行隔开。为了体现文学作品的文体差异,他以诗的形式译诗,以错落有致的创新形式译词,以散文译散文,充分迎合读者对于不同文体的定向期待。为了体现文学作品的时代差异,他将文言文译成英式英语,把白话文译成美式英语。为了展现文学作品的风格差异,对于风格幽默的诗句或者篇章,他倾向于口语化的译文,对于风格严肃凝重的,他选择用词比较正式、考究的书面语表达。[6]81-90

简言之,宇文所安在以英语为媒介的译文世界里,重新建构出一套规律的、译文读者可以识别和感知的形式差异结构,尽管译文的形式差异"跟中文读者所感知的差异不相对应"[9],译文形式也不再忠实于原文的形式,尽管他的做法招致了一些争议,但是,展现中国文学作品形式的多样性,一直是宇文所安在翻译中的重要考量。这种做法的意义在于:在无法再现原文的形式的客观现实中,宇文所安既没有像有些译者那样模仿原文形式,使译文语言生硬而不符合英文表达习惯,也没有像有些译者那样放弃形式追求,只重视意义的传达。宇文所安富有创造性的形式重构,体现了他在翻译中对文学作品的形式的重视,体现了他对中国文学作品形式的丰富性的表达,也体现了他作为汉学家的语言和文化优势。他熟悉中国文学,更谙熟西方文学的各种形式,因此,他重构出来的形式,既满足读者的"创新期待",让他们看到新鲜的、有异域特征的文学作品形式,同时也迎合读者的"定向期待",使他们在阅读译文时常常有熟悉之感,读者头脑中相应的文化图式得以调动,相应的联想和感动才有可能产生。

三、文化取向层面:摆渡者、国际文化意识与文化协调策略

文化取向主要指译者的文化身份、在跨文化交流中译者应具备的文化意识、以及在选择翻译策略时表现出的文化立场。

第一,对译者的文化身份,宇文所安有自己的认识:译者不再是镜子或者传声筒,而是具有主体性的、在源语文化和译语文化间发挥积极作用的摆渡者。翻译哪些作品,哪些作品可以代表一个国家的文学,用什么方法翻译,译者可以有自己的见解和选择。译者的选择不仅反映译者的个人视野,显示译者心目中的他国文学传统,而且显示出他在两国政治和文化关系间的立场以及桥梁和纽带作用。从这意义上讲,译者是文学经纪人,是代言人。[10]148

第二,译者应具备国际文化意识,理解文化共性,从世界诗学和文化的高度,探索跨文

化传播的有效途径。“宇文所安认为,在未来更加紧密的文化全球化语境下,中国文学与中国文化的传统将成为全球共同拥有的遗产,而不仅仅是一个国家的所有物。”[11]“翻译是把传统文化由国家文化变成共同分享的国际文化的重要途径。”[10]148 在中国文学作品英译时,译者应积极协调和平衡,使中国文学走向世界,成为世界文学的一部分。

第三,具体到译者的翻译策略选择,宇文所安曾把国家文化比作食廊里卖的食品,“它们必须占据一个标志差异的边缘空间:不能太缺乏国家色彩,也不能太富有国家色彩”[12]。换言之,译文既不能太异化,给读者理解带来障碍,影响传播;也不能太归化,过度损失源语文化。译者需要做出选择、妥协和协调,唯其如此,本土文化才能在全球化的语境中焕发光彩。从译本整体语言的使用上观之,宇文所安倾向于归化的立场。译文语言整体上流畅自然,符合英语的语法规则和表达习惯,符合英文读者对语言的定向期待;涉及中国历法、量度、建筑物、动植物、乐器等个别词汇时,他经常选用一些英文读者文化中司空见惯的词汇和形象代替,例如在《楚辞》的翻译中,他用英语中的植物名称翻译原文中的奇异的花卉或香料,把“蕙”译为“lavender”,把“薜荔”译为“ivy”,把“寸”译为“inch”,把“丈”译为“yard”,目的是便于读者理解接受,并产生适当的联想反应。但是,对于一些具有深厚中国文化内涵的词汇和意象,他会采取异化的手段,保留源语异质文化。最具启发和借鉴意义的一个异化手段就是,把含有相同或相似意象和典故的文本放在一起,营造互文语境,使读者在相互关联的文本阅读中,对某一主题或者某一文化典故和词语,勾连理解,深刻体会。例如,对于“神女”这一文化意象,宇文所安没有反复使用直译加注释的异化手段,而是把《高唐赋》《神女赋》《洛神赋》等等含有“神女”意象的诗赋并置,读者会在对这些作品的阅读和理解中,对“神女”这一共同的意象有所领悟,从而了解中国文化。[6]97

四、思考及启示

综而言之,宇文所安的中国文学作品英译理路有着自身的特点:

(1)**在原文解读层面**,他秉承文本中心论的解读观,借助文本细读的方法,不依赖成型固有的观点,对原文的意义和形式做出了自己富有创见的解读,在他的解读中,中国文学经典形象被重新建构。他的视角和观点,为中国文学研究和翻译研究注入一股新鲜的活水,促使我们反观和反思以往的认识,是对我们研究的一种补充。

(2)**在译本创造层面**,他重构了一个充满形式差异的译文世界,“在英语文化坐标里建立一个可供参照的体系”[13]。文与质、信与美一向是翻译讨论的焦点,是中西译者的焦虑之处。理雅各译《诗经》,为了忠实内容,不惜牺牲形式的艺术性,译文形式显得亦步亦趋;庞德的《神州集》索性脱离原文形式,用译语重新写作。而宇文所安的形式重构,既体现对原文的尊重,体现原文形式的丰富性,体现差异的规律性;同时也体现对读者的阅读习惯和审美能力的照顾,体现他对两种语言和文化特点和转换规律的现实而客观的认识。

(3)**在文化取向层面**,他认为译者的文化身份是文学经纪人和代言人,应具备国际视野,站在归化和异化结合的文化立场,致力于把中国文学推向世界文学的舞台。

对于宇文所安的中国文学作品英译理路的研究,笔者有如下思考:

第一,宇文所安对于中国文学作品英译的观点和思想,对今天国内的翻译研究,究竟有

什么具体的意义？由于不同的文化背景、思维方式和研究传统，宇文所安能够站在不同的据点上来审视、研究和翻译中国文学。他的研究方法、见解和视角，他那些具有异质性的理解和表达，甚至他的偏差、误读和误译，对我们来说，都具有良好的借鉴价值和意义。他的文学翻译理路，为我们开启了一扇窗户，让我们听到了不同的声音，促进我们在倾听中反思自我，在倾听中开放自我，以上善若水的包容心态，立足本土文化，开拓研究思路，重新审视和认识中国文学作品英译和研究中的问题和局限，形成新的研究气象。这也正是国际汉学研究对于翻译研究的重要意义。

第二，中西译者应展开对话和交流，为什么要对话？对话的目的，就是打破封闭，进行沟通、借鉴和学习。例如，目前国内翻译界在探讨谁来译中国文学作品更合适的问题，在研究形式如何做到忠实的问题，在讨论归化和异化的文化立场问题，在探索文化典故或意象的翻译策略等等问题。事实上，对于这些问题，宇文所安的翻译实践和思考已经给了我们很好的启示：中西译者都可以做中国文学作品的翻译，各有特色，也各有局限；在形式忠实无法做到时，西方译者力图在英语世界创造出一个新的、为读者可以识别的差异系统，这是一种新的富有成效的尝试和挑战；译者应化解归化和异化的二元对立，在保留源语文化异质性和顺应译语文化之间，寻求平衡和协调的办法，使民族文学或传统文学顺利走向世界，得到世界人民的了解和欣赏，中国文学因而得以交流和传播，东西方文化得以互补和促进；处理具有深厚文化内涵的典故或意象时，多个文本并置互文，是一个有效的方法。以上这些启发和帮助，对于我们拓展翻译研究的广度和深度非常有利，我们看到了“处于不同文化语境的学者面对一些共同问题时所拥有的学术眼光和洞察力”[14]。

第三，中国文学成为世界文学的一部分，成为英语世界中的翻译文学，究竟要经历怎样的变化？我们应该有怎样的态度？对于民族文化翻译，我们总有这样的焦虑：一方面希望自己的文化走向国际，提升国际地位；另一方面又唯恐在这个过程中，文学文化变形走样，威胁民族身份。例如对中国传统京剧的翻译，对葛浩文的莫言作品翻译，都有过这样的焦虑和讨论。中国文学译本是中西文化、中西文字相互碰撞和交融的结果，具有融合性特征，必然要经历整形和改变，对此我们必须有明确的认识和共识。对于融合和改变的“度”，如何更大限度地保留源语文化，则是翻译研究者和译者不断探讨和研究的课题。

参考文献

[1] 胡显耀，李力. 高级文学翻译[M]. 北京：外语教学与研究出版社，2009.

[2] Stephen O. *An anthology of Chinese literature, beginnings to* 1911[M]. New York and London: Norton and Company, 1996.

[3] 殷晓燕. 西方视野下的中国文学经典研究：以宇文所安为例[M]. 成都：四川大学出版社，2014.

[4] 孙太，王祖基. 哈佛中国文学研究四大家：宇文所安、韩南、李欧梵、王德威[M]. 北京：科学出版社，2016:123.

[5] 冯若春. 他者的眼光：论北美汉学家关于“诗言志”“言意关系”的研究[M]. 成都：四川出版集团巴蜀书社，2008:2.

[6] 陈橙. 文选编译与经典重构：宇文所安的《诺顿中国文选》研究[M]. 上海：上海外语教育出版社，2012.
[7] 宇文所安. 晚唐：九世纪中叶的中国诗歌[M]. 贾晋华，钱彦，译. 北京：三联书店，2011:18.
[8] 钱锡生，季进. 探寻中国文学的"迷楼"：宇文所安教授访谈录[J]. 文艺研究，2010(9):63-70.
[9] 朱徽. 中国诗歌在英国世界：英美译家汉诗翻译研究[M]. 上海：上海外语教育出版社，2009:276.
[10] 魏家海. 宇文所安的文学翻译思想[J]. 北京理工大学学报，2010(6):146-150.
[11] 裔传萍. 宇文所安的翻译诗学[M]. 南京：江苏人民出版社，2016:185.
[12] 宇文所安. 他山的石头记：宇文所安自选集[M]. 田晓菲，译. 南京：江苏人民出版社，2006:287.
[13] 马伟. 宇文所安的唐诗译介[D]. 上海：上海师范大学，2007.
[14] 史冬冬. 他山之石：论宇文所安中国古代文学与文论研究[M]. 成都：四川出版集团巴蜀书社，2010:2.

霍克思的翻译思想及其经典译作的生成①

——以《楚辞》英译全本为例

王丽耘，朱　珺，姜武有

摘　要　英国汉学家大卫·霍克思(1923—2009)的《楚辞》英译全本虽然是其最早的一部汉译英作品，但自问世以来即成为中国典籍外译的典范之作，至今半个多世纪中外学界研究《楚辞》均无法绕过此本。论文从霍克思对前人译文的评判及翻译期间撰写的书评文章透视译者的翻译思想，从翔实的一手资料出发勾勒译本在海外的接受概貌，明晰霍克思英译全本在《楚辞》外译史上的经典地位，探究经典译作生成的根本促因。

关键词　霍克思；《楚辞》英译全本；翻译思想；海外接受；经典

Abstract　David Hawkes(1923—2009), a renowned British sinologist, created a complete English translation of *Ch'u Tz'u*. Though the earliest Chinese-English translation of Hawkes, it has long been a paradigm in translating Chinese classic works into English since it was produced. Even more than half an century has passed now, it's still a landmark which has made it impossible for anyone to attempt further researches without having first made an intensive study of it. This essay will first probe Hawkes' translation thoughts drawn from his discussion of those earlier English translations of *Ch'u Tz'u* and from the book reviews he wrote during his *Ch'u Tz'u* translation. Based on the full and accurate firsthand information, this essay continues to outline the impact of Hawkes' translation overseas and clarify the canonical state of this complete translation in the translating history of *Ch'u Tz'u*, thus to dig up the essential causes in the canonization of a translation.

Key words　David Hawkes; complete English translation of *Ch'u Tz'u*; translation thoughts; overseas impact; canon

基金项目：2013年江西省高校人文社科青年基金项目"文学交流中的大卫·霍克思"(ZGW1316)系列成果之一。

作者简介：王丽耘(1976—　)，女，江西上饶人，文学博士，上饶师范学院外国语学院副教授；朱珺(1980—　)，女，江西玉山人，英语硕士，上饶师范学院外国语学院讲师；姜武有(1976—　)，男，江西鄱阳人，上饶中学英语教师。

霍克思与《楚辞》的缘分最早始于他攻读汉文学学士学位时所选定的研究课题《离骚》。[1]313 后来他注册成为牛津研究生(advanced student)时，又选了整部《楚辞》作为自己的研究对象，同时开始《楚辞》的英译工程。研究生期间，他首先完成了《离骚》的翻译，约耗时

① 原文发表于《燕山大学学报(哲学社会科学版)》2013年第4期，于2017年被核心期刊《南京社会科学》一篇题名为《典籍翻译与中华文化"走出去"——以〈离骚〉英译为例》的文章引用。

半年；随后他远赴中国，在约两年半的时间里，译出了《楚辞》的大部分诗篇。1950年末他回到牛津，一面继续《楚辞》翻译、一面展开对《楚辞》的研究。1955年，霍克思提交了博士论文《楚辞创作日期及作者考订》(*The Problem of Date and Authorship in Ch'u Tz'u*)，《楚辞》英译文构成了它的一大重要组成部分，可以说，论文的考辨与论述均是在《楚辞》全译的扎实基础上展开与深入的。1959年，此英译部分以《楚辞，南方之歌——古代中国文学选集》(*Ch'u Tz'u, The Songs of the South: An Ancient Chinese Anthology*)为题，由牛津克拉仑顿出版社单独出版，列为"联合国教育科学文化协会中文翻译丛书"，1985年修订再版。

虽是霍克思汉学翻译道路上的处女作，该译本在海外自问世就有着蓬勃的生命力。考察半个多世纪以来西方学者对霍译本的评价及此译作在西方学界的被征引情况，能够解答霍译本是否成其为经典的问题。而从译文背后透视译者的翻译思想，能够解答经典译作如何生成的问题。霍克思对汉学典籍翻译持有自己的看法与主张，这些主张必然深刻影响他着手从事的汉译英工作。《楚辞》英译全本的成功，在很大程度上，得益于正确翻译思想的指导。

一、霍克思的翻译思想

(一) 霍克思对前人译文(本)的评述

霍克思是首位决定全译《楚辞》的汉学家，其《楚辞，南方之歌》也当之无愧为西方世界第一部《楚辞》英译全本。在霍克思之前，有不少汉学家尝试过英译《楚辞》的部分诗篇。从早期的帕尔克(E. H. Parker，汉名庄延龄)、翟理斯(H. A. Giles)、艾约瑟(Joseph Edkins)和理雅各(J. Legge)到后来的韦利(Arthur Waley)、爱吉士 (Eduard Erkes，汉名叶乃度)、鲍润生(Franz Xaver Biallas)、林文庆(Lim Boon-keng)、罗伯特·佩恩(R. Payne)及杨宪益、戴乃迭夫妇(Yang Hsienyi and Gladys Yang)等，共有10位汉学家在霍克思之前尝试过《楚辞》篇章的英译工作。我们认为，霍克思对这些业已存在的前人译文(本)如何看待，实际体现了他自己的翻译思想，这一思想也在一定程度上成就了霍氏汉语经典的英译。

帕尔克1879年在《中国评论》(*China Review*)第7期发表长达6页的译文《离别的忧伤或离骚》(*The Sadness of Separation, or LiSao*)，此译文既没有导言也没有注释或评论文字，作为最早尝试翻译《楚辞》的译作，霍克思评价"它与其说是翻译不如说是英语释义，译文中那些跳跃式维多利亚诗行，一个聪明的在校学生也能写出。"[2]215。

1883年翟理斯自费出版其重要的中国文学译著《古文选珍》(*Gems of Chinese Literature*)，书中翻译了《楚辞》里的《卜居》《渔父》和《山鬼》。1923年伦敦扩展版《古文选珍》又收录了《国殇》与《礼魂》。1915年他的专著《儒家学派及其反对派》(*Confucianism and its Rivals*)中有《东皇太一》《云中君》和《天问》的英译文，另收录了《国殇》和《卜居》译文。1928年《新中国评论》(*New China Review*)第2期上又发表了《大招》英译。霍克思对翟理斯的上述英译文评价是："译文优美、可读性强，缺点在于过于随意，有时带有令人讨厌的欧化特征。"[2]215

牛津首位汉学讲座教授理雅各晚年也尝试过《楚辞》英译，1895年他在《英国皇家亚洲学会学报》(*Journal of the Royal Asiatic Society*)发表长达25页的研究论文《离骚及其作者》(*The LiSao Poem and its Author*),文中有中英对照的《离骚》和《怀沙》。在1895—1897年即理雅各生命的最后两年时间里,他至少还翻译过《楚辞》中的《九歌》①。这些字迹潦草的未完译稿显示了译者英译《楚辞》的努力。霍克思评价理雅各:"译文较之帕尔克的要准确得多,但由于译者对原作显而易见的偏见,他没有将为英语读者提供优美译文当作己责。"[2]215

霍克思汉学之路上的引路人——英国汉学前辈亚瑟·韦利,1918年出版《汉诗170首》(*A Hundred and Seventy Chinese Poems*)时试译了《国殇》,1919年《译自中文续编》(*More Translations from the Chinese*)中翻译了《大招》,1946年韦利《中国诗歌》(*Chinese Poems*)一书中收录了此前的两首译诗,并对第一首《国殇》进行了大幅修改。《大招》的英译文得到了霍克思的高度赞誉:"译文精彩(brilliant),大大超过(greatly superior)我的译文。"[2]216 1923年《郊庙歌辞及其他》(*The Temple and Other Poems*)中有《离骚》两页和《九歌》两页及一页的《九辩第一首》英译文。1955年韦利将其对《九歌》的研究成果收集成册,出版《九歌:中国古代巫术研究》(*The Nine Songs: A Study of Shamanism in Ancient China*)一书。该书在评论和借鉴日本著名汉学家青木正儿及中国楚辞现代研究学者闻一多、姜亮夫、文怀沙、郭沫若、游国恩等研究成果的基础上,从人类学视角契入解读《九歌》,并译出了《九歌》剩下的9篇诗章。这样集研究与翻译于一体的译文,霍克思极为欣赏:"该书因与相关人类学知识的关联性而变得很有价值。从这个意义上说,它是一个里程碑,它使得后来的研究者如需进一步翻译《楚辞》,就必须首先对这些诗作的产生背景及功能进行广泛研究。"[2]217

德国汉学家爱吉士是莱比锡大学著名汉学大师孔好古(August Conrady, 1864—1925)的学生,他在老师的指导下也节译过《楚辞》。1923年,他在《大亚细亚》(*Asia Major*)上发表《大招》英译,并附译注序。次年,同一刊物上又登载了他的《招隐士》英译。1935年,爱吉士在《通报》(*T'oung Pao*)第31期发表了长达45页的学术论文《宋玉的〈九辨〉》,除《九辨》的译诗外文末还附了王逸注序、朱熹序、编后记及《九辨》原文。1940年第35期《通报》刊登他的《中国古代的死神》(*The God of Death in Ancient China*)一文,共25页,其中他译介了《大司命》和《少司命》2篇。1941年,爱吉士还在《华裔学志》第6卷发表《屈原的〈天问〉》,附注是《天问》的英译文。爱吉士众多翻译总体以逐字直译为主,通常带有大量的注释与评论,霍克思认为其"译文难以卒读(painful reading),但对接触中国文学原典的初学者会有帮助"[2]216。

德国汉学家鲍润生是孔好古的另一位学生,他以德语研究论文《屈原的〈远游〉》获得莱比锡大学博士学位。鲍润生是一位来华传教士,曾在北京辅仁大学任教。他在老师的指导下从事《楚辞》中还未有译者涉及的《远游》及《九章》的德语翻译工作。在《楚辞》英译方面,鲍润生的贡献集中在他1928年于《皇家亚洲协会华北分会学报》(*China Branch of the*

① 参看岳峰:《架设东西方的桥梁——英国汉学家理雅各研究》,福建人民出版社,2004年,第314页。

Royal Asiatic Society)发表的长达23页的研究文章《屈原：他的生平和诗歌》(*K'ǔ Yüan, His life and Poems*)，其中包含了《东皇太一》《山鬼》《天问》(前12行)《惜诵》《卜居》和《渔父》此6篇的英译。霍克思评价该译文是“匠气十足的直译(workmanlike literal translations)，说不上具有文学色彩(literary merit)”[2]216。

新加坡籍华人林文庆译有《离骚：离忧之挽歌》(*The LiSao: An Elegy on Encountering Sorrows*)，是第一部由华人完成的译作，1929年上海商务印书馆出版，内有陈培锟的题签和英国汉学家翟理斯、印度著名诗人泰戈尔分别撰写的两篇序文。林文庆，英国爱丁堡大学医学博士毕业，是厦门大学第一任校长。他的《离骚》英译配有详尽实用的注释，霍克思认为是“是学生学习中使用的一本不错的逐字对译本(a good student's crib)，但译文本身不但没有理雅各译文所具有的准确性，而且存在理雅各译文同样的问题，即缺乏文学美(literary merit)。理雅各的平直散文(flat prose)与林文庆的无韵体杂文(essays in blank verse)相比，反而具有更多的可取之处”[2]216。与霍克思意见不谋而合的还有《楚辞》的另一位英译者——中国学者孙大雨，他也曾批评过林文庆的译文：“我发现最新的《楚辞》英译本——林译，不仅有很多语言错误，而且译文相当令人失望。其情形正如目前唯一一本《楚辞》的白话翻译，中国现代诗人和学者郭沫若所著《屈原赋今译》一样，质量低劣，充满了一些不可原谅的错误。”[3]199

1947年，佩恩《白驹集：中国古今诗选》(*The White Pony, an Anthology of Chinese Poetry from the Earliest Times to the Present Day*)中收有佩恩和西南联大的虞明铨、沈裕庭合译的《离骚》《九歌》和《九章·涉江》。霍克思收藏有1949年伦敦乔治·艾伦和昂温有限公司(George Allen& UnwinLTD)出版的版本。他评价此译本的优缺点如下：“此译本虽然有时脚注有误导性，但整体译文清新可读，是除韦利英译外唯一绝对不会让读者望而却步的长篇翻译。同时此译本的重要性还在于其译者竭力不拘泥于王逸注释的认真尝试。”[2]217

离霍克思《楚辞》英译全本出版最近的一部《楚辞》节译本，由我国著名翻译家杨宪益、戴乃迭伉俪1953年完成出版，书名为《离骚与屈原其他诗作》(*LiSao and Other Poems of Ch'ü Yüan*)。该译本中收录有《离骚》《九歌》《九章》《卜居》《渔父》和《招魂》的英译文，2001年以《楚辞选》(*Selected Elegies of the State of Chu*)为名再版。由于《楚辞》诗篇中的大部分诗作由句末押韵的对句构成，与英国诗歌中常见的英雄双行诗体有相似之处，杨氏夫妇遂模仿英国诗人弥尔顿、德莱顿、蒲伯等人的“英雄体”来翻译，全部译文基本做到押韵。对于译文的效果，霍克思评价到：“这样译出的译文是匠心独运的一座丰碑，但译文与原诗的关系给我的印象就如一只复活节巧克力鸡蛋与煎蛋卷之间的差别一样。”[2]217 显然，霍克思对杨氏夫妇的英雄体译文还是持有保留意见的。

(二) 霍克思的“准确性”与“可读性”标准

综合上述评议可见，霍克思对《楚辞》译文评判有两个基本的标准，即译文的准确度与文学色彩。准确度也叫准确性，指的是译文必须能够尽量正确无误地传达原作的含义，而且这里的含义指的是对原作正确理解下产生的含义。《楚辞》虽然是一部歧义较多的本子，但给它校订注疏的专业书籍也不少，霍克思主张翻译时切忌固守王逸注释，因为王逸多从儒家经典去附会，存在不少荒唐的阐释，如果译者不察，则其译本在达意上首先就有了问题。准确性是霍克思最为看重的要求，因为译文有了准确性至少可以给学习汉语及中国文学的汉学科学生作学习时的逐字对译本使用，这一点霍克思在评价译文时已有提到。同样翻译《楚辞》的现代译者许渊冲，评价霍克思《楚辞》译本时也肯定霍克思译文"从微观的角度来看，比前人更准确"[4]13。而文学色彩或者说文学性、文学美，指的是译文不可干巴巴，在保证原作语意传达准确性的前提下，霍克思主张不可把译文变成匠气十足的直译。换句话说，霍克思此处强调的文学性更多指向的是译文的可读性。

关于"准确性"与"可读性"在霍克思眼中的含义，我们可以从他《楚辞》翻译期间所写的一些书评中窥豹一斑。1953 年，他发表书评，评论友人海陶玮的注释译本《韩诗外传：韩婴对〈诗经〉的教化应用的诠说》(*Han Shih Wai Chuan. Han Ying's Illustrations of the Didactic Application of the Classic of Songs: An Annotated Translation*)。霍克思在文中以诗句"夫形体也色心也"的英译为例批评西方汉学界在翻译中国典籍时流行的做法，即倾向于选择直译而不顾所译出的内容在新的语言环境下是否为有意义的文字。"夫形体也色心也"出自《韩诗外传》卷四，为孔子对弟子颜渊所言，大致表达的是"人的身体是外在的东西，而其上的表情却透露出了内心的真实想法"①。海陶玮将此句译为"Form is the body and appearance is the mind."译文看似很简洁，每个字都译到了，但却好像是蒙童学文，只是依原文说了一遍而已，到底理解了与否实在令人怀疑。对此，霍克思批评道："从形式上看，这是极佳的译文，字字对译，但要命的是译出的是一个晦涩难懂的句子。……那种以为直译比可读译本更佳的猜想是错误的。正如上例所示，这样的译文甚至连准确性要求也未达到。它也不可能达到，因为，要做到准确，语言必须符合译入语语言习惯。"[5]165 这段文字有力地说明，霍克思是反对那种字字对译后在新语境下无法生成有意义语句的译文，此类翻译看似万无一失，实则在表达原作意蕴时更加含糊不清。霍克思希望译文在做到准确的同时也能注意到可读性。

同年，霍克思在同一刊物同一期上还发表了另一篇书评《评洪业〈中国最伟大的诗人杜甫〉》(*Tu Fu, China's Greatest Poet. By William Hung*)，此文末也提出了类似思考："在汉诗英译中，如何能既避免平淡或脚注，又保有一些原诗的美？"[6]164 两文呼应，可以确定霍克思所说的译文可读性即是译文所保有的美，它不是一般意义上的纯粹的文学性。这也就是为什么霍克思一面以"是否有文学色彩"为标准来衡量他之前的各种节译文本，一面又指出其本人着手翻译的译文"不是非常文学性的翻译"[1]313。他对自身译文的评价既是霍克思一贯谦逊性格的反映，更是本文有关霍克思心中文学性与可读性彼此关照观点的很好佐证。实际上，霍克思正是通过可读性将其对译文文学性与准确性的两个要求结合了起来。正因为此，用"可读性"而不是"文学性"，才能更准确地概括出霍克思对译作的要求。

① 按：除了这一通常理解外，中国学者赵善诒、赖炎元等认为此句应校作"夫体之包心也"与后句"闵闵乎其薄也"合在一起，意为"一个人的身体包藏着心，似乎深远但是却浅薄。"参看赖炎元注译：《〈韩诗外传〉今注今译》，台北：台湾商务印书馆，1972 年，第 187 页。此一理解并不影响本文的讨论。

两年后，霍克思发表另一书评《汉语翻译》(*Translating from the Chinese*)，对自己的翻译思想做了清晰的表述："我觉得，译者应该谦卑，更多关注原著的忠实传译与接受效果，而不是自身创造力的发挥或是个人更大声誉的获得。"[7]235"忠实传译"与"接受效果"，换而言之，即是本文所论之"准确性"与"可读性"。汉学家白之1965年编辑出版译著《从先秦至十四世纪的中国文学选集》，《楚辞》部分选入了霍克思的译文。此部选集甄选作品有着严格的标准，细读之，有助于我们加深对霍克思翻译思想的思考。白之写道："在我们的《选集》中，我们尽力避免那些译笔无趣或没有真正学术含量的译文，不管之前它们是否已发表过。我们很遗憾地放弃了那些多年前译笔优美但如今风格已过时的译文，也放弃了那些只有借助大量注脚才能彰显其优势的学术译文。自然我们很希望选集能有代表性，但我们却不愿冒把一流的作家以枯燥或不合适的形式加以展现的风险。"[8]23这个明确表达的标准从旁佐证了本文上述观点——霍译本《楚辞》对准确性与可读性的强调。"译笔无趣"指向可读性，"真正学术含量"指向准确性，"借助大量注脚才能彰显其优势"指向准确性，而"以枯燥或不合适的形式加以展现"则指向可读性。霍克思译作的辑入，说明在白之心中，霍氏译文的准确性与可读性是经得起细究的。

二、霍克思《楚辞》英译全本的海外接受

霍克思《楚辞》英译全本竭力在译文准确性与可读性上打磨推敲，是典籍翻译的学术类译本典范。这一点霍克思后来在谈其《红楼梦》英译时曾有说明。他说他的《石头记》"对于文本问题没有以符合学术规范的方式来处理，……只是折中，旨在讲述一个生动的故事(made a good story)"[1]327-328，并自道"这是一种与我翻译《楚辞》时完全不同的方式，处理译作方式、对待译作态度都与《楚辞》英译不同"[1]326。那么，这一准确性与可读性相兼顾的译本在海外的接受情况如何？它是否经历时间的考验成为了经典译作？

(一) 西方学者评价

《楚辞》英译全本一出版即引来不少海外汉学家关注，他们纷纷在书评、序文或回忆文字中介绍、赞颂与推荐。几乎所有的汉学家都看到了此译本作为霍克思汉学之路上的处女作所显示的研究潜力、学术眼光与文学功底。1959年《楚辞，南方之歌》出版当年就引起了加拿大汉学家杜百胜、美国康奈尔大学哈罗德·沙迪克、法国汉学专家埃尔武埃三位著名汉学家的关注，次年英国汉学大师韦利等也关注到此译本。

加拿大汉学家杜百胜(W. A. C. H. Dobson)从译作书名、全译本意义、所含内容、所用技巧、译作艺术与汉学价值等方面高度评介了霍克思的《楚辞》译本，他认为"霍克思新任牛津大学汉学教授就以其对一部重要作品的翻译延续了牛津卓越的汉学传统，这是一个很好的开局"。他肯定霍克思首次把《楚辞》全文译出的功劳，"有助于整体把握与廓清《楚辞》在中国诗歌演变与发展中的所占的地位与所起的作用"。对于霍译文的质量，他评价："译文本身也是上乘的，通过谐音与韵律，作者巧妙地传达了原作的某些特点，译作既可为一般读者欣赏之读物，也可用于专业学者的学习。"文末杜百胜殷切希望霍克思在其译本第183页所提到的出版计划能尽早实现，即编辑出版与译本编页及标行相同的《楚辞》文本，并附《楚

辞》的主要语词索引。作者认为它是学术研究上急需的工具书,愿能毫无延误地出版。[9]144-146

曾翻译过《老残游记》的康奈尔大学哈罗德·沙迪克(Harold Shadick)教授在《亚洲研究》评论霍克思《楚辞》译本,认为"汉学专家和文学专业的学生均会发现这本优秀的译著将为他们的研究或学习提供非常有价值的帮助"[10]79。从译本的地位来看,"霍克思的《楚辞》全译大大增加了英语世界的中国诗歌英译数量。……作为中国诗歌形式、主题及词汇的另一大源头,它在重要性上仅次于汉学家理雅各、韦利和高本汉等人均曾着手译介的《诗经》"[9]77。至于霍译本所体现的极高学术涵养,沙迪克评价是"从译文、导论与注释来看,译者具有严谨而不乏批判的学术素养以及令人敬仰的判断与鉴赏力"[9]78。沙迪克对于译文的质量总体给予了肯定的评价:"总的来说行文流畅,具有可读性。"[9]78不过作为专业译者,沙迪克在书评的后半部分不仅列出了霍译《楚辞》六处可资改进的地方,而且提出了两点期望,希望霍克思既能为读者提供与《楚辞》译本配套的原文文本,又能为读者总结出所译《楚辞》诗篇的显著语法特征。法国汉学家埃尔武埃(Hervouet, Yves),汉名吴德明,是中国司马相如研究的专家,他以法文撰写了长篇书评发表于《通报》(T'oung Pao, 47)全面评介霍克思的《楚辞》全译。作为同行,他给予霍克思翻译工作高度的评价。[11]84-97

次年(即1960年)4月,英国汉学大师韦利也在《大不列颠及爱尔兰皇家亚洲学会学报》上短文评论霍克思译本。韦利以精练的语言概括出霍克思译文的两大特色,即顾及绝大多数读者需求、译文是学术性与文学性的融合。韦利指出,译文由于省略了原博士论文中一些论证的内容后可能会使得读者对霍克思某些译词疑惑不解,"但这样的情况很少,而且很大程度上霍克思非常明智地顾及到了在普通读者和专业读者的需求间进行必要的调和"。此外,"作为一项文学壮举,此译本的翻译达到了一个非常高的标准——一个在东方研究中很少有人达到的标准。前沿的学术研究和超凡的文学天赋很少能结合得如此完美"[12]64-65。

同年K. P. K. Whitaker在《伦敦大学亚非学院学报》的书评则从西方汉学发展角度推举霍译本为"汉学研究的里程碑"。文中首次把韦利《九歌》翻译与霍克思的译文相比较,虽然只比较了两译者所译诗歌主语单复数不同的问题而未有深入展开,但把两译者相比的想法却很有启发价值。此外,该文作者肯定了霍克思在处理原诗性、数及主语等细微处的勤勉与详查,认为霍克思为读者奉上的是"一部不但可信而且译文最优美的中国古代诗歌选集译本"[13]169-170。

哈佛大学杨联陞(Lien-sheng Yang)在《哈佛亚洲研究学报》上发表的书评从两方面肯定了霍译《楚辞》的价值,首先是译本选择的学术眼光,《楚辞》居于《四库全书》中的"总集之祖"之位,霍克思选择翻译此集体现了他敏锐而独特的眼光。其次是译文的优质,杨联陞称赞霍克思译文"既具愉悦性又具权威性"(delightful and authoritative)[14]210。以上两点使得霍克思的《楚辞》全译本当之无愧地入选联合国教科文组织中文翻译丛书。1962年由波士顿灯塔出版社出版的霍克思《楚辞》译本平装本上有汉学家海陶玮所作之序,序文肯定了霍译《楚辞》的翻译价值。他称赞:"霍克思属于翻译家中最稀有的那一类,他既精通汉语、了解中国文学,又能娴熟驾驭英语中的文学语言,霍克思的《楚辞》全译本可以和韦利的《诗经》全译相媲美。"[15]v

英国哥伦比亚大学华裔学者刘君若(Chun-Jo Liu)1963年秋在《太平洋事务》发表简

评,推荐1962年的平装本。“霍克思教授为受英语所困的读者成功捕捉到了另一个世界、另一个时代的美丽与忧伤。”[16]343-344 德裔汉学家利维娅·科恩(Livia Kohn)是波士顿大学教授,专攻道教研究。她曾在1993年编译出版的《道教体验文萃》(*The Taoist Experience: An Anthology*)一书致谢中赞美霍克思的《远游》译文,称其是“非常优秀的文学译本”(superb literary version)[17]xi。

中国科技史专家李约瑟(Joseph Needham)是七卷本英文版《中国科技史》的总编撰人和英国文学院院士,他的评价也是举足轻重的。他曾在《中国科技史》卷六中谈到霍克思的《楚辞》翻译“译文优美”(beautifully translated)[18]119。汉学家鲁惟一(Michael Loewe)是中国汉代研究专家,对霍克思的《楚辞》译作同样给予了高度评价。他在为霍克思80大寿所写的寿颂文中评价霍克思《楚辞》英译全本的价值“开了西方人的眼,让读者了解了一种当时除了阿瑟·韦利之外还无人知晓的中国文化。”鲁惟一惊叹:“在50年前极度缺乏如今塞满学人书架的学术资料的情况下,这位年轻人却能够为我们解释那么多《楚辞》诗歌中所暗藏的神秘。这值得我们永远向他致以最高的敬意。”他断言霍克思的“开拓性工作使后来学人受益匪浅”[19]197。

(二)被征引情况

牛津大学终身教授、在西方素有“东方艺术研究大师”之称的苏理文教授(Michael Sullivan)1961年出版的《中国美术导论》(*An Introduction to Chinese Art*),以西方文化为参照背景对比分析中国艺术的特色,书中大量引用了霍克思1959年出版的《楚辞,南方之歌》中的观点,可见苏理文对霍克思英译本的肯定。1966年此书再版,更名为《中国美术史》(*A Short History of Chinese Art*),成为西方高校学习、研究东方艺术的通用教材。霍克思及其《楚辞》英译也随着苏理文的书作在西方高校广泛流传。

1965年,白之编辑的《从先秦至十四世纪中国文学选集》(*Anthology of Chinese Literature from Earliest Times to the Fourteenth Century*)一书由丛树出版社出版,两年后又在企鹅书局再版。该书主要面向汉学专业的学生,书中自77页至106页是关于楚辞(*The Songs of Ch'u*)的译文,选用的是霍克思的翻译,包括了《离骚》《九歌》中的《湘君》《湘夫人》《东皇太一》《国殇》和《礼魂》,《九章》中的《哀郢》和《橘颂》《九辩》的部分诗行及《招魂》与《招隐士》。

中国现代元曲的研究权威、美国汉学家柯迂儒(James Irving Crump)在其著名的《忽必烈汗时期的中国戏剧》(*Chinese theater in the days of Kublai Khan*,1980)一书中讨论中国古诗集《楚辞》时引用和展开也均是以霍克思译本为基础。《印第安那中国传统文学指南》(*The Indiana Companion to Traditional Chinese Literature*, 1984)中所列的常用参考书目中也有霍克思1959年的《楚辞》译本,尤其是在诗歌一章的讨论中。美国汉学家德克·鲍迪(Derk Bodde)1991年所著的《中国思想、社会和科学》(*Chinese Thought, Society and Science: The Intellectual and Social Background of Science and Technology in Pre-modern China*)一书是研究进入现代社会前的中国的科学技术所赖以产生的知识、社会背景的一部专著,在此书中鲍迪讨论到《天问》等文本时采用的也是霍克思1959年的《楚辞》英译本。

前面提到的利维娅·科恩(Livia Kohn)是一位专攻道教研究的德裔汉学家。她在1991年撰写《道家神秘主义哲学——西升经》(*Taoist Mystical Philosophy：The Scripture of Western Ascension*)和1993年编译出版的《道教体验文萃》(*The Taoist Experience：An Anthology*)两书中均在行文讨论中参看了霍克思1959年版的《楚辞》英译本。

艾兰(Sarah Allan)博士,当今西方一位对中国先秦古史的文字器物与思想哲学有着独到研究的汉学家,曾与中国夏商周断代工程首席科学家李学勤合著《欧洲所藏中国古铜器遗珠》,她1991年出版的讨论中国商代神话思想的《龟之谜:中国早期神话、艺术和宇宙观研究》(*The Shape of the Turtle：Myth,Art and Cosmo in Early China*)中参看与引用了霍克思《楚辞》英译两个版本的成果。

美国汉学家、麻省大学教授迈克尔·拉法格(Michael LaFargue)1992年翻译诠注的老子《〈道德经〉的道:翻译及评论》(*The Tao of the Tao Te Ching：A Translation and Commentary*)参看的是霍克思1985年的《楚辞》英译本。1993年,美国《中国古代专著系列》年刊[①]刊载了霍克思《楚辞》节译。加州大学中国文学教授韩禄伯(Richard E. Strassberg)1994年出版的《书上的风景:中华帝国的游记作品》(*Inscribed Landscapes：Travel Writing From Imperial China*)中论证骈文(parallel prose)与散文(free-style prose)的区别之一在对仗结构(an example of parallel construction)时举例摘引的就是霍克思《离骚》的一段文字。

罗伯特·凯帕尼(Robert Ford Campany)1996年的汉学专著《奇异的写作:中古早期的反常记录》(*Strange Writing：Anomaly Accounts in Early Medieval China*)中参看了1985年版的《楚辞》英译。夏含夷(Edward L. Shaughnessy),芝加哥大学中国古史研究教授,1997年出版的《孔子之前:中国经典形成研究》(*Before Confucius：Studies in the Creation of the Chinese Classics*),书中讨论《天问》时选用的也是霍克思的《楚辞》英译本。吴福生(Wu Fusheng)1998年《南朝至晚唐的中国诗歌:颓废的诗学》(*The Poetics of Decadence：Chinese Poetry of the Southern Dynasties and Late Tang Periods*)讨论中凡涉及《楚辞》均使用霍克思的译本。马克·路易斯(Mark Edward Lewis)1999年的《中国上古时期的写作与权威》(*The Writing and Authority in Early China*)一书,讨论中引用到霍克思《九歌》和《天问》的观点,赞同霍克思提出的"此二诗是为表演而创作的诗歌"。米哈伊·马克(Mark Csikszentmihalyi)与菲利普·艾芬(P. J. Ivanhoe)1999年合撰的《老子的宗教和哲学》(*Religious and Philosophical Aspects of the Laozi*)一书,霍克思的《楚辞》译本也是其参看与引用的书目之一。

美国哥伦比亚大学和香港大学2000年联合推出由闵福德、刘绍铭编录的《含英咀华集》(*Classical Chinese Literature, An Anthology of Translations Volume 1：From Antiquity to the T'ang Dynasty*),该书是中国古典文学西传的"里程碑"之作,在2000年的首版精装本后又很快推出了平装本(2002年),不久即成为西方大学汉学系或东亚研究专业的重点书目。该书有多章涉及霍克思译文,如第二章《天问》第一节刊录的就是霍克思的英译文,译

---

① *Early China Special Monograph Series*, pp. 48-55.

文前还提供了霍克思撰写的导读文字；第五章《南方之歌：巫术与诗歌》整章内容均摘自霍克思《楚辞：南方之歌》一书。2004年出版的由艾皓德博士编辑的《中国古代文学中的爱与情》一书属莱顿大学汉学丛书之一，是汉学专业类书籍，其中Christoph Harbsmeier的《佛教前汉文中'情'的意义》(*The Semantics of Qing in Pre-Buddhist Chinese*)一文有关《楚辞》诗句的讨论也引自霍克思的《南方之歌——屈原及中国古代其他诗人诗选集》，Christoph Harbsmeier高度称赞此译著为"一部最具启发意义的作品"(a most inspiring book)[20]139。

综上可知，霍克思《楚辞》英译全本自问世即获得了西方世界的普遍肯定与高度赞誉，他的译文与其中的观点受到西方学者的青睐与信任，广为汉学研究者所征引，可谓西方世界《楚辞》英译及研究的范本。他也因之就任牛津大学汉学讲座教授之职并随后接替德效骞担任牛津汉学科主任，成为牛津汉学第六代掌门人。1963年，霍克思荣获汉学界大奖——国际中国文学儒莲奖(the International Stanislas Julien Prize for Chinese Literature)①，可见西方汉学界对其《楚辞》全译本的正式与全面肯定。霍克思以较为准确与可读的译文首次成功地将中国"总集之祖"的《楚辞》原貌向西方展示，并带去中国远古那神奇的南楚文化。在中英文学交流史上，20世纪中下叶英语世界因霍克思的《楚辞》全译本而有幸一睹中国文学发展史上与《诗经》地位相当的另一源头。此译本对不熟悉中国文学的英语读者助益极大，对中国典籍《楚辞》的推广流传更是一大助力，霍克思的译介功不可没。

三、结语

在霍克思之后，还有汉学家或翻译家陆续钻研与翻译《楚辞》。1959年杰拉·约翰逊(J. Johnson)翻译《离骚：释忧之诗》一诗；1975年，华裔学者柳无忌等编译《葵晔集》时选译《离骚》《湘君》《大司命》《哀郢》和《橘颂》五篇；1984年伯顿·华生(Burton Watson)编译《中国诗选》(*The Columbia Book of Chinese Poetry: from the early times to the 13th century*)译有《离骚》《云中君》《湘君》《山鬼》和《国殇》五篇；90年代则有中国学者许渊冲和孙大雨的译著。许渊冲翻译了王逸《楚辞章句》的前10篇，即《离骚》《九歌》《天问》《九章》《远游》《卜居》《渔父》《九辩》《招魂》和《大招》，1994年以《楚辞》(*The Poetry of the South*)为题由湖南出版社出版，2008年再版。1996年中国学者孙大雨的《屈原诗选英译》(*Selected Poems of Chü Yuan*)出版，包括《离骚》《九歌》《九章》中六章、《远游》《卜居》和《渔父》的英译。这些《楚辞》译本我们发现均为节译，各有各的侧重及翻译特色，但却没有一位译者再尝试霍克思所做的《楚辞》17卷全译工作。这从另一个侧面说明了霍克思全译本在《楚辞》英译史上的地位不可替代——霍译本是英语世界最早也是迄今唯一一部全译本。据世界容量最大

① 儒莲奖被公认为汉学界的诺贝尔奖，以毕40年之力潜心翻译中国典籍的法国籍犹太汉学家儒莲(朱利安Stanislas Aignan Julien，1797—1873)命名，创立于儒莲逝世的前一年即1872年，自1875年开始每年由法兰西文学院颁发一次，以奖掖在汉学界尤其是中国文学译研、推介方面贡献巨大的中外学者。霍克思当时的汉学成就还仅在中国典籍《楚辞》17卷的译研上，正式出版的只有汉学典籍译著即《楚辞》英译全本。西方汉学滥觞之源法兰西汉学界是汉学研究的权威，其授奖意味着西方汉学界对霍克思向西方世界译介中国《楚辞》文学的最高肯定。

的 Worldcat 图书馆目录显示①,1959—1985 年间此译著共再版 9 次,世界各地有 533 家图书馆拥有该藏书,是霍克思译作中收藏量仅次于《石头记》的一部译著。

霍克思《楚辞》英译全本的蓬勃生命力和永恒经典性得益于译者英译过程中所持有的翻译思想。霍译本成功的最根本促因也正在于译者翻译过程中对"准确性"与"可读性"这两个要素的牢牢把握。典籍翻译的首要要求是准确性,在确保了译文学术含量与准确传意的前提下,译者又须在译作可读性上下功夫,因为无论是具有专业涵养的学者还是对中国古典文学感兴趣的普通读者,均会在同类译本中偏向选择更具可读性的本子。霍克思对译作的"准确性"与"可读性"的诉求,使其汉学处女译作自问世即获得西方学界的一致好评和广泛征引。作为中国典籍西传的成功译例,译作在学术研究与文学传播上,价值不言而喻,对当下我国典籍外传及中国文化走出去极具参考价值。

参考文献

[1] Chan Connie. The Story of the Stone's Journey to the West: a Study in Chinese-English Translation History[D]. 香港:香港理工大学,1999.

[2] Hawkes David. English Translations of Ch'u Tz'u[M]//Ch'u Tz'u, *the Songs of the South : An Ancient Chinese anthology*. London: Oxford University, 1959:215.

[3] 孙大雨. 屈原诗选英译[M]. 上海:上海外语教育出版社,1996.

[4] 屈原. 楚辞:汉英对照[M]. 许渊冲,译. 北京:中国对外翻译出版公司,2008.

[5] Hawkes David. (Untitled Review) Han Shin Wai Chuan. Han Ying's Illustrations of the Didactic Application of the Classic of Songs: An Annotated Translation by James Robert Hightower[J]. *Journal of the Royal Asiatic Society of Great Britain and Ireland*, 1953(3/4):165.

[6] Hawkes David. (Untitled Review) Tu Fu, China's Greatest Poet. By William Hung[J]. *Journal of the Royal Asiatic Society of Great Britain and Ireland*,1953(3/4):164.

[7] Hawkes David. Translating from the Chinese[M]//Hawkes David. *Classical, Modern and Humane Essays in Chinese Literature*. John Minford & Siu-kit Wong ed. Hong Kong: The Chinese University Press of Hong Kong, 1989:235.

[8] Birch Cyril. Introduction[G]// Birch Cyril. *Anthology of Chinese Literature*. London: Penguin Books, 1967:23.

[9] Dobson W A C H. (Untitled). Review[J]. *Journal of the American Oriental Society*,1959,79(2):144-146.

[10] Shadick Harold. (Untitled Review)Ch'u Tz'u, The Songs of the South. An Ancient Chinese Anthology. By David Hawkes(Book Reviews)[J]. *The Journal of Asian Studies*,1959,19(1):79.

[11] Hervouet Yves. David Hawkes, Ch'u Tz'u, The Songs of the South, an Ancient Chinese Anthology (Book Review)[J]. *T'oung Pao*,1959,47:84-97.

[12] Arthur Waley. (Untitled) Review[J]. *Journal of the Royal Asiatic Society of Great Britain and Ireland*,1960(1/2):64-65.

[13] Whitaker K P K. (Untitled)Review[J]. *Bulletin of the School of Oriental and African Studies*, Uni-

① C. f. http://www.worldcat.org/wcidentities/lccn-n78-83424

versity of London,1960,23(1):169-170.

[14] Yang Lien-sheng. (Untitled) Review[J]. *Harvard Journal of Asiatic Studies*. 1960-1961,(23):210.

[15] Hightower J R. Foreword[M]//Ch'u Tz'u, *the Songs of the South : An Ancient Chinese anthology*. London:Oxford University, 1959: Ⅴ.

[16] Liu Chun-Jo. Briefly Noted[J]. *Pacific Affairs*,1963,36(3):343-344.

[17] Kohn Livia. Acknowledgements[M]// *The Taoist Experience*:*An Anthology*. New York:State University of New York Press, 1993:xi.

[18] Needham Joseph. *Science and Civilisation in China Vol*. 6[Z]. Cambridge: Cambridge University Press, 1996:119.

[19] Loewe Michael. He Bo Count of the River, Feng Yi and Li Bing[M]//Minford J&Rachel May ed. *A Birthday Book for Brother Stone*: *For David Hawkes*, *at Eighty*. Hong Kong:The Chinese University Press, 2003:197.

[20] Harbsmeier Christoph. The Semantics of Qing in Pre-Buddhist Chinese[M]//Halvor Eifring. *Love and Emotions in Traditional Chinese Literature*. Holland Brill, 2004:139.

美国的元杂剧译介及其特征①

李安光

摘　要　作为元杂剧西传的主要阵地，20 世纪中后期以来美国的元杂剧译介取得了丰硕的成果，亦形成了自己独特的译介特征：身份多元的译介主体、丰富的译介内容、多样化的译介载体、鲜明的时代演变特质以及灵活各异的译介策略等，这些无不彰显了美国元杂剧译介的独特学术意义和价值，即它一方面为英语世界的包括元杂剧在内的中国传统文学和文化的研究累积了丰富而宝贵的基础学术资源；另一方面则有力地促进了中西方异质文明间文学和文化的有益交流与融合。梳理其译介成果、归结其译介特征与规律，无疑对我国当前正在实施的中国文化"走出去"、提升国家的文化软实力以及全面建设文化强国的战略任务具有一定的借鉴意义和启示性价值。

关键词　美国；元杂剧译介；特征；中国文化"走出去"

基金项目：2012 年度教育部哲学社会科学研究重大课题攻关项目"英语世界中国文学的译介与研究"（12JZD016）阶段性成果之一。

作者简介：李安光（1979—　），男，河南商丘人，河南大学比较文学与比较文化研究所副教授，北京师范大学文学博士。

作为一时代之文学的元杂剧自 18 世纪早期伴随着《赵氏孤儿》的西传并于英语世界的传播至今已有近三百年的历史了。在英语世界，元杂剧的早期传播以单纯的译介以及简单的内容概要介绍为主，英国为其传播的中心②；但自 20 世纪中后期西方汉学中心移至美国

① 原文发表于《燕山大学学报（哲学社会科学版）》2014 年第 4 期。

② 此期间，英国的元杂剧译介大致有转译自马若瑟（Joseph Premare）法译本的《赵氏孤儿》以及德罗莫尔主教托马斯·帕西（Thomas Percy）的重译本、威廉·哈切特（William Hatchett）和阿瑟·墨菲（Arthur Murphy）的两个改编本；还有德庇时（Sir John F. Davis）译介的《老生儿》和《汉宫秋》，翟理斯（Herbert A. Giles）于《中国文学史》中对《赵氏孤儿》《西厢记》以及《合汗衫》三剧的内容简介，托马斯·斯当东（Sir George Thomas Staunton）在其译著《异域录》中对《窦娥冤》《岳阳楼》《望江亭》等剧的梗概译介。另有罗伯特·K·道格拉斯（Robert K. Douglas）对《汉宫秋》的梗概介绍和选译文，乔治·亚当斯（George Adams）对《忍字记》《㑳梅香》以及《铁拐李》的摘译评介，费斯·P·劳伦斯（Faith P. Laurence）改编的《赵氏孤儿》——《龙与皇冠》（*Dragon and Coronet*），帕克斯·罗伯逊（Pax Robertson）选译的《老生儿》。倭讷（Edward Theodore Chalmers Wemer）于转译戴遂良（Dr. Leo Wieger）的法译本《中国古今宗教信仰史和哲学观》中，对包括《金钱记》《硃砂檐》《墙头马上》《倩女离魂》《丽春堂》《两世姻缘》《神奴儿》等剧的或摘译或梗概介绍。此外，詹姆斯·拉弗（James Laver）据德译本转译了《灰阑记》，华裔学者熊式一（S. I. Hsiung，1902—1991）则首次于英语世界完整翻译了《西厢记》。限于篇幅，详情从略。

后，美国遂成为英语世界元杂剧传播的重镇①，传播的范围进一步拓展、传播的形式亦由单纯的译介为主转变为译介与研究并重，传播力度加大；特别是20世纪50年代以来，以美国为中心的英语世界的元杂剧研究取得了突破性进展，获得了令人瞩目的研究成果。

本文拟以极具代表性的、且为英语世界元杂剧传播主体的美国的元杂剧译介为研究对象，通过系统地梳理其译介概况、总结其译介特征与规律，以期对英语世界元杂剧的传播状况与特征作一初步的探讨与归结。这对于更为深刻地理解和把握中国传统文化和文学的海外传播状况与规律，并进一步地调整、实施传播策略，在中西方更好地互通融合的基础之上实现全世界范围内中国传统文化的发展和繁荣，并对我国当前的实现中国文化"走出去"、提升国家的文化软实力、全面建设文化强国的战略任务都具有一定的借鉴意义与和启示性价值。

一、译介概况

美国的元杂剧译介与其汉学发展同步。早在1849年，"美国汉学之父"卫三畏(Samuel W. Williams)就选译评介了张国宾的《合汗衫：四幕剧》(*The Compared Tunic：A Drama in Four Acts*)[1]116-155，遂开了美国人译介元杂剧的先河。

1876年，无名氏的《黄鹤楼》被译为 *The Yellow Stork Tower*，由 G. C. 斯坦特译出，发表于美国奥马哈《远东》(*Far East*)杂志该年的第一期与第二期上。

1922年凯特·布斯(Kate Buss)的《中国戏研剧究》(*Studies in the Chinese Drama*)出版，书中他将元杂剧的特征概括为"主题的分化、人物性格的成型以及被创作出的恒久流传的文学文本"[2]19等三个方面。在第三章"作为文学的剧本"[2]27-35中，布斯提及一些元剧代表作家如关汉卿、高文秀 、郑光祖、白朴等人以及《西厢记》《赵氏孤儿》《㑳梅香》《灰阑记》《蝴蝶梦》《汉宫秋》《老生儿》等元剧代表作，但介绍甚为简单；而且他还以西方人有色眼镜评价中国戏剧文学，说这些文学剧本"缺乏特有的文学优点，只是封建社会难以想象的繁华富贵以及中国人的忠贞、异想和封闭头脑的大量记录"[2]35。

1925年，美国马里兰大学比较文学教授朱克(Adolf E. Zucker)的《中国戏剧》(*The Chinese Theatre*)出版，其中在第二章"正式发展：元代"[3]19-42中，他简单交代了元杂剧兴起的背

① 此时期英国的元杂剧译介主要以杜为廉(William Dolby)的译介为代表，在其译著《中国古今八剧》(*Eight Chinese Plays：From the Thirteenth Century to the Present*，1978)中，他翻译了石君宝的《秋胡戏妻》(*Qiu Hu Tries to Seduce His Own Wife*)，另有译著《西厢记：中国最著名的戏剧》(*West Wing：China's Most Famous Drama*，1984)，并于1997年翻译了王实甫的《苏小卿月夜贩茶船》，译名为《贩茶船：双渐和苏小姐的故事》(*'Tea-trading Ship' and the Tale of Shuang Chien and Su Little Lady*)。其他，刘荣恩(Jung-en Liu) 编译的《六个元代剧本》(*Six Yüan Plays*，1972) 共翻译了《赵氏孤儿》《倩女离魂》《窦娥冤》《张生煮海》《汉宫秋》《连环计》等六部元杂剧。另外，弗朗西斯·休姆(Frances Hume)还翻译了《灰阑记》和《赵氏孤儿》，安娜·威廉姆斯(Anne Chang Williams)则于译著 *Plays from Far and Near* 第二卷中翻译了《盆儿鬼》和《王昭君》，张心沧(Chang Hsin Chang)则在其专著《中国文学：通俗小说与戏剧》(*Chinese Literature：Popular Fiction and Drama*，1973)中，选译了关汉卿的《蝴蝶梦》。1973年，王润生(Alan L. Wong)的《赵氏孤儿》的现代改编本《中国孤儿》(*The Orphan of China：A Play of Five Acts and a Prologue*)由伦敦米特雷出版社(The Mitre Press)出版。

景、语言、“四折一楔子”、演出特征、演员等方面的元杂剧基本常识;简介了《㑇梅香》《货郎旦》《灰阑记》《汉宫秋》《窦娥冤》以及《吕洞宾度铁拐李岳》《看钱奴买冤家债主》等剧的故事梗概,并在该书第41页翻译了《窦娥冤》第三折中部分戏文;文中朱克还将诸如《㑇梅香》中的侍女樊素与莫里哀《伪君子》中的仆女桃丽娜、《看钱奴买冤家债主》中守财奴贾仁与西方普劳图斯和莫里哀等笔下的吝啬鬼等戏剧人物形象进行了中西平行比较。

其他还有一些有关中国古典戏剧总体梳理或概要性质的论著[①],其中亦有一些论及元杂剧的基本常识,并对相关元杂剧剧目作的扼要评介,因为其中涉及元杂剧译介的内容较少,在此不再一一列出。但这些论著无疑也在一定程度上向西方读者普及了包括元杂剧在内的中国古典戏剧的一般常识,使其对中国古典戏剧在总体上有了大致把握和了解,亦为元杂剧在美国的传播作出了“春风化雨”般的贡献和影响。

1933年,美国的戏剧理论家巴雷特·克拉克(Barrett H. Clark)编辑的《世界戏剧》(*World Drama*)由纽约的德·阿普尔顿出版社出版,其中第227-258页收有埃塞尔·范德维尔(Ethel Van Der Veer)翻译的《灰阑记》。

1965年,加利福尼亚大学伯克利分校的著名元剧研究专家白之(Cyril Birch)教授,在其编选的《中国文学选集Ⅰ》(*Anthology of Chinese Literature I*)中,选译了康进之的《李逵负荆》和马致远的《汉宫秋》[②];同年,华裔学者翟楚(Ch'u Chai)编译的《中国文学珍宝:小说与戏剧新散文集》(*A Treasury of Chinese Literature: A New Prose Anthology, including Fiction and Drama*)出版,在“戏剧”之“元剧”一章中,首先扼要介绍了元杂剧的兴起、四折一楔子及其表演方面的一些艺术特征,简介了《赵氏孤儿》《窦娥冤》和《西厢记》,并于随后节译了《窦娥冤》的第三折,全译了《西厢记》第一本《张君瑞闹道场》。柳无忌(Wu-Chi Liu)的《中国文学导论》(*An introduction to Chinese literature*, 1966)在第十二章“元剧”中介绍了《西厢记》《黄粱梦》《梧桐雨》《赵氏孤儿》《老生儿》《窦娥冤》《灰阑记》和《黑旋风双献功》等杂剧的故事梗概,并节译了《西厢记》《梧桐雨》《窦娥冤》和《灰阑记》中的部分文段。刘若愚(James J. Y. Liu)在其《中国游侠》(*The Chinese Knight-errant*, 1967)一书中节译了《李逵负荆》;杨富森(Richard Fu-shen Yang)的译著《四出元代戏剧》(*Four Plays of the Yuan*

---

① 此类论著有,阿灵顿(Lewis Charles Arlington)的《古今中国戏剧概论》(*The Chinese Drama from the Earliest Times until Today*, 1930),上海别发洋行(Kelly & Walsh)出版;美国华人梁社乾(George Kin Leung)编著的《三篇简短讲话及论文,附中国戏剧论著目录》(*Three Short Addresses and Articles with a Bibliography of Articles and Lectures on the Chinese Theatre*, 1931),由Times Print Shop出版;亨利·韦尔斯(Henry W. Wells)的《东方古典戏剧》(*The Classical Drama of the Orient*, 1965),由纽约亚洲书局(New York, Asia Pub House)出版;柯润璞和威廉·P·马姆主编论文集《中国和日本的戏剧》(*Chinese and Japanese Music-dramas*, 1975),由安阿博密歇根大学中文研究中心(Center for Chinese Studies, University of Michigan, Ann Arbor)出版;华裔学者许道经(Tao-ching Hsu)专著《京戏三昧探释》(*The Chinese Conception of the Theatre*, 1985)由华盛顿大学出版社出版,其中第三部分论及元代的戏剧和剧场;詹姆斯R·布兰登(James R. Brandon)和马丁·班纳姆(Martin Banham)合著的《剑桥亚洲戏剧导读》(*The Cambridge to Asian Theatre*, 1993),由剑桥大学出版社出版,该书第27-30页简介了元杂剧的兴起、繁盛和衰落的历史概括。

② 这里只列出所译作家及其剧目,其具体所在页码限于篇幅,从略,下同。

Dram,1972),则完整翻译了《窦娥冤》《岳阳楼》《梧桐雨》和《倩女离魂》等四部元杂剧。

华裔学者时钟雯(Chung-wen Shih)的《窦娥冤：翻译和研究》(*Injustice to Tou O*:*A Study and Translation*,1972)是美国最早的以元杂剧文本为翻译和研究对象的著作。她运用当时1967年10月普林斯顿大学中国语言会议的相关精神,采用一边原文、一边拼音,然后是英文翻译和脚注阐释的翻译方法。其中,拼音是逐字逐句的翻译,无标点。英文翻译虽流利通顺,但原作的隐喻义有不同程度的丧失。美国著名汉学家和翻译家威廉·麦克诺顿(William McNaughton)的《中国文选》(*Chinese Literature*:*An Anthology from the Earliest Times to the Present Day*,1974)中收录了全译的《蝴蝶梦》(杨宪益、戴乃迭译)和节译的《西厢记》(第3、13、14折,亨利·H·哈特译)。

韩南的高足乔治·海登(George A. Hayden)的专著《中国中世纪戏剧中的罪与罚》(*Crime and Punishment in Medieval Chinese Drama*:*Three Judge Pao Plays*,1978)中,翻译了三个包公戏剧本《陈州粜米》《盆儿鬼》和《后庭花》,这是英语世界首次翻译出的公案剧。翻译上,海登将韵文缩进编排,从而使其和剧中散文区分明显;并采用有利于理解原文的脚注和充实剧中文献及文本资料的尾注;又亲炙日本著名中国古典戏曲研究专家田中谦二(Tanaka Kenji)。翻译顺畅、忠于原著,所以总体看来达到了作者所希冀的"用对话性(conversational)的英语翻译接近原著的语调(tone)"[4]ix的目的。但是,由于对中国文化的固有隔膜,译文亦存在诸如注释冗重无效、依据不清,以及一些翻译和拼写上的不当或错误等问题。[5]477-483柯润璞(J. I. Crump)的高徒彭镜禧(Ching-Hsi Perng)的元杂剧研究代表作《双难：评七部元代公案剧》(*Double Jeopardy*:*A Critique of Seven Yuan Courtroom Dramas*,1978),分析了七部元公案戏《魔合罗》《窦娥冤》《金凤钗》《救孝子》《灰阑记》《勘头巾》及《神奴儿》,并在文中结合研究的需要分别翻译了上述七剧中的若干文段。刘若愚的专著《中国文学精华》(*Essentials of Chinese Literary Art*,1979)第四章"古典戏剧"中介绍了中国古典戏剧的特征,并在"北戏名著举例"一节中分析详细介绍了《西厢记》《汉宫秋》《窦娥冤》和《倩女离魂》的故事梗概并作了简单的赏析。柯润璞的《忽必烈时期的中国戏剧》(*Chinese Theater in the Days of Kublai Khan*,1980)是首部描述蒙古统治下中国戏剧的演员背景、舞台建设和表演技巧等方面的著作,其中第四章翻译了《李逵负荆》《潇湘雨》和《魔合罗》三个剧本。但他漏译剧中的舞台提示,随意删节;过分重视音节数、拘泥于单一固定的行数,导致翻译机械;也未考察两种语言的节奏、美学需求上的不同所应带给翻译的影响。

伊维德(Wilt L. Idema)、奚如谷(Stephen H. West)合著的《中国戏剧渊源1100—1450》(*Chinese Theater 1100—1450*:*A Source Book*,1982)是一本关于中国戏剧的资料书,其中翻译有石君宝的《紫云亭》和无名氏的《汉钟离度脱蓝采和》;此后的2010年,两人又合译出版了《僧侣、强盗、情人和不朽者：11个早期中国戏剧》(*Monks, Bandits, Lovers, and Immortals*:*Eleven Early Chinese Plays*),此中较全面地翻译收录了元剧四大家的代表剧目：关汉卿的《窦娥冤》《蝴蝶梦》和《拜月亭》,白朴的《梧桐雨》,马致远的《汉宫秋》以及郑光祖的《倩女离魂》。2012年,他们二人又合作出版了译著《战争、背叛与兄弟情：早期中国的三国戏》(*Battles, Betrayals, and Brotherhood*:*Early Chinese Plays on the Three Kingdoms*),其中译有6出元代三国戏:无名氏的《刘关张桃源三结义》《锦云堂暗定连环计》《刘玄德独赴襄阳会》以及《诸葛亮博望烧屯》,关汉卿的《关大王独赴单刀会》与《关张双赴西蜀梦》;另译朱有燉的杂剧《关云长义勇辞金》;其中,《诸葛亮博望烧屯》及《关大王独赴单刀会》两剧均首次以《元刊杂剧三十种》中的文本译出。伊维德、奚如谷两人作为当代美国汉学界译介和研究元杂剧的知名学者,他们合译的元剧总体质量较高,内容完整、注解丰富,较好地保持了原著的独特艺术风貌。

此外,宇文所安(Stephen Owen)编译的《中国文学选集》(*An Anthology of Chinese Literature*:*Beginnings to* 1911,1996)中,全译了《救风尘》;梅维恒(Victor H. Mair)编选的《简明哥伦比亚中国古典文学选集》(*The Shorter Columbia Anthology of Traditional Chinese Literature*,2000年)中,全译了《窦娥冤》。

还有一些硕博论文中,亦译有相关元杂剧。这其中有刘君若(Chun-jo Liu)的博士论文《中国13世纪的杂剧研究》(A Study of the Tsa-chu of the Thirteenth Century in China, University of Wisconsin,1952),文后附有作者自译的《窦娥冤》《李逵负荆》和《梧桐雨》三个元杂剧本;杨富森的博士论文《元杂剧中的吕洞宾》(Lu Tung-pin in the Yuan Drama, University of Washington,1956),附录中全译了《岳阳楼》;杰罗姆·T·卡瓦诺(Jerome T. Cavanaugh)的博士论文《元代剧作家白朴的剧作》(The Dramatic Works of the Yuan Dynasty Playwright Pai P'u, Stanford University,1975),其文后附录中译有《梧桐雨》和《墙头马上》,且注有详细的文本注释。戈登·V·罗斯(Gordon V. Ross)的博士论文《戏剧中的关羽:两个元剧本的翻译和批判性探讨》(Kuan Yu in Drama: Translation and Critical Discussion of Two Yuan Plays, University of Texas at Austin,1976),第二部分中全译了两部关公戏,即《关大王独赴单刀会》和《关云长千里独行》;夏颂(Patricia A. Sieber)的博士论文《修辞、传奇和互文性:关汉卿在中国元、明时期的构造和重构》(Rhetoric, Romance, and Intertextuality: The Making and Remaking of Guan Hanqing in Yuan and Ming China, University of California,1988),文后附录中全译有《救风尘》;雷碧玮(Daphne Pi-Wei Lei)的博士论文《边疆故事:中国传统戏剧中的性别和汉蛮的跨文化冲突》(Performing the Borders: Gender and Intercultural Conflicts in Premodern Chinese Drama, Tufts University,1999),文中节译了《汉宫秋》;凯莉·伯恩斯(Kelli Byrnes)的硕士论文《失意的天香:关汉卿的〈钱大尹智宠谢天香〉的分析与翻译》(The Frustrations of Heaven's Fragrance: An Analysis and Translation of Guan Hanqing's *Qian Dayin Zhichong Xie Tianxiang*, The University of Arizona,2011)一文中,全译了《钱大尹智宠谢天香》。

一些期刊或文集论文中亦译有整篇的元杂剧,如玛楚达(Shizue Matsuda)于《译丛》(*Renditions*)第3期上译有《梧桐雨》的第三、四折(*Rain on the Wutong Tree*, Acts Ⅲ and Ⅳ)[6]53-61,加拿大卡尔加里大学(University of Calgary)的范本珍(Fan Pen Chen)的论文《翠红乡儿女两团圆:一出元杂剧》(1997)[7]157-199,即对该剧予以全文译介;何谷理(Robert E. Hegel)亦全文翻译了秦简夫的杂剧《东堂老劝破家子弟》(2009)[8]83-112。

二、《西厢记》的五个译本

元杂剧名作、王实甫的《西厢记》在美国共有五个译本。

早在1898年,美国汉学家乔治·T·坎德林(George T. Candlin)就在其编译的《中国小说》(*Chinese Fiction*)中,摘译和评介了《西厢记》,这是美国最早的有关《西厢记》的译介。

亨利·H·哈特(Henry H. Hart)1936年于美国首次译出《西厢记》,由加利福尼亚斯坦福大学出版社、伦敦H·米尔福德出版社和牛津大学出版社同时出版。对于翻译该书的目的,哈特认为主要有以下两点:其一,"百闻不如一见",通过阅读该译本,而不是通过熟读大量的关于该书的专论专著,作者"期望能带给读者一些关于中国戏剧在韵散方面结构上的了解"[9]ix。其二,已存在的早期两个译本(Stanislas Julien的法译本和Vincenz Hundhausen的德译本)要么改编成分过大,翻译不准确;要么是节译,不完整,而且翻译上丧失了诸多中国味道。哈特翻译所依版本为1931年上海春雪社出版的金圣叹本,共十五折①。翻译注释上舍弃了冗扰读者的脚注,改为尾注;对于原文中哈特认为粗俗、晦涩以及拖沓累赘之辞,他则舍弃不译。[9]ix-xi 他将韵文化翻译剧中曲词的方法斥为一种"往往只会扭曲原文本意义的努力"[9]ix,因而将曲词翻译成了散化自由诗体。他还于长达25页的译文导言中,大致介绍了中国戏剧的历史、中国戏剧理论、戏剧形式、剧场和观众、演员、舞台程式习俗等方面的基本知识。[9]xv-xxxix。

1972年,哥伦比亚大学教授亨利·W·韦尔斯(Henry W. Wells)翻译的《西厢记》载于Vera R. Irwin编辑的*Four Classical Asian Plays*一书中,由企鹅集团(美国)公司(Penguin Group (USA) Incorporated)出版。不同于先前的译本,精通诗歌和戏剧的韦尔斯译介该剧的最大特色就是对剧中曲词的押韵翻译。

香港学者赖恬昌(T'ien-Ch'ang Lai)与美国人Ed. Gamarekian合译的《西厢记》(*The Romance of the Western Chamber*)于1973年由香港海纳曼教育书局(Hong Kong, Heinemann Educational Books (Asia) Ltd)出版,林语堂为该书作序言道:"该译本保留了原剧的语调、氛围、结构以及诗意。因此,会给读者以读原著的感受,尽管该译本是改编本而不是完全对应的翻译。"[10]preface 其实,该译本并不是严格意义上的学院派翻译,而只是向外国人普及《西厢记》基本故事情节的通俗读物译本;其中删节、改译之处甚多。

伊维德、奚如谷于1991年合译出版了《〈西厢记〉——月色琴音西厢记》(*Wang Shifu, The Moon and the Zither: The Story of the Western Wing*),1995年又以平装再版,更名为《西厢记》(*The Story of the Western Wing*),该书是译者二人身处大洋两岸②、辛苦耕耘约四年之久完成的,是当前英语世界《西厢记》翻译的最好、最接近原著的版本。较先前《西厢记》译者不同的是,伊维德和奚如谷是当今英语世界研究元杂剧的知名专家,有着深厚的中国古典戏剧的文化修养,这遂使得他们的《西厢记》译本在当今英语世界有着较高的权威性地位。"该译本细腻而有感性,乃源于译者对细节的密切关注以及对相关(中国)文学和文化的相当熟知。"[11]178 首先在版本的选择上,他们以现存世最早的明刊本弘治十一年金台岳

① 只译出前四本,而且还省略了第四本的最后一折(他认为该折无味、令人扫兴,舍去不译于整剧并无妨碍)。

② 其时,伊维德尚在荷兰莱顿大学,而奚如谷则在美国加州大学伯克利分校;译介工作始于1987年,历时4年完成。

家刻本《奇妙全相注释西厢记》为翻译底本，这不同于以往任何一个英译本(先前大都以明末清初的金圣叹批本《西厢记》为底本)。“我们的目标，一如我们先前的翻译一样，就是据实地向西方读者提供一个像文学翻译所能允许的那样、尽可能的接近原本的译本。”[12]15 近年来，伊维德和奚如谷一直致力于元杂剧社会学、传播学意义上的考察，他们认为我们现今所接触到的元杂剧已不是真正意义上的元人杂剧，而是后来明清编辑者改编、增删后的元杂剧，加入了更多后人的审美趣味和社会学意义上的因素。因而，选择现今最早的《西厢记》版本是其一贯的学术态度使然。对此，白之在该书前言中大为赞赏，“该书生动逼真性的再现从而使我们更贴近于原作，是伊维德和奚如谷该作品的唯一优点”[12]Foreword xi。

该译本最大的特色就是其长达100页的译文导言，此中他们依次论述了“《西厢记》在中国文学中的地位、作者及其身份、材料的系谱、逾矩创新性、《西厢记》世界的介绍”等五方面的内容，实为对《西厢记》的深入研究。特别是对弘治本中特有的浪漫和情色的内容，在译介的同时他们亦于导言中予以了深刻地剖析[12]90-97；从而使整个译本显得不仅完整而且更富有文化和文学韵味，也具有浓重的学院化气息。

该译本如同白之的《牡丹亭》译文一样，无意于译文的押韵效果，从而不可避免地失掉些原文的艺术魅力。文中附有大量注解以便读者更好地理解译文和原著，另内附精美木板插图21幅。

综上，《西厢记》作为元杂剧的经典剧目，从古至今、无论中外都获得人们的热切推崇和广泛赞誉。美国的《西厢记》译介自1898年至1995年已有近百年的历史，翻译主体各异，既有独著也有合著，既有香港学者亦有美国本土汉学家、大学教授；翻译所依原著版本不同，大都以金圣叹批本和弘治本为主；翻译策略不同，既有直译、押韵式的异化翻译方法，亦有意译、散文化的归化翻译方法，既有完整忠实于原著的翻译、亦有改编删节通俗化的翻译；翻译水平各异，既有通俗化的大众读物，也有学院化的学院派译本。这都是文学翻译上的常态，不同的译者有不同的解读和改写策略、不同的翻译目的，“一万个译者就有一万个《西厢记》”，而这恰也说明《西厢记》文本在人类文学史和精神史上的经典地位。

三、译介特征

综合考察，美国的元杂剧译介具有如下特征：

第一，译介主体以学院派汉学家为主，早期传教士汉学家只有卫三畏一人且为简单的节译；华裔学者虽也参与了元杂剧的译介但仍以美国本土学者为译介的主力，这与英国的元杂剧译介极为不同①，而以元杂剧为选题对象的在读博(硕)生，也进行了相关元杂剧的译介。

第二，就译介对象或内容而言。与英国主要以译介元杂剧四大家的作品不同，美国的元杂剧译介剧目更多，公案剧、水浒戏、四大家杂剧，多点开花，体现了美国学者对元杂剧的多元学术旨趣。但以关汉卿、马致远、郑光祖、白朴、王实甫、纪君祥、李潜夫为代表的元杂

① 在英国，以熊式一、张心沧和刘荣恩等人为代表的华裔学院派汉学家，亦是元杂剧译介的主力，为元杂剧在英国的传播作出了突出的历史贡献。

剧家无疑仍是元杂剧家在美国的译介重点，究其原因，所涉相关元杂剧文本的经典性、可读性、可译性及其蕴含的独特审美特质、人文情感与西方特定时期的历史和文化语境的契合性无疑是其中最主要的原因。

第三，就译介途径（载体）而言，美国的元杂剧译介载体主要有三种：专门的译著、研究翻译结合的研译著（包括博士论文）以及文（选）集。各种文（选）集在美国的元杂剧译介中发挥了举足轻重的作用；而对于译介专著、研译著，往往含有译者的译介策略、目的以及对具体元杂剧作品的深度解析，译介与研究并重、相互融合，体现了美国元杂剧译介的广度和深度。

第四，具有鲜明的时代衍变特征。如上而言，早期的元杂剧译介大都以介绍故事梗概为主，即使翻译也大致是些节译或改译；随着美国学界对元杂剧认识的不断深入，译介手段更多样，译本也趋向完整，更能忠实于原著，再现原作艺术魅力和文化意蕴。而且，一些大部头的译著诸如《窦娥冤》《西厢记》也不断涌现，翻译水平也不断提升。

第五，就译介的方法或策略而言。总体来说，美国的元杂剧译介既有恪守中文原作形式与音律特征、采用逐字直译与押韵技巧翻译的异化翻译，亦有散文化处理、顾及英语世界读者阅读和审美心理、趣味的归化翻译。以《西厢记》为例，哈特的译本是散化自由诗体，体现的是一种典型的归化翻译，韦尔斯的译本则力在纠偏哈特的翻译方法，为突出元杂剧独特的韵文特征而采取了严整的押韵翻译，体现出一种典型的异化翻译；伊维德、奚如谷的译本为迎合英语世界读者阅读理解和审美需求，在剧中诸如生旦净末丑等人物角色的译介上则采取了一种归化翻译的方法：以具体剧中人物的人名直接代之，而其他方面则更多采取了异化翻译的方法。

具体而言，不同的译者，其具体的翻译策略又各具不同；然而不论译者采取何种翻译方法，如何生动、最大限度地再现中文原作的审美特质和文化意蕴以及使英语世界读者更好地阅读和理解译文仍是包括美国学者在内的英语世界元杂剧译者们在翻译过程中所追求的最大翻译目标。比如，时钟雯的《窦娥冤：翻译和研究》一书，采用了一边原文、一边拼音，然后是英文翻译和脚注阐释的翻译方法。其中，拼音是逐字逐句的翻译，无标点。而伊维德和奚如谷的《西厢记》译本则以其前附有的长达百页的导言取胜，为读者阅读该著提供了必要的文化和审美语境，该译本具有鲜明的学院派特征。

第六，就译介的价值和意义。综观美国的元杂剧译介，历时悠长、译作丰富。特别是20世纪以来，包括华裔学者在内的更多的专业汉学家参与其中，他们的学术素养保证了元杂剧译介的较高水平。翻译是不同人类文明间进行文学和文化沟通的一种重要渠道，以美国为代表的英语世界的元杂剧译介无疑是中西文化和文学交流史上的一件盛事；它对于中华文明的西传和异质人类文明之间的沟通具有重大的历史和现实意义。

首先，它使西人逐渐了解到包括元杂剧在内的中国文学和文化的博大精深及其迥异的文学和文化旨趣。元杂剧的英译于英语世界普及了元杂剧的基本知识，使英语世界的人们真正认识到作为一时代之文学的“元杂剧”之独特的艺术特质和审美文化内涵；而且元杂剧独特的文化和精神气质还在某一特定的历史阶段如英国资本主义崛起时期以及二战后时期，契合了当时西方特有的文化精神，为他们提供了可以栖息魂灵的精神家园以及安身立命的文化土壤，而这则无疑具有巨大的历史意义和深层的文化意义。

其次，大量可观的元杂剧译本亦为英语世界乃至西方诸国的元杂剧研究者们或汉学家提供了丰富的元杂剧英文文献资料，从而更利于他们从事相关的元杂剧与中国文学、文化的研究工作。国内学者郭英德在谈及北美中国古典戏曲博士论文的价值与意义就提到其中一点，“对学术界熟知与习用的中国古典戏曲资料的英文翻译或英文介绍”[13]101，这亦是他们与国内学界在文献整理方面的最大不同之处；这虽就北美戏曲博士论文而言，但对以美国为中心的英语世界的元杂剧英译而言无疑也是十分恰当的。

当然，美国的元杂剧译介也存在一些不足或问题。首先，译介剧目较少，译介力度有待提高，研究范围有待扩大。截至目前，美国虽译介了不少的元杂剧，但是于总体的元杂剧作品数量而言只是其中的一小部分。从笔者所统计的数据来看，美国共译有名元杂剧家 14 人及无名氏杂剧 29 出(全译)。而据《全元杂剧》所载，共有知名元杂剧作家 51 人，杂剧 163 出。所以，总体来看，美国译介知名元杂剧家人数占总人数的 27%，杂剧作品只占总数的 18%；译介剧目较少，译介力度明显不足。其次，译介的重复性和不平衡性。笔者通过梳理统计，关汉卿的《窦娥冤》被译介 9 次，王实甫的《西厢记》被译介 7 次；而马致远的《汉宫秋》仅被译介 3 次，郑光祖的《倩女离魂》仅被译介 2 次，白朴的《墙头马上》只被译介 1 次，名家名篇尚且如此，更不用说其他元杂剧家及其作品的译介了。再次，至今尚无大规模系统性的元杂剧家全集作品的译介。元杂剧杰出代表作家关、郑、白、马、王中均无一人的杂剧翻译全集。

四、结语

元杂剧是中国传统文化和文学中的杰出代表，长期以来，以美国为中心的英语世界的学者对其进行了不遗余力地译介和研究，取得了较为丰硕的学术成果，他们为元杂剧的西播、流传作出了杰出的历史贡献。今天我们重新梳理和审视他们的译介成就，以及译介特征和规律，就是为了从中汲取宝贵的学术价值、探析一些启示性的学术问题。他们特有的中西兼具的学术涵养遂使得其译介成果和译介策略、包括他们译介中存在的一些问题于国内学界而言都极具借鉴性价值，我们可取其所长、避其所短。这样既能进一步拓展中国国内的文学译介和研究视域、完善其译介和研究方法、提升其译介和研究水平、融合接轨国际学术；①又能在“将‘他者’的眼光转化为‘他国化’的方法”[14]9 的基础之上，更好地推动今后包括元杂剧在内的中国传统文学和文化在英语世界乃至西方的有力传播；从而更好地实现当下正在实施的中国文学和文化“走出去”的伟大战略任务。

参考文献

[1] S. W. Williams. The Compared Tunic, A Drama in Four Acts[J]. *Chinese Review NQ*, 1849(18): 116-155.

[2] Kate Buss. *Studies in the Chinese Drama*[M]. Boston: The Four Seas Company, 1922.

① 篇幅所限，此不赘述，容另撰文详论。

[3] A. E. Zucker. *The Chinese Theatre*[M]. Boston: Little Brown and Co,1925.

[4] George A. Hayden. *Crime and Punishment in Medieval Chinese Drama*: *Three Judge Pao Plays*[M]. Cambridge,Mass:Harvard University Press, 1978.

[5] Ching-Hsi Perng. Review on George A. Hayden. Crime and Punishment in Medieval Chinese Drama: Three Judge Pao Plays[J]. *Harvard Journal of Asiatic Studies*, 1979, 39 (2): 477-483.

[6] Shizue Matsuda. Rain on the Wutong Tree[J]. *Renditions*, 1974, (3): 53-61.

[7] Fan Pen Chen. Reunion with Son and Daughter in Kingfisher Red County: A Yuan Drama[J]. *Asian Theatre Journal*, 1997, 14 (2) : 157-199.

[8] Robert E. Hegel. The Elder of the Eastern Hall Reforms a Prodigal Son: A Play by Qin Jianfu[C]// Maghiel Crevel, Michel Hockx, Tian Yuan Tan. *Text, Performance, and Gender in Chinese Literature and Music Essays in Honor of Wilt Idema*. 2009.

[9] Henry H. Hart. *The West Chamber*: *A Medieval Drama*[M]. Stanford: Stanford University Press, 1936.

[10] T'ien-Ch'ang Lai, Ed. Gamarekian. *The Romance of the Western Chamber*[M]. Hong Kong: Heinemann Educational Books (Asia) Ltd, 1973.

[11] William Dolby. Review on Wang Shifu, The Moon and the Zither: The Story of the Western Wing[J]. *Chinese Literature*: *Essays, Articles, Reviews*, 1993, 15(12): 178.

[12] Stephen H. West and Wilt L. Idema. *The Story of the Western Wing*[M]. Berkeley: University of California Press, 1995.

[13] 郭英德. 北美地区中国古典戏曲研究博士学位论文述评(1998—2008)[J]. 文艺研究,2009(9):101.

[14] 曹顺庆. 教育部社科基金重大投标项目特稿:英语世界中国文学译介与研究[J]. 中外文化与文论, 2013, 24(3):9.

英语学界对《水浒传》叙事结构模型的认识与建构[①]

谢春平

摘　要　《水浒传》的结构问题长久以来是学界争论的焦点。英语学界的学者韩南、李培德、浦安迪与吴德安诸人对此问题也进行了比较全面而深入的研究。论文通过文献考察、历史辩证与比较分析的方法，就英语学界对《水浒传》的结构模型所作的研究进行梳理、展开讨论，对他们的观点作出批判性思考。这有助于我们比较完整地认识、把握英语学界对《水浒传》叙事结构模型的研究，而且能够为国内学界的相关研究提供外来的参照与动力。

关键词　英语学界；《水浒传》；结构模型

Abstract　The structure of *Outlaws of the Marsh* has long been a topic of dispute in the academia. English scholars, such as Patric Hanan, Peter li, Swihart De-an Wu and Adrew H. plaks, have researched deeply and comprehensively on the issue. This essay aims at discussing the studies of the structural model of *Outlaws of the Marsh* in the English academia and making a critical analysis on these arguments by means of literature investigation, historical dialectics and comparative analysis. It not only helps a holistic understanding of the narrative structure model of *Outlaws of the Marsh* in the English Academia, but also provides domestic academic circles with reference and impetus for related studies.

Key words　English Academia; *Outlaws of the Marsh*; the model of structure

基金项目：国家社科基金一般项目"英语世界水浒学史研究"（17BWW024）；江西省社会科学规划课题"《水浒传》在英语世界的研究"（16WX14）的阶段性成果。

作者简介：谢春平（1979—　），男，博士，赣南师范大学文学院讲师，主要研究方向为海外汉学、比较文学与比较诗学。

一、引言

作为中国古典小说的扛鼎之作，自成书至今，《水浒传》的结构艺术问题在中国学界引起很大的争议。肯定者说其结构严密、是个有机的整体，如李开先称其"委曲详尽，血脉贯通"[1]167；郑振铎认为小说"结构原是一个很严密的组织。就全部观之，确是一部很伟大的很完美的悲剧"[2]119。批评者则认为《水浒传》的结构正如鲁迅评价《儒林外史》时所说的那样，"虽云长篇，颇同短制"[3]150，实在算不上结构完美的长篇小说。对此，茅盾就曾指出，小说中不同的人物故事完全可以拆分开来，因而"从全书来看，《水浒》的结构不是有机的结构"[4]。从整体来看，国内学界对《水浒传》叙事结构艺术的评价褒贬不一，争论的焦点主要集中在小说的结构是不是有机的结构。

① 原文发表于《燕山大学学报（哲学社会科学版）》2017年第5期。

与中国学界的情形大体相同，英语学界的批评者像赛珍珠、浦安迪等人，刚开始关注、研究《水浒传》的叙事结构时，基本上也认为这是一部结构松散的小说。如赛珍珠所指出的，对西方的读者与批评者来说，《水浒传》等中国古典小说的主要弱点就在情节结构方面：

对西方评论界来说，这三部(指《水浒传》《三国演义》与《西游记》，笔者注)长篇的缺点和优点同样明显。主要的弱点在情节方面。情节特别复杂，还有很多次要的情节处理得很糟糕。人物众多，出现了一会，就从接下来的几章中消失，一直到小说结尾处才又不经意地露面，或者干脆都不再露面，有关线索就断在那里。结果，小说变得拖沓冗长，毫不协调，有时是一片混乱。[5]30-31

此观点的提出，既有小说文本自身的原因，也是以西方文学标准为参照的结果。赛珍珠在1938年诺贝尔文学奖颁奖仪式上所作的《中国小说》的演讲中就说：

按照西方的标准，这些中国小说并不完美。它们总是没有自始至终的计划，也不严密，就像生活本身没有计划性和严密性一样。它们往往太长，事件太多，人物太拥挤，材料中事实和虚构混杂，方法上浪漫传奇与现实主义交融，结果，一种不可能出现的魔幻或梦幻的事件可以被描绘得酷肖逼真，以至使人违背一切理性去相信它。[6]32

用所谓现实主义的或浪漫主义的理论观念来批评、衡量《水浒传》等中国小说的叙事艺术，这是英语学术界中国文学研究中“以西释中”的典型案例，也是所谓的“文化帝国主义”的具体表现。

不过，即使英语学界的批评者如赛珍珠等人认为《水浒传》是一部结构松散的长篇叙事文学作品，但随着对中国文化与文学传统研究的不断发展、深化，不少批评者逐渐认识到中国古典小说在叙事结构艺术上的民族特质，从而把研究的视角逐渐转向中国文学本身，并从中国文学传统的历史发展来寻找阐释的依据。正是从“以西释中”到“融合中西以释中”这一学术理路的转变，英语学界在《水浒传》叙事结构艺术的研究上逐渐找到了新的阐释起点，从而抛却简单的“不严密”“拖沓冗长”与“松散”的认识，把研究重心转向探索《水浒传》的叙事结构模型与基本结构原则上。

就《水浒传》的结构模型，英语学界自韩南到浦安迪，前后之间大致提出了四种不同的看法。不过，仔细研究可以发现，它们之间的相通性还是很大的，甚至可以说，在最根本的层面上具有基本的一致性。这在下文的讨论中就可看到。其中，夏志清的论述非常简略，他认为“《水浒传》的结构是综合型的”，而且“它的艺术性比直叙史实的《三国演义》要略逊一筹”[7]71。夏志清对此问题未作更深入的探讨，就不再展开。其他三种观点依次是由韩南、李培德、浦安迪与吴德安提出的。下面，笔者就按此顺序展开论述。

二、韩南论《水浒传》的“联合布局”与“顶层结构”

1967年，韩南(Patric Hanan)在《早期中国短篇小说》一文中曾就中国早期短篇小说与《水浒传》《三国志演义》等长篇章回小说展开过比较研究，并对中国古典小说叙事布局的发展作过一个简略的论述。在分析论述过程中韩南提出，像《水浒传》这一类型的小说，在情节结构上属于“联合布局作品”(linked works)[8]203。所谓“联合布局”小说，是与“单一布局小说”(unitary fiction)相对而言的。韩南认为,这两种小说结构布局的区分,主要表现在文体形式与情节方面[8]200。

根据韩南的论述,所谓“单一布局”是这样的一种情形:

情节无论如何复杂、曲折,结构布局仍是完整一体的;如果从中抽出具有实质性的内容,就会破坏故事情节的完整性。[8]183

“联合布局”则不同,韩南说:

情节只是一系列松散地连合在一起的故事片段的框架,其中的某些内容移除之后,对故事的整体布局不会造成不可弥补的破坏;这些不同的部分本身皆可成为独立的小布局。[8]183

这就是韩南所说的中国古代小说中的“单一布局与联合布局”(the unitary plot and the system of linked plots)的各自特征及区别。

在韩南看来,《水浒传》不仅具有“联合布局”的结构模型,还具有把不同部分的“联合布局”的人物故事情节统一起来的“顶层结构”(superstructure)。韩南以小说中的武松故事为例说明,武松的每一段历险故事差不多都构成一个近乎完美的单一布局,对文本中的某些内容进行删节、剪裁,并不妨碍情节的完整。而且,虽然讲述武松故事的若干章回是自成一体的联合布局,但它们又与其他联合布局(如讲述宋江故事的那些章回)相互环扣在一起。而贯通这两个不同的联合布局之间的纽带则是这两主角的偶然相遇。[8]183-184 根据《水浒传》中反复出现的这种情节结构布局方式,韩南指出:

在《水浒传》及其他相似的作品中,有一个我们称之为结构之上的“顶层结构”,它把各个联合布局组织在一起。《水浒传》中,英雄们的聚合,从开始造反到结束,所有这些都是操控不同联合布局系统并把它们组合成一体的“顶层结构”。[8]184

根据韩南的论述,笔者以为我们其实可以把“联合布局”看作是《水浒传》的小结构,而“顶层结构”则是统管整部作品、把各个不同的联合布局组织成一体的大结构。在小结构里面,作者不断把梁山好汉个体演绎在读者眼前;在大结构里面,作者则把所有这些英雄们聚合在一起,也就是作品中多次描写的、规模逐渐发展壮大的“聚义”。像第十五回“公孙胜应七星聚义”,第四十回“白龙庙英雄小聚义”,第五十八回“三山聚义打青州”,这些回目中的叙事,作者就是把分散各地的英雄们不断地聚合在一起,最终达到第七十一回“梁山泊英雄排座次”的鼎盛局面。换句话说,英雄们的由散而聚,再由聚而散,也就是韩南所说的英雄主角的偶遇,以及他们从开始造反到结束,这就是韩南提出的贯串整部作品的“顶层结构”。

三、李培德论《水浒传》的“主题单元”与“环状结构”

1977 年至 1978 年间,李培德(Peter Li)连续在两篇文章中讨论了《水浒传》的叙事结构模型问题①。在这两篇文章中,李培德吸收了韩南的"联合布局"的看法,并在此基础上提出《水浒传》的基本叙事结构模型是"联合布局"(linked-plot)的"环状结构"(亦译为"环状链"或"环状序列"结构)的观点[9]80。他指出:

《水浒传》是由一系列叙事环构成的,每一个叙事环由不同的英雄为主角。《水浒传》前七十回由八个故事环所主宰,这八个故事环以鲁智深、林冲、武松、宋江等八位重要英雄为核心。[10]39-51

根据李培德的意见,小说前七十回中的八个联合布局的故事环分别是这样的:第三至七回,以鲁智深为核心进行叙事;第七至十二回,以林冲为核心展开叙述;第十二至十三回、十六至十七回,以杨志为叙事中心;第十四至十五回、十八至二十回,以晁盖为叙事中心;第二十一至二十二回、三十二至四十二回,宋江是故事的主角;第二十三至三十二回,武松是故事的主角;第五十四至五十八回,小说围绕着呼延灼展开叙述;第六十至七十回,则围绕着卢俊义展开叙述。[9]80-81李培德所说的这些以某一英雄为核心的故事环,按中国学界的认识其实就是小说作者从史书借用来的"人物列传"书写体例。

谈到《水浒传》前七十回里的叙事"环状链",李培德认为:"这个环状链是由劫持、营救与对抗朝廷等行动元素联缀而成的。"他同时指出:"我们必须承认,与相互交织的叙事线索相比,这种联合布局的叙事体系,从根本上来说还是一种比较松散的结构形式。"[10]39-51但即便如此,李培德仍然指出:

即使小说的内部结构存在这样的缺点,但《水浒传》里矛盾冲突与解决的总体方式还是给人留下深刻的印象。矛盾冲突的双方,一个是法律意义上的"正义的"逃犯,一个是腐败、专制的朝廷。在第一至七十回中,冲突的模式形成;随着众多好汉的出现,以及他们的组织势力变得越来越强大,矛盾冲突的张力也随之增大。当一百零八好汉全部汇聚在一起时,梁山势力达到了顶峰。不久之后,在七十五至八十回中,朝廷先后派出童贯和高俅去镇压这帮英雄。但梁山的力量实在太强大,他们两败童贯,三败高俅。然而,在第八十二回里,当宋江接受朝廷的招安时,就找到了解决双方对抗、冲突的办法。此时,情节继续展开。诗性正义(poetic justice)需要这帮好汉获得更大、令人印象更加深刻的胜利。因此,他们展开征四寇行动,并取得成功。冲突的最后解决就是宋江死于高俅与童贯的阴谋。[10]39-51

基于这样的认识,李培德进一步指出:

虽然联合布局体系让《水浒传》的内部结构存在这样的不足,但通过主题单元、矛盾冲突与解决的总体方式、地理聚焦以及好汉们的总体目标诸因素的结合,小说却拥有一个强大的外部结构模型。[10]39-51

---

① 前一篇文章是《三国》和《水浒》的叙事模型,Peiter Li, Narrative patterns in San-Kuo and Shui-hu, Plaks, Andrew. Ed. Chinese narrative: critical and theoretical essays. Princeton, N. J.: Princeton University Press, 1977. 后一篇文章是"《三国演义》和《水浒传》"与"《西游记》与《镜花缘》", Winston L. Y. Yang, Nathan K. Mao and Peiter Li, "*Romance of the Three Kingdoms and The Water Margin*," and "*Journey to the West and Flowers in the Mirror*." *Classical Chinese Fiction: A Guide to Its Study and Appreciation*. London: George Prior Publishers, 1978. pp39-51. Literature Criticism from 1400 to 1800. Ed. Lynn M. Zott. Vol. 76. Detroit: Gale, 2002. From Literature Resource Center.

根据李培德的论述，我们可以把“环状结构”分为两层，一是主宰整部小说的大的“外部结构模型”(external pattern)，或者说是“整体结构模型”(overall pattern)；一是以不同英雄人物为主角形成的小的“故事环”(story cycles)，也就是“内部结构”(internal structure)。而以不同英雄为主角形成的各个“故事环”又构成了叙事过程中一个个相对独立的“主题单元”(unity of theme)。然而，由于联合布局之上的“顶层结构”的支配、协调作用，这些看起来相对独立的叙事“主题单元”实际上又有一条强大的线索把它们相互扣合在一起。

从总体上来说，《水浒传》是在“顶层结构”的主宰下，由不同的“故事环”扣合在一起而形成一部完整的作品。不过，李培德提出，小说前七十回的八个联合布局是以八个重要的英雄为叙事核心，后四十回的四个“故事环”则是以英雄们的群体行动——征四寇为叙述的关键要素。第八十三至九十回叙述接受招安后的梁山好汉征辽，第九十一至一百回写他们征田虎，第一百零一至一百一十回写征王庆，第一百一十一至一百一十九回则讲述征方腊。对后四个叙事环，李培德说：“这种叙事模型没有遵循特别的逻辑，只是重复而已。除了最后征方腊时一百零八好汉十死七八之外，每次出征基本没什么区别。”[9]82 从《水浒传》后四十回的内容来看，李培德之论不虚。

在讨论中，李培德还指出，小说第七十一至八十回并不属于环状结构叙事模型。他说：“在第七十一回作品的高潮部分，这种环状模型结束了。”[9]81 李培德以为，小说作者在这一部分写“忠义堂石碣受天文，梁山泊英雄排座次”，是为了点明这些英雄作为一个群体的关系以及他们的共同目标，而最根本的是要揭示出他们的聚义并非偶然而是天意使然。这就与小说开篇的楔子相呼应。而这样写显然是强大的外部结构在起作用。同时，这也是“顶层结构”把原本分散的、相对独立的各个故事环凝聚成一部意义完整的作品的内在需要。

至于两败童贯、三败高俅的那些章回，李培德说：“第七十五至八十的中间六回有一个不同的结构；在这里，叙事的环状链变成了对五场相连战役的快速描写。”[9]81 李培德以为，在这几个章回中，梁山好汉先后与童贯、高俅带领的朝廷军队展开正面较量，一方面使矛盾双方的问题和大规模冲突爆发出来，另一方面则展现出好汉集体的本领和才能。这些章回的叙述，特别是写“宋公明排九宫八卦阵”，李培德说：“如果作品里有第二个高潮的话，这肯定就是那个高潮了。”[9]81 在李培德看来，小说中这些内容的叙述其实就是要推进对立双方矛盾、冲突的解决。如上文引用的李培德的论述那样，“在第八十二回里，当宋江接受朝廷的招安时，就找到了解决双方对抗、冲突的办法”。很显然，《水浒传》故事情节的发展正是以梁山好汉的接受招安作为一个大的转折的。按李培德之论，正是这个招安，小说后四十回的叙事又返回到环状结构的轨道[9]81-82。不过，小说叙述征四寇时的叙事单元的主题，已不再是前七十回里演绎的英雄们的不断相遇、聚义的兄弟之“义”，而变成了对“忠”的描写。

综合李培德的论述，笔者以为，我们可以这样来理解《水浒传》的情节结构：

作者以重要的英雄人物或事件为叙事的核心，形成一个个不同的故事环，而这些不同的故事环又形成一个个不同的叙事主题单元。这是李培德提出的小说叙事环状结构中的一个层面，也就是作品的内部结构。不过，《水浒传》的内部结构是比较脆弱的。因为不同的故事环是相对独立的，正如韩南提出的联合布局那样，就是把其中的重要内容抽掉，也几乎不会影响作品的完整性。这个时候，小说就需要一个强大的外部结构来控制全局。

在李培德看来，《水浒传》强大的外在结构模型是由主题单元、矛盾冲突与解决的总体方式、地理聚焦以及好汉们的总体目标等多个要素综合作用形成的。而其中的关键要素则是解决矛盾冲突的方式，先是梁山好汉集体接受招安，再就是好汉们的不断亡散，终至于宋江的被毒杀。这时，对抗双方——忠义英雄与奸臣贼子——的势力就完全失衡，矛盾也得以基本解决。换句话说，《水浒传》强大的外部结构，最根本的就是由对抗双方矛盾、冲突的产生到不断解决的过程所主宰的。而这也为我们理解阮小五的"酷吏赃官都杀尽，忠心报答赵官家"提供了一个路径。从根本上来说，《水浒传》中矛盾冲突的双方并非所谓的农民阶级与地主阶级，而是作者赞颂的像宋江这样比较接近儒家人格理想的忠义之士与蔡京、童贯、高俅、杨戬等代表的"酷吏赃官"。

四、浦安迪论《水浒传》的多重结构：从"神话框架""撞球式"结构到"聚而复散"的结构模式

就《水浒传》的叙事结构，美国普林斯顿大学中国文学研究专家浦安迪(Andrew H. plaks)认为虽然情节曲折，但总体布局是比较松散的。因此，浦安迪指出，像李开先称赞该作品"委曲详尽，血脉贯通"，天都外臣称赞它"……浓淡远近，点染尽工，又如百尺之锦，玄黄经纬，一丝不纰"，金圣叹赞美它"……其二千余纸，只是一篇文字"，所有这些"盛赞作者在结构操纵上得心应手"的赞誉之词，不知其根据何在[11]304。即使浦安迪质疑《水浒传》是一部结构完整、精美的作品的观点，但他也指出，通过对小说文本的总体框架以及在此文本总体框架之内较大的结构划分的仔细观察，可以发现，那些源自民间的叙事素材貌似是杂乱、随意拼凑的，但最终却会让我们强烈感受到编撰者对这些故事片段所作的精心安排[11]306。由此可知，虽然像韩南、李培德所提到的那样，小说里面不少联合布局的叙事单元具有相对的独立性，但《水浒传》的情节结构编排还是很有讲究的；在创作过程中，小说作者是经过深思熟虑的，并采取多种结构技巧来处理人物故事素材。

首先，浦安迪提醒我们必须注意小说开头的结构作用。浦安迪指出，《水浒传》作者在小说开篇的"引首"与第一回"洪太尉误走妖魔"里面，就为整部作品铺设好了一个非常简单的"神话框架"(supernatural framework)的叙事纲要[12]306。在浦安迪看来，小说开头的这个神话框架具有很重要的结构作用，虽然这部分内容与作品主体是截然分开的，但它却照应后面的故事，并为推动情节的发展提供某种超自然、超因果的叙事逻辑。而且，在反讽理论的指导下，浦安迪说：

> 作为小说主体的补充，楔子对后来故事情节的发展具有反讽影射的作用：它预先就提醒读者，这部小说对民间传统英雄的处理未必就与人们极其简单化的期待相符合。[11]306

按浦安迪的论述，《水浒传》开头的这个"神话框架"正是统领小说叙事的宏大结构。撇开浦安迪的反讽论，笔者认为，在这个框架下，作品前七十回叙述梁山一百零八好汉的不断聚合就具有内在的叙事动力。即使在现代人眼中，梁山好汉招募秦明、朱仝、卢俊义等人时太过残酷，完全违反了英雄信条，但在作者的创作中，英雄们的相聚是契合上界星辰的行为，是天意使然，不管通过什么样的方式上梁山，都是这一百零八好汉的必然命运。事实上，在笔者看来，《水浒传》中的这个"神话框架"是把韩南所说的小说文本中各个联合布局

扣合在一起的最根本、最内在的“顶层结构”。正是在这个“神话框架”的叙事纲要中，分散各地的英雄才能不断相遇，梁山的势力才能不断发展壮大、并在一百零八好汉聚齐时达到鼎盛，也才能最终竖起“替天行道”的大旗与北宋王朝分庭抗礼。也正是在这叙事的基础上，才可能出现后面的受招安、征四寇，也才可能在众好汉不断亡散的过程中演绎浦安迪提出的“聚散兴亡”的“空无”主题。而作品里演绎的“万事皆空”主题，显然是通过浦安迪所说的“聚而复散”的结构模式展现出来的。下面就来讨论小说的“聚而复散”叙事结构。

浦安迪认为，明代小说具有“一般美学”(the general aesthetics)特征，那就是在叙事结构与故事情节长度的处理上，保持着某种“显著的数字平衡感与对称性”[11]306。在浦安迪看来，《水浒传》不管是100回本还是由其衍生出来的120回本，抑或是金圣叹腰斩的70回本，都保持了结构上的这种平衡与对称。而小说结构上的平衡与对称是与故事叙述、主题揭示紧密相关的。按浦安迪之论，根据明代小说的一般美学特征，《水浒传》前半部分既然叙述了英雄们由散而聚、梁山势力不断发展壮大的过程，后半部分必然要叙述众好汉的零落衰败。对此，浦安迪说：

> 虽然在梁山好汉的势力发展到鼎盛时，小说叙述戛然而止似乎很轻易就把作品结尾几部分删削了，但实际上，根据明代小说的一般美学，它仍隐含着这帮结义兄弟必然分散凋零的后续叙事。[11]306

根据浦安迪提出的《水浒传》结构上的平衡与对称特点，再结合他的上述讨论，可知，梁山好汉的“由散而聚”到“聚而复散”，这是贯穿整部作品的重要结构模式。这种“聚而复散”的结构模式与作品开篇设立的“神话框架”的叙事纲要相结合，就构成了《水浒传》的总体叙事结构模型，也就是上文李培德所说的作品强大的外部结构。

在浦安迪的研究中，《水浒传》既有宏大的总体结构模型，同时也有构成总体结构模型的具体的结构形式。根据浦安迪的研究，小说的具体结构形式主要有两种，一是“撞球式”的结构模型(structural pattern of the billiard ball)，一是以十回为节奏的基本叙事单元(ten chapters each, ten-chapter rythms)。

浦安迪认为，《水浒传》最初数回讲述王进、史进、鲁智深和林冲等人种种惊险曲折的经历时，小说作者就建立了他喜爱的“撞球式”结构模型。那什么是“撞球式”结构模型呢？它又有什么叙述功能呢？对此，浦安迪指出：

> 所谓“撞球式”结构模型是这样的，叙述焦点依次变动，按照叙述焦点的变化，先沿着一个主人公的经历发展叙述下去，直到他遇上了另一个主人公，于是就跟随后者冒险事迹的新路线进行叙述，而把前者撇下，或许在后来的某个时刻又提到他。[11]309

对这一结构模型的叙述功能，浦安迪如此说：

> 这种不连贯的情节发展有时显得混乱无序，但事实上它隐藏着一种非常重要的叙述功能，因为在很大程度上，它为主宰小说文本意蕴的形象再现方式奠定了基础。[11]309

这里提到的形象再现方式，在浦安迪的反讽研究中是人物塑造的一种主要方法。在此不展开讨论。

浦安迪提出的《水浒传》中以十回为节奏的基本叙事单元，类似于韩南提出的“联合布局”结构模型，与李培德提出的叙事“主题单元”则基本一致。根据浦安迪的论述，这种叙事单元具有相对的独立性,前七十回以几位重要英雄人物为核心,后五十回则以梁山好汉的集体行动为中心[11]306-307。这和李培德的论述几乎一样。

普林斯顿大学出身的吴德安(Swihart De-an Wu),在《水浒传》结构研究上深受浦安迪的影响,因而他的观点与浦安迪比较接近。在此,笔者一并讨论他的研究观点。吴德安认为这部小说的整体结构是由多种叙事要素紧密结合在一起构成的。首先就是“开放性部分”(the opening section)。在吴德安看来,《水浒传》中具有结构功能的开放性部分,不仅包括浦安迪提到的“楔子”或是“引首”。该论者认为,现存的接近小说原本的一些小说版本,每回开头保留的类似于“楔子”的“入回诗”(a poetic opening section),也具有构建小说文本结构的作用[12]73-74。从保留有“入回诗”的容与堂百回本《水浒传》来说,每回开头的这种开放性部分,在小说文本结构布局上,的确有衔接过渡的作用。

事实上,不仅“入回诗”具有衔接过渡的结构功能,小说作者在每一回结尾的“有分教”部分所作的交代,其实也具有类似的结构功能。对《水浒传》每一回结尾部分小说作者所作的这种具有指引性功能的交代,乔什·维托(Josh Vittor)指出:“这种回末问题担当着重要的叙事手段,提供了把各回连接起来的艺术凝聚力,从而使各回之间不会显得毫无关联。”[13]160 只不过,作者抛出的这些“回末问题”,它们构建小说文本叙事结构的功能与作用主要体现在局部而已。

在吴德安的论述中,《水浒传》里构筑小说整体结构的要素除上述“开放性部分”之外,还包括“集体列传形式”“人物配对原则”与“人物拆分原则”等人物描写手法的运用,以及平衡对称原则与时空布局方法的应用等。

五、结语

上述英语学界诸位批评者,立足于中国叙事文学传统,较好地开拓了对《水浒传》叙事结构的研究,提出了比较新颖的观点和主张,为我国研究者认识《水浒传》独特的结构艺术提供了可资借鉴的理论来源。

综合韩南、李培德、浦安迪与吴德安等人的论述,笔者认为,《水浒传》的结构模型是多重的。简单说来可分为统领整部作品的宏大的外部结构与构成相对独立的故事环的具体的内部结构。前者包括韩南提出的“顶层结构”、李培德提出的“总体结构模型”与浦安迪提出的“神话框架”和“聚而复散”的结构模型,后者则包括这三位批评者提出的“联合布局”“环状链”与“主题单元”以及“撞球式”等叙事结构模型。

就韩南、李培德、浦安迪等人的研究观点来看,他们非常清楚地认识到中国文学传统语境中《水浒传》独特的叙事结构艺术,这种叙事结构与西方古典文学的线性叙事传统有质的不同。《水浒传》的叙事打破了时间线性的局限,充分发挥了空间在小说结构中独特的叙事功能。此外,《水浒传》别具一格的叙事结构也是深受中国传统叙事理念影响的结果。韩南、李培德的研究主要是从《水浒传》这一具体的文学文本展开的,浦安迪则深入到中国古典文学的叙事理念层面做了进一步的研究挖掘。浦安迪提出的“神话框架”与“聚而复散”的结构模式,很显然是中国传统神话思维与因果命定观念的体现,也是中国人对人事发展中“盛衰兴废”认识的具体体现。事实上,不仅《水浒传》贯穿这样的叙事理念,《三国演义》

《金瓶梅》与《红楼梦》等中国古典小说中同样如此。

参考文献

[1] 朱一玄，刘毓忱. 水浒传资料汇编[M]. 天津：南开大学出版社，2012.

[2] 郑振铎. 中国文学论集[M]. 长沙：岳麓书社，2011.

[3] 鲁迅. 中国小说史略[M]. 长沙：岳麓书社，2010.

[4] 茅盾. 谈《水浒》的人物和结构[J]. 文艺报，1950，2(2).

[5] 姚君伟. 赛珍珠论中国小说[M]. 南京：南京大学出版社，2012.

[6] Pearl S. Buck. *The Chinese novel: Lecture Delivered before the Swedish Academy at Stockholm* [M]. New York: John Day Co, 1939.

[7] 夏志清. 中国古典小说[M]，胡益民，等译. 江苏文艺出版社，2008.

[8] Patrick Hanan. The Early Chinese Short Story: A Critical Theory in Outline [J]. *Harvard Journal of Asiatic Studies*, Vol. 27, 1967.

[9] Peter Li. Narrative patterns in *San-Kuo* and *Shui-hu* [C]//Plaks, Andrew. Ed. *Chinese narrative: critical and theoretical essays*. Princeton, N. J.: Princeton University Press, 1977.

[10] Winston L. Y. Yang, Nathan K. Mao and Peter Li. "Romance of the Three Kingdoms and The Water Margin," and "Journey to the West and Flowers in the Mirror." "[M]//*Classical Chinese Fiction: A Guide to Its Study and Appreciation*. London: George Prior Publishers, 1978.

[11] Plaks, Andrew H. *The Four Masterworks of the Ming Novel* [M]. Princeton University Press, 1987.

[12] De-an Wu Swihart. *The Evolution of Chinese Novel form* [M]. Thesis Ph. D. The Department of East Asian Studies of Princeton University, 1990.

[13] Josh Vittor. "Women and Men, Love and Power: Parameters of Chinese Fiction and Drama"[C]//*Incoherence and Intoxication: Alcohol as s Rare Source of Consistency in Outlaws of the Marsh*. Sino-Platonic Paper, edited by Victor H. Mair, 2009: 193.

现当代文学翻译与海外传播研究

杜迈可对中国文学走出去的译介贡献①

朱振武,王 颖

摘 要 中国文学要想真正走出去,原汁原味地译介至为重要。加拿大汉学家、翻译家杜迈可在英译苏童的《妻妾成群》《1934年的逃亡》《罂粟之家》等作品时,就高度遵循了忠实性原则。在翻译实践中,杜迈可善于把握中国文学文化之精髓,采用异化为主的翻译策略,致力于传递原作的地道特色。同时,他还考虑到目标语读者的接受度问题,在忠实原作风韵的基础上,适当释义,增强了译作的可读性。

关键词 文学"走出去";异化;杜迈可;《大红灯笼高高挂:三个中篇》

Abstract Faithful and felicitous translation is very important for the outgoing of Chinese literature. Michael S. Duke, a Canadian Chinese scholar and translator, highly followed the principle of faithfulness in translating Su Tong's Three Novellas-Raise the Red Lantern, Nineteen Thirty-four Escape and Opium Family. In translation practice, Duke is good at grasping the essence of Chinese literature and culture. By employing foreignization as the main translation strategy, he was committed to transmit the original characteristics of the original. At the same time, he also takes the target readers' acceptance into consideration. On the basis of being faithful to the charm of the original, he also made appropriate explanation, so as to enhance the readability of the translation among the target readers.

Key words outgoing of Chinese literature; foreignization; Michael S. Duke; Raise the Red Lantern: Three Novellas

作者简介:朱振武(1963—),男,山东兖州人,博士,上海师范大学教授,博士生导师,国家重点学科比较文学与世界文学学科带头人;王颖(1990—),女,山东临沂人,上海大学外国语学院研究生。

翻译活动在中国可谓源远流长,在西方也历史悠久。译家所采用的翻译策略虽花样繁多,各有千秋,但大体都可分为异化和归化两种类型。翻译家孙致礼早在2002年就曾这样判断:"随着国力的增强以及英语读者对中国文学理解的深入,异化策略将居于主导地位。"[1]40 其实,此前的几十年里,不少国外汉学家在译介中国文学作品时,就已经采用异化为主的翻译策略。加拿大汉学家、翻译家杜迈可②(Michael S. Duke)则是应用异化翻译策

① 原文发表于《燕山大学学报(哲学社会科学版)》2016年第2期。

② 杜迈可(1940—),加拿大汉学家、翻译家。1975年毕业于美国加州大学伯克利分校。在校期间,主攻中国古代文学,尤以研究陆游的诗见长。上世纪80年代起,他逐渐将研究重心转向中国当代文学,先后出版著作4种,发表论著及论文4篇。

略的一位突出代表。他不仅进行了大量的汉学研究,成果丰硕,还翻译了巴金的散文《怀念萧珊》,苏童的中篇小说《妻妾成群》《1934 年的逃亡》《罂粟之家》以及香港作家陈冠中的政治寓言小说《盛世:中国 2013》。这些作品在英语世界得以顺利传播,难道是译者杜迈可对之进行了改头换面式的过度归化处理吗?仔细比对原语与目标语,我们发现答案恰恰相反。

一、异化为主,释译为辅

《妻妾成群》(即《大红灯笼高高挂》)《1934 年的逃亡》和《罂粟之家》是中国当代作家苏童(1963—)的代表作。作为中国当代先锋派新写实主义的代表,苏童的作品既有历史书写,又有现实关怀。虽然选材不同,但其作品的着力点在于营造文化意象,实现美学理想。杜迈可在翻译《大红灯笼高高挂:三个中篇》①时,采用异化为主的翻译策略,格外注重苏童作品意象的翻译,追求意象翻译的神形兼备,以便目标语读者从译作中感受到苏童作品中原汁原味的中国风韵,体验中国文化的独到魅力。

"忠实乃动态对等之结果。""忠实的译文可使接受语读者产生与源语读者读原文的体验基本相同的反应。"[2]203 杜迈可在着手翻译时,第一原则就是尽可能地忠实原作。这一忠实性不仅体现在对原作风格和叙事角度的忠实上,也体现在对原文本意象的翻译过程中。他尽可能地保留原作中所用意象的完整性,极力表现语言的个性化,同时,对于目标语读者不易理解的部分,杜迈可则使用解释性的语言加以补充说明,自然、流畅地与译文融为一体,从而避免了脚注,进而保留了作品的美感和完整性。对原文本和译本中的几个典型案例进行分析,可以更直观地了解其特色。

(1) 父亲把手上的静脉割破了,很轻松地上了黄泉路。[3]40

Her father had slashed his wrists open and gone effortlessly down to the Yellow Springs of the Dead.[4]19

(2) 她说陈家上下忌讳这些事,大家都守口如瓶。[3]42

She said everybody high and low in the Chen family avoids the subject; everybody's lips are sealed tight as a jar.[4]23

(3) 身正不怕影子歪,无事不怕鬼敲门,怕什么呀?[3]56

If you stand upright, you needn't fear a crooked shadow; if you've done nothing wrong, there's no need to fear a ghost knocking at your door; what're you afraid of?[4]64

(4) 这叫做以其人之道还治其人之身,书上说的,不会有错。[3]61

This is known as "using someone's own methods to control them"; it's written in the classics and can't be wrong.[4]79

例(1)中,"黄泉"是非常中国化的一种说法,在汉语语境中指人死后所居住的地方。古人打井至深时,地下水往往呈黄色,而且人死后通常埋于地下,故古人以地极深处黄泉地带为人死后居住的地下世界。作者在采用异化的手法进行翻译时把"黄泉"对应译为"the

① 即《大红灯笼高高挂》《1934 年的逃亡》和《罂粟之家》。

Yellow Springs of the Dead”，做到了对原文的忠实。但杜迈可在翻译过程中体现的忠实性并不是“愚忠”，因为目标语读者通过“the Yellow Springs of the Dead”中的“Dead”一词可以读懂其含义，同时还可以激发对中国文化的兴趣，主动了解具有中国文学作品特色的意象。这一翻译策略既保留了传统文化的内涵，同时又不会引起读者的困惑，可谓一举两得。例(2)中的“守口如瓶”出自《摩诘经》：“防意如城，守口如瓶。”意为闭口不谈，像瓶口塞紧了一般，指说话谨慎，严守秘密。在英语中，有“as close as an oyster”这一固定用法与其对应。但杜迈可并没有直接使用“as close as an oyster”进行翻译，而是另辟蹊径，译为“are sealed tight as a jar”。因为在中国，牡蛎(oyster)并不是文学作品中的常用意象，这与东西方的文化差异有关。为了使译文既能通其意，又能传其神，杜迈可采用原文中的意象对应翻译，读者眼前就能形象地浮现出瓶口紧塞的场景。这一比喻一方面形象地表达了“守口如瓶”的内涵，做到了忠实原文，另一方面还能令目标语读者耳目一新，同时又做到了准确地传辞达意。例(3)将汉语中的谚语用相同的意象进行翻译，既浅显易懂，又使目标语读者眼前一亮，感受到一个新的语词世界。在翻译例(4)时，杜迈可在领会中国俗语的基础上进行意象对应翻译，准确地表情达意的同时，又因为意象的新颖，增添了几分语言的魅力。

从上述几个例子中，我们可以看出，杜迈可巧妙地运用了对应原文意象的方法进行翻译，展现出中国文学的东方美与东方特色，避免了误解与误读。同时，他所使用的表达方式易于被西方读者接受，不会使译文晦涩难懂，也不易引起误读。

上述几个例句体现出杜迈可的异化翻译策略在意象翻译中的应用。异化作为一种常用的翻译策略，在翻译中国文化中的意象时可以选择使用，但要运用恰当。如若运用得不好，则会起到适得其反的作用。如《诗经》中的“手如柔荑，肤如凝脂，领如蝤蛴，齿如瓠犀，螓首蛾眉。”(《卫风·硕人》)就描绘了一个典型的中国美人形象，近代英国著名汉学家詹姆斯·理雅各(James Legge)将其译为：

Her fingers were like the blade of the young white-grass; her skin were like congealed ointment; Her neck was like the tree-grub; Her teeth were like melon seed; Her forehead cicade-like; Her eyebrows like (the antennae of) the silkworm moth.[5]

在此，译者詹姆斯·理雅各虽然忠实于源语的文化意象，但由于并没有考虑到源语和译语两种文化的合理转换。译文虽然将文化意象完整地保存了下来，但对于初次接触该译文的目标语读者而言，则会是丈二和尚摸不着头脑，非但不能想象出一个美目盼兮的女子，反而会在脑海中浮现出一个异域的女怪物形象。

杜迈可极尽个人之努力忠实于原文的意象和意义，还表现在对不易理解的部分使用解释性的语言，使译文清晰明了，读者读起来简单晓畅。“解释性翻译可以把要解释的内容融合到译文中去，与译文一气呵成，巧妙地传达出原文的含义和风格。”[6]这样就避免了不必要的脚注，增强了行文的连贯性。

(5) 梅珊房里的人都跑过来看个究竟。[3]49

Coral, her maids, and Feilan all ran over to see what had happened. [4]44-45

对地道的汉语使用者而言，“梅珊房里的人”这一指代是非常清晰的，作者想要表达的就是梅珊、她的佣人和儿子飞澜三人。但形成这一理解的前提是对汉语和中国文化有足够的了解，否则就无法准确理解其意义；对目标语读者而言，他们并没有这种文化环境，只译表面含义很容易一头雾水，不知所云。因此，杜迈可在翻译时注意到了这一点，他把所指代的人物一一列举，在尊重原文的基础上适当补充，易于西方读者的理解。他曾在译文的序言部分表达过，对于需要做解释的语言，他尽量选择解释性的语言，而不是做脚注，因为解释性的语言可以融入译文，从而保持译文结构的完整性和整体的流畅度。

二、形神兼备，灵活变通

杜迈可在《大红灯笼高高挂：三个中篇》的序言部分还坦言道："苏童作品的一个显著特点就是大量运用长句和复杂句，并使用多个逗号加以切分。"但落实到具体的翻译过程中，由于两种语言在句子切分等多个层面上存在较大的差异，因此很难做到逐句对应。

在汉英文学语料中，句子标点划分1∶1对应的比例为54%—82%，平均为63.3%。这种中英文句子在断句、标点上的差异是影响汉英1∶1对应以及导致中文一句对两句甚至多句现象多发的主要原因。[7]

汉语与英语的标点使用方法存在着明显的差异，文学翻译更应注意到这一点。汉译英时，我们往往需要采用一些变通手法来实现汉语的竹式结构与英文的树状结构之间的合理转换，其中最常用的方法就是"断句法"，也就是"切分断句"（见译事十法）[8]31。同时，我们还发现，在苏童的作品中，句式特点表现为频繁使用长句，并用多个逗号加以切分，使句子有绵延起伏、意味深长之感。因此，为了使译文尽可能地保留苏童作品的特色，杜迈可巧妙地运用了分号进行句子切分，这一翻译策略可能更贴切地表现苏童的作品风格。既能酣畅淋漓地体现句式特点，又能将竹节式的汉语句子和树干式的英语句子灵活转换。

（6）她抬起胳膊擦着脸上的汗，仆人们注意到她擦汗不是用手帕而是用衣衫，这一点给他们留下了深刻的印象。[3]38

She raised her hand and wiped off her face; the servants noticed that she wiped the sweat not with a handkerchief but with her sleeve; this minor detail made a deep impression on them. [4]12

（7）颂莲说，你也别太狠心了，她其实挺可怜的，没亲没故的，怕你不疼她，脾气就坏了。[3]45

Lotus said, "You shouldn't be too cruel to her; she's really quite pitiful; she has no other family, and she's afraid you don't care about her, so she's developed a bad temper."[4]33

例(6)中，这一个长句由三个短句整合而成，表达了连续的动作及其含义，是形式和意义的统一。而在英文句式中，完整的动宾结构通常情况下是用句号加以分割的。但如果按这种方式进行翻译，无疑会失去原作者的句式风格与特点。在这种情况下，杜迈可另辟蹊径，用分号来挽救僵局，成功地兼顾了汉语与英语两种语言的特点。

例(7)这个句子是颂莲为梅珊向陈佐千陈老爷求情时说的话。一句话共32个汉字却用了五个逗号。短句紧凑、连贯，整体含义表达流畅。翻译时，杜迈可运用两个分号和三个逗号遥相呼应，既能根据句子的意义进行切分，同时又使用分号和逗号区分出层次感，可谓是妙手偶得、浑然天成。

不同的语言在语音、语法、词汇等具体层面上千差万别，给译者带来了难以逾越的障碍。文化意象往往具有较强的民族性或隐喻性。同等效应原则着眼于"效果"，即泰特勒所说的"使得译文文字所属国家的人能够明白地领悟，强烈地感受，正像使用原作语言的人们所领悟和感受的一样"[9]。杜迈可在翻译整部作品时都尽可能地贴近原文的意象与语言风格，但这并不意味着一味地机械对等，更不是"愚忠"。"我们强调忠实源语，但对那种过分拘泥于原文的'愚忠'则应给予抨击。一味'愚忠'的做法是简单地从原文出发，其实并没有真正读懂原文。"[10]任何句子都有其特定语域，不能只见树木不见森林。孤立处理、机械对等实在是文学翻译的大忌。在某些情况下，如果直接对应翻译无法恰当地表达原意时，可以适当进行意象替换，以方便理解。

(8) 颂莲也笑，梅珊你可真能逗乐，心里却像吞了只苍蝇。[3]45

Lotus laughed and said, "Coral, you really know how to amuse people." But in her heart she felt like she's just swallowed a hornet.[4]34

在汉语中，"吞苍蝇"用来表示心里特别不是滋味，有苦难言的意思。而"hornet"这一英文单词指的却是"大黄蜂"。那么，我们不禁要问，译者为什么要对意象进行替换呢？其实在英语中，"hornet"不仅有"大黄蜂、马蜂"之意，还暗含引起麻烦，使人不满的意思。这就和上文中"吞苍蝇"之意一致了。"做到了翁显良先生所说的'用字不同而寄寓同'。巴斯奈特曾明确指出，若直译的译文无法产生与原文对等的联想，采用意译法或转换形象，追求最大程度的近似显然更为现实。"[8]29

由于文化背景和思维方式的不同，中英两种语言的文学作品在表达特定含义时选用的意象也会稍有差异。翻译活动的主要目的之一是通过译文让目的语读者与源语读者在品读之后得到同样的感受，产生共鸣。因此，杜迈可灵活巧妙地运用意象替换的方式，译出了原作的本意，是可取之章。

三、书名可点睛，人名有深意

为了吸引更多的目标语读者，达到最佳的阅读效果，拓宽传播广度，杜迈可在翻译《大红灯笼高高挂：三个中篇》的书名时，着实下了一番功夫。起初，杜迈可在翻译《妻妾成群》这一部中篇小说的标题时，采用了直译的方法，译为 *Wives and Concubines*，但是在香港和台湾再版时，我们发现，这个中篇三部曲的标题翻译就改为 *Raise the Red Lantern* 或 *Da Hong Denglong Gaogao Gua*(较少使用)。这和同名电影的推动作用密不可分。据苏童所言：

> 我的第一部被翻译的作品是《妻妾成群》，大约在1991或者1992年，它们分别被翻译成法语和意大利语，因为是在张艺谋的电影《大红灯笼高高挂》之前翻译出版的，所以书名仍然叫《妻妾成群》(*Wives and Concubines*)。英文版的翻译接洽其实也是在电影之前，但周期拖得很长，恰好赶上改编电影在欧美大热，所以搭了顺风车出笼，书名自然也被改成了《大红灯笼高高挂》。[11]

对这一标题的翻译进行修改，不仅是搭乘了电影的顺风车，而且还符合以下几方面的考虑。首先,要符合目标语读者的阅读习惯,吸引其兴趣。中国和英语国家在婚姻制度方面的历史沿革不同。在中世纪,欧洲的基督教权势巨大,甚至凌驾于王权之上(查理大帝横扫欧洲,仍要罗马教皇加冕),当时欧洲几乎人人都是教徒,而不受教会管制的异教徒则会受到教会的残酷镇压和排挤。因此,欧洲从制度上要求一夫一妻制(无妾)。在中国封建时代,王权凌驾于一切权力之上,而宗教在中国从来就没有真正占据过统治地位,所以东方社会普遍是男权社会下的一夫一妻多妾制。不光是中国,包括日本、朝鲜在内的许多东方国家,在封建时代,一夫一妻多妾制度也是公开的、合法的。因此,对标题进行直接对应性翻译并不能很好地为西方读者所接受。而翻译成《大红灯笼高高挂:三个中篇》,用典型的东方意象表达文化之美,吸引目标语读者阅读,意韵深刻。"红灯笼"这一意象不仅能够体现出东方文化的神奇魅力,还为东方文化披上了一层神秘的面纱,增加了吸引力;而且,"红灯笼"这一意象在本部中篇小说中反复出现,具有代表性,对揭示小说人物主题、展现主人公的性格起到了画龙点睛的作用。因而,虽然译文标题并未与原作的标题做到完全对应,但译出了其神韵与本真,这种不拘泥于文字表面翻译而是挖掘其精髓的翻译方法生动地表现了作品的主旨,赢得了一定的目标语读者。而且吸引了很多看过该电影的观众的阅读兴趣,拓宽了目标语读者的受众群体。苏童坦言道:"我甚至收到过来自美国的读者来信和明信片。"[12]48

在阅读《大红灯笼高高挂:三个中篇》的译文时,我们发现,杜迈可在进行人名翻译时也是下了很大一番功夫。的确,杜迈可在深入了解中国文化内涵,与作者进行了多次交流之后,意识到人名在作品中不仅起着指代的作用,而且具有特定的文化内涵。"每个民族的姓名都打上了其民族的烙印,反映出该民族文化、历史和风俗习惯,是各民族文化的有机组成部分。"[13]43

小说中的人物姓名翻译与普通的人名翻译不同,小说浓缩了社会生活的多个层次,同时反映出实际的社会生活和风土人情。人物命名对揭示人物性格、命运及其与作品的背景、结局等关系往往有着特定的意义。因此,杜迈可在进行人名翻译时,既需要传达出中国文化的要素,同时要增进目标语读者的理解。比如,在翻译《大红灯笼高高挂》的过程中,在对主要的女性角色的姓名进行翻译时,杜迈可使用自然之物的名称进行意象对应翻译,如二太太"卓云"翻译成"Cloud",三太太"梅珊"翻译成"Coral",四太太"颂莲"翻译成"Lotus",颂莲的使唤丫环"雁儿"翻译成 "Swallow",后来娶的五太太"文竹"翻译成"Bamboo"。一方面,这些名字都对应原作中女性人名的单个字,"Cloud"对应"云"、"Coral"对应"珊"、"Lotus"对应"莲"、"Swallow"对应"雁"、"Bamboo"对应"竹",是对人名中单个字的逐字对应翻译;另一方面,通过对人名的翻译,揭示出这些女性虽然美丽,但仍然逃不过大自然的主宰与命运的安排,美丽终将枯萎,终将像花儿一般凋零。但值得注意的是,对大太太"毓如"这一名字的翻译则不同于对上述几位女性的人名翻译,杜迈可将其译为"Joy",读过原文我们就会发现,大太太日子过得清苦,和快乐丝毫不沾边,那又为何译为"Joy"呢?实际上,这是对大太太的讽刺。大太太年老色衰,一双儿女又不在家,孤零零地生活在陈家大院里,怎么会感到快乐呢?她只能每天颂佛念经,聊以度日。从对女性的人名翻译中,我们能体会到译者对文本和文化内含,以及人物性格和命运的深刻把握。

相反，在翻译男性角色的人名时，杜迈可没有采用相同的方法，而是直接使用了汉语拼音直拼的方法，将汉语人名以拼音的形式对应为英文名。如“陈佐千”翻译成“Chen Zuoqian”，“飞浦”翻译成“Feipu”，“飞澜”翻译成“Feilan”。这一方面是由于男性在作品中处于主导地位，他们的命运没有比喻性的象征含义；另一方面则是因为译者想要通过对人名的不同翻译方式来表现汉语人名的趣味性和寓意的多样性。

在《1934 年的逃亡》和《罂粟之家》中，我们同样可以发现杜迈可运用这两种策略进行人名翻译。《1934 年的逃亡》中，他把陈宝年的妹妹凤子译为 Phoenix，把狗崽译为 Dingo，其他主要人物则按照拼音直拼的方法进行翻译。凤子和狗崽都是两个悲剧式的人物，凤子生了三个怪胎之后自己也遭遇了暴死。把凤子译为 Phoenix 是一种反讽，与人中凤凰的美誉相差甚远，更加渲染出凤子的悲剧色彩。而狗崽，则过早悬在了“女人”这个轨迹点上，甚至搭上了性命。由于文化的差异，英文中的 dog 和汉语中的狗崽含义很不相同，而 Dingo 是一种澳洲野犬，同时还有怯懦、逃避的意思，这就和狗崽的本义相对应，表现出他不为世事所容的悲惨命运。在《罂粟之家》中，只有翠花花的名字根据表面意翻译为 Jade Flower，其他人物则采用汉语直拼的方式。翠花花这个人物是《罂粟之家》这部中篇小说中的关键性人物，是小说中这段历史的经脉，所有的男人像拴蚂蚱一样串起来在翠花花的经脉上搭建起一座座桥。她不仅和多个男性人物有着千丝万缕的关系，而且和其他女性也有着敌对的关系。Jade Flower 可以表现出一个年轻美丽的女性形象，但其悲剧式色彩也是一种冷冷的讽刺，恰如其分地将苏童寄寓在人物名字中的深意表达了出来。

杜迈可在人名的翻译上主要运用了意象对应翻译和拼音直拼这两种方法。首先，意象对应翻译的方法可以挖掘出苏童在给人物起名方面的独特用心，使读者更能深刻地理解人物名字对传情达意起到的促进作用。而且，在不影响理解的前提下，对部分姓名进行拼音直拼也不失为一种可取的办法。杜迈可在深刻理解作品内涵的基础上进行文本翻译，从细节着手，在人名翻译上倾注了许多心思，从而为目标语读者理解人物性格和故事情节的发展起到了推动作用。

四、“译”路漫漫，上下求索

杜迈可坚持异化为主的翻译理念，翻译了多部优秀的中国文学作品。这些作品不仅包括我们所熟知的苏童的中篇小说集《大红灯笼高高挂：三个中篇》，而且早在 1983 年，他就翻译了巴金怀念亡妻的散文《怀念萧珊》。凭借着对中国文学文化的热爱，退休之后，杜迈可仍笔耕不辍，于 2011 年翻译出版了香港作家陈冠中的政治寓言小说《盛世：中国 2013》。他的作品始终贴近原作，从原文本的风格与特点出发，尽可能地保持译文风格特点的一致性。虽然三部译作时代不同，风格迥异，题材有别，但是杜迈可所采用的以异化为主的策略是一样的。只是根据不同的作品选择不同的处理方式，以便更好地传达原作之意。

在这里，我们还要提到另一位著名汉学家、翻译家葛浩文。他不仅翻译了莫言的多部鸿篇巨制，而且还操刀完成了苏童的另一部作品——长篇小说《米》的翻译。虽然两位汉学家都广受欢迎，但是他们的译作风格和翻译观却并不完全一致。杜迈可的译作以异化的翻译策略为主，忠实性极强，对文章内容的调整极少。相比较而言，葛浩文对翻译书目与策略的选择则较多考虑市场需要和文化差异，但同时在文本的真实度上做得也相当出色。葛浩文曾详细探讨过此话题，他说：

重要的还是选择，这话没错。中国每年不知道要出多少小说，我们只能选三五本，要是选错了的活，就错上加错了。美国人对中国不了解的地方已经够多了，还要加上对文学的误解，那就更麻烦了。因为“一个国家的评价标准或者说文学观，跟另外一个国家的文学观当然是有差异的”。[14]46

葛浩文的标准很明确：从读者角度决定取舍：“一部中国作品，哪怕中国人特别喜欢，但是如果我觉得在国外没有市场，我也不翻[译]。”我基本上还是以一个“洋人”的眼光来看中国文学。[15]82

的确，葛浩文成功地译介了更多的中国现当代文学作品，其翻译时也较多地采用异化策略，当然我们研究发现其归化译法也几乎见于其每一部译作。在翻译过程中，葛浩文对原文中过多涉及中国历史与文学典故的部分，多处作了变通处理；而在可能妨碍读者接受的地方，葛浩文又有意识地在正文相应部分增补相关背景信息。他灵活地结合了归化和异化这两种翻译策略，从而更好地满足了英语读者的阅读需求。

另一位善于使用异化策略的翻译家是美国汉学家白睿文。他翻译了余华的《活着》、王安忆的《长恨歌》和叶兆言的《一九三七年的爱情》等作品。以《活着》英译本为例，该译作就很好地体现出了异化的翻译策略在译文中的运用。白睿文采用音译、直译、直译加注等方法，在译文中成功地再现了原作的艺术特点。原作的语言形式，特别是修辞手法，如明喻和暗喻，在译本中都得到了忠实再现。

在文化层面，白睿文同样用异化的翻译策略，通过对特定的文化词汇和习语的处理，将必要的文化信息传达出来。白睿文的译作基本保留了原作的文体风格，在叙事手法上也能与原作保持一致，体现了他对原作和中国文化的尊重。[16]

与白睿文、葛浩文等汉学家一样，杜迈可研究汉学数十载，著译丰瞻。在对中国当代文学的译介中，他始终从忠实性的角度出发，采用异化为主的翻译策略，从形式、内容、书名、人名等方面着手，探索能够原汁原味表达中国文学作品特点、同时便于目标语读者理解的翻译方法，为中国文学走出去提供了很好的借鉴。

仔细考查中国文学这些年的外译情况，我们可以得出这样的结论：中国文学走出去的译介策略经历了三个动态过程。从早期译家主要采用归化策略，以此赢得西方读者对中国文化和文学的兴趣，到改革开放之后逐渐采用一些异化策略，再到归化策略和异化策略协同并用，互为补充，从而“使英语读者了解到更多具有中国特色的文学内容、风格，感受中国文化的丰富多彩”[17]，这一过程的转变既是译者的选择性，同时也和英语读者对中国的了解程度密不可分。随着中国开放程度的深化，英语世界对中国文学文化的了解持续加深，对中国文学文化表现出越来越浓厚的兴趣。这样的社会语境给译者也提出了不同的要求，异化策略将会更有阅读市场。不错，异化策略的使用在再现原作语言特色、传播原作文化元素等方面具有明显优势，在中国文学作品的翻译中会逐渐成为一种趋势。在当前和未来的翻译事业中，我们需要像杜迈可一样，善用异化翻译策略，更多地展现中国文化的独到风格与韵味。

参考文献

[1] 孙致礼. 中国的文学翻译：从归化趋向异化[J]. 中国翻译，2002 (1)：40.

[2] Eugene A. Nida Charles R. Taber. *The Theory and Practice of Translation*[M]. Shanghai: Shanghai Foreign Language Education Press, 2004:203.

[3] 苏童. 苏童精选集[M]. 北京：北京燕山出版社，2008.

[4] Su Tong. *Raise the Red Lantern: Three Novellas*[M]. Trans Micheal S. Duke. New York: Harper Perennial, 1993.

[5] James Legge. *The Book of Ancient Poetry*[M]. London: Trubner, Co, Ludgate Hill, 1876:96.

[6] 方梦之. 应用翻译研究：原理、策略与技巧[M]. 上海：上海外语教育出版社，2013:362.

[7] 王克非. 双语对应语料库研制与应用[M]. 北京：外语教学与研究出版社，2004:103.

[8] 朱振武. 相似性：文学翻译的审美旨归——从丹·布朗小说的翻译实践看美学理念与翻译思维的互动[J]. 中国翻译，2006 (2)：28-32.

[9] 谢天振. 译介学[M]. 上海：上海外语教育出版社，1999:16.

[10] 朱振武. 文学翻译的良心与操守：朱振武教授在北京大学的演讲[N]. 解放日报，2012-4-22(08).

[11] 高方. 苏童："中国文学有着宿命般的边缘性"[N]. 中华读书报，2013-05-03(06).

[12] 高方. 偏见、误解与相遇的缘分——作家苏童访谈录[J]. 中国翻译，2013(2)：46-49.

[13] 耿智. 汉语姓名英译刍议[J]. 外语教学，1999 (3)：43-46.

[14] 季进. 我译故我在——葛浩文访谈录[J]. 当代作家评论，2009 (9)：45-56.

[15] 高峰. 葛浩文，帮莫言得奖的功臣[J]. 环球人物，2012 (28)：81-82.

[16] 赵月. 中国当代小说翻译中的异化趋势——以余华小说《活着》的英译本为例[D]. 北京：中央民族大学，2010.

[17] 彭萍. 翻译伦理学[M]. 北京：中央编译出版社，2013:300.

翻译家葛浩文对中国现当代文学的研究与推介①

孙会军

摘　要　在现当代中国文学英译方面，尤其是改革开放以来的中国小说翻译方面，葛浩文是最重要的翻译家。但是，仅仅把葛浩文看成一个翻译家是不够的。他首先是中国文学的研究者和推介者。葛浩文至少从上个世纪70年代初就开始从事中国文学研究，他的研究先于他的翻译，服务于他的翻译，是其文学翻译的基础。翻译对葛浩文来说，不仅仅是完成一种文字到另外一种文字的转换，更是一种使命，是将中国文学译介到英语世界这一宏大而重要的文化使命。

关键词　葛浩文；中国现当代文学研究；翻译

基金项目：本论文为上海外国语大学2013年度校级一般科研资助项目"中国新时期小说英译研究"的阶段性成果。

作者简介：孙会军（1967—　），女，河北承德人，博士，上海外国语大学英语学院教授，博士生导师。

一、引言

中国现当代文学进入英语世界，得到西方读者的认可，翻译家功不可没，而在众多翻译家当中，葛浩文（Howard Goldblatt）无疑是最重要的一位。其翻译作品从数量上来说可以说是汗牛充栋，无人能出其右。其翻译质量也得到了广泛认可。1991年，葛浩文翻译的贾平凹的《浮躁》（*Turbulence*）获得美国美孚飞马文学奖（Pegasus Prize for Literature）；2000年，葛浩文因为翻译朱天文的《荒人手记》（*Notes of a Desolate Man*）获得美国"国家文学翻译奖"（National Translation Award for Literature）；2007年、2009年、2010年，其翻译的《狼图腾》（姜戎）、《河岸》（苏童）和《玉米》（毕飞宇）分别在众多优秀作品中拔得头筹，获得当年的"曼氏亚洲文学奖"（Man Asian Literary Prize）；2009年他翻译的《生死疲劳》使莫言获美国纽曼华语文学奖（Newman Prize for Chinese literature）。葛浩文在美国的文学翻译领域享有很高声誉，被Updike称为中国文学在美国的接生婆[1]；被誉为西方中国文学领域的"首席翻译家"[2]；中国文学作品通过他的翻译在英语世界赢得了读者，使西方读者认识到中国也有可以和昆德拉、马尔克斯相提并论的作家。[1]莫言2012年成为诺贝尔奖得主，也与多年来葛浩文孜孜不倦的翻译和介绍分不开。没有葛浩文，莫言也会得到广大读者的喜爱，但是否能够获得诺贝尔文学奖或什么时候能够获奖就要划一个问号了。

不容置疑，葛浩文是当今最重要的文学翻译家。但是，仅仅把葛浩文看成一个翻译家是不够的。葛浩文至少从上个世纪70年代初就开始从事中国文学研究，他的研究先于他的

① 原文发表于《燕山大学学报（哲学社会科学版）》2014年第3期。

翻译，服务于他的翻译，是其文学翻译的基础。在美国的汉文学研究领域，葛浩文颇有影响，2009年他荣获古根海姆学者奖就是一个明证。他主编的多部中国现当代文学选集影响巨大。葛浩文编选的中国现当代文学选集，他关于现当代中国文坛、中国作家、中国作品的介绍性、研究性著述，同他的众多翻译作品一起，为英语世界的读者塑造了中国现当代文学的概念和印象。葛浩文不仅是文学翻译家，他首先是从事中国文学研究的学者，是中国现当代文学在西方英语世界的介绍者、推介者。在本文中，笔者尝试较为全面地介绍葛浩文在中国文学方面的研究和推介工作，将其研究与推介工作分成大致两个阶段，这两个阶段的分界线是中国的新时期——即1978年以前葛浩文对中国文学的研究与推介和1979年以后葛浩文对中国文学的研究与推介。

二、1978年以前葛浩文对中国文学的研究与推介(1973—1978)

首先从葛浩文的教育背景说起。1939年出生于美国加州长滩的葛浩文于1961年在加州州立大学获得学士学位，毕业后加入美国海军，赴台湾服役四年，开始有机会接触到中文。服役期满之后，出于对中文的浓厚兴趣，他没有马上回国，而是留在台湾，进入台湾师范大学进行全日制学习。回国后，他加入旧金山州立大学的研究生计划，受教于许芥昱先生，1970年获硕士学位。毕业后，留校工作一年，然后进入印第安纳大学东亚语言与文学系攻读中国文学专业，师从柳亚子的公子柳无忌先生，1974年获得博士学位。

葛浩文的学术研究应该说开始于上个世纪攻读博士学位期间。在确定论文选题过程中，他研究过中国古典小说、元杂剧、鲁迅和左翼作家的作品，也研究过田汉的戏剧和朱自清的散文。对于古典作品的研究，《西游记》是其中之一，他的研究成果"The Hsi-Yu chi play: a critical look at its discovery, authorship and content"于1973年在韩国首尔的*Asian Pacific Quarterly of Cultural and Social Affairs*(《亚太文化社会事务季刊》)上发表。根据笔者掌握的资料，这很可能是他公开发表的第一篇学术论文，研究的是《西游记》剧本的发现、内容以及作者等方面的问题。笔者也因此将1973年确定为其推介中国文学的起点。他还对朱自清的散文产生了兴趣，曾经打算以朱自清作为博士论文的研究对象，翻译了朱自清最著名的三篇散文：《匆匆》《春》和《背影》。他在攻读硕士学位期间读过萧军的《八月的乡村》，翻译过萧军的另一部作品《羊》，但他在接触到萧红的作品之后，最终决定将萧红定为博士论文的选题。

1974年葛浩文完成了关于萧红的毕业论文。随后，在博士论文的基础上，他写出了*Xiao Hong*(《萧红评传》)一书，于1976年由Twayne Publishers出版公司出版。这是他的第一部学术专著，也是最早对萧红展开研究的学术专著。全书分为七章，以地点为线索，详细介绍了萧红在呼兰出生、长大，到哈尔滨读书、逃婚、错爱、结识萧军、在哈尔滨创办文学刊物、迁居青岛、上海、负笈东瀛、回国、认识端木蕻良、辗转各地以及最终客死香港的经历。同时，作者将很大的篇幅用于介绍萧红的创作，最后一章详细探讨了萧红的创作技巧，研究了萧红作品的主题、萧红通过作品反映出来的人生态度，以及萧红的文学风格和创作技巧，对作品中农民性格的塑造、女权主义思想的反映、抗日题材的写作都进行了详细的剖析。在专著结论的部分，葛浩文指出，萧红的天才体现在她能够将她过去经历过的场景再现出来，能够富有感情地把东北农民的生活及那片土地上优美的自然风光清晰、准确地描写出来。[3]126 她的作品非常感人，非常引人入胜。[3]134 跟同时代的作家相比，萧红是一个非常独特的作家。当时的作家都致力于革命文学的创作或政治宣传式的写作，而她却从非常个人的视角、依靠自己独特的艺术天分进行创作，因而她的作品更有魅力。葛浩文把萧红看成是她那个时代中最重要的文学天才之一[3]135，这部专著使中国国内文学界开始关注萧红，重新认识萧红的文学成就及其在现代文学史上的地位，而作者也因为这部专著在中国文学研究领域产生了不小的学术影响。

三、新时期葛浩文对中国文学的研究与推介(1979—)

从 1979 到 1981 年的几年间，是葛浩文学术研究非常活跃的阶段。随着葛浩文对中国文学研究的越发深入，他跟中国文坛之间的缘分越结越深，而这个时期正是中国文坛起死回生、开始复兴的新时期。中国新时期文学解冻、复苏和发展的过程一直在他的视野里。

1979 年，葛浩文在加州伯克利的 *Modern Chinese Literature Newsletter*(《中国现代文学通讯》)上发表了论文"Underground literature in contemporary China"(《当代中国的地下文学》)。同年，他在 *World Literature Today*(《今日世界文学》)上发表了"Contemporary Chinese Literature and the New Wenyi Bao"[4](《当代中国文学和新〈文艺报〉》)，通过《文艺报》在 1978 年 7 月复刊一事，向西方世界介绍中国当代文学史上这一具有历史意义的标志性事件。在他看来，十年"文革"导致中国的文学园地一片荒芜，《文艺报》的复刊，预示着文学艺术领域的思想解放，标志着文学创作的新生。[4] 接着，作者结合"文革后"的社会语境，介绍和分析了《文艺报》复刊的重要意义：文学作品开始走出了样板戏一统天下的局面，老作家被平反，新作者也受到鼓舞，拿起笔来开始创作。虽然这些作家没有明确宣布，文学的使命除了要服务革命以外，还有其他的目的，但人们对于文学的理解被拓宽了。在作者看来，《文艺报》复刊无异于中国文学领域的一场文艺复兴。[4]

1981 年，葛浩文在 *World Literature Today* 上面发表了题为"Fresh flowers abloom again: Chinese literature on the rebound"(《鲜花重放：反弹中的中国文学》)的文章。这篇文章让西方学者看到，中国文学已经走进了一个新的发展阶段，中国在文艺政策以及对文学使命的认识方面发生了革命性转变。这篇文章介绍了新《文艺报》复刊以后，中国文学界的新动态、新发展。作者指出，从 1978 年 7 月到 1981 年的三年时间里，中国文坛发生了很多事情，所发生的一切都证明中国文坛的形势非常乐观，把世界的目光重新吸引到这个人口最为众多的国家及其在文学领域的新变化上。他敏感地意识到，在当时的中国，文学不可能脱离政治而存在，因而不无正确地从一些政治事件入手分析当时文坛的状况。他指出，当时对中国文学影响最大的一件事就是从 1979 年 10 月 30 日到 11 月 16 日第四届中国文学艺术工作者代表大会的召开，因为邓小平在大会上首次提出，文学和艺术不仅仅是阶级斗争的工具，号召广大文艺工作者要拓展创作的主题，从正面和反面等多个角度来看待问题，提出回归文学标准。[5]7 接着，葛浩文又介绍了影响中国文学的另一件大事：1980 年 1 月、2 月间一次剧作家会议在北京召开。会议上，总书记胡耀邦反复提出要重新评价毛泽东的文艺政策，号召大家要解放思想。[5]葛浩文详细介绍了当时文坛上的一些动态，他提到《重放的鲜花》的出版，中国伤痕文学的兴起，谈到作家待遇的改善，《新观察》《小说选刊》《人民文学》《诗刊》和《新文学史料》的出现和台湾文学的引入。在他看来，中国文学已经开始复兴，中国文学这个大花园里又一次逐渐呈现出百花齐放的局面。[6]

这篇文章发表之后，鉴于第四届中国文学艺术工作者代表大会对于中国文学复兴的重要意义，葛浩文又着手编选并组织合作翻译了 *Chinese Literature for the 1980s: The Fourth Congress of Writers and Artists*(《20 世纪 80 年代的中国文学——第四届文学艺术工作者大会》)一书，于 1982 年由纽约 M. E. Sharpe Inc. 出版。该书把那些具有重要历史意义的发言翻译、介绍给西方的中国文学研究者，其中收录了茅盾、邓小平、周扬、刘白羽、柯岩、陈登科、刘宾雁、萧军、刘心武、夏衍、巴金等人的会议发言，葛浩文本人作为编者在序言中介绍了这本选集的背景和意义，成为西方学者了解和研究 20 世纪 80 年代初那个转折时期中国文艺政策的重要文献。

上面提到，台湾文学这个时候开始被介绍给大陆的读者。葛浩文在台湾待过多年，对台湾文坛了如指掌，此次台湾文学进入大陆的情况很自然地引起了他的关注。1981 年，葛浩文在 *Journal of the Chinese Language Teachers Association* 上面发表了题为"Taiwan Literature in the People's Republic of China"(《进入中华人民共和国的台湾文学》)的文章。

1981 年是葛浩文学术成果非常丰硕的一年。除了上述的两篇文章之外，葛浩文还对中国现代小说进行了全面的梳理。他的论文"Modern Chinese fiction: 1917—1949"(《现代中国小说：1917—1949》)，被收入 Winston L. Y. Yang 和 Nathan K. Mao 编选的 *Modern Chinese fiction: a guide to its study and appreciation: essays and bibliographies*(《现代中国小说研究与欣赏导引——随笔与文献》。同年，他和 George Cheng 合作完成了"Selected bibliography of modern Chinese fiction" (《现代中国小说文献目录选》)，被收入刘绍铭、夏志清和李欧梵合作编写的 *Modern Chinese stories and novellas*, 1919-1949(《中国现代中短篇小说：1919-1949》)，1981 年由哥伦比亚大学出版社出版。

上述两项研究课题的完成，无论是对英语世界的中国现代小说研究，还是对他本人的学术研究及翻译活动，都很有裨益，不仅填补了学界的空白，而且他本人也由此对中国现代小说有了全面的了解和掌握，为以后翻译文本的选择打下了基础。

相对于前面两项宏观研究而言，葛浩文还做了一些关于现代文学的具体研究，研究对象为鲁迅、萧红等人。1981 年 8 月葛浩文出席了加州阿西洛马会议中心举行的关于鲁迅的一场研讨会，宣读了题为"Lu Xun and patterns of literary sponsorship"(《鲁迅及文学赞助模式》)的论文，该论文后来被收入由李欧梵主编的论文集 *Lu Xun and his legacy*(《鲁迅及其遗产》)，于 1985 年由加州大学出版社出版。葛浩文撰写的 "Life as art: Xiao Hong and autobiography"(《生活即艺术：萧红和自传》)一文，也于 1985 年被收入 Anna Gerstlacher 等人编选、出版的论文集 *Woman and literature in China*(《中国的妇女与文学》)。

同年 2 月，葛浩文在 *Journal of the Chinese Language Teachers Association*(中文语言教师协会学报)上曾经发表关于他的老师许芥昱的论文"Kai-yu Hsu and modern Chinese literature"[7](《许芥昱与中国现代文学》)，介绍许芥昱在译介中国现代文学方面的贡献。许芥昱是葛浩文攻读硕士学位时期的老师，加利福尼亚北部的一场暴风雨吹倒了他的房子，过早地夺走了他的生命。葛浩文从读书的时候开始，就跟许芥昱建立了深厚的师生情谊，为了纪念这位在译介中国现代文学方面做出重要贡献的良师益友，葛浩文发表了这篇文章。

80年代中期，葛浩文还先后在《今日世界文学》上发表三篇论文介绍中国的戏剧："Chinese Theater: From Its Origins to the Present Day"（《中国戏剧：从起源到今天》，1984）、"Salesman In Beijing"（《北京的推销员》，1985）和"Popular Chinese Literature and Performing Arts in the People's Republic of China, 1949—1979"（中华人民共和国的通俗文学和表演艺术：1949—1979，1986）。

1988年，葛浩文撰写的论文"Back where we started: culture in 1987"（《回到我们的起始地：1987年的文化》）被收入 Anthony J. Kane 编选的 *China Briefing*（《中国情况通报》）。

1989年秋季，葛浩文在 *Manoa* 第一卷的第一、二期的合订本上发表了题为"The return of art"（《艺术的回归》）的论文。论文开门见山地指出，中国文学作品一直以来留给西方读者这样一个印象，那就是它们是说教式的、服务于政治的、缺乏想象力的，一旦走出国门就失去了读者，但是这种情况正在改变。他说："近年来，社会现实主义创作在中国已经被取代，取而代之的，不单单是哪一部作品，而是各种各样的写作风格。这些风格或是沿着自己的轨迹发展而来，或是借鉴了前人的风格，走出了中国的'文革'，走出了中国政治、经济和文化的低谷，自发地呈现出来。在后毛泽东时代，中国文学在主题上、风格上还有社会政治概念上都经历了一系列的发展阶段。"[8] 葛浩文列数了这个时期涌现出来的各个文学流派：伤痕文学、内省文学、改革文学和寻根文学、现代主义实验、当代背景的传统叙事、魔幻现实主义、闹剧、黑色幽默以及其他诸多流派。他认为，这些流派的出现，一方面拓展了当代中国小说创作，另一方面无论是对国内读者还是国外读者来说都提高了中国文学的吸引力。[8]

葛浩文指出，这一期的 *Manoa* 上面选译的中国作品，是从1985年到1988年间刊登在中国文学杂志上选出来的，大多数作家对读者——尤其是西方读者来说——都不一定熟悉。在这里，葛浩文不失时机地向读者推荐1989年兰登书屋出版的短篇小说集 *Spring Bamboo: A Collection of Contemporary Chinese Short Stories*（《春竹：中国当代短篇小说选》），编译者为 Jeanne Tai，指出那个集子里面选取的作品都出自较为出名的中国作者。Manoa 上面选编的作品有一些共同的特点：都比较短，更精妙、更折中、更自由。它们探讨了一些具有普遍意义的主题，不像以前的作品那么有中国特点或是程式化，但也不乏民族特点，其中有一些作品有力地证明中国文学并非都是直接地或拐弯抹角地从特定的政治事件或政治潮流中获得灵感的。[8]

接下来，葛浩文对一些作品进行了具体的介绍和评论，最后得出这样的结论："通过这些作家的努力，中国当代小说开始在国际文坛上留下自己的印记。在'伟大的中国小说'问世之前，我们不如先读一读这些各具特色的作品。"[8]

1990年，葛浩文在 Mel Gurtov 编选的论文集 *The Transformation of Socialism*:

Perestroika and Reform in the Soviet Union and China(《社会主义的变革：苏联和中国的改革》)中发表了论文“A literature of reform, a reform of literature”(《改革文学，文学改革》)。笔者没有找到这篇论文，但从题目看来，A literature of reform 说明论文介绍了以改革为题材的文学作品，这是进入新时期之后，随着中国改革大潮的兴起，涌现出来的一个以改革为题材的文学流派。a reform of literature，顾名思义，作者探讨了中国文坛在文学创作方面出现了改革或者说变革，说明文学作品不再是以往的纯粹说教式、为政治服务的、缺乏想象力的社会现实主义的创作。

1995 年对葛浩文来说是硕果累累的一年。首先，他编选、翻译的 *Chairman Mao would not be amused: fiction from today's China* 由纽约的 Grove Press 出版社出版。这部选集里面选取了改革开放以后活跃在中国文坛上的 20 位作家的作品，其中只有王蒙一个人出生于 1949 年之前，也只有他在“文革”前发表过小说，其他的作家都是“文革”后成长起来的作家：莫言、余华、史铁生、苏童、李锐、残雪、格非、毕飞宇、陈村、池莉、陈染、曹乃谦等等。这些作品发表于 1985 年和 1993 年之间。不同于以往的作家，这些作家把自己视为艺术家，除了服务社会之外，他们更专注于内心声音的传达。葛浩文非常乐观地指出，这些作品的涌现，只是一个开始，这些作家以及其他更加年轻的作家，必将会通过他们的文学创作在国际文坛上确立自己的地位。[9]xii

同年，葛浩文和刘绍铭合作出版了 *The Columbia Anthology of Modern Chinese Literature*(《哥伦比亚中国现代文学选集》)，由哥伦比亚大学出版社出版，据统计，这部选集收集、翻译了 83 位作家的 152 个作品，其中包括 42 位作家的短篇小说和 30 位诗人的 71 首诗歌，11 位作家的 30 篇散文和一部传记的节选。短篇小说占到了全书的 70%的比重。88 部作品来自 20 世纪中国大陆的 47 位作家，58 部作品来自台湾的 31 位作家，6 部作品来自上个世纪 70 年代以来 5 位香港作家。其中女作家 17 人。所选作品根据时代的不同还可以被分为早期现代作品(1918—1949)、解放后作品(1949—1976)和 1976 年以后的作品。其中从 1949 到 1976 年这个阶段的作品几乎完全是台湾作品或是从大陆移民到台湾的作家的作品，因为编者认为这个时期大陆的文学作品主要是政治宣传的工具，达不到艺术水准，因而基本上没有选入，唯一的例外是穆旦在 1976 年发表的一首诗歌。①

在这个选集出版之前，还没有哪一家出版社出版过一部能够全面代表中国大陆、台湾和香港三个地方、涉及所有重要体裁的中国现代文学选集。以前的出版物要么受到局限于某一种体裁，要么局限于某一个地域或时代，因而都不够全面。而这部中国现代文学选集出版之后产生了很大的影响，得到了评论家、教师和读者的好评。当然批评的声音也是有的，主要是对选集还不够全面感到遗憾。12 年后，也就是在 2007 年，两位编者又对这部选集进行了修订，主要是进行了一些增补。开始的部分保持不变，但后面两个时期在各个体裁中都有很大的变动。20 世纪中国文学在小说、散文和诗歌的涵盖范围更广，另外还增加了一些 21 世纪的作品。除此之外，增加的内容包括殖民时期和二战之后的台湾作品、中华人民共和国建国以后 17 年的作品、“文革”时期的作品以及 1989 年之

① 参见 http://www.amazon.com/Columbia-Anthology-Modern-Chinese-Literature/dp/0231138415。

后的作品。黄春明和莫言是葛浩文翻译颇多的两位作家，在第二版中，编者对这两位作家的作品做了一些更新。

葛浩文对于他所翻译的作家基本都通过译者序言进行介绍与推介，另外他多次还在学术期刊上介绍中国作家和作品，比如张贤亮①、高行健和贾平凹等，并对研究中国文学的专著进行推介。2001 年 3 月 16 日，葛浩文在 *Times Higher Education Supplement*（《时代周刊高等教育副刊》）上面发表题为"Astute decision by the academy or deliberate provocation of China?"（《瑞典学院的选择：是精明的决定还是对中国的刻意刺激?》）的论文。论文的发表背景是 2000 年法国华裔作家高行健获得诺贝尔文学奖，作者以这件事为切入点，研究中国政府对这件事的反应，分析将这个大奖颁发给高行健的原因，对高行健的作品进行了介绍，并将其与其他诺贝尔文学奖获得者进行比较，探讨高行健与其他中国作家的不同之处。

但对有些作家葛浩文表现出学术方面的兴趣，除了前面提到的萧红、鲁迅，他专门撰文讨论的中国作家还包括莫言和台湾女作家李昂等。

先从李昂说起。葛浩文所翻译的李昂作品包括：《杀夫》（*The Butcher's Wife*）、《花季》（*Flower Season*）、《婚礼》（*Wedding Ritual*）、《带曲线的娃娃》（*Curvaceos Dolls*）、《爱情实验》（*Test of Love*）《一封未寄的情书》（*A Love Letter Never Sent*）。1990 年，葛浩文编选的一部当代中国文学论文集 *Worlds apart: recent Chinese writing and its Audiences*（《分离的世界：近期中国文学写作及读者》）中收录了他自己的论文"Sex and society: the fiction of Li Ang"（《性别与社会：李昂的小说》）。在他看来，李昂是用中文写作的最成功、最有影响力、也是彻头彻尾的性小说家，因而也是最有争议的作家。论文对李昂及其主要作品进行了详细的介绍和深入的分析。

葛浩文还对莫言的作品情有独钟，翻译了莫言的九部小说：《红高粱》《天堂蒜薹之歌》《丰乳肥臀》《生死疲劳》《变》《四十一炮》《酒国》《檀香刑》《师傅越来越幽默》。在莫言获得诺贝尔文学奖之前，葛浩文在多个场合推介莫言的作品。

2000 年，葛浩文在 *World Literature Today*（《今日世界文学》）发表了题为"The 'Saturnicon': forbidden food of Mo Yan"（《Saturnicon：莫言的违禁食品》）的论文。该论文的关键词和切入点是 cannibalism——吃人。在他看来，西方文学中涉及到"吃人"问题的情况不胜枚举，而且有长达几千年的历史，作者首先对 cannibalism 一词进行了定义和分类，然后探讨了英国作家 Jonathan Swift 的《一个小小的建议》、德国作家 Patrick Süskind 的《香水》和克罗地亚作家 Slavenka Drakulic 的《人的味道》等西方经典作品及其"吃人"的主题。接着，作者把目光转向中国，探讨了《三国演义》《水浒传》《西游记》以及现代作家鲁迅的《狂人日记》中涉及的"吃人"问题。葛浩文指出，当代小说家中，余华、韩少功和莫言在小说中都涉及"吃人"，但在作者看来，莫言在是最有想象力的，也是最频繁涉及该主题的作家。此基础之上，作者探讨了莫言小说在寓言和讽刺意义上所涉及的"吃人"问题，讨论的作品包括《十三步》《弃婴》《灵药》和《酒国》。

---

① Howard Goldblatt: World literature in review: China. World Literature Today, Winter 1990, Vol. 64, Issue 1.

2009年葛浩文在David Pong主编的*Encyclopedia of modern China*(《现代中国百科全书》)中发表了论文"Mo Yan, 1955- [prolific writer]"(《莫言，一位多产作家》)。同年，他在"7月～8月"一期的*World Literature Today*(《今日世界文学》)上发表了莫言获得新人奖的任命宣言，该任命宣言由葛浩文所写，题目为"Mo Yan's Novels Are Wearing Me Out—Nominating Statement for the 2009 Newman Prize"(《生死疲劳译莫言——2009年新人奖的任命宣言》)。在这篇论文中，葛浩文简要介绍了莫言已经发表的几部重要小说，认为在大陆和台湾的优秀作家中，莫言是他那个时代最有成就、最有影响力、最有创造力的作家，还把《红高粱》与加西亚·马尔克思的《百年孤独》相提并论。在他看来，莫言的作品不仅数量多，而且"作品的质量和多元性，无论是从文学的角度还是从受欢迎的角度看，都是超乎寻常的"[10]29。

笔者掌握的材料未必全面，但从这些材料我们就可以看出，葛浩文为向英语世界推介中国现当代文学作品方面做出了巨大的努力、取得了卓越的成就，为促进英语世界对中国社会和中国文学的了解做出了无人能及的、不可磨灭的贡献。从上文中可以看出，他是在学术研究之基础上从事文学翻译的，他在文学翻译方面的成就与他的学术研究是分不开的，没有一直以来的学术研究和学养积淀，他就不可能做出那么出色的翻译，也就不可能取得今天的翻译成就，而其目的不仅仅是完成一种文字到另外一种文字的转换那么简单，而是完成将中国文学译介到英语世界这一更加宏大而重要的文化使命。

参考文献

[1] Updike, J. Bitter Bamboo: Two novels from China [EB/OL]// The New Yorker. [2005-5-09] http://www.newyorker.com/archive/2005/05/09/050509crbo_books.

[2] Orbach, Michael. H. Goldblatt: the foremost Chinese-English translator in the world [EB/OL]. http://site.douban.com/106369/widget/notes/134616/note/252321086/.

[3] Goldblatt, Howard. *Hsiao Hung* [M]. Boston : Twayne Publishers, 1976.

[4] Goldblatt, Howard. Contemporary Chinese Literature and the New Wenyi Bao[J]. *World Literature Today*, 1979, 53(4): 617-618.

[5] Goldblatt, Howard. *Chinese literature for the 1980s: the fourth congress of writers & artists studies in Chinese literature and society*[M]. Sharpe, 1982.

[6] Goldblatt, Howard. Fresh flowers abloom again: Chinese literature on the rebound[J]. *World Literature Today*, 1981, 55(1).

[7] Goldblatt, Howard. Kai-yu Hsu and modern Chinese literature[J]. *Journal of the Chinese Language Teachers Association*, 1982, 20(1): 1-8.

[8] Goldblatt, Howard. The return of art [J]. *Manoa*, 1989, 1(1-2): 83-85.

[9] Goldblatt, Howard. Introduction[M]//Howard Goldblatt. *Chairman Mao would not be amused : fiction from today's China*. New York: Grove Press, 1995: vii-xiii.

[10] Goldblatt, Howard. Mo Yan, 1955- [prolific writer][M]// Pong, David. *Encyclopedia of modern China*. Detroit; London: Gale Cengage Learning, 2009.

译者姿态理论与中华文化外译[①]

——以王际真英译《阿 Q 正传》为例

汪宝荣

摘　要　译者姿态理论认为，译作的某些文本细节（尤指选词措辞等）体现了一种力图“寻求文化荣耀”的译者姿态，为解释译者采用的某些文化翻译策略提供了一种新的分析工具。运用该理论考察《阿 Q 正传》王际真英译本中的某些文化翻译策略发现：王际真倾向于对他视为荣耀的中华传统文化信息采取忠实的保留性翻译策略，对他认为不荣耀的中华传统文化信息进行委婉化、净化或淡化处理，体现了他旨在寻求中华文化荣耀的译者姿态。译者姿态理论适用于分析有着中华文化身份的译者从事的中华文化外译实践，但应用范围有局限性。

关键词　译者姿态理论；中华文化外译；寻求文化荣耀；《阿 Q 正传》；王际真译本

Abstract　The theory of translatorial *hexis* postulates that a cultural honor-seeking bodily stance observable in such textual details as diction and phraseology might be embodied in the translated text, thus shedding fresh light on certain cultural translation strategies adopted by the translator. Drawing on this new theory, this article attempts to examine some translation strategies Chi-chen Wang employed in his English translation of Lu Xun's novella “A Q Zheng Zhuan”. The case study indicates that both Wang's voluntary retention and interventive rewriting (euphemizing, sanitizing, and attenuation) of traditional Chinese culture in the source text embody his translatorial stance that strives to seek Chinese cultural honor through the act of translation. It is observed that the theory of translatorial *hexis* applies particularly well to Chinese culture export translations produced by translators of Chinese culture identity, though its scope of application has limitations.

Key words　theory of translatorial *hexis*; Chinese culture export translation; cultural honor-seeking; “A Q Zheng Zhuan”; Chi-chen Wang's version

基金项目：国家社会科学基金项目“翻译社会学视阈下中国现当代小说译介模式研究”（15BYY034）的阶段性成果

作者简介：汪宝荣（1968—　），男，浙江绍兴人，香港大学翻译学哲学博士，浙江财经大学外国语学院教授，翻译研究所所长，硕士生导师，主要从事中国文学对外译介与传播、社会翻译学、翻译史研究。

一、引言

近十年来，随着“中国文化走出去”战略的逐步实施，一些国内学者呼吁要加强中译外

① 原文发表于《燕山大学学报（哲学社会科学版）》2018 年第 1 期。

研究，尤其“要在理论上花功夫，要大力推进中国翻译学理论的建设”[1]14。许钧也认为，“加强中译外研究是时代赋予我们的重任”，还强调指出中译外研究要有“跨学科的视野”[2]73-74。20世纪末，西方社会学理论的社会翻译学崛起，为我们推进中译外研究提供了一个重要的跨学科视野。但目前应用于翻译研究的社会学理论，包括布迪厄(Pierre Bourdieu)的场域理论[3]和符号产品理论[4]，拉图尔(Bruno Latour)的行动者网络理论[5]14，卢曼(Nikolas Luhmann)的社会系统理论[6]，以及有关学者基于这些社会学理论提出的翻译理论或译本生产与传播过程分析模式，包括古安维克(Jean-Marc Gouanvic)构建的基于布迪厄社会学思想的理论框架[7]，比泽兰(Hélène Buzelin)提出的基于场域理论和行动者网络理论的综合研究模式[8]，海尔布伦(Johan Heilbron)提出的用于分析国际翻译图书在权力、地位不同的语言群之间不均匀流动的理论模式[9]，卡萨诺瓦(Pascale Casanova)提出的翻译在高度等级化的国际文学场域内不平等交流的分析模式等[10]，要么适用于把译作置于跨国图书传播及国际文化交流的大背景下的宏观研究，要么侧重于考察翻译的社会语境和功能，要么用于译本生产与传播过程分析，都不能有效地分析译本本身以及译者采用的翻译策略[11]112-115。

值得注意的是，西米奥尼(Daniel Simeoni)借用布迪厄的“惯习”概念提出“译者惯习”(translator's habitus)理论，旨在探求一个更好的概念工具，以便解释“翻译过程中译者做出的各种决定性选择”以及造成不同译者风格各异的原因[12]1。西米奥尼的研究结果显示：自古至今，无论译者个人还是译者群体，其惯习的基本属性是“顺从”；由于规范对译者的制约非常强大，当今译者和古代或近代以前文明社会中的抄写员一样，“在文化领域举足轻重的职业中历来居于从属地位”[12]7-8，而这种译者被迫接受的制约是“历史强加给译者的信仰内化的结果”[12]9。由此可见，西米奥尼提出的译者惯习是规范内化的产物，在与规范的角力中始终处于下风，因而作为一种分析工具主要适用于解释为何译者具有“以社会规范认同的方式进行翻译的能力”[12]1。换言之，它能解释的是译者在规范制约和许可的范围内做出的顺从性质的选择和决策。

最近，英国学者查尔斯顿(David Charlston)提出一种新的社会翻译学理论，即译者姿态理论，他认为某些译作体现了译者力图“寻求荣耀”(honour-seeking)的一种身体姿态或立场[13]。希腊籍学者帕斯马兹(Kalliopi Pasmatzi)丰富、发展了查尔斯顿的理论：他的个案研究显示，有着偏向目标文化惯习的译者采用的翻译策略体现了旨在寻求目标“文化荣耀”的译者姿态[14]。有着明确的文化身份或强烈的文化归属感的译者在翻译时寻求本国文化荣耀这一做法合情合理，可能具有世界普适性，因而该理论应该适用于中国语境中的翻译实践，尤其有着中华文化身份的译者从事的中国文学文化外译。在此基础上还可进一步假设：有着中华文化身份的译者采用的翻译策略往往体现出一种旨在“寻求中华文化荣耀的译者姿态”。这就为我们解释译者自主、自发采取的某些翻译策略提供了一种新的分析工具。本文旨在引介译者姿态理论，并基于对《阿Q正传》王际真英译本的个案分析，论述该理论对中华文化外译研究的适用性和解释力。

二、译者姿态理论与译者的中华文化身份

布迪厄把“身体姿态”(body *hexis*)①[13]55定义为“与涉及身体和工具的整个技巧系统有关联的、负载丰富的社会含义和价值观的既有个体特点又是系统性的姿势模式”,“身体姿态……因而成为一种永久的性情(disposition),即一种既持久又稳定的站立、说话及感受和思考事物的方式”[15]87,93-94。布迪厄指出,身体姿态体现了人们共享的社会文化价值观,与此同时,“人们对本文化把哪些行为看作是荣耀或不荣耀的有所预期,而这种预期是由文化决定的,人们的身体姿态(即手势、姿势和立场)恰恰体现了这种预期”[13]55-56。

基于布迪厄的身体姿态理论,查尔斯顿提出译者姿态理论。他把“译者姿态”(translatorial hexis)定义为“在译本中体现的译者试图通过翻译追求荣耀的身体姿态”[13]51。通过对英国道德哲学家詹姆斯·贝利(J. B. Baillie)翻译的黑格尔(G. W. F. Hegel)的《现象学》(*Phenomenology*)的个案研究,查尔斯顿发现,与西米奥尼指出的译者惯习普遍具有的“顺从性”不同,“反映在翻译文本细节中的译者姿态体现了这位具有哲学家身份的译者的一种挑战权威、寻求荣耀的态度”[13]55。由此,可把译者做出的各种翻译决策(包括选词措辞)解释为“一种译者姿态的具体体现”。例如,在翻译《现象学》这样一个意识形态上敏感的文本中的重要哲学术语时,译者做出的词汇选择就体现了他的预期,即“预测由有权赋予荣耀的哲学同行组成的社会子场域中,什么被认为是荣耀的或不荣耀的”[13]56。“译者通过文本和副文本细节表达了自身对思想价值观的忠诚,复制了教会、国家和学术界等组织结构在目标文化中的合法性和正统性”,如把“Church”的首字母大写所隐含的尊敬姿态固然可以显示译者的谦卑态度,“但在场域中某些有权赋予荣耀的社会群体看来,也可以用于寻求荣耀和尊敬”[13]56-57。

查尔斯顿指出,“从译者姿态入手分析译本的文本细节,可以揭示哲学翻译涉及的复杂的决策过程”;除了关心原作与译作的对等关系,译者还“用一种寻求荣耀的方式……关心译本在目标文化中的潜在作用和接受情况以及他或她本人在场域中的声誉”[13]57。查尔斯顿进而指出,因吉莱里(Moira Inghilleri)强调了社会翻译学研究从之前只关注翻译文本“转向把翻译和口译视为社会、文化和政治行为”的重要性[16]125,但查尔斯顿认为“这并不排除反转回来在特定的社会和意识形态语境下考察一个译本语言细节的可能性”[13]58。总之,译者姿态理论为我们用跨学科研究的方式(涉及翻译学、社会学及其他学科)把各种因素——包括文本、语言细节、原作与译作的对等关系、译本在目标文化中的功能和接受、场域的结构、译者在场域中的地位、声誉和资本等等——联系起来加以考察提供了一个有效的理论工具[13]57。

查尔斯顿还就如何应用译者姿态理论提出了建议:研究者不仅要考虑一部译作的特定

---

① 查尔斯顿指出:“hexis”最早见于亚里士多德的哲学论述中,后来被法国社会学家莫斯(Marcel Mauss)用于民族志研究中。它与美国社会学家高夫曼(Erving Goffman)提出的“身份理论”(identity theory)的两个核心概念“面子”(face)和“姿势”(poise)相近;在布迪厄的理论体系中,则与人们熟知的“惯习”(habitus)概念有交叉。

背景，包括译者的翻译目的和动机、出版商或赞助人出版译作的主要目的、译作的目标读者、翻译出版的具体情形等，还要重点考察译作产生时“历史子场域的发展与嬗变”以及“与之相关的意识形态或政治权力的场域”。查尔斯顿认为，布迪厄所说的“文化生产场域”(the field of cultural production)[4]“结构着资本的分配”，但各个子场域之间存在着争斗和对立，“这会影响译者的自我定位，并最终影响其翻译决策”[13]58。

帕斯马兹考察了1994年初版的英文历史小说《科雷利上尉的曼陀林》(*Captain Corelli's Mandolin*)的希腊语译本①。这部小说以第二次世界大战期间被德、意两国占领的一个希腊小岛为背景，正面写到了希腊历史，但对某些历史事件的描写是失实的，如抹杀了当时希腊的一个左翼组织在抵抗法西斯侵略中的作用，把该组织的成员叫做“寄生虫”“流氓”[14]85。帕斯马兹通过细致的文本分析发现，在处理原作中这些与史实不符的内容时，有着本国文化取向的译者安杰利多采取了目标文化“可以接受并认为是荣耀的翻译策略”，包括委婉化(euphemization)、净化(sanitizing)、过度纠正(hyper-correction)、删削等。帕斯马兹认为，这些干预性改写性质的翻译策略体现了安杰利多试图寻求本国文化荣耀的译者姿态[14]80-81。帕斯马兹以“译者姿态”和“寻求文化荣耀”为分析工具，令人信服地解释了有着目标文化身份的译者对原作中本国历史文化信息的干预性改写行为，揭示了译者为寻求本国文化荣耀采用的某些翻译策略，为我们考察中华文化外译提供了一种可资参考的分析模式。

如上所述，布迪厄认为，我们对本文化把哪些行为看作是荣耀或不荣耀是有所预期的，而这种预期由文化决定，我们的身体姿态恰恰体现了这种预期。由此看来，译者在翻译过程中是否运用特定翻译策略以寻求本国文化荣耀，往往决定于其文化身份。文化身份指个人属于某个社会群体的身份或群体归属感，是个人自我认识和自我感知的一部分。文化身份往往与国籍、民族、宗教信仰、社会阶层、地域或有着独特文化的任何社会群体相关。因此，不仅个人有文化身份，社会群体也往往有着共同的文化身份[17]19-23。王东风指出，身份其实就是一种或一组范畴，具有某种属性。如果该范畴是指某一类人(如译者)，那么这类人在从事与其特定的身份有关的活动时，就会自觉或不自觉地认同该活动对其身份的规约，其行为就具有某种共性。这种在一定条件下表现出来的行为上的某种规律性对翻译研究有重大的理论意义[18]72。王东风所论述主要是译者的职业身份，但由此推论，具有特定文化身份的译者群体在一定条件下也会表现出翻译行为上的某种规律性，即本文所称“寻求文化荣耀的译者姿态”。

事实上，个人的文化身份颇为复杂，有时甚至具有多重性。霍利迪(Adrian Holliday)的实证研究显示，尽管国别或民族是决定个人文化身份的重要因素，但在多个民族和文化共处的国家(如美国)，国别或民族这种外部力量往往与积淀于个人生活轨迹的各种层次的文化现实(包括宗教信仰、家族史、社区、职业、政治和语言)相冲突[19]。本文目的并非讨论文

① 作者是英国小说家路易斯·贝尔尼埃(Louis de Bernières)，该小说是他的代表作，曾获数项国际国内文学奖，迄今被译成10多种语言，2001年被改编成电影(中文片名为《战地情人》)，使其成为国际畅销小说。希腊语译本1995年在雅典出版，译者是希腊籍的玛丽亚·安杰利多(Maria Angelidou)。

化身份的复杂性或动态变化，因此只需大体上界定译者的基本文化身份。本文所称从事中华文化外译、具有中华文化身份的译者主要有四类：中国本土译者(如林语堂、杨宪益、萧乾、王佐良)，身在国外却有着强烈的中华文化归属感的华裔译者(如王际真、余国藩、夏志清)，港澳台华人译者(如孔慧怡、齐邦媛)，到国内“寻根”并谋求个人事业发展的海外华裔译者(如梁社乾)[20]。参照查尔斯顿和帕斯马兹的以上论述，笔者提出如下假设：因其特定文化身份和向外国读者阐释中华文化的翻译宗旨使然，这些译者采用的翻译策略往往体现出一种旨在寻求中华文化荣耀的译者姿态，具体表现在：一方面，在译作中尽量保留原作蕴含的译者视为荣耀的中华传统文化信息，另一方面，对他们视为不荣耀的中华传统文化信息予以干预性改写。下文以《阿Q正传》王译本为个案，检验以上假设的有效性。

三、《阿Q正传》王译本翻译策略分析

王际真(Wang Chi-chen)的重要译作有《红楼梦》节译本[21]①和《鲁迅小说选集》[22]等。王际真1899年出生于山东淄博市桓台县，1922年大学毕业于留美预备学堂(今清华大学)，同年官费赴美留学，随后留美发展，1929—1965年在哥伦比亚大学从事中文教学和翻译，2001年在纽约逝世[23][24]。夏志清指出：“王际真虽然1922年就离开中国，但他从根子上还是‘五四’一代的知识分子，把鲁迅看作民族英雄，又跟从胡适主要从事传统中国小说的研究和翻译。”[25]99 这说明翻译《红楼梦》和鲁迅作品时期的王际真抱持着中华文化的身份。王海龙在90年代末拜访了王际真，发现这位百岁老人不仅乡音无改，还得意地告诉来访者“他是地道的山东人，是个真正的‘老乡下人’”[24]102。由此可见，尽管王际真身在美国，从事中国文学译介，但他的中华文化身份始终未变，这无疑会影响他对原作中文化内容的处理方式。反过来说，译者采用的翻译策略能够揭示其文化身份。有学者指出：“我们需要了解译者在译文中添加或省略了什么，选择了哪些词，又如何使用这些词，因为从中可以窥见一种自愿、有意的行为，这种行为揭示了译者的个人经历及其所处的社会政治背景，也即译者所属的文化。”[26]5

通过对《阿Q正传》王译本“Our Story of Ah Q”[22]77-129的实例观察和分析，笔者发现王际真采用了如下文化翻译策略：一方面，借助直译、音译、注释或增译等手段，倾向于保留他视为荣耀的并认为美国读者应该了解的中华传统文化，这种文化蕴含在称谓语、客套话、佛教术语、成语、典故、迷信习俗等之中；另一方面，对他认为不荣耀或在原作中不甚相关或重复冗余的中华传统文化信息倾向于进行委婉化、净化、淡化②[27]64或删削处理。但从翻译策略运用的范围和频次看，王际真总体上偏重保留出发语文化。

在文化保留方面，王际真首先对一些称谓语和客套话进行音译，如“少奶奶”(shao nai

---

① 初版于1929年，共371页，叙事聚焦于贾宝玉与林黛玉的情史。

② 淡化是指：“出于意识形态方面的考虑，有的文化专有词被认为‘过于强烈’或某方面不可接受，因此译者用‘较温和’、较符合目标语写作传统或理论上符合译文读者期待的词将其替换掉。”

nai)、"太太"(tai-tai)、"发财"(fatsai)①[22]104,甚至把佛教术语"阿弥陀佛"也音译为"Amito-fo"②[22]102。其次,对某些成语或典故采用直译法,如把"龙虎斗"译作"strife betwixt dragon and tiger"[22]100,"不孝有三无后为大"译作"Of the three filial impieties, the greatest is to be without heirs"[22]92,"塞翁失马,安知非福"译作"Who knows that it is not a blessing for the Tartar to have lost his horse?"[22]85,"士别三日便当刮目相待"译作"A man should be looked upon with different eyes though he has been away only three days"[22]103。再次,王际真还惯于使用文内注或脚注,为译文读者解释原文中缺省的文化背景知识。例如,阿Q临刑前,刽子手们给他穿上"一件洋布的白背心,上面有些黑字。阿Q很气苦:因为这很像是带孝,而带孝是晦气的"[28]109。考虑到中国人传统上穿素服治丧,西方人则着黑衣悼人,王际真添加了简短的文内注:"white was the color of mourning"[22]126,以便消除中西文化差异对西方读者造成的认知困惑。又如,王际真把"赵府上请道士祓除缢鬼,费用由阿Q负担"[28]87译作"Ah Q was to foot the expenses incurred in exorcizing the evil spirits that *might be trying to induce Wu-ma to commit suicide*"[22]97。译句中用斜体标注(笔者标注)的文字是译者特意添加的文内注,用于说明"祓除缢鬼"这种地方习俗的迷信渊源。鲁迅在杂文《女吊》中指出,"祓除缢鬼"指涉绍兴旧时的一种鬼神信仰:一个女人上吊自尽后会变成缢鬼,然后想方设法"讨替代",即诱惑一个现世中的女子自杀,拉来做垫背[29](小说中指被阿Q求爱后想寻短见的吴妈)。

另一方面,王际真倾向于对某些他认为不荣耀的文化信息进行委婉化、净化或淡化。这突出表现在对脏话的处理上,例如,"鸟男女"在《阿Q正传》中出现2次,且均采用阿Q的叙事视角:一是"况且未庄的一群鸟男女的慌张的神情"[28]97,二是"这时未庄的一伙鸟男女才好笑哩"[28]99。此处"鸟"与"屌"字相通,指男性外生殖器。王际真把两处的"鸟男女"分别译作"the accursed men and women"和"these cursed villagers"[22]112-113。"accursed"与"cursed"近义,都含"该诅咒的""该死的""讨厌的"之意,可见译者对脏字"鸟"做了净化或至少是淡化处理。又如,被鲁迅称作"国骂"的脏话"他妈的"③[30]246-248,在《阿Q正传》中以变体"妈妈的"和"你的妈妈的"出现9次,都被王际真委婉化处理成"your mother's"(5次)、"their mothers'"(3次)或"his mother's"(1次)④[31]106。此外,王际真还倾向于对他认为在原作中不甚相关或重复冗余的文化信息进行不予增译或删削处理。例如,上引例子中的"带孝"(戴孝)是中国传统习俗,指死者家属和亲戚按照礼俗在一定时期内穿着白布或麻布丧服,表示哀悼,藉此履行尽孝的伦理义务。王际真把"因为这很像是带孝,而带孝是晦气的"译作"for white was the color of mourning and mourning was an unlucky thing"[22]126。

---

① 页脚附有短注:"May you grow rich"。

② 另一处"阿弥陀佛"用音译辅以直译法译作"Amito Buddha"。这些音译词采用威妥玛拼法(Wade-Giles),在译文中均标以斜体,显然是向译文读者明示它们是中国文化专有词。

③ 鲁迅在《论"他妈的!"》一文中指出,中国人用"他妈的"骂人,是"硬要去做别人的祖宗",并暗示"他妈的"可解作"你妈是一条母狗、骚货"。可见这个国骂指涉女性的性行为,也很"脏"。

④ 管兴忠认为此处王际真采取了"省译"的做法,"以免引起读者阅读的不快"。笔者认为,如此分析也可取,但译者只译出这句脏话的字面意义,省略了令人不快的指涉含义,因此其本质是委婉化处理。

他的译文补足了中国人哀悼死者传统中穿素服这一文化背景信息，以便西方读者理解为何阿Q把“洋布的白背心”视为不吉之物，却丢失了“带孝”的文化内涵——尽孝。尽孝本身是重要的文化信息，但“带孝”在原作中仅仅一笔带过，因此被译者视为不相关或不重要而不予增译。又如，如上所述，王际真直译了体现儒家道德的“不孝有三无后为大”，却删去紧随其后出自《左传》的历史典故“若敖之鬼馁而”（意为若敖氏全族以后没有子孙祭祀供饭，鬼魂都要挨饿了）。译者将其删去，固然考虑到该典故的历史文化指涉复杂，如全部照直翻译（往往需要辅以注释），会使译文变得艰深难懂，但更重要的考虑应该是前文刚提到“断子绝孙便没有人供一碗饭”①[22]92[28]83，因而选择了不再翻译这个语义重复的典故。

四、王际真翻译策略阐释：寻求中华文化荣耀的译者姿态

如上所述，王际真一方面试图在译文中保留并传递某些中华传统文化信息，另一方面又对某些文化信息进行净化或删削处理。这两种看似相互冲突的翻译策略均可用译者姿态理论得到有效的解释。韦努蒂指出，20世纪30年代以来，“行文流畅”一直是英美评论界用来评价英译作品的唯一标准也即主流翻译规范[32]2-5。王际真有意违反目标语文化中的主流翻译规范，倾向于采用文化保留性翻译策略，主要是由他的文化身份和翻译目的决定的。

一方面，王际真试图尽量保留中华传统文化，是因为这些信息在有着中华文化身份的他看来是值得荣耀的，应该原汁原味地介绍给西方读者。事实上，对小说人物的头衔和称呼进行音译是王际真偏爱的一种手段。他在《红楼梦》节译本“译者导言”中指出，“头衔和称呼表明人物之间的关系”，但由于“英汉语迥异”，尤其称谓系统及其文化内涵不同，这些词必定成为翻译难题，如把“老爷”直译为“old father”显然是荒唐可笑的。故此，他决定把一些头衔和称谓词音译（如“太太”译作“tai-tai”，“奶奶”译作“nai-nai”），“试图使西方读者逐步了解这些称谓”，因为他相信“借助上下文，读者理解这些音译的称谓词不会有什么困难”[33]xx-xxii。王际真在翻译《阿Q正传》时也采用了相似的做法，如把“太太”音译为“tai-tai”，以便尽量保留头衔、称谓词、客套话等蕴含的中国文化习俗。

王际真主张在译作中彰显中华传统文化，“尽量保留原作的文化特色”[34]，并把其主张落实到翻译实践中。王际真在说明《红楼梦》节译原则时指出，除了保留涉及宝、黛情史的几乎所有故事情节，他还“试图把反映独特的中国风俗、习惯或文化特质的章节和段落翻译出来，例如小说第四章、第五章对秦可卿奢华葬礼的叙述”[33]xx。王际真在节译《红楼梦》时专挑文化信息丰富的章节翻译，可见彰显原作蕴含的中华传统文化是其基本翻译策略，这体现了他旨在寻求中华文化荣耀的译者姿态。

王际真的职业身份、王译本的出版商和主要目标读者决定了他走的是学术翻译的路子。翻译鲁迅小说时的王际真身为哥伦比亚大学中文教员，需要准确可靠的中国现代文学作品英译本做教材。他的《鲁迅小说选集》由哥伦比亚大学出版社出版，说明其主要用途是

---

① 此句被直译为“without children there would be no one to make offerings to his spirit after he was dead”。

教材。王际真在"译者导言"中指出："传统中国文学和艺术所描绘的中国人的生活，往往是不真实的、没有个性的，这令崇拜中国的普通美国人痴迷。我的译本面向的则是那些厌倦了这种不真实的、没有个性的描绘，想要透过表象洞悉人性的读者。"[35]ix 由此可见，王译本的目标读者主要是攻读中国历史、文学的美国大学生和研究生，向这些对中国文化有兴趣的读者阐释中华文化无疑是王际真的翻译目的。张南峰指出，从事学术性翻译的译者一般"比较讲究忠实"[36]226。这种"忠实"不仅指忠于原作的思想内容，还体现在尽量再现原作的风格，即便这样做违反了"行文流畅"的规范。王际真说，鲁迅小说倚重"讽刺性的曲笔和隐语，尤其喜欢引用古代典故和现代流行语，从而形成其幽默、犀利的文字风格，这给译者出了大难题。我深知自己才疏学浅，不能把鲁迅的作品有效地译成英文，但仍然希望我的译文或多或少传达了原作的某些效果"[35]xxiv。可见王际真把引经据典视为鲁迅小说写作的重要手段，而他的译文试图忠实再现原作风格，因此他特别注重运用直译、注释等手段保留成语典故的本来面目。中文成语、典故本身蕴含丰富的中华文化信息，这在有着中华文化身份的王际真看来自然是视为荣耀的，应该原汁原味地介绍给美国读者。

另一方面，王际真对他认为不荣耀的某些文化信息进行委婉化、净化或淡化处理，违反了译者本应遵守的"真相""忠实"伦理(ethic of truth)[37]153。王际真这样做虽有语言审美方面的考量(即脏话不雅)，但也体现了他试图维护中华文化荣耀的译者姿态：不想给西方读者留下中国人粗俗不堪的不良印象。此外，王际真对他认为在原作中不甚相关或重复冗余的文化信息进行删削处理，看似出于诗学层面上的考虑，即从西方现代小说标准看，这些内容属于写作技巧上的瑕疵，实际上却顾及了目标读者接受译本的效果，即"用一种寻求荣耀的方式……关心译本在目标文化中的潜在作用和接受情况"[13]57。正如查尔斯顿所指出，译者除了关心原作与译作是否对等，还会关心读者对译本的接受和他本人在场域中的声誉。这些都是译者寻求文化荣耀和个人职业荣耀的手段。

五、结语

译者姿态理论为我们分析译者不顾规范的制约即自主的"非顺从性"决策过程提供了一个有效的理论工具，尤其适用于解释译者针对原作中蕴含的本国文化采用的某些翻译策略。从查尔斯顿提出的研究者应考虑一部译作的特定背景(包括译者、出版商或赞助人、目标读者群、场域的结构及其嬗变等)的主张看，译者姿态理论采用的仍是描述性翻译研究的路径，即在概念体系上它采用了布迪厄的社会学理论，在方法论上则是当下主流的翻译研究范式。该理论以"寻求文化荣耀"和"译者姿态"为核心概念工具，提出了一种操作性较高的理论分析模式，但指出译者通过翻译"寻求文化荣耀"这种文化取向和意图明确的行为本身限制了其应用范围。再者，该理论可用于解释译者为寻求本国文化荣耀采取的某些翻译策略，但不能用于分析所有的文化翻译策略。例如，有的文化指涉词在文化取向上是中性的，与文化荣耀或不荣耀无关，因此译者姿态理论不能提供有说服力的解释。

本个案分析显示，有着中华文化身份的王际真在翻译过程中刻意保留原作蕴含的他视为荣耀且重要的文化信息，同时对他视为不荣耀或在原作中不甚相关或重复冗余的文化信息予以干预性改写。他对前者采用直译、音译、注释、增译等译法，对后者进行委婉化、净化、淡化、删削处理，体现出一种旨在寻求中华文化荣耀的译者姿态，这种姿态主要决定于王际真的文化身份和翻译目的。基于该分析结果，我们可对译者姿态理论的适用范围进行推理性拓展：寻求文化荣耀的译者姿态不独王际真所有，更不是孤立的翻译个例；它很可能是有着本国文化身份的译者群体在处理原作中蕴含的本国文化信息时体现出来的翻译策略选择上的共性。但这一理论假设需要进一步的实证研究和个案研究加以证实。

参考文献

[1] 谢天振. 新时代语境期待中国翻译研究的新突破[J]. 中国翻译，2012(1)：13-15.

[2] 许方，许钧. 关于加强中译外研究的几点思考[J]. 中国翻译，2014(1)：71-75.

[3] Bourdieu, P. *The Logic of Practice* [M]. R. Nice (Trans.). Cambridge: Polity Press, 1990.

[4] Bourdieu, P. *The Field of Cultural Production: Essays on Art and Literature* [M]. R. Johnson (Ed.). Cambridge: Polity Pres, 1993.

[5] Latour, B. *Reassembling the Social: An Introduction to Actor-Network Theory* [M]. Oxford: Oxford University Press, 2005.

[6] Luhmann, N. *Social Systems* [M]. J. Bednarz (Trans.). Stanford: Stanford University Press, 1995.

[7] Gouanvic, J. M. A Bourdieusian Theory of Translation, or the Coincidence of Practical Instances [J]. *The Translator*, 2005, 11(2): 147-166.

[8] Buzelin, H. Unexpected Allies: How Latour's Network Theory Could Complement Bourdieusian Analysis in Translation Studies [J]. *The Translator*, 2005, 11(2): 193-218.

[9] Heilbron, J. Towards a Sociology of Translation: Book Translations as a Cultural World-system [J]. *European Journal of Social Theory*, 1999, 2(4): 429-444.

[10] Casanova, P. Consecration and Accumulation of Literary Capital: Translation as Unequal Exchange [C]// M. Baker. *Critical Readings in Translation Studies*. London and New York: Routledge, 2010: 285-303.

[11] 汪宝荣. 社会翻译学学科结构与研究框架构建述评[J]. 解放军外国语学院学报，2017(5)：110-118.

[12] Simeoni, D. The Pivotal Status of the Translator's Habitus [J]. *Target*, 1998, 10(1): 1-39.

[13] Charlston, D. Embodiments of Bourdieusian Hexis: J. B. Baillie's Translation of Hegel's Phenomenology [J]. *The Translator*, 2013, 19(1): 51-80.

[14] Pasmatzi, K. Translatorial Hexis and Cultural Honour: Translating Captain Corelli's Mandolin into Greek [C]// G. M. Vorderobermeier. *Remapping Habitus in Translation Studies*. Amsterdam and New York: Brill and Rodopi, 2014: 73-92.

[15] Bourdieu, P. *Outline of a Theory of Practice* [M]. R. Nice (Trans.). Cambridge: Cambridge University Press, 1977.

[16] Inghilleri, M. The Sociology of Bourdieu and the Construction of the "Object" in Translation and Interpreting Studies [J]. *The Translator*, 2005, 11(2): 125-145.

[17] Ennaji, M. *Multilingualism, Cultural Identity, and Education in Morocco* [M]. New York: Springer Science, 2005.

[18] 王东风. 翻译与身份：兼评董乐山主译《第三帝国的兴亡》[J]. 中国翻译，2014(5)：72-81.

[19] Holliday, A. Complexity in Cultural Identity [J]. *Language and Intercultural Communication*, 2010, 10(2): 165-177.

[20] 汪宝荣. 异域的体验:鲁迅小说中绍兴地域文化英译传播研究[M]. 杭州:浙江大学出版社,2015:22-23,30-35.

[21] Tsao, H., Kao, N. *Dream of the Red Chamber* [M]. Wang Chi-chen (Trans.). New York: Doubleday, 1929.

[22] Lusin. *Ah Q and Others: Selected Stories of Lusin* [M]. Wang Chi-chen (Trans.). New York: Columbia University Press, 1941.

[23] Devitt, J. Professor Emeritus Chi-chen Wang Dies at 102 [N]. *Columbia University Record*, 2001-12-14 (08).

[24] 王海龙. 从海到海:哥伦比亚大学与现代中国[M]. 上海:上海书店出版社,2007:99-111.

[25] 夏志清. 王际真和乔志高的中国文学翻译[J]. 董诗顶,译. 现代中文学刊,2011(1):96-102.

[26] Alvarez, R., Vidal, M. C. Translating: A Political Act [C]// R. Alvarez and M. C. Vidal. *Translation, Power, Subversion*. Clevedon: Multilingual Matters, 1996: 1-9.

[27] Aixela, J. F. Culture-specific Items in Translation [C]// R. Alvarez and M. C. Vidal. *Translation, Power, Subversion*. Clevedon: Multilingual Matters, 1996: 52-78.

[28] 鲁迅. 鲁迅小说全编[M]. 北京:人民文学出版社,2006:71-118.

[29] 鲁迅. 鲁迅全集:第六卷 [M]. 北京:人民文学出版社,2005:637-644.

[30] 鲁迅. 鲁迅全集:第一卷[M]. 北京:人民文学出版社,2005:245-250.

[31] 管兴忠. 王际真英译作品在海外的传播和接受[J]. 外语教学,2016(3):104-108.

[32] Venuti, L. *The Translator's Invisibility: A History of Translation* [M]. London: Routledge, 1995.

[33] Wang, C. Introduction [M]// Tsao, H., Kao, N. *Dream of the Red Chamber*. Wang Chi-chen (Trans.). New York: Doubleday, 1929: xv-xxiv.

[34] 徐晓敏. 王际真翻译思想初探[J]. 长沙铁道学院学报(社科版),2014(3):121-123.

[35] Wang, C. Introduction [M]// Lusin. *Ah Q and Others: Selected Stories of Lusin*. Wang Chi-chen (Trans.). New York: Columbia University Press, 1941: vii-xxvi.

[36] 张南峰. 中西译学批评[M]. 北京:清华大学出版社,2004.

[37] Chesterman, A. Proposal for a Hieronymic Oath [J]. *The Translator*, 2001, 7(2): 139-154.

莫言作品的国外读者评论①

——基于亚马逊网站莫言作品英译本"用户评论"的研究

许宗瑞

摘　要　国外读者的评论与评价是研究和衡量作品对外译介效果的一个重要方面。文章借助亚马逊网站(Amazon.com)"用户评论"(Consumer Reviews)这一庞大信息库,考察了以该网站用户为代表的国外读者近二十年来(1995—2015)对莫言作品英译本的评论情况。用户评论数据统计显示,莫言作品英译本评论较少,评分不高,且评论较少又在一定程度上造成译本销售情况的不理想。莫言作品或英译本中存在一些需要正视和重视的"问题",具体包括:作品篇幅、人物数量及角色姓名造成阅读负累,存在大量容易引起反感的描写,故事内容的相对真实性,人物命运和故事结局呈现悲剧色彩,编辑、排版、印刷等方面有缺憾等等。结合以上发现,就今后如何利用亚马逊网站"用户评论"这样重要的"阵地"和"平台"继续推进莫言作品的对外译介乃至中国文学"走出去"提出了建议。

关键词　莫言作品;译介效果;国外读者评论;亚马逊网站用户评论;中国文学"走出去"

Abstract　Foreign readers' reviews are important to study and evaluate the effect of literature translation and introduction abroad. This paper, based on Consumer Reviews on Amazon.com such a large information database, investigates foreign readers' reviews (1995—2015) represented by Amazon.com consumers concerning the English translations of Mo Yan's works. Statistical data of the reviews reveals there are few consumers reviewing the English translations of Mo Yan's works, neither they score the translations high, which to some degree leads to the sluggish sale. A scrutiny of the reviews shows there are "flaws" in Mo Yan's works or the translations, such as reading burden caused by book length, character number and names; antipathies caused by improper descriptions; authenticity of the plots, fate of the characters, ending of the stories, editing, typesetting and printing problems. Finally, this paper proposes some suggestions on how to make use of such important "platforms" as Consumer Reviews on Amazon.com to further promote Mo Yan's works abroad and "going out of Chinese Literature" in the future.

Key words　Mo Yan's works; effect of translation and introduction abroad; foreign readers' reviews; Consumer Reviews on Amazon.com; "going out of Chinese Literature"

基金项目:安徽省教育厅2016年度高校人文社会科学重点研究项目"中国文学'走出去'战略下莫言作品的国外读者评论研究"(SK2016A0323)

作者简介:许宗瑞(1981—　),男,安徽全椒人,安徽农业大学外国语学院讲师,硕士。

① 原文发表于《燕山大学学报(哲学社会科学版)》2017年第3期。

一、引言

2012年莫言获得诺奖仿佛为中国当代文学乃至整个中国文学注入了一针“强心剂”，也激发了各方学者对莫言和莫言作品的研究热情，推动了莫言作品对外译介的研究进展。最近几年，莫言作品的对外译介模式、译介主体、译介内容、译介方法等都得到了比较广泛和深入的探讨。与此同时，针对莫言作品译介效果的研究也方兴未艾，但就研究涉及的具体方面而言，目前学界人士主要侧重对莫言作品译本在国外的出版数量、获奖情况、图书馆馆藏等数据进行统计，以及对国外专家学者、主流媒体的有关评述、报道等材料进行整理，代表学者如刘江凯[1]、赵丽萍[2]、周新凯[3]、朱芬[4]、鲍晓英[5]、宁明[6]等等，但缺乏对国外读者这一重要受众相关评论与评价的应有关照。国外读者的评论与评价是研究和衡量作品译介效果的一个重要方面，毕竟文学翻译的最终目的是为促进各国家、各民族间的文学交流，“只有在读者的接受中文学翻译才能实现其文学交流的目的”[7]。鉴于此，本文借助亚马逊网站(Amazon. com)“用户评论”(Consumer Reviews)这一庞大信息库，对近二十年来(1995—2015)莫言作品英译本用户评论数据进行统计，对评论内容进行梳理，希望从以该网站用户为代表的国外读者这一视角，对莫言作品的译介效果进行再分析，进而为莫言作品的对外译介乃至中国文学“走出去”提供一些新的发现和可资借鉴的参考。

二、关于亚马逊网站的“用户评论”

亚马逊公司成立于1994年，目前是全球最大的互联网零售商之一，其主营业务为图书商品销售。用户评论是该公司于1995年在其网站设立的一个开放式商品评论版块。评论者须为网站注册用户且有过至少一次通过该网站成功购物的经历，他们可就网站所售的任何商品发表评论并进行评分，借以分享和交换彼此的意见和看法。及至今日，该版块已经历了二十余年的发展，参与评论的用户与用户发表的评论总数也越来越多。2009年时曾有报道指出，当时已有累计500万用户参与其中，评论总数多达数千万条[8]。在互联网购物正经历“井喷式”发展的今天，用户数和评论总数这两项数据可能更加难以估量。

亚马逊网站用户评论之所以能获得如此长足的发展，主要有以下几方面原因。其一，广大用户为获得或帮助他人获得较为满意的购物体验，往往会参考或参与网站的评论，从他人的评论中了解或通过自己的评论向他人传递某些商品的详细信息、使用感受等。其二，亚马逊公司制定了一套相对完善的审核与追溯体系，在很大程度上杜绝或减少了不实、误导、虚假的评论，保证了评论的整体真实性和可参考性。该公司发布的“用户评论使用指南”(Consumer Reviews Usage Guidelines)和公司网站上的“创建评论指导”(General Review Creation Guidelines)等都有相关描述。其三，亚马逊公司还采取多种措施调动各界人士参与评论的热情，积极构建并发挥评论的影响力。比如为贡献较大或具有特殊真实身份的评论者添加各种荣誉和身份标签(badges)，前者包括评论名人堂成员、十佳评论者、五十佳评论者等，后者涵盖作者、艺术家、出版界人士等。

由于能提供海量且相对可靠的数据与信息，亚马逊网站用户评论在最近十余年来逐渐成为国外学者的一个重要研究对象，尤其在商务研究中的电子口头传播（electronic word-of-mouth）领域。Chen *et al*.[9]、Duan *et al*.[10]、Zhu & Zhang[11]等曾利用该网站用户评论数据探讨了网上评论对网上商品销售的影响；Mudambi & Schuff[12]、Willemsen *et al*.[13]、Baek *et al*.[14]、Kuan *et al*.[15]等也围绕该网站用户评论数据及内容从不同方面分析了影响网上评论“有用性”的各种因素。近年来，国内译界学者也开始注意到亚马逊网站用户评论的研究价值并将其运用到文学译介研究之中。陈梅[16]和张阳[17]均根据该网站用户评论的有关情况对中国典籍英译的国外阅读市场现状进行了调查；宁明[6]则基于2015年11月25日该网站莫言3部作品英译本的评论情况梳理了莫言作品在英语读者中的接受概貌。得益于前人研究带来的启发，笔者同样以亚马逊网站用户评论为基础，对莫言作品英译本（以下简称“莫译本”）用户评论的两项重要数据（评论人数和用户评分）进行统计，通过横向对比和纵向对比分析两项数据的总体情况和变化过程。另外，本文还将对莫译本用户评论的内容进行分析，指出用户反映的在莫言作品或莫译本中存在的“问题”。

三、亚马逊网站莫言译本用户评论的数据统计

笔者对莫译本用户评论数据按照以下步骤进行检索和统计：(1)在网站首页搜索栏选择“Books”这一类别，以“Mo Yan”为关键词进行检索；(2)在检索结果显示页面左侧“Book Language”对话框中勾选“English”，获取所有与莫言相关的英文图书；(3)从图书中筛选出莫言作品的英文译本，对每部译本的评论人数、用户评分情况进行统计。亚马逊网站用户评分分为五个等级，即5星、4星、3星、2星、1星，网站系统会计算所有用户对某一商品的评分并在评论页面上沿显示该商品的用户评分（即几星）、评论人数、各等级评分人数等汇总信息。此外，网站系统还会将5星和4星评分自动归为“好评”（positive reviews），将3星、2星、1星评分归为“差评”（critical reviews），并将所有评论或按好评与差评，或按五个不同等级，或按提交时间先后等不同形式进行呈现。

（一）横向对比

笔者在统计莫译本评论人数和用户评分时，还对村上春树（Haruki Murakami）作品英译本（以下简称“村上译本”）的此两项数据进行了考察。之所以将二者置于一起进行横向比较，原因在于：第一，莫言于2012年获得诺奖，村上春树也自2006年以来连年入围这一重要奖项，两位作家都“标示着亚洲文学在世界上的声誉、影响与高度”[18]4，在文学成就上具有可比性；第二，两位作家作品的对外译介都始于20世纪80年代末90年代初，并一直持续至今，作品的译介历程同样具有可比性。莫言作品的首部英文译本是1991年出版的《爆炸》（*Explosions and Other Stories*），村上春树的则是1987年出版的长篇小说《且听风吟》（*Hear the Wind Sing*）。以下为莫译本与村上译本在评论人数和用户评分方面的对比情况（见表1）。

1. 评论人数

表1中的统计数据显示，亚马逊网站用户对莫译本关注不足，评论人数相对较少。网站销售的莫译本共11部，评论人数374人，平均每部34人评论。评论人数最多的《生死疲劳》

表 1　莫译本与村上译本用户评论数据统计及译本销售情况

作家及作品英译本		评论人数(单位：人)						用户评分(单位：星)	亚马逊热销商品排名(图书商品类)		
		好评		差评			合计		平装本	Kindle 版	精装本
		5 星	4 星	3 星	2 星	1 星					
莫译本	1.《生死疲劳》	50	22	12	9	6	99	4.0	178,953	123,859	1,056,151
	2.《天堂蒜薹之歌》	21	27	10	6	7	71	3.7	239,639	338,555	305,368
	3.《红高粱家族》	27	20	7	6	10	70	3.7	74,922	155,391	966,680
	4.《丰乳肥臀》	11	9	8	10	9	47	3.1	650,161	303,517	1,386,059
	5.《酒国》	3	8	1	6	5	23	3.0	250,833	204,453	2,121,447
	……	……	……	……	……	……	……	……	……	……	……
	11.《爆炸》	0	1	0	0	0	1	4.0	5,397,904	无	无
	合计/备注	242 (64.7%)		132 (35.3%)			374 (100%)	4 星及以上 5 部	27 种译本中无一销售排名在 1 万名以内，只有 1 种在 10 万名以内		
村上译本	1.《1Q84》	452	234	161	130	134	1,111	3.7	5,568	11,936	27,572
	2.《没有色彩的多崎作和他的巡礼之年》	344	211	110	43	26	734	4.1	2,400	6,147	6,383
	3.《发条鸟年代记》	388	148	70	49	30	685	4.2	1,709	9,468	765,139
	4.《海边的卡夫卡》	255	136	53	33	21	498	4.1	3,460	10,365	256,521
	5.《挪威的森林》	281	131	46	19	16	493	4.3	2,478	9,159	6,580,687
	……	……	……	……	……	……	……	……	……	……	……
	20.《生日故事》	6	1	1	0	0	8	4.6	320,990	无	1,249,087
	合计/备注	4,209 (75.5%)		1,363 (24.5%)			5,572 (100%)	4 星及以上 17 部	58 种译本中有 10 种销量排名在 1 万名以内，有 34 种在 10 万名以内		

注：统计时间为 2015 年 5 月 31 日，鉴于文章篇幅，表格中部分数据被略去。

为 99 人，最少的《爆炸》仅 1 人，11 部译本中有 4 部评论人数不足 10 人。译本中问世较早(1993 年)且因为电影《红高粱》的缘故而较早进入国外读者视线的是《红高粱家族》，时至今日也只有 70 人评论。与莫译本形成鲜明对比的是，村上译本较受用户青睐，评论人数较多。网站销售的村上译本共 20 部，评论人数 5 572 人，平均每部约 278.6 人评论，这两项数据分别约为莫译本数据的 14.9 和 8.2 倍。村上译本中《1Q84》评论人数最多，共 1 111 人，《生日故事》最少，为 8 人，20 部译本中只有 3 部评论人数不足 10 人，有 14 部作品的评论人数在莫译本评论人数之上。

有研究显示，网上商品销售受诸多因素影响。其中，评论人数的多少对商品销售起至关重要的作用[9-11]。为此，笔者进一步考察了莫译本与村上译本在亚马逊网站的销售情况。

两位作家的作品在该网站均有不同版本、不同格式的英译本销售，其中主要包括四类，即平装本、精装本、Kindle版和音频版。由于网站尚未提供音频版的销售信息，因此只将前三类纳入了考察范围。表1中的排名情况显示，网站销售的三类莫译本共27种，均未进入“亚马逊热销商品排名”(Amazon Best Sellers Rank)图书商品类榜单前1万名，销售情况最好的《红高粱家族》英译平装本仅位于第74 922位，且仅此一种在10万名以内。网站销售的三类村上译本共58种，但销售排名在1万名以内的有10种，10万名以内的多达34种，《发条鸟年代记》英译平装本更是高居第1 709位，完全进入了畅销书的序列，这些情况均与莫译本形成了巨大反差。

2. 用户评分

在用户评分方面，亚马逊网站用户总体对莫译本评价不高，译本得分偏低。首先，从译本数量上看，11部莫译本中只有5部用户评分在4星以上（包括4星），分别为得到4.0星的《生死疲劳》、4.5星的《师傅越来越幽默》、4.1星的《檀香刑》、4.0星的《蛙》和4.0星的《爆炸》。而且需要指出的是，这5部译本中后3部每部评分人数均不足20人，因此这些译本以后是否会继续获得高分，尚待进一步观察。其次，从用户比例上观察，在对莫译本进行评分的374人中，有242人给予好评，132人给予差评，二者比例分别为64.7%和35.3%，差评比例颇高。同样与莫译本形成鲜明对比的是，村上译本较受用户认可，高分译本数量较多，且用户差评比例较低。20部村上译本中用户评分在4星以上（包括4星）的多达17部，只有《1Q84》《天黑以后》《且听风吟》得分不足4星；在对村上译本进行评分的5 572人中，有4 209人给予好评，1 363人给予差评，二者比例分别为75.5%和24.5%，均与莫译本数据相差10个百分点以上。

（二）纵向对比

上述横向对比清楚地显示了莫译本与村上译本在评论人数和用户评分上的巨大差距以及较为悬殊的销售情况。为使研究更加系统、全面，笔者又以纵向对比的方式考察了莫译本评论人数和用户评分的历时变化过程。

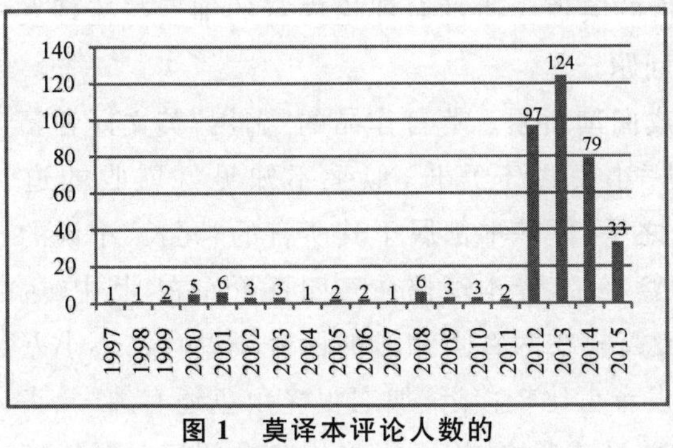

图1 莫译本评论人数的历时统计（1997—2015）

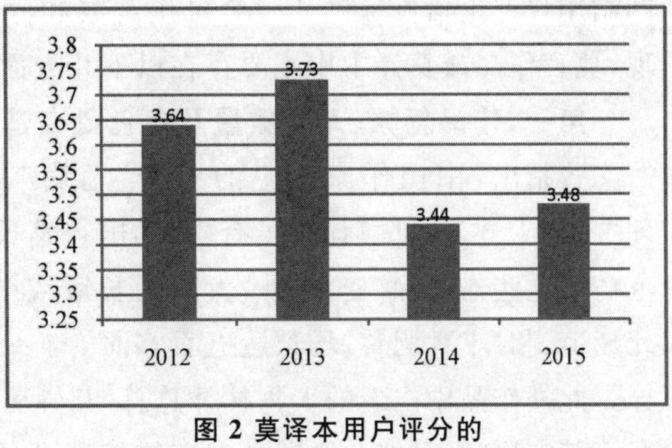

图2 莫译本用户评分的历时统计（2012—2015）

1. 评论人数

图1显示，早在1997年亚马逊网站就有用户开始对莫译本进行评论且一直持续至今，

但总体而言2012年之前基本是个位数，评论人数最多的2001和2008年都只有6人。不过这种情况在2012年得到改观，评论人数由2011年的2人迅速增加为97人，在2013年又增至124人，评论人数的迅速增长与2012年莫言获得诺奖存在直接关联。当年莫言获奖迅速提升了他在全球范围内读者对他的认知度，也使其作品在短时间内成为国外读者关注的焦点之一。很多用户在评论莫译本时也的确提及他们是因为莫言获奖的缘故才开始接触这位来自东方的神秘作家的作品。然而随着“诺奖效应”的消失，国外读者对莫言作品的评论热情也开始降低。如图1所示，2014年莫译本评论人数由2013年的124人降为79人，且2015年前5个月这一数据也仅为33人。

2. 用户评分

莫译本用户评分在2012—2015年经历了上升之后转而下降的“过山车”式的变化。如图2所示，在莫言获奖的2012年，莫译本用户评分为3.64星，而2013年这一数据则上升至3.73星。但同样随着“诺奖效应”的消失，随着阅读的不断深入，国外读者越来越多地从自己的视角审视莫言作品，尤其是其中存在的种种问题在很大程度上影响了读者对作品的评价，莫译本用户评分从2014年起开始走低就说明了这一点。该年此项数据由2013年的3.73星降至3.44星，2015年前5个月的统计数据是3.48星，基本维持在与2014年相当的水平。

四、从亚马逊网站用户评论内容看莫译本存在的问题

上述横向对比和纵向对比表明，虽然早在20世纪90年代初莫译本就已问世，但国外读者对莫译本评论较少，评分不高，且评论较少又在一定程度上造成了译本的销售情况不容乐观。尽管在莫言获奖后莫译本评论人数与用户评分在短时间内均出现了较大幅度的增加和提升，但随后很快都呈现出下降趋势，用“昙花一现”这样的词语形容并不为过。

因此，梳理国外读者对莫译本的具体评论内容在现阶段就显得尤为迫切和重要。这不仅有助于进一步了解并认清莫言作品在被国外读者阅读、理解、接受的过程中面临的困难与挑战，也能为当前正在蓬勃开展的中国文学“走出去”提供一些具体、有益的参考，亚马逊网站用户评论恰好提供了一个可供观察和分析的渠道。通过对评论内容的细读与梳理发现，莫言作品或莫译本中主要存在以下几方面问题。

第一，作品篇幅、人物数量及角色姓名造成阅读负累。莫言作品的“御用”英文译者葛浩文曾指出，中国作家常犯的一个“毛病”是“小说过于冗长，似乎不知见好就收的道理”[19]。上述11部莫译本虽有10部出自葛氏之手，但基本都属于其所言的“冗长”小说的范畴。这些作品除《变》之外，大多为长篇或中篇小说，译本篇幅在三四百页左右，其中《生死疲劳》和《丰乳肥臀》均长达五百多页，与一般篇幅在两百页左右的西方小说存在不小差异。此外作品中出现的人物林林总总，其姓名发音也比较接近，加之很多角色还有绰号、头衔等其它称呼，且彼此之间又有着错综复杂的关系或联系，因而很多用户在阅读时深感疲惫、困惑。用户J. D. Cuttin在评论《丰乳肥臀》时就抱怨读者在阅读这部小说时须亲手绘制一份家族图谱或时时翻阅故事开始前的人物简介，否则很容易忘记谁与谁是夫妻，哪些人又是他们的子女等(2012年，3星)。Adventure Reader则指出《红高粱家族》讲述的故事

既多又长，每个故事的结局也来得太迟，阅读时很快便让人心生厌倦，作者应该而且完全有可能将整部小说缩减至三到四个故事(2014 年，4 星)。

第二，存在大量容易引起反感的描写。暴力书写是莫言创作的一大特色，在其笔下酷刑、杀戮、血腥、吞食等都是司空见惯的场景。通过这种手法，莫言向我们展示了“一个丧失真理、丧失规范、丧失怜悯的世界以及在这样一个世界中生活着的疯狂、无助、荒唐的人们”[20]。除此之外，莫言作品中也存在大量与西方文化、思想、道德、审美、习俗等相去甚远或格格不入的“另类”描写。这些另类描写加上诸多暴力场面，绘成了一幅幅令西方读者在心理和生理上都极难接受和承受的图景，这些图景与植根于基督教文学传统的西方现代文学传统形成了巨大反差。用户 Feefifo 就指出自己在读到《酒国》中“烹食婴儿”“全驴宴”这样的情景时感到异常惊悚、恶心(2012 年，2 星)。Star “carnevalestarr”也认为《天堂蒜薹之歌》只适合那些妄图体验被反复毒打、被掀翻在地、被逼着喝尿、被强迫吞咽他人呕出的秽物等类似经历的人(2015 年，1 星)。应该说这种情况不单单出现在莫言一人身上，中国当代作家基本都有类似遭遇，“西方对于我们的古典小说尚算熟悉，而对中国当代作家的作品接触得有限……这种现象既有历史因素，也有文化因素。”[21]10

第三，故事内容的相对真实性。众所周知，2012 年诺奖评委会在文学奖获奖新闻公报中曾这样评价莫言：“他将幻觉现实主义与民间故事、历史与当代社会融合在一起。”的确如此，在很多作品中莫言凭借天马行空的想象、汪洋恣肆的语言、“目空一切”的意念，为读者构筑了一个个神奇瑰丽的魔幻世界。然而，亚马逊网站不少用户对此并不认同，从逻辑、历史等角度对莫言作品中故事内容的相对真实性提出质疑，这些质疑或涉及故事的整体可信度，或涉及某些情节、细节的合理性。用户 Henri IV 在评论《丰乳肥臀》时就提出了这样的疑问：小说中描述的那种极端贫穷、极端饥饿、极端愚昧的农民生活是否的确是当时中国农村的真实写照(2012 年，3 星)。Amanda Roberts 则认为小说《蛙》中叙述者与同学一起吃煤这样的情节十分荒谬，且小说开篇出现的所有人物在“大饥荒”年代结束后竟无一死亡，这样的设计与当时的中国历史非常不符(2015 年，1 星)。莫言作品中的历史与现实属于“典型的国家寓言”，国人要理解莫言尚需“把他放回到说书人的处境中去看”[22]99，西方读者的这些质疑完全可以预见。

第四，人物命运和故事结局呈现悲剧色彩。莫言曾经说过，悲剧是世界的形式，更是艺术的高瓴。这一概括充分彰显了莫言“对世界对人生的独特把握，以及他对于艺术基质的理解”[23]。纵观莫言各部小说，不难发现很多都被抹上了浓浓的悲剧色彩，弥漫着他与同时期其他作家较为不同的生命悲剧意识。他塑造的人物形象，不论枭雄还是百姓，不论男性或者女性，不论施暴者抑或受害者，大多经历了一系列生存困境和人生挣扎，最后往往也以死亡或悲剧收场。然而，莫言的这种悲剧观、苦命论令不少亚马逊网站用户在阅读时倍感压抑，而且这种压抑多数情况下演变成了对作品的抵触甚至排斥。用户 Reader 认为《丰乳肥臀》中描述的那种生活让人看不到任何希望、任何转机，尽是惨不忍睹的苦难(2012 年，1 星)。J. Castro 也表达了类似观点，说自己在阅读《天堂蒜薹之歌》时一直希望故事到最后能出现一些美好的事情，结果发现这只是徒劳(2014 年，3 星)。其实，莫言这种心灵创痛的描绘和民族苦难的叙述对于国人而言可能在一定程度上也难以接受，“无法让人有同样的心情”[22]99。

第五,编辑、排版、印刷等方面存在缺憾。该方面问题与莫言本人、作品本身并无太大关联,主要在于译本编辑、出版人员等工作上的疏漏以及出版公司对疏漏的失察。不过从用户评论的情况看,出现此类问题的莫译本不止一部且涉及不同版本、不同格式、不同年代,用户对此反映强烈,部分相关译本的用户评分也因此打了折扣。用户 Archer C. 就指责拱廊出版社(Arcade Publishing)在出版《生死疲劳》时把关不严造成书中出现了大量排印错误,并指出这种失职对莫言十分不公(2008 年,5 星)。Robert T. Myers 也指出《天堂蒜薹之歌》本是一部非常不错的小说,但遗憾之处在于该书 Kindle 版存在太多单词拼写和标点符号等方面的问题,这些问题令这部诺贝尔文学奖获得者的作品暗淡了不少(2012 年,4 星)。出版问题应该说是目前全世界范围内出版行业追求效率、市场和利益造成的必然结果,是一种普遍现象,但该问题应该得到重视,尤其是对具有较大影响力的作者的作品,因为任何一点瑕疵都会被无限放大,对作品的传播效果造成影响。

五、研究启示

以上五个方面虽不能完全概括莫言作品或莫译本中存在的所有问题,但相对而言具有一定的普遍性和代表性。这些问题加上前文所述的用户评论数据及译本销售情况,共同揭示了这样一个不争的事实:如果从以亚马逊网站用户为代表的国外读者及其评论这一视角进行审视,莫言作品的对外译介虽然走过了二十多年的历程,译介效果其实并不理想。这似乎也在某种程度上印证了王安忆说过的那句话:“有一种假象,好像全世界都爱我们,不是这样。”[24]尽管莫言获奖是诺贝尔文学奖评委会乃至国际文学界“对中国当代作家的一次集体表扬”,也显示出“近一百年来诺贝尔文学奖已经朝着包容性和丰富性转变”[25]214,但要使包括莫言作品在内的中国当代文学乃至整个中国文学为国外读者关注、阅读、评论、理解以至接受,还有很长的路要走。

最近几年随着中国文化“走出去”被提升至国家战略的高度,中国文学“走出去”的步伐也日益加快,中国正在以前所未有的积极姿态和昂扬自信向世界传播自己的声音,讲述自己的故事。但市场毕竟是最大的现实,而读者又是最大的市场。虽然国外读者对他国文学作品的评论主要基于“个人的文学素养、文学阅读经验等个性化表达”,但是这些个性化表达“能够更全面、真实地反映一部文学作品在一个国家乃至世界范围内的接受情况”[6]71,而且“译作的传播与接受等问题长期以来遭到我们的忽视甚至无视”[26]3。莫言作品在亚马逊网站的遭遇况且如此,其它作品的境遇也可想而知。

正如莫言所说:“世界需要通过文学观察中国,中国也需要通过文学来展示自己的真实形象。”[27]16置身于当前世界范围内网上购物、网上社交、网上评论这样的时代潮流之中,我们一方面必须充分重视和利用类似亚马逊网站用户评论这样重要的“阵地”和“平台”(其它如 eBay、Facebook、GoodReads 等),对中国作家、作品及其译本进行积极、丰富、翔实的介绍与宣传,努力构建热烈的评论空间和交流场所,尽量化解国外读者尤其是西方读者对中国文学在认识上存在的种种不解、误解以及在阅读过程中出现的诸多误读,这样不仅有助于增进国外读者对中国作家和作品的了解,减少其“对中国文学长期以来持有的根深蒂固的偏见”[28]92，也会促进各种作品译本在国外的销售、传播和影响。另一方面，我们也要通过这些重要的“阵地”和“平台”，密切跟踪国外读者对中国作家、作品及其译本的评论和反馈，正视和重视读者提出的各种批评甚至指摘，定期分析和总结各种作品的实际译介效果，准确把握读者的阅读习惯、思维方式、审美情趣、价值观念等需要注意的“潜规则”（葛浩文语），同时及时发现并解决译本中存在的出版、印刷等方面的问题，这样会有助于我们对译介的内容、策略、方法等适时进行调整和完善，或做出有针对性的选择，从而使中国文学“走出去”始终朝着正确的方向发展。

（北京外国语大学中国外语教育与研究中心许家金教授和合肥工业大学外国语学院韩江洪教授对本文提出了不少宝贵意见，特致谢忱！）

参考文献

[1] 刘江凯. 本土性、民族性的世界写作：莫言的海外传播与接受[J]. 当代作家评论，2011(4)：20-33.

[2] 赵丽萍，董国俊. 从颁奖词看莫言小说的域外接受[J]. 甘肃社会科学，2013(4)：234-237.

[3] 周新凯，高方. 莫言作品在法国的译介与解读：基于法国主流媒体对莫言的评价[J]. 小说评论，2013(2)：11-17.

[4] 朱芬. 莫言在日本的译介[J]. 中国比较文学，2014(4)：120-132.

[5] 鲍晓英. 从莫言英译作品译介效果看中国文学“走出去”[J]. 中国翻译，2015(1)：13-17.

[6] 宁明. 莫言作品的海外接受：基于作品海外销量和读者评论的视野[J]. 南方文坛，2016(3)：70-74.

[7] 谢天振. 译介学[M]. 上海：上海外语教育出版社，2005：165.

[8] Ante, S. Amazon: Turning Consumer Opinions into Gold [EB/OL]. (2009-10-15). http://www.bloomberg.com/bw/magazine/content/09_43/b4152047039565.htm.

[9] Chen, P., S. Wu & J. Yoon. The Impact of Online Recommendations and Consumer Feedback on Sales [C]//*Proceedings of the International Conference on Information Systems*, *ICIS* 2004. Seattle: Association for Information Systems, 2004.

[10] Duan, W., B. Gu & A. Whinston. Do Online Reviews Matter? An Empirical Investigation of Panel Data [J]. *Decision Support Systems*, 2008(4): 1007-1016.

[11] Zhu, F. & M. Zhang. Impact of Online Consumer Reviews on Sales: The Moderating Role of Product and Consumer Characteristics [J]. *Journal of Marketing*, 2010 (2): 133-148.

[12] Mudambi, S. and D. Schuff. What Makes a Helpful Online Review? A Study of Customer Reviews on Amazon.com [J]. *MIS Quarterly*, 2010 (1): 185-200.

[13] Willemsen, L., P. Neijens, F. Bronner and J. Ridder. ''Highly Recommended!'' The Content Characteristics and Perceived Usefulness of Online Consumer Reviews [J]. *Journal of Computer-Mediated Communication*, 2011(1): 19-38.

[14] Baek, H., J. Ahn and Y. Chio. Helpfulness of Online Consumer Reviews: Readers' Objectives and Review Cues [J]. *International Journal of Electronic Commerce*, 2012 (2): 99-126.

[15] Kuan, K., K. Hui, P. Prasarnphanich and H. Lai. What Makes a Review Voted? An Empirical Investigation of Review Voting in Online Review Systems [J]. *Journal of the Association for Information Systems*, 2015(1): 48-71.

[16] 陈梅，文军. 中国典籍英译国外阅读市场研究及启示：亚马逊（Amazon）图书网上中国典籍英译本的

调查[J]. 外语教学,2011(4):96-100.

[17] 张阳. 中华典籍海外读者市场的生态解读及启示:以亚马逊《论语》英译本为例[J]. 浙江理工大学学报,2013(3):410-414.

[18] 林少华. "莫言与村上春树比较研究"国际学术研讨会开幕致辞[J]. 东北亚外语研究,2014(4):3-4.

[19] 葛浩文. 中国文学如何走出去?[N]. 林丽君,译. 文学报,2014-07-03.

[20] Wästberg, P. The Nobel Prize in Literature 2012—Presentation Speech [EB/OL]. (2012-10-10). http://www.nobelprize.org/nobel_prizes/literature/laureates/2012/presentation-speech.

[21] 许方,许钧. 翻译与创作:许钧教授谈莫言获奖及其作品的翻译[J]. 小说评论,2013(2):4-10.

[22] 王晓平. 海外汉学界对莫言获诺贝尔奖的反应综述[J]. 文学评论,2014(2):91-100.

[23] 张志忠. 莫言论[M]. 北京:北京联合出版公司,2012:109.

[24] 石剑峰. "中国文学走出去,还需要几十年"[N]. 东方早报,2014-04-22.

[25] 张聪. "中国文学走出去:挑战与机遇"学术研讨会综述[J]. 中国比较文学,2014(1):213-216.

[26] 谢天振. 中国文学走出去:问题与实质[J]. 中国比较文学,2014(1):1-10.

[27] 刘云虹,许钧. 文学翻译模式与中国文学对外译介:关于葛浩文的翻译[J]. 外国语,2014(5):6-17.

[28] 吴赟,顾忆青. 困境与出路:中国当代文学译介探讨[J]. 中国外语,2012(5):90-95.

民族典籍翻译研究

藏族格言诗翻译史略①

李正栓

摘　要　对藏族格言诗翻译进行研究是为了更好地传播藏族文学的成就。藏族格言诗汉译研究主要集中在《萨迦格言》《格丹格言》和《水树格言》三部作品上，主要汉译者是王尧、次旦多吉、耿予方等。藏族格言诗英译主要集中在《萨迦格言》，其英译者主要是国外译者并且都笃信佛教，以传播佛教教义为己任。《格丹格言》和《水树格言》尚未发现国外英译本。把藏族格言诗作为文学进行英译是一种翻译学术研究，也是一种对外宣传，还可以看作是文学外交，对促进民族团结和国内外社会和谐作用重大。

关键词　藏族格言诗；汉译；英译；概论

基金项目：教育部人文社会科学研究基金项目"藏族格言诗英译研究"(13YJA740030)阶段性成果。

作者简介：李正栓(1963—　)，男，河北保定人，博士，河北师范大学外国语学院教授、博士生导师，中国英汉语比较研究会典籍英译专业委员会副会长，河北省有突出贡献中青年专家。主要研究方向为英美文学、英汉诗歌互译及译评。

一、引言

藏族格言文化是藏族文化的重要组成部分，它常以格言诗的形式出现，它既是不朽的藏族文学作品，又是具有广泛研究价值的社会学著作。[1] 藏族格言诗是藏族先哲运用佛教思想对人们进行教育和教化的文学作品。这些作品语言浅显，道理深刻，不仅对人们日常生活有很大的指导意义，对巩固政权也有益②，成为僧俗必读的文学。在某种意义上说，格言诗很像一部教人行善积德的神圣经典。在历史发展过程中，不同的佛哲创作了丰富的格言文学作品，也逐渐开始被传播，被翻译成藏文以外的文字，本文只对《萨迦格言》《格丹格言》和《水树格言》的翻译情况进行梳理。

二、《萨迦格言》汉译和英译情况

（一）关于《萨迦格言》

《萨迦格言》写成于13世纪上半叶，是藏族最早产生的一部佛哲诗集。它教人规矩，弘扬圣法，引导人们区分智愚、扬善抑恶、皈依佛法，是僧俗必读之书。《萨迦格言》是人们所

① 原文发表于《燕山大学学报(哲学社会科学版)》2013年第3期，刊发后先后被核心期刊《河北学刊》《中国翻译》《外语与外语教学》等引用。

② 对倡导和谐理念、夯实和谐基础、促进社会和谐也有一定的借鉴。

熟悉的著作,内容为歌颂真善美,讽刺假恶丑,以恰当的比喻阐明道理。

作者是萨班·贡嘎坚赞(1182—1251),学术或学位称号是萨迦·班智达,意思是学识渊博的大学者。他自幼师从至尊扎巴坚赞,掌握了显密二宗。后到印度留学,师从卡却班禅,精通大小五明(即一切学问),获得班智达学位(pandit 或 pandita),成为西藏第一位班智达。

《萨迦格言》共有 457 首,分九章,分别是:“观察学者品”“观察贤者品”“观察愚者品”“观察贤愚间杂品”“观察恶行品”“观察正确处世方法品”“观察不正确的处世方法品”“观察事物品”“观察教法品”,就处世、治学、识人、待物等方面提出一系列主张,认为知识和智慧是一切的基础,在人们日常生活中作用极大。

书中主题包括广施仁慈、忠君爱民、忍受谦让、乐善好施、乐于助人、正直诚信、积极进取等。不难看出,这些格言主题多样化,但却集中在如何成为一个好人、一个对自己发展有利、对别人有益、对集体有好处、对首领有用的人。如何做人才是这本格言诗真正的着眼点。此书也显示当时的社会思潮、道德标准、宗教意识和风土人情。

《萨迦格言》在国内被译成八思巴语、蒙古语和汉语。在国外被译成英、法、日、捷、匈等多种语言。在国外,完整英译本共有三个,均为外国译者所译。在国内只有一个译本。

(二) 关于《萨迦格言》汉译

1. 王尧版本

《萨迦格言》首先是被翻译成汉语后以连载形式出现的。在 1956—1957 年两年间,《人民日报》副刊连载王尧教授翻译的 200 余首。

《萨迦格言》后以集刊形式出现。1958 年青海人民出版社收集在《人民日报》连载的格言,刊印单行本,取名叫《西藏萨迦格言选》。《萨迦格言》最终以完整本出现。经过王尧教授不断加工整理并完善,青海民族出版社于 1981 年 6 月出版了王尧教授的完整本,名称是《萨迦格言(汉藏文版)》。

2. 次旦多吉等人版本

1980 年,西藏人民出版社出版次旦多吉等人翻译的版本,书名就叫《萨迦格言》,作者署名为萨班·贡嘎坚赞。汉译者署名为次旦多吉等。1985 年第二次印刷,印数依然很大,可见其受欢迎程度。

3. 仁增才让和才公太版本

2009 年,中国藏学出版社推出一个新的汉译本,与以往版本不同的是,这次加上了英语。书名是《萨迦格言藏汉英对照本》。汉译者是仁增才让和才公太。英译者是 John Thomas Davenport。这是国内首个藏汉英三种语言同时出现的版本。国内出版社开始注意其传播范围,把广大的英语读者也包括进来。

4. 班典顿玉、杨曙光版本

2010 年,国内又出现一个新版本,书名是《萨迦格言》(藏汉双语),汉译者是班典顿玉、杨曙光。出版社是西藏人民出版社。班典顿玉是中国佛教协会理事、西藏佛教协会副会长、萨迦寺民管会主任、上师。

5. 王尧新版本

2012年,王尧新版本出现,书名是《萨迦格言:西藏贵族世代诵读的智慧珍宝》,作者署名是萨迦·班智达,汉译者还是王尧,由当代中国出版社出版。

(三) 关于《萨迦格言》英译

1. 塔尔库(Tulku)英译本

1977年,坐落于美国加利福尼亚州伯克利的一家出版社出了一个英译本,书名叫*Elegant Sayings*,由两部分组成,即*Staff of Wisdom*和*A Precious Treasury of Elegant Sayings*。*Staff of Wisdom*的作者是印度佛哲大师Nagarjuna,英译者是Tarthang Tulku。*A Precious Treasury of Elegant Sayings*的作者是西藏佛哲大师Sakya Pandita (Pandit),即萨班·贡嘎坚赞,英译者也是Tarthang Tulku。出版社叫Dharma Publishing。

2. 达文颇特(Davenport)英译本

2000年,美国出版一本藏族格言诗,书名叫*ORDINARY WISDOM——Sakya Pandita's Treasury of Good Advice*,翻译成汉语就是《普通智慧——萨迦班智达劝善文库》。英译者署名是John Thomas Davenport with Sallie D. Davenport and Losang Thonden。附有评论,英文名字是with a commentary entitled *A Hive Where Gather Bees of Clear Understanding* by Sakya Khenpo Sangyay Tenzin。出版社是wisdom publications · boston。

3. 达文颇特另一译本

达文颇特的英译于2009年又一次被使用,被收录在中国藏族出版社2009年出版的《萨迦格言藏汉英对照本》里。

4. 李正栓等英译版本

长春出版社于2013年出版了李正栓等人的英译本,书名叫《藏族格言诗英译》,《萨迦格言》是其中一部分,汉译采用次旦多吉等人的译本。

三、《格丹格言》汉译和英译情况

1. 关于《格丹格言》

《格丹格言》著于400多年前,作者是佛界名哲班钦·索南扎巴(1478或1481—1556或1554),有的版本译成索朗扎巴。索南扎巴学识渊博,精通经典,成绩显赫,宣扬密宗教义,弘扬无边佛法,阐述人生哲理。

《格丹格言》全书共125五首,每首4行。一般而言,前两行是泛泛而论,对现实生活中某些现象进行哲理性总结,表达作者本意和思想,后两行则是例证,借用广泛流传的民间故事、寓言和神话,作为前两行的譬喻,以使前两行提出的哲理更加具体化、形象化和生活化。

《格丹格言》主要教人分辨智者和愚人,多角度论述,多方面举例,举一反三,不厌其烦,反复论证智者和愚者的区别,很有说服力,堪称警世格言或醒世格言。

2. 关于《格丹格言》汉译

1986年,西藏人民出版社出版耿予方教授汉译的《格丹格言》,与《水树格言》合集出版,书名叫《格丹格言、水树格言》。

3. 关于《格丹格言》英译

《格丹格言》在国内外尚无英译本,长春出版社于 2013 年出版了李正栓和韶华英译本,收入《藏族格言诗英译》中。

四、《水树格言》汉译和英译情况

1. 关于《水树格言》

孔唐·丹白准美(1762—1823)所著的《水树格言》(藏文版)于 1981 年由西藏人民出版社出版。《水树格言》包括两大部分,一部分以"水"作比喻,另一部分以"树"作比喻。水的格言含 139 首;树的格言含 100 首。《水树格言》的主要内容是宣扬佛教的"无常"和"因果轮回"的思想。

2. 关于《水树格言》汉译

1986 年,西藏人民出版社出版耿予方汉译的《水树格言》,与《格丹格言》合集出版,书名叫《格丹格言、水树格言》。

3. 关于《水树格言》英译

《水树格言》在国内外尚无英译本,长春出版社于 2013 年出版了李正栓和李圣轩的英译本,收入《藏族格言诗英译》中。

五、《萨迦格言》塔尔库英译本述评

塔尔库是谁?塔尔库于 1934 年出生在西藏东部,他全名叫 Tarthang Tulku Kunga Gelek Yeshe Dorje。当过教师,是宁玛派喇嘛、活佛、企业家,被其属下称作缔造者(founder)。掌管达摩出版社(Dharma Publishing)、叶什德项目(Yeshe-De Project)、西藏援助项目(Tibetan Aid Project)、奥迪安铜山坛场(Odyian Copper Mountain Mandala),还把库姆奈介绍到西方。他致力于保护西藏艺术和文化,主要为流亡藏民服务。他自己说是为难民社区(refugee community)服务。

他在其生活的前 25 年(即 1959 年前)接受的是完整的佛教教育,在许多寺院学习过,见过不少宗教领袖和活佛,之后赴印度贝拿勒斯(Benares,现称瓦拉纳西 Varanasi)的梵文大学教书,1969 年移居美国,定居加利福尼亚的伯克利。为深入传播宁玛教义,他于 1972 年成立了宁玛学院,此类机构相继在巴西、德国、荷兰、英国、日本和印度等地出现,主要教授塔尔库众多著作表达的思想和佛教教义。他的叶什德项目成立于 1983 年,目的就是保护并散发西藏经典文本,这些活动主要集中在一年一度的世界和平典礼上。这是塔尔库 1990 年发起的一个活动,旨在把来自亚洲的众多佛教团体拢在一起,以庆祝印度的菩提迦耶(Bodh Gaya),图书发行量超过两千万册。

出版塔尔库英译《萨迦格言》的达摩出版社是 1963 年在印度的瓦拉纳西成立的,1971 年迁到美国加利福尼亚的伯克利。这家出版社的主要目的就是保护西藏遗产,保护并散发藏传佛教教义并把这些教义带给西方。它一直是出版藏传佛教经典的最大机构,主要为流亡的西藏社区和群体服务。达摩出版社网站说他们是一个非营利机构、志愿者组织,致力于保护藏传佛教文化,同时帮助西方人形成对精神、福祉和人类潜能的理解,所有收入都用于购买印刷图书的纸张。塔尔库是1977年推出他的《萨迦格言》英译本的。其出版对《萨迦格言》在英语世界的传播起到推动作用。但是达文颇特对他另有说法(见下边文字)。很明显,塔尔库政治倾向明显。他译《萨迦格言》的政治目的和宗教目的大于文学目的。

六、《萨迦格言》达文颇特英译本评析

达文颇特是谁?他为什么翻译《萨迦格言》?达文颇特曾在1988年至1991年期间为西藏流亡政府计划委员会(Planning Council of the exiled government of Tibet)工作,对十四世达赖喇嘛很效忠,对西藏文学也感兴趣,认为英语世界的读者会对西藏和藏传佛教感兴趣。他说他翻译《萨迦格言》是受薄森(Bosson)启发。1965年,薄森写博士论文并英译《萨迦格言》全部,后以专著形式被印第安纳大学出版。薄森译文的母本是蒙古文版本和藏语版本。薄森译文流传不广。达文颇特把薄森版本流传不广的原因归结为没有对诗中那些故事进行评注。另外,他还认为薄森版本之所以流传不广是因为它是一个大学出版的一本专著。科尔马斯(Kolmas)对薄森版本如此评论说,"我认为,在这一方面唯一需要做的是仔细研究对这部著名西藏说教作品的评注,以便解释其中典故和故事的出处"[2](XIII)。因此,达文颇特在他的版本里增加了详尽的评注,指出每一个典故的出处并讲述关于典故的故事,有时,一节诗被一篇长长的评注伴随,比如对第一节诗的评注竟达两页。这个评注的故事性和说教性比正文的诗歌还强。应当说这是研究型翻译,不是欣赏型或普及型,功夫很深,但阅读受阻,读者需要有很强的耐性,忍受格言诗受阅读不畅之痛苦。

关于形式移植。《萨迦格言》藏文是每节4行,每行7个音节。达文颇特认为复制这种格律是不可能的,只是尽可能近似,并且是在有可能近似的地方让译文与原文近似,在不可能的地方连近似也不追求。在词序安排上达文颇特尽量保留原来顺序,以免藏英两种语言句法的区别会使译文行文拙劣。

关于裁译。为了避免一些评注内容的重复,达文颇特对一些评注进行了裁译,尽量减少英语读者的负担,并对一些评注进行查证和修订,但是剩下的依然很多,读者负担依然很重。

达文颇特译本是一个比较完整的、研究深入的、充满详解的版本,比初期的节译本,比如亚历山大·科斯马·德·考罗斯(Alexander Csmos de Koros,1784-1842)的要更有价值,亚历山大只译了234首,1833年完成,在他死后的1855—1856年出版。节译本使其内容缺乏连贯性。达文颇特在前言里指出,1977年塔尔库译本并非独创性译本,而是1925年坎贝尔(Campbell)版本《论现世:智慧库》(*A Treatise on Temporal Affairs: The Staff of Wisdom*)和亚历山大234首节译本版本的重印。[2]17

很显然,达文颇特是亲十四世达赖集团的,他对十四世达赖的效忠决定了他的翻译态度和翻译目的。从其译本特色看,更能发现他宣传宗教教义的志向。他把诗行背后的小故事以及相关的背景知识不厌其烦地加在翻译文本中,其传教性和说教目的不言自明。

七、结语

不难看出,《萨迦格言》的英译有几个特点:一是由国外译者完成,包括外国人和加入外

国国籍的中国人。二是由信奉宗教的人译成英语，比如塔尔库和亚历山大。亚历山大虽然是匈牙利人，但他到印度的目的是为了“寻根”。[2]17 他于1819年离开匈牙利，在喜马拉雅山区度过余生，直到1842年客死他乡。三是这些译者都是亲流亡派的，要么为流亡政府工作，如达文颇特，要么本人就是流亡者，如塔尔库。但他们有一个共同的特点，他们的翻译与其说是重视经典著作的文学性，倒不如说是更重视其宗教性。传播宗教教义是其根本宗旨。

笔者认为，藏族格言诗是集文学性和宗教性于一体的产物，体现了藏族佛哲的思想和智慧。无论从文学角度还是从文化角度，都应当对藏族文学进行研究和传播。多年来，国家和各省强有力地支援了西藏的建设，但国外敌对势力依然在西藏问题上持反华态度，也有人跟从，其中一个原因是国外对藏族了解还是不够，这就需要广大翻译工作者致力于藏族文学以及其他经典的外译工作。同理，其他少数民族典籍翻译也是很重要的。中国是个多民族国家，各民族都有光辉的文学或其他典籍。广大的国内翻译者有义务为弘扬中华文化和沟通民族感情而努力，为构建和谐社会做贡献。加强对少数民族典籍的翻译工作不仅仅是翻译学术问题，也是对外宣传问题，即文学外交。只有大家互相了解，才能构成国际和谐。

参考文献

[1] 索南才让·许得存.藏族格言文化鉴赏：评价[EB/OL].[2013-08-07]. http://read.goodweb.cn/news/news_view.asp? newsid=74428.

[2] Pandita, Sakya. *ORDINARY WISDOM—Sakya Pandita's Treasury of Good Advice*[M]. translated into English by John T. Davenport, Boston: wisdom publications, 2000.

民族典籍英译焦点问题研究[①]

——以藏族《萨迦格言》英译为例

赵长江,赵颖楠

摘　要　以藏族典籍《萨迦格言》英译历程为研究对象,提出民族典籍"经典翻译模式",即民族典籍翻译要体现汉族与少数民族思想的融合,突出民族文化意识,展现中国少数民族文明成果;提出翻译途径应以翻译对象及要表达的宗旨而定,照顾到各方面的需求;肯定了汉语转译在民族典籍外译中的作用,并给予理论上的说明;提倡借鉴,反对因袭。

关键词　藏族典籍;《萨迦格言》英译;经典翻译模式;翻译途径;借鉴与因袭

Abstract　This paper focuses on the five English versions of *Tibetan Elegant Sayings by SakyaPandit* and proposes a classical translation paradigm for ethnic classics, namely, translators should reflect the integration of thoughts from the Han and the other ethnic minorities and highlight the national cultural and civilized consciousness in their minority ethnic classics translations. The paper proposes that translation approaches should be adopted according to differences in translation objects and purposes, with different needs considered. The paper theoretically approves that the Chinese language has played an important role in the translation of minority ethnic classics. Finally, the paper advocates that translators should use the other versions as references instead of copying them.

Key words　English translation of *Tibetan Elegant Sayings by SakyaPandit*; classical translation paradigm; translation approaches; reference and copy

作者简介:赵长江(1963—　),男,河北沧州人,文学博士,西藏民族大学外语学院教授,中国英汉语比较研究会典籍英译专业委员会副秘书长;赵颖楠(1963—　),男,河北兴隆人,河北师范大学外国语学院副教授。

明末清初来华传教士非常关注中国的民族典籍[②]。在图理琛的《异域录》出版仅3年后的1735年,法国来华耶稣会士宋君荣(Antoine Gaubil,1689—1759)就将其译为法语。英国政治家、汉学家小斯当东(Sir George Thomas Staunton,1781—1859)也注意到了此书,1821年将其译为英语(*Narrative of the Chinese Embassy to the Khan of the Tourgouth Tartars, in the Years* 1712, 13, 14, & 15),开启了民族典籍英译先河。此后,民族典籍英译进入到一个快速发展时期,中国比较有名的民族典籍,如藏族的《萨迦格言》和《格萨尔》、蒙古族的《蒙古秘史》、新疆的《福乐智慧》等都先后被译成了英语,有些译本的数量已达两位数,如藏族的世界非物质文化遗产《格萨尔》,已有12个英译本。

---

① 原文发表于《燕山大学学报(哲学社会科学版)》2017年第1期。

② 本文的"民族典籍"即少数民族典籍。

进入21世纪后,在汪榕培、王宏印等学者的倡导下,国内译者开始英译中国民族典籍,目前已英译出版的民族典籍有:壮族典籍《布洛陀史诗》(2012)和壮族嘹歌(2011)、藏族典籍《萨迦格言》(2013)、达斡尔族乌钦说唱《少郎与岱夫》(2012)、赫哲族史诗《伊马堪》(2013)等,呈现出比较繁荣的局面。为了更好地对外传播中国民族典籍作品,传承优秀的民族文化,扭转西方对中国民族地区政策等方面的偏见,应该对民族典籍翻译史、翻译模式、汉语转译、借鉴与因袭等问题进行梳理与评介。为此,特以藏族《萨迦格言》5个英译本为研究对象,对以上问题进行初步研究,为中国民族典籍英译的健康发展提供某些思路。

一、《萨迦格言》英译历程

《萨迦格言》是藏族的一部格言诗集,诞生于13世纪上半叶,作者是藏族学者、诗人萨迦班智达·贡嘎坚赞(1182—1251)。该诗集强调知识和智慧的作用,以哲理的形式反映了佛教所宣传的"仁慈""忍让"等精神。贡嘎坚赞在世时就译成了八思巴文,后又译成英、德、法等西方语言。在《萨迦格言》英译历史上总计出现过5个译本:

1. 乔玛藏英选译本

1855年和1856年 *Journal of the Asiatic Society of Bengal* 第24卷(第141～165页译出85首)和25卷(第258～294页译出149首)上刊出了匈牙利学者乔玛[①](M. A. Csoma DE Körösi 1784—1842)选译的《萨迦格言》(*A Brief Notice of the SubháshitaRatna Nidhi of SaskyaPandita*)。译者共译出234首,分为9章,全部藏英对照。译者还提到,《萨迦格言》共有454首,比现在通行的457首少3首。经过比对,该译本中有5首不包括在目前的457首之内,其所用底本是非常值得研究的,从中可以看出《萨迦格言》成书的变化历程。

2. 薄森藏蒙英译本

1969年詹姆斯·薄森(James E. Bosson)的 *A Treasury of Aphoristic Jewels. The Subhasitaratnanidhi of Sa SkyaPandita in Tibetan and Mongolian*, (*Uralic & Altaic Volume* 92),由美国印弟安纳大学出版社出版。薄森采用散体译格言诗的方式,藏蒙英三语对照。英文有两个:一个由藏语译为英语;一个由蒙语译为英语,目的是从藏蒙英之间的互译来考察语言学方面的问题。

3. 塔尔库英译本

1977年塔尚·塔尔库(Tarthang Tulku)在 Dharma Publishing 出版社出版了一个英译本,包括 *Elegant Sayings: The Staff of Wisdom Lugs kyibstan-bcosshes-rabsdong-po by* Nagarjuna 和 *A Precious Treasury of Elegant Sayings Legs-bshadrin-po-che' Igter* by SakyaPandit 两部分,第一部分是印度佛学大师龙树的著作(*The Staff of Wisdom*),第二

---

① 乔玛1834年出版了《藏语语法》(*A Grammar of the Tibetan Language in English*. Prepared under the patronage of the Government and the auspices of the Asiatic Society of Bengal., Calcutta: Baptist Mission Press, 1834.),被誉为藏学的奠基人。因西方懂藏语者甚少,译文在其去世后的1855年才与读者见面。

部分是《萨迦格言》(*A Precious Treasury of Elegant Sayings*),总计234首,与乔玛选译的数量一致。

4. 达文波特英译本

2000年达文波特(John Thomas Davenport)的英译本 *Ordinary Wisdom: SakyaPandita's Treasury of Good Advice* 由 Wisdom Publications 出版,译文中插入了萨迦·谈津(SakyaKhenpoSangyay Tenzin)的著作 *A Hive Where Gather Bees of Clear Understanding*,作为对《萨迦格言》的解释性评注。2009年中国藏学出版社出版了一个藏汉英三语对照本,汉语译者是仁增才让和才公太,英译文采用了达文波特的译文,这个译本可看作是达文波特英译本的衍生本。

5. 李正栓英译本

李正栓的《藏族格言诗英译》(汉英对照)于2013年由长春出版社出版,16开本,222页,包括《萨迦格言》456首(比通常的457首少一首)、《格丹格言》《水的格言》和《树的格言》,这是"藏族格言诗"最全的一个英译本,因为前4个译本只译了《萨迦格言》。译者采用以诗译诗的模式,力求"忠实对等,形神兼求"①。

《萨迦格言》英译自1855年开始至1969年的薄森英译本,时隔100多年。此后英译速度加快,平均十几年就出现一个新译本,而且出现了中国人(包括藏族喇嘛塔尔库)与外国人共同翻译的局面。李正栓意识到了中国民族典籍翻译史的重要性,以"藏族格言诗翻译史研究"为题申请到了2016年国家社会科学基金一般项目,该项目的成功申报清楚表明了国家对中国民族典籍翻译史的重视。当下,中国文化典籍外译史几乎是空白,而民族典籍外译史更是如此,在中国文化"走出去"战略背景下,摸清民族典籍英译的家底显得尤为急迫与重要,这不仅可以展示中国少数民族文化的辉煌历史,也是提高中国文化软实力的一个重要组成部分。

二、翻译模式多样化与经典翻译模式

民族典籍多以史诗面目出现,以说唱形式作为流传的基本样态,听众较多,传播范围广。《萨迦格言》属于文人独创,以格言的形式出现,读者也非常多。可以说,民族典籍的传播通常以普通大众为对象,以易于接受来考虑传播方式。随着时间的推移,有些民族典籍作品逐渐被经典化,加之译者历史文化背景不同、翻译宗旨不同、读者对象不同等因素,《萨迦格言》的传播模式发生了很大变化,在英译方面也呈现多样化形态。

1. 诗体译为散体

世界上绝大部分民族最先产生的文学作品基本上都是诗体形式,通常情况下,译者首选诗体,这样不仅可以再现原文的内容,还可再现原文的形式,可事实并非如此简单。最先出现的乔玛和薄森的《萨迦格言》英译本都是以散体形式译诗,而后出的塔尔库、达文波特和李正栓的译本都是以诗译诗,不知此种现象可否说明:当代译者对于原文的形式越来越重视,译者的操控越来越弱。在当代将诗歌译为散体的人非常少,大概只有翁显良一人。若

① "忠实对等,形神兼求"是李正栓提出的译诗主张。

回到19世纪,这种情况则比较多。乔玛在《萨迦格言》译序中说:"我喜欢人类的主宰:全知。明智地展现世间的事物和贤人的行为,不去冒犯良好的道德可被称为是《萨迦格言》的宗旨。"①[1]由此得知,译者要展现的是《萨迦格言》的思想魅力,而非形式表达。在英译过程中,如果诗体不能很好地完成这项任务,只好由散体来替代,因为散体比诗体更灵活,在表现思想内容方面占有一定的优势。即便是以诗译诗,原诗的音韵美也不能传递,音韵效果也是另造一套。此外,如果不追求普通读者的阅读也没必要译为诗体,特别是研究型的译本更是如此,如薄森的译本,"我选择这个文本的主要原因是:对于前古典时期蒙古语译本产生语言学方面的兴趣,译文于1948年由露易斯·利格提(Louis Ligeti)影印出版"②[2]。这明显可以看出薄森英译本的语言学研究倾向。

《萨迦格言》英译本的体式变化带来三点启示:第一,《萨迦格言》具有译为散体的特质,因为它是哲理诗,在英译时可能会受诗体的局限,有时不能很好地表达出哲理意味;第二,当译者的翻译缘由、目的、宗旨不适合用诗体来表达时,也会选择散体,因为散体较诗体更灵活、更自由,更有利于发挥译者的主体性;第三,对所译民族典籍要有明确的定位,注重思想表达的典籍或为学者研究翻译提供的译本,最好用散体翻译。若是为了追求拥有更多的读者,可用诗体或歌谣体。总之,将民族典籍译为诗体还是散体是译者根据自己的需要做出的选择,不必拘泥于原文的体式,要照顾到各方面的需求。

2. 诗体与评述性翻译有机结合

将《萨迦格言》译为诗体或散体既有各自的长处,又有各自的局限,若将两者结合起来不失为一种较好的英译模式,达文波特的译本具有这样的特征。此译本由两部分组成:达文波特的诗体英译文和萨迦·谈津的著作 *A Hive Where Gather Bees of Clear Understanding*。请看《萨迦格言》第22首:

If one has wisdom, one can understand others
From just their demeanor, even if they say nothing.
Even without eating a crab apple
One can tell its taste by its color.

When one has analytical intelligence, the innermost thoughts of others can be understood even in the absence of clairvoyance or anything actually being said. This is done by assessing external appearances, just as the presence of fire is deduced from the evidence of smoke. Even without tasting every crab apple, one can infer whether they are sweet or

① 英文是:I adore the Sovereign of men, the All-knowing. The exhibition of judicious reflexions upon all sorts of world affairs, and upon the conduct of the virtuous (holy or excellent) men, without offending (in all these) against good morals, is called "*A Precious Treasure of Elegant Sayings*".

② 英文是:My main reason for choosing to work on this text was the linguistically interesting Pre-classical Mongolian translation that was published in photocopy by Louis Ligeti in 1948.

sour by whether they are yellow or green. ①[3]47

第一部分是达文波特的诗体英译，第二部分是萨迦·谈津的评述性翻译（translation of a commentary）。这样的译文体现了达文波特的翻译宗旨：首先，他赞同科尔马斯（Kolmas）的观点，认为薄森的译本还有许多改进的空间，因为与《萨迦格言》有关的典籍和故事未能展现出来，而加入萨迦·谈津的评述性翻译可以弥补这方面的不足。其次，《萨迦格言》的读者是普通民众（lay people），如果加入较多的解释与说明对读者的理解与接受会非常有利，译者题目中用的 Advice 充分体现了这一点。可以看出，达文波特的目的是尽可能争取更多的读者。为了达到这一目的，其英译文及翻译模式的创新进一步促进了《萨迦格言》的广泛传播。2009 年中国藏学出版社引进了这个译本，“引进后就连续 3 年印刷了 3 次，仅是 2011 年第 3 次印刷，印数就达到了 13 000 册”[4]。

“评述性翻译”是萨迦·谈津在达文波特译本前言中对自己的解说所做的一个定位，从字面意思上看，“评述性翻译”应该包括评述和翻译两部分，但在具体操作中是混在一起的，因此译不像译，评不像评，成为了一个混合体。大体而言，萨迦·谈津的“评述性翻译”有以下四个特点：第一，其译至多是 paraphrase，与真正的翻译距离较大；第二，篇幅较长，里面包括故事、典故、评说等，内容丰富；第三，达文波特对萨迦·谈津“评述性翻译”中重复部分有删减；最后，“评述性翻译”长短不一，短则几行，长则几页，造成译文的不平衡和版式上的不悦目。

诗体译文与“评述性翻译”有机结合是一个创新，是译者与评者取长补短、相互依存的一个范例。译者可以借评者的学问知识使自己的译本更加丰满，评者也可借译本更好地传播自己的研究成果，这样的译本对于普通读者的阅读和学者的研究都有帮助，是一个不错的翻译模式。所以，如何能够做到恰到好处的结合是一个值得探讨的问题。

3. 经典翻译模式

经典翻译模式的对象必须是经典化的作品，那么，中国经典是什么呢？戴梅可（Michael Nylan）厘定出了以下标准：

(1)“经”(classic)之所以为经，必须能建立一套尽善尽美的秩序，其内容要足够广泛，能回答任何道德问题；(2)必须“易懂”“易从”，没有任何“邪恶和诡诈”之处；(3)须能适用不断变化的现实，让传统得到继承；(4)须能够帮助读者了解圣人作者的伦理气质；(5)能够提供一些楷模，具有内在力量(strength)和一致性(integrity)，如果我们不用庸俗的权能(power)一词的话；(6)在文学和伦理层面上，读经应引发一种坚实可靠的精妙而愉悦的感受，这会在富有学识的追随者们心中，激起效法先圣的强烈欲望。[5]

以此来衡量《萨迦格言》肯定属于中国经典，其英译应该具有学术价值，这一点应成为

① 这首诗的汉语译文如下：

对智者不用多指点，
看表情他就能明了；
红果的味道怎样，
看颜色就能知道。

共识。如何英译经典呢？从中国经典英译史看，有三种基本模式：第一，用基督教思想来释译中国经典以达到相解，这主要是17、18世纪天主教传教士的做法；第二，直接采用中国学者的解释并少量加入西方文化元素以达到中西沟通的目的，代表人物是新教传教士理雅各(James Legge，1815—1897)；第三，以西方哲学思想来阐释中国思想，以便于西方读者理解，辜鸿铭的译文即是如此，当代汉学家安乐哲(Roger T. Ames)也有这种倾向。就《萨迦格言》英译历程而言，几乎没有译者采用以上三种模式，塔尔库译本为了强调藏族文化的独立性而有意抹掉印度文化元素(如不译“婆罗门”等)，其他译本基本上也没有明显的西方思想或中国传统儒家思想，但有佛家思想，这是原著中具有的宗教元素，不是译者的阐发。

在新的历史时期，为了更好地传播中国民族典籍，应该采用跨文化、跨民族、跨学科的融合翻译模式，可以关注的方面有：第一，在思想融合方面，用传统的儒家思想来阐释《萨迦格言》中有关道德方面的问题，用传统道家思想来阐释《萨迦格言》中有关佛教方面的问题，做到在英译本中展现大中华统一的民族文化思想；第二，在翻译体式上，采用诗体、散体、研究混排方式，也就是一个诗体英译，一个散体英译，外加学术解说(研究部分)，形成翻译与研究相结合；第三，在副文本方面，要有长篇介绍、附录、注释等，译者应该将自己对所译对象的研究和翻译思想在介绍或译序中表明，以方便后来的研究者；第四，在语言方面，可以多语对照，少数民族语言＋汉语转译＋外语，这样的话，能看出翻译转换的过程。这样的译本可供研究者使用，因为经典就是要通过研究者或学者来传播，并影响普通读者。

三、翻译途径与汉语转译

中国民族典籍英译与传播非常复杂，特别是在当代，由于既懂少数民族语言又懂英语的人才非常少，从原语直接译为英语的译本较少，只能通过中介语言转译，经过这样一个过程，其翻译与传播方式必然会是多种多样的。美国学者马克·本德尔(Mark Bender)总结了少数民族语言转换为外语的三种方式：

> 由此，在跨越汉文而进入其他多种语言的翻译方法中，我们可以概括出三种基本惯例。第一种是利用既有汉文译本来进行基本的外文翻译；第二种是从口头的原语言直接翻译为目标语的文字，比如说从达斡尔语翻译到英文；第三种是利用书面(或经过编辑的)双语译本来进行翻译。[6]142

依据这三种方式来考察《萨迦格言》英译本，李正栓译本是从汉语转译，属于第一种翻译方式。从口头原语言直接译为目标语文字在《萨迦格言》英译中不易确定，因为《萨迦格言》早在乔玛的英译本之前已变成了书写文字。究竟乔玛是从口语译为英语，还是从书面语译为英语目前无法确定，但我们知道他在西藏生活了多年，掌握了藏语，并于1833年在西藏去世。第三种翻译方式在《萨迦格言》英译中不存在，但薄森的译本已有所涉及：薄森译本有两个英文翻译，一个是从藏语直接译为英语；一个是从蒙古语转译为英语，而不是参考藏语和蒙古语双语译本进行英译。塔尔库虽是藏族人，但是，其译本不是源于藏语原本，而是因袭和改译了乔玛译本，不属于以上任何一种翻译方式。可以看出，三种常用的翻译方式在《萨迦格言》英译中仅有一个李正栓英译本与之完全吻合，这充分说明了民族典籍翻译方式的复杂性。

选择何种翻译方式由当时的历史环境和翻译宗旨来决定。乔玛译本是藏英对照本,达文波特对这个译本的评价是:"或许实质上是西方藏学研究的第一本学术著作(His work represents perhaps the first substantive Western scholarship in Tibetan studies)。"[3]17 显然,这个1855—1856年出现的译本不是为一般人设计的,添加藏语就是让西方人从语言角度来了解藏族文化和藏族的思想智慧。1969年薄森译本更是藏蒙英三语对照,其翻译宗旨是从各语种之间的转换来研究语言学。塔尔库译本和达文波特译本都是从读者角度考虑,注重西藏文化的传播。李正栓译本(汉英对照)有学术研究的倾向,但未能进一步开掘。从《萨迦格言》英译历程看,总体线索大致是:从学术研究到注重读者阅读与传播再到学术研究,经过了一个循环往复的过程。

李正栓译本通过汉语转译涉及了"汉语过滤器",这个问题最先由美国汉学家梅维恒(Victor H. Mair)提出:"也就是说原来用的哈尼语、佤语、侗语、撒拉语,或是任何一种非汉语唱述的民歌或故事,被翻译成中文(实际上转写过程各不相同,因具体情况而异),之后再翻译成其他国家的语言,其间经历了不同的过滤过程。"[6]141 众所周知,转译会产生一些问题,比如,会过滤掉某些独有的文化元素,转译错误会进一步错下去等。但是,转译并不是没有好处,"倘若中介文本(即汉译本)的译者非常熟悉源文本和源语文化,在这样一个基础上进行转译,就比一个仅略懂得源语和目标语而不熟悉源语语言和文化的译者直接译要好"[7]。此外,从汉语转译体现了大中华文化观,这既有利于少数民族文化与汉民族文化的相互融合,也有利于对外文化传播。特别是,汉籍英译已积累了丰富的经验,只要选好汉语底本,在懂少数民族语言的专家帮助下由汉语转译为外语是当今中国民族典籍走出去的一条较好的路径。

在翻译方式和汉语转译方面,壮族典籍《布洛陀史诗》(壮汉英对照)是一个范例,译者三种语言都懂,"最终是壮英对译或经汉语中介进行英译"[8]。这个译本符合了马克·本德尔提出的第三种翻译方式。这样的翻译方式既忠实于源语文化,又能体现汉语的地位及中华民族文化的多元统一。总之,民族典籍的翻译方式是多样的,不应苛责任何一种方式,因为每种方式都有其优缺点,包括汉语转译问题,只要能忠实地传达民族典籍中的文明元素、文化习俗、民族团结、社会发展等都是好译本。

四、借鉴与因袭

民族典籍英译与汉籍英译几乎同时起步,但是,由于受重视程度不同,随着历史的发展,汉籍英译的速度和频率在加快,《论语》有60多个英译本,《道德经》至少有100多个,而民族典籍英译本则较少,复译也不多,《萨迦格言》仅有5个英译本已算不少。这样一来,我们应该加快民族典籍英译及复译的速度,为此必须借鉴民族典籍互译的经验、民族典籍与汉籍互译的经验、中译外和外译中的经验以及国外同类民族典籍互译的经验。这些经验的借鉴定会进一步提高民族典籍英译的速度和质量。

在已出版的民族典籍英译本中,借鉴彼此经验的不多,大多是不满意已出的译本而另搞一套,即使是没有英译本的典籍,在借鉴民族典籍与汉籍互译经验方面也不多。为了改变此种境况,需要提高译者的借鉴意识。此外,还需要民族典籍翻译理论者多从译本中总结经验,将其上升为一种可以操作并有指导意义的理论,供民族典籍英译者借鉴使用。

借鉴的方式是多种多样的,可以借鉴知名专家的研究成果,将其融入到译本中;可以使用以往译本的题目、人名、专有名词等译得较好的地方,这样可以看出译本的前后继承关系;可以借鉴转译经验;还可借鉴译作出版、版式排列等外部因素,等等。但是,一旦借鉴超出了许可的范畴就变成了抄袭。塔尔库的《萨迦格言》英译本就有抄袭乔玛英译本的嫌疑。从体式上看,乔玛译本为散体,塔尔库译本为诗体,与抄袭无关,实际情况并非如此。

塔尔库《萨迦格言》译本至少在三个方面与乔玛译本有重叠:第一,在英译总数上,两个译本都是234首,不仅数目相同,内容也一样;第二,塔尔库译本的题目基本上沿袭了乔玛译本的题目 *A Precious Treasure of Elegant Sayings*,只把乔玛的 Treasure 改成了 Treasury;第三,塔尔库把乔玛译本的散体改成了诗体,但内容丝毫未变,也没有自己的翻译主张,只是出于诗体与散体的体式不同才改变了个别英语词,请看乔玛译本的第2首及塔尔库的改译:

If you are a talented man, every one gathers round about you, without being called; a scented flower, though it be at a far distance, is surrounded with a cloud of swarming wasps.[1]①

If you are a talented man,
Everyone gathers around you without being called.
A scented flower, though far distant,
Attracts a cloud of swarming bees.[9]63

可以看出,除体式外,两个译本基本上没有多大差别。严格说来,不能称塔尔库译本,因为塔尔库在改译的过程中没有创造性,也没有自己的翻译思想,而且在出版前言中没有提及乔玛译本,应该说塔尔库译本有抄袭之嫌。由于塔尔库在美国的名气比较大,他的译本在美国比较流行,让普通的美国读者接触到了《萨迦格言》,这应该是塔尔库的功绩。

在翻译史上借鉴他人译本的事例并不少见,庞德译《论语》时主要依靠理雅各的译本。"一方面庞德的中文水平不济,不足以直接阅读儒经,需要依赖理雅各的汉英对照译本;另一方面,他对理译本又颇为不满,刻意求新,处处立异,居然改造出一个全新的译本。"[10]作为出生在西藏又是喇嘛身份的塔尔库,在英译《萨迦格言》时未能公正地对待乔玛译本,与其身份和宗教信仰不相匹配。

借鉴与因袭仅一步之遥,我们大力提倡借鉴他人译本中的可取之处,尊重他人的劳动成果,即使对方的著作权已过了保护期,也不能随意抄袭,更不能抱有侥幸心理,以为100多

① 这首诗在乔玛译本中为第二首,在《萨加格言》中排在第八首。汉语译文如下:
只要是知识渊博的学者,
自然会有人汇集在你周围;
只要是香气四溢的鲜花,
自然会有成群的蜜蜂飞来。

年前的译本没人见过。学术上要老老实实，过“健康的精神生活”(to lead a healthier and spiritual life.[9]前言)。

五、结语

在中国政府民族政策的引导下，民族典籍外译工作受到了高度重视，中国译者已经进入到这个领域。为了使这项事业健康发展，首先要理清已有的译本，借鉴其成功经验，开展民族典籍翻译理论批评研究，为当下的外译服务；其次，要对翻译对象有透彻的了解并辅以研究，以便选择适当的翻译模式和翻译路径，更好地再现民族典籍独有的面貌；最后，译者最好采用经典翻译模式，将研究成果融入到译本中，突出民族文化意识，展现中国少数民族文明发展的历程，为中国各民族的大团结服务。

参考文献

[1] M. A. Csoma DE Körösi. *A Brief Notice of the SubháshitaRatna Nidhi of SaskyaPandita* [M]. Journal of the Asiatic Society of Bengal, Vol. XXIV, 1855: 144.

[2] James Evert Bosson. *A Treasury of Aphoristic Jewels* [M]. Indiana University, Bloomington Mouton and Co., The Hague, The Netherlands, 1996: preface.

[3] John T. Davenport. *Ordinary Wisdom: SakyaPandita's Treasury of Good Advice* [M]. Boston: Wisdom Publications, 2000.

[4] 北塔. 间接忠实：少数民族典籍翻译的一颗硕果：评李正栓新著《藏族格言诗英译》[J]. 燕山大学学报(哲学社会科学版)，2014(1): 64.

[5] 韦宁. “经”之局限与理性之局限：谈儒家文化与“经文辩读”[J]. 南宫梅芳，译. 基督教文化学刊，2011(秋)：168.

[6] 马克·本德尔，巴莫曲布嫫. 略论中国少数民族口头文学的翻译[J]. 吴姗，译. 民族文学研究，2005(2)：141-142.

[7] 刘雪芹. 论中国少数民族文学经典外译的类型、目的与策略[J]. 广西民族大学学报，2014(4)：14.

[8] 言志峰，黄中习. 中国民间文学创作和民族典籍外译翻译的新纪元：“《布洛陀史诗》(壮汉英对照)出版发行座谈会”概述[J]. 百色学院学报，2014(1)：99.

[9] TarthangTulku. *Elegant Sayings: The Staff of Wisdom Lugs kyibstan-bcosshes-rabsdong-po by Nagarjuna; A Precious Treasury of Elegant Sayings Legs-bshadrin-po-che'Igter by SakyaPandit* [M]. Berkeley: Dharma Publishing, 1977.

[10] 王辉. 理雅各、庞德《论语》译本比较[J]. 四川外语学院学报，2004(5)：140.

《苗族史诗》汉译与英译的若干问题[①]

——《苗族史诗》汉文译注者吴一文教授访谈录

吴一文，刘雪芹

摘　要　笔者针对苗文、汉文、英文对照版《苗族史诗》汉译和英译中涉及到的问题，采访了其汉文译注者吴一文教授。吴一文教授就其父今旦先生如何开始搜集整理《苗族史诗》，父子在旧版《苗族史诗》的基础上进行了哪些改进，在翻译时有什么样的理念，以及如何邀请美国学者 Mark Bender 对新版《苗族史诗》进行英译，最终打造出三文对照版《苗族史诗》进行了阐述。《苗族史诗》的翻译模式，不仅仅是一个个案，更为其他少数民族文学作品"走出去"提供借鉴。

关键词　《苗族史诗》(三文版)；今旦；田野调查；合作翻译

作者简介：吴一文(1970—　)，男，贵州台江人，苗族，博士，黔南民族师范学院教授；刘雪芹(1975—　)，女，贵州龙里人，博士，广西民族大学外国语学院副教授。

吴一文教授是青年苗族研究专家，被誉为"苗族文化史研究的新秀"，曾获得由中国民间文艺家协会、中国少数民族双语教学研究会授予的"中国民间文艺德艺双馨工作者""全国双语教学研究先进工作者"称号。其父今旦先生(1930—　)是著名的苗学专家和翻译家，一生致力于《苗族史诗》(亦称《苗族古歌》)的搜集、整理和翻译工作，曾被中国翻译家协会授予"资深翻译家"称号。早在1983年，今旦先生就与著名语言学家马学良先生共同署名出版了《苗族史诗》[②]。该版本甫一出版，时任广西大学外教(现为美国俄亥俄州立大学教授)的美国学者 Mark Bender 就主动联系将其英译，但英译本 *Butterfly Mother：Miao (Hmong) Creation Epics from Guizhou，China* 直到2006年才由 Hackette 出版公司出版。今旦先生一生钟情于《苗族史诗》的搜集整理和翻译工作。吴一文教授子承父业，与父亲今旦先生在新搜集资料的基础上重新整理、翻译出新版《苗族史诗》[③]，并邀请 Mark Bender 对新版进行英译。在 Bender 英译的过程中，今旦先生之女、吴一文教授之姊，贵州省博物馆研究馆员吴一方女士也发挥了极大的作用，她不仅是译文忠实度的监控者，也是苗族文化传播的助推者。在少数民族文学"走出去"的事业中，这样的合作翻译模式值得借鉴和推广。

---

① 原文发表于《燕山大学学报(哲学社会科学版)》2016年第2期，于2017年9月28日被中国社会科学网全文转载。

② 马学良、今旦译注：《苗族史诗》，北京：中国民间文艺出版社，1983年。

③ 吴一文、今旦汉文译注，Mark Bender、吴一方英文译注：《苗族史诗》(苗文汉文英文对照)，贵阳：贵州民族出版社，2012年。

一、今旦先生：半个多世纪的耕耘

刘雪芹：吴教授，您好！在全球一体化的浪潮下，文化多样性或多或少地受到了一些冲击。在这样的背景下，对先辈文化遗产的发掘和传承就显得尤为可贵。你们一家人在这方面做出了卓越的贡献。令尊今旦先生早年就跟语言学家马学良先生翻译过《苗族史诗》。几十年来，他都从未放弃过对《苗族史诗》的搜集和整理工作。您和姐姐吴一方秉承父志，也参与到《苗族史诗》的汉译和英译工作中。你们和美国学者 Mark Bender 联手的苗、汉、英三文对照版《苗族史诗》于 2012 年出版，甚至可以说是中国少数民族典籍翻译的一件大事、一个楷模。请问，令尊今旦先生是怎样走上搜集、整理和翻译《苗族史诗》这条路的呢？

吴一文：应该说有两方面的原因：一方面是社会环境和家庭环境的影响。我父亲生长在黔东南苗乡，我的祖父就是当地有名的歌师。可以说，我父亲学会说话时就学会了唱歌，十五六岁就会唱史诗。他从小汉语就很好，还会用汉字来记苗歌，在学生时代就发表了《马郎歌》。另外一方面就是工作的需要。他真正把搜集、整理和翻译《苗族史诗》当作事业来做，是 1952 年以后的事情。那年，马学良先生率邰昌厚①、潘昌荣②到黔东南的台江、黄平调查苗族语言，搜集民间文化资料。与此同时，张永祥③又率领另一队人马在凯里搜集民间文学作品。当时我父亲生病，两队的搜集活动都未能参加。尽管卧床近三年，父亲并没有因此放弃对苗歌的热爱，他在此期间就将脑子里记下的苗歌翻译成汉语，还将其中的几首投给了老舍先生主编的《说说唱唱》，不仅得以发表，还引起了老舍先生对苗族古歌的注意，来信约谈，但我父亲由于身体原因未能成行。父亲病愈后，1954 年初，马学良先生便安排我父亲整理他们前期搜集到的苗族语言资料。这些资料内容非常丰富，包括了古歌、情歌、酒歌、传说、故事等等。我父亲进行分类整理后，确定先把古歌（即史诗）作为翻译研究的重点，其中的“蝴蝶歌”和“金银歌”两个部分就以他和马先生共同署名的方式先后发表在《民间文学》上。1956 年，中国民间文艺研究会将全诗推荐到人民文学出版社出版。就在出版前，父亲被派回贵州调查苗语，为创制苗文做准备。在调查期间，他又搜集到不少资料，便跟出版社要回书稿，希望补充新的内容。可是，就在他定稿寄出之后，“反右”运动开始，1958 年秋被错划为“右派”，一同参与翻译整理工作的邰昌厚不久也含冤离世，《苗族史诗》的出版便被耽搁下来。60 年代初，因为书稿遗失，父亲不得不重新开始。不幸的是，在“文革”中又被抄家，苗语资料都被当作反动机密抄去，遗失的遗失，损毁的损毁。直到“文革”结束，父亲才得以继续补充搜集资料，并进行翻译和整理，1983 年《苗族史诗》才得以出版面世。当时，马先生就在前言中表达了一个愿望，希望《苗族史诗》以后能出版苗文版或苗汉对照版。此后的二十多年，我父亲仍然继续搜集记录新的资料，采访了很多民间歌手，一旦发现新的、有价值的内容，就继续补充进去。父亲大半辈子都在搜集、整理和翻译《苗族史诗》，这真的是一个漫长而艰辛的过程，所以《苗族史诗》的代后记父亲用了“半个多世纪的

---

① 贵州省台江县人，苗族。

② 贵州省黄平县人，苗族。

③ 贵州省凯里市人，现为中央民族大学教授。

耕耘”这一标题。

二、吴一文教授:从新闻工作者到苗族文化研究学者

刘雪芹:吴教授您原来是从事新闻工作的,后来转而从事民族民间文学文化研究,是不是受父亲的影响?新闻工作的底子对您后来的苗族文学文化研究以及翻译工作有没有促进作用?

吴一文:严格说,这不是“原来”和“后来”的关系。我从小就特别喜欢学历史,梦想成为一名历史学家。所以,在填报高考志愿时,我的志愿表上填的全部都是历史专业。我学历史成绩一直不错,而且我重点就想研究民族史。而研究民族史,就和民族学、民间文学、民族文化等都有密切的联系。我在贵州民院历史系学习时,课程设置里也包含有民族学、民族史之类的课程。当然,家庭的影响也是很大的。我还在报社工作的时候就和二姐夫覃东平[①]合著了《苗族古歌与苗族历史文化研究》[②],我在该书后记中写道,我从小就听祖父和父亲唱《苗族古歌》,开启了我的史诗情缘。其实,我不仅仅是受到祖父和父亲的影响,还受到我母亲的影响。我们家的其他人——我的外祖母、我的舅舅们、叔叔们,对《苗族史诗》的演唱及后来的搜集工作都做了一定的贡献。可以说,《苗族史诗》是我家三代十余人共同努力的成果。我的祖父和外祖母都是家乡有名的歌师,《苗族史诗》中“犁耙大地”“古枫歌”“寻找树木”的传授及许多注释都是祖父的功劳。我的外婆虽然去世早,但是她向我母亲和舅舅们传授了大量的史诗。我母亲就像一部史诗活词典;我的大舅是个铁匠兼苗医,三舅是民间歌手;我二叔是县级民间文化传承人,三叔是乡村医生,收集了大量的史诗资料。我说这些,就是想说明,在苗族民间文化和苗族史诗传承当中,家族传播非常重要。总而言之,我研究苗族民间文学和文化,一方面是我个人的兴趣爱好;另一方面是家庭的影响。我当了18年记者,但我的业余时间就做民族民间文化研究。这段时间里,我出版了几本专著,都是关于民族民间文学、文化史方面的。可以说,做新闻工作是我的饭碗,但我的业余时间基本都在做民族文学文化方面的研究。

要说我从事新闻工作和开展民族文化研究两者的关系,我觉得这个问题问得很好。在我35岁参加正高职称(高级记者)答辩的时候,就有评委问过我同样的问题——“你做新闻采访的同时又做民族文化研究,你觉得这两者有什么关系?”其实,在我校注的《苗疆闻见录》[③]的后记里也回答了这个问题。我认为两者之间是互相促进的。首先,从事新闻工作需要具有敏感性,需要选择较好的角度来反映新闻事实,才能吸引读者。做新闻,要视野新。同样,做研究,也要角度新,我觉得这对我研究苗族文学文化是有启迪的。第二,贵州少数民族很多,而且多居住在农村。我从事新闻工作时经常下乡,贵州省所有的88个县市,都留下了我的足迹。如果以乡镇来计算,我至少到过两三百个乡镇。若按村寨来计数,那就数不清了。我在贵州日报社一共工作了18年,其中16年都在跑基层、跑农村、跑民族地区。

① 现为贵州省民族研究院民族学研究所所长、研究员。

② 吴一文、覃东平:《苗族古歌与苗族历史文化研究》,贵阳:贵州民族出版社,2000年。

③ [清]徐家干著、吴一文校注:《苗疆闻见录》,贵阳:贵州人民出版社,1997年。

在进行新闻采访的过程中，我确实也收集、了解了不少的民族文化资料，许多亲身的、真实的体会，对我的研究工作确实是有好处的。例如校注《苗疆闻见录》就涉及很多地名。我在注释的时候，有很多地名搞不清楚，我就到黔东南实地了解、调查，所以书中很多注释是我调查的结果。而且，由于进行了田野调查，我还纠正了《贵州通志·前事志》(民国)[①]校注本中许多地名校注的错误，因为他们是以书校书，而我是从田野再回到书本。所以，我觉得从事新闻工作对我的文化研究是有帮助的；反过来，民族文化研究对我从事新闻工作也是有促进作用的。第一，研究讲求深入。这种探究精神，这种刨根问底的精神，让我在新闻工作中写出了大量的深度报道。我在报社工作时写出大量的长篇深度报道，应该说都体现了我在民族文化研究中这种刨根问底的风格。第二，我的很多报道是从民族文化研究中得到的线索，或者说，是民族文化研究的一些积累让我的报道更丰满、更丰富、更有民族文化的气息。不妨举个例子：我曾经写过侗族地区肇兴[②]捕野鼠和吃鼠肉的故事，题目叫做《人鼠趣事》，写作中我就运用了我所掌握的大量的民族学资料，加上现场的采访。所以我认为，新闻工作和民族文化研究两者之间有互相影响、互相促进、相得益彰的作用。

三、民族文学翻译，不止是文字转换

刘雪芹：在进行《苗族史诗》汉文译注时，您和父亲今旦先生是怎样分工的呢？

吴一文：翻译《苗族史诗》其实是我主持的国家社科基金项目“苗族古歌通解”的成果之一。该课题于2007年获得立项，课题组成员有我父亲、我姐姐，还有我舅舅。我们的第一个国家课题是比较宏观地研究苗族古歌和苗族历史文化的，但我们觉得还需要进行微观的、一字一词一句的研究。这就是我常跟同事和研究生所说的“要从外部到内部”。其实，我也是受到姜亮夫先生《楚辞通故》这本书的启发。该书全套四册，由云南人民出版社出版，它就是逐字逐词逐句的研究，就像一部《楚辞》辞典一样。最初我们也考虑效仿他的做法，但是《楚辞》尽管版本很多，但都容易找到，而《苗族古歌》是活态的，没有固定的文本，就不好像他那样做，所以我们就把项目名定为“通解”而非“通故”。

至于这本书的分工，跟项目的另一成果——《苗族史诗通解》[③]一书的分工基本上是一致的，毕竟《苗族史诗》(三文版)是“苗族古歌通解”的成果之一。《苗族史诗通解》已经出版，整本书的注释有三千条左右，其中有很多文化方面的注释，涉及大量的资料查阅工作，这主要由我承担，而苗语、古语方面则主要是由我父亲来负责。《苗族史诗》(三文版)的汉文译注分工也是这样——我父亲负责诗句翻译，我负责注释，也在他的文字基础上做一些修订。除了注释，我还写了将近两万字的前言，介绍《苗族史诗》的历史文化价值。

刘雪芹：跟马学良、今旦版比起来，你们父子联手的新版译文增加了很多细节，这应该是令尊后来搜集整理的成果。除此之外，您觉得新版与旧版比起来有哪些改进？

吴一文：是的，新版里增加了很多细节，我父亲的功劳最大。他几十年来从没停止过对

---

① 贵州省文史研究馆校勘：《贵州通志·前事志》，贵阳：贵州人民出版社，1988年。

② 肇兴侗寨，位于贵州省黔东南苗族侗族自治州黎平县。

③ 吴一文、今旦：《苗族史诗通解》，贵阳：贵州人民出版社，2014年。

《苗族史诗》的搜集工作。就算现在已经出版了好几部《苗族史诗》了，他的搜集工作仍在继续。他一发现有新的、生动的情节，就会吸收进来，加以充实。谈到两个版本的差异，首先，旧版本是没有苗文的，而新版本不仅有苗文，还有英文，这也是马学良先生在旧版《苗族史诗》前言里表达的愿望——他希望看到苗文本的出版，而我们这次不仅有苗文，还有英文。第二，我们确实补充了一些资料，有的资料就是后来我们去调查获得而补充进去的。这些资料既包括了《苗族史诗》本身叙事方面的资料，也包括通过田野调查补充的注释性资料。第三，新版和旧版还有表现形式上的差异，因为旧版是长短句的译法，但在译新版时，我们觉得既然是古歌，还是要符合传统汉语诗歌的习惯，所以我们新版改成了七言。当然译文中也偶尔出现一行两三个字的情况，但是极为个别，几乎全书都是用七言体来翻译。我们在确定用长短句还是七言或五言时，也认真地思考过。如果还用长短句，不符合传统汉语诗歌的形式。而且，苗族古歌是五言，如果汉译也用五言，形式上倒是对应了，但是我们觉得，用五言还是有点挥洒不开，有时候受制于五个字，有的内容就难以表述清楚。所以我们排除了长短句和五言，采取了折中的办法，使用七言。这是两个版本最大的不同。当然还有其它方面的不同，例如新版每章前面有题解，介绍歌的内容和演唱习俗等等，这在旧的版本是没有的。再比如，我们列出了“歌花”“歌骨”的演唱实例，这在旧版本也是没有的，这就让读者看到了活态的传唱形式。另外还有一个不同，就是在后记里专门列举了原始资料提供者(即演唱歌手)的姓名。这体现了我们对民间歌手的一种尊重，也是我们尊重传统知识产权的一种表现。

除此之外，我们还恢复了几处旧版删去的内容，例如“洪水滔天”讲述姜央和姜妹生下怪胎，姜央把孩子砍成肉片，肉片变成了千千万万的人，但是这些人还不会说话。姜央派土地公公上天向雷公求教，偷听到雷公说要烧竹子。随后苗家、客家、侗家就都会说话了，新版在这里又加了两段“还有一个瑶家人，他来晚了不逢时，他的话语怎么讲？照着流泉把话说，自古说话如冒泉。/剁砍高陶坨坨儿，剁在腊的粮仓旁，肉去变化成什么？骨去变化成哪样？肌肉变成了汉人，骨骼变成了苗家，心子肾脏变帝王，肝脏肺脏变官员，皮肤变成高坡人，严冬时节不畏寒，还剩一根粗大肠，变成仡家仫佬族。”[①]这一部分就是旧版删去的，但是新版我们又恢复了。

最后一个改进是我们修正了过去的一些错译。例如，“运金运银”中说养优公公和养优婆婆得了金银踏上返程之路。旧版中说那船锡太重，船身下沉，导致那里的水 Naxebsenbkud kid。我们过去以为是矿物引起水的气味发生变化，翻译成了“就像有姜和辣椒的味儿”[②]，在新版我们就纠正过来了，译成了“铅从潭头往外流，冷水灌田稻叶枯。”[③]总的说来，我们就是做了这几个方面的改进。

① 吴一文、今旦汉文译注，Mark Bender、吴一方英文译注：《苗族史诗》(苗文汉文英文对照)，贵阳：贵州民族出版社，2012 年，第 594-596 页。

② 马学良、今旦译注：《苗族史诗》，北京：中国民间文艺出版社，1983 年，第 63 页。

③ 吴一文、今旦汉文译注，Mark Bender、吴一方英文译注：《苗族史诗》(苗文汉文英文对照)，贵阳：贵州民族出版社，2012 年，第 220 页。

刘雪芹：翻译家江枫先生提出，文学翻译要“先形似而后神似”[①]。比起马学良与令尊合译的译本，你们父子的新译本句式更整齐，你们是否也秉持了类似于“形似而后神似”的理念？您怎么看待翻译中的内容与形式，或者说“文”与“质”的关系？

吴一文：我们事先没有想过要以什么样的理论来指导实践，仅仅是总结了旧译本的得失，相应地做了一些新的尝试。马学良先生和我父亲当初用长短句有他们的考虑——长短句也符合现代汉语诗歌的形式，现代诗就是用长短句的；用字也尽量押韵；更重要的是，他们觉得用长短句能更好、更准确地反映诗歌的内涵和文化。因为无论是五言还是七言，一旦受到字数的限制，有的东西就不一定能传达得很准确、很完整。他们翻译成长短句，就是想把《苗族史诗》里所包含的苗族文化表述得更加完整。但我们觉得，长短句的译法可能不太精炼，缺乏古歌的韵味。我们希望尽量做到译文既忠实于原文的思想内容，尽量把《苗族史诗》丰富的文化表现好、传达好、翻译好，又能在形式上大体反映原文的特点。谈到形式和内容、“文”与“质”的问题，我觉得，形式固然重要，但内容更为重要。形式和内容能够统一，那是最好的。《苗族史诗》原文通篇几乎全是五言押调，要是汉语译文也用五言押调，那是不可能做到的。用五言押韵也许勉强做得到形似，但是会使得一些重要的内容无法译出，因求形似而害意是不可取的，于是我们想到了汉族山歌(尤其是西南地区的汉族山歌)的七言形式。我们希望能够用七言的形式尽量达到形式和内容的统一。我们考虑的就是——在内容上，尽量把《苗族史诗》博大精深的、深邃的文化内涵表现出来；在形式上，既符合汉语诗歌的表达形式，又能在某种程度上体现苗族古歌的形式特点。

刘雪芹：少数民族的民间文学及其典籍需要深入民间去收集。非洲学者具体地给出了一些建议，例如要使用当地的语言以获取当地人的信任，要备足采访设备，要找老人进行访谈等等。你们一家是苗族，恐怕不会遭遇难以获取信任的问题。那从您和父亲到民间收集的经历来看，你们觉得民族文学的田野调查需要注意些什么？哪些是最为关键的？

吴一文：我重点谈谈我们如何去收集材料，应该注意些什么。我觉得，搞田野调查，民族学的也好，民族文学的也好，调查者与被调查者之间的认同感至关重要。民族学研究总提到“他者”“我者”。你问到哪些最关键，我觉得“认同”是最关键的，就是说“他”要认同你。当然，我们回老家去调查，不存在“他者”“我者”的问题，至少从民族成分上来看是如此。我们一家都能说苗语，这就消除了语言的障碍。我和父亲本身就是土生土长的苗族，苗族群众对我们都很信任。所以，我们进村入寨去调查了解，就很容易。第二，我祖父和父亲在老家颇有些名望和社会地位。过去我们寨子里懂汉语的人不多，我祖父不但懂汉语，还识汉字，还远到湖南常德等地做生意，算是见多识广的人。所以，当地有什么纠纷，都请他去调解，是名望比较高的理老。再加上我父亲在解放前是当地唯一的大学生，也有一些影响。第三，当地的群众遇到什么困难，我们都尽最大的努力去帮助他们，这让我们和当地的群众构筑了良好的关系。比如家乡的孩子到贵阳念书，逢年过节，我都邀请他们来家里做客，有时候我们还给孩子们一些钱贴补生活费。《苗族史诗》的几个版本出版，虽然稿费不多，有

① 江枫：《形似而后神似——在1989年5月全国英语诗歌翻译研讨会上的发言》，《中国翻译》，1990年第2期，第15-18页。

的甚至是我们自己筹钱出版的，但我们都会给老乡送一两本作为纪念。田野调查的时候每天给他们一百元钱作为演述的劳务费。他们都非常感激。按理说，演述的劳务费发了一次就可以了，但是每一本书出版，我们都会列个名单发劳务费给这些歌手。所以，当地群众对我们很是认可。第四，我们了解并遵循当地民族的生活习惯。每次下乡入寨，我们都会按照当地走客的习俗，该买酒买酒，该买肉买肉。有一次，我们去采访一位歌手，想要记录吃鼓藏的歌及有关习俗。按照当地的风俗，歌手要等杀了鸭子祭鬼神以后才开口，我们就买了鸭子去，杀了鸭子祭祀之后，再请歌手说唱。我觉得这些东西都很重要。当然，应用现代技术、录音设备等等，这些只是工具的问题；但是，有了这些工具，不一定就能调查、了解到丰富的民族文化内涵。有认同，我们从群众那儿得到的资料就更好、更准确，对我们的研究也更有帮助。总的来讲，在搜集苗族民间文学文化资料的时候，我们有优势。除了我们是苗族的一份子以外，我们还懂得各种民族文学的说唱形式，必要时可以自己先唱一唱、说一说，来提起歌手的兴趣，解除他们的顾虑。我们在工作中是比较顺利的，但是偶尔也会碰到不肯合作的情况。关于田野调查应该注意的要点，我还要补充两点：一是要交代清楚搜集的目的，二是要了解清楚他们有什么禁忌，提前想好解决办法。

刘雪芹：据我了解，您的博士论文题目就是《苗族古歌叙事传统研究》[①]。根据您的研究，《苗族古歌》在叙事上有些什么样的特点呢？你们在汉译时有没有因为要适应汉语叙事特点而进行增删修改呢？

吴一文：要讨论苗族古歌的叙事传统，首先要先明确什么是苗族古歌。我综合各种因素，最后给出了这样一个定义——“苗族古歌是流传于苗语黔东方言区，以五言为基本句式，以穿插有歌花的问答式对唱为主要演述形式，以创世、敬祖、民族迁徙为叙事主题，内部篇章之间有着紧密逻辑联系，具备史诗性质的苗族民间活形态押调口头传统”。我认为，苗族民间叙事体裁主要包括有演唱体、叙述体、念述体、叙唱混合体等。从叙事方式来讲，苗族古歌主要包括解释性叙事、历史性叙事和悲剧叙事三大形态。解释性叙事的内容主要是解释了自然物和自然现象的形成、生命体和生理特征的来历、文化事象的来源等，具有直接性、间接性、摹仿性、联想性等特点，人类史诗的基本功能决定了苗族史诗解释性叙事的内容，人类早期的原始思维决定了苗族古歌解释性叙事的特点，问答式演述决定了苗族古歌解释性叙事的形式；历史性叙事的内容主要是叙述族源、民族关系、支系关系，其特点主要是以诗叙史、自成一体、强调我者、直叙实述、“记录”大事，历史性叙事产生的主要原因是苗族历来重家族世系、重祖先事迹、重英雄事迹；悲剧叙事以英勇之神昌扎、智慧之神姜央、长寿之神榜香尤、美丽之神娘欧瑟四大悲剧人物事迹为例，总结了悲剧叙事的歌颂英雄事迹、突出悲剧结局、伏笔故事结果等三大特点，分析了社会发展滞后和率真与耿直、狭隘与嫉妒的性格悲剧是悲剧叙事产生的主因。

苗族古歌的叙事方式可以概括为问答叙事、对比叙事和歌骨歌花交错叙事。问答叙事具有凝聚主题，便于记忆，明晰脉络的作用；对比叙事主要表现在今古对比；歌骨歌花交错叙事又具有骨少花多、骨定花不定、花不叙事骨叙事等特点。随着时代的发展，苗族古歌的

① 吴一文：《苗族古歌叙事传统研究》，武汉大学博士论文，2015年。

生态也发生了变化，因此其叙事传统也相应发生了变化，最有代表性的是叙事内容的“汉化”，带动了叙事行为、叙事词汇、演述形式等叙事形式的变化。

在将《苗族古歌》翻译成汉语的时候，我们立足于三个“忠实”，即忠实于民间、忠实于母语、忠实于民族文化生态，没有作增删修改。

四、合作翻译，迈向世界

刘雪芹：在我看来，《苗族史诗》苗、汉、英三语对照版以及你们与 Mark Bender 的合作模式是目前中国文学文化“走出去”的一个很好的模式。当初是谁提出要做三语对照版的这个想法的？邀请 Mark Bender 加入主要是因为他曾经翻译过令尊和马学良版的《苗族史诗》吗？那么又是谁想到让姐姐吴一方加入的呢？您怎么评价她在其中扮演的角色？

吴一文：“走出去”当然非常重要。海外有 200 多万苗族，虽然他们不一定使用黔东方言，但他们还是有苗族的认同感。苗族文化“走出去”不仅会影响海外苗族，更会丰富海外文化，也是向世界宣传中国优秀文化的一个内容，从中体现了中华文化的多样性和少数民族文化的丰富多彩。三语版的想法最先是由贵州民族出版社的老社长宛志贤和现任总编辑胡廷夺提出来的。当时我们觉得这个工程比较浩大，我们也考虑过是不是在国内找兼懂汉语和英语的人来翻译，但是后来一想，Mark 翻译过《苗族史诗》，对苗族文化、对西南的少数民族民间文学很有研究，还到黔东南考察过几次，他有很好的基础，过去合作也是很愉快的。所以我们觉得，请他来翻译是最好的。我们就跟 Mark 联系。最初他还以为只在旧版本的基础上稍有变动，后来他才发现这个版本其实是把旧版本推翻重译了，所以拖了很长时间。我们原计划是在一年内完成的，后来又拖了两年。从计划、立项到出版面世，实际上花了将近四年的时间。为什么让我姐姐吴一方加入进来呢？前面讲到，她也是课题组成员。虽然起初她做的工作不太多，但有一点是我们其他几个人还达不到的——她不仅熟悉苗文和汉文，英语也很不错。我们都知道，从一种语言翻译成另一种语言，不仅仅是语言转换的问题，还得有文化的支撑。我和父亲已经把苗语翻译成汉语，Mark 是懂汉语、识汉字的，也在中国工作过多年，但是有的东西，他仅仅从汉语文本去理解，还是有问题的。而吴一方具有通晓三种语言的能力。而且从工作上来说，我们一家人合作也很方便，随时可以在家里面谈、讨论。在英译的过程中，Mark 有不理解的地方，就向我姐姐咨询，她能回答的就直接回答；遇上她自己也不很理解的地方，就要同我和父亲讨论。实际上，她发挥了一个很重要的作用，甚至可以说有的地方实现了从苗文直接翻译成英文的过程。这样，英译文的准确性、科学性就出来了。很多经典著作，比如过去的马克思、恩格斯的一些著作，我们并不是从德语翻译过来的，而是从英语翻译过来的。还有的经典作品是日本人先翻译，我们再从日语翻译成汉语的。这种转译会产生文化和语言的过滤，前面一个翻译环节的准确性如何，就会影响到再翻译的准确性。所以，吴一方在其中的作用不容小觑。在讨论英译者署名的时候，尽管姐姐仅仅把自己当作一个通讯员、协调员，但 Mark 还是坚持要把她作为汉英翻译的第二译者署名。

刘雪芹：要让《苗族史诗》“走出去”，你们已经迈出了请美国学者英译的重要一步，但是“走出去”不仅仅是翻译的问题，由什么出版社出版也会在很大程度上影响到翻译作品的传

播和接受。当初有没有考虑过找国外出版社出版呢？未来是否有这个计划？

吴一文：说实话，在中国出版一本书很难，特别是学术著作。在国外也不容易。我父亲在贵州民族出版社担任总编辑期间，就曾经有过与美国的苗族同胞合作、用苗汉英三语出版苗族典籍的想法，并且跟有关方面联系过，但最后还是没能实现。Mark 开始翻译马学良先生和我父亲那个版本，是在 80 年代。那时，Mark 才 30 岁，在广西大学当外教。他最先找到了马先生，马先生就让他来贵州找我父亲。我记得很清楚，当时我还在上中学。可是，Mark 的英译本到了 2006 年(也就是二十几年后)才出版。他找了多家出版社，多数都以发行量不够、赚不了钱为由拒绝了。我们这本书为什么在贵州民族出版社出版呢？出版三语版本来就是贵州民族出版社提出的创意，也是他们申请到的国家"十二五"少数民族语言文字出版规划项目。贵州民族出版社在出版民族图书，特别是苗族语言文字图书方面，积累了非常丰富的经验，所以我们也就没有考虑在国外出版。概括起来就是两个原因——首先，这个项目是贵州民族出版社提出的；第二，我们也没有渠道和国外出版社联系。现在有的人看作品，先看出版社，这样对不对呢？确实，级别高的出版社出版的书总体是不错的，但是有的也不一定。比如民族类图书，在专业出版民族图书的民族出版社出版，影响力不一定很大，但是更能保证质量。我们也可以找国内一流的出版社，但是他们可能一个苗文编辑也没有，对苗族的了解也会很少。所以，我觉得一本书的质量，从某种程度上说，不在于哪个出版社出版。将来如果有机会能在国外出版社出版，也未尝不可。

刘雪芹：感谢吴教授在百忙中接受我的采访，让我对《苗族史诗》有了更多更深的认识，也了解了《苗族史诗》汉译和英译过程中遇到的问题和处理方式。最后，再次向你们一家为苗族文学和文化的传承和传播做出的贡献表示崇高的敬意！

荷马史诗文本翻译的当代诠释[①]

王治国

摘　要　荷马史诗是西方翻译史上除了《圣经》以外，在所有文学作品中翻译最多最频繁的作品，通过拉丁文献和翻译文本得以传遍世界。文章对荷马史诗中西翻译史作一综合性比较研究，旨在探索其在文本化之后翻译所呈现的特点，以期突出荷马史诗翻译在世界翻译史中的重要地位以及对当代中国少数民族口传史诗翻译的启迪意义。

关键词　荷马史诗；史诗翻译；翻译史

Abstract　Homeric Epic has been the most frequently translated works in the history of western translation, second only to Bible. The epic was passed on worldwidely through Latin literature and translated texts. After delineating the history of Epic Translation, the present paper makes a comparative study of epic translation west and east and analyzes characteristics of text translations of Homer in order to highlight the position of Homer translation in the world literature as well as to shed some lights on the contemporary oral minority epic translation in China.

Key words　Homeric Epic; Epic translation; History of translation

基金项目：教育部人文社会科学研究青年基金项目："活形态民族史诗《格萨尔》翻译与传播研究"(12YJC740107)；中国博士后科学基金项目(2014M551031)。

作者简介：王治国(1975—　)，男，内蒙古乌兰察布人，天津工业大学人文学院副教授、副院长，南开大学翻译学博士，天津师范大学文学院博士后，中国英汉语比较研究会典籍英译专业委员会副秘书长。

众所周知，希腊人给我们留下了很多宝贵遗产，其中之一便是荷马史诗。荷马史诗相传是由古希腊盲诗人荷马创作的两部长篇史诗《伊利亚特》和《奥德赛》的统称，前者共有15,693行，后者共有12,110行，两部计24卷。与世界上许多民族一样，希腊上古时代由于没有文字，民族历史便以传说的方式保留在古代先民的记忆之中，稍后又以口述形式在人们中间口耳相传。在没有确凿证据的情况下，我们仍然根据常识常理推断，荷马之前必然活跃着大量的英雄传说和传唱这些故事的歌手。这时期的文艺活动是口头的，没有文字记载。可以想象得到，"恢弘的文化记忆依然流淌在人们的脑海里，先祖的辉煌成就依然在人间传颂，正是靠口口相传、忒拜的故事、特洛伊战争、奥德修斯的历险、金羊毛的传说等等，才得以幸存到荷马时代"。[1]58 也就是说，荷马史诗在起源上并非一时一人之作，而是保留在全体希腊人记忆中的历史。

一、荷马史诗的文本化

希腊史诗的口述传统可以追溯到公元前12世纪，目不识丁的游吟诗人根据记忆口述特

① 原文发表于《燕山大学学报(哲学社会科学版)》2014年第3期。

洛伊故事。公元前8世纪，希腊人从腓尼基引进字母创造自己的语言，书写文字的发明再加上埃及用莎草(papyrus)当“纸”来书写的技术渐渐成熟，使得希腊英雄史诗传承并没有随着游吟诗人离世而中断。显然，文字使史诗得以以文本的形式继口述传播后继续传承下去成为可能。公元前6世纪荷马史诗在希腊地区广为流传，但这两部史诗还没有写下来的定本。当然，在文字出现以后，口头叙述也可能继续存在，只不过书面文本经过作家整理编撰之后，体现出一种“高度风格化、精致的、特殊的措辞，专用于英雄史诗的六步长短格，兼具格式性和灵活性”[2]70。书面文本的产生，意味着荷马史诗走上了文本书写的道路，严格意义上的口头传统阶段宣告结束。

哈佛大学希腊文学教授，希腊研究中心主任格雷戈里·纳吉(Gregory Nagy，1942—2012)从比较语言学和人类学视野对“荷马问题”进行深入研究，就荷马史诗如何、何时、何处以及为何最终以书面文本形态保存下来，并流传两千多年的缘由进行了细微研究，得出了新的历史模型，是近年来口头诗学理论的一个重大突破。在其名著《荷马诸问题》中，他对史诗的文本定型作了如下论述：

荷马史诗作为文本的定型问题可以视作一个过程，而不必当作一个事件。只有当文本最终进入书面写定之际，文本定型才会成为一个事件。在创编、演述和流布的演进过程中，史诗的荷马传统按其自身的再创编模式，呈现出流变性越来越弱而稳定性越来越强的特征，随时间的推移而缓慢的向前发展，直至一个相对静止的阶段……荷马诗歌的这一演进模式，在持续了大约两个世纪的一个静止阶段中达致顶峰，时间框定在公元前8世纪中叶出现的一个相对的成型化(formative)时期与公元前6世纪中叶出现的一个愈加定型化(definitive)的时期之间。[3]148-150

纳吉立足于口头传统和书面文本之间的互动与交流，致力于古代希腊诗歌文本口承性及其演述传统的复原性比较研究，拓展了口头诗学理论研究。他提出的史诗演进模型的核心在于，“史诗的整体性或整合性都来自史诗形成过程之中的创编、演述和流布(composition，performance，and diffusion)动态交互作用”，即是：我们失去了一个具体的“荷马”，却获得了无数众多的“荷马们”。

荷马史诗最初是在民间口头文学基础上(从现代的学科划分而言)形成的，经历了一个数百年的民间口头创作、流传过程。其基本的原始材料是许多世纪积累起来的神话传说和英雄故事，保存了远古口头文化真实、自然的特色，由游吟诗人传唱，是早期典型的口头传统。然而，在字母、书写文字产生后，史诗的传承发生了重大变化。由于游吟诗人的消亡，史诗以文字文本流传下来之后，又经过许多世纪的加工润色，成为了现在的固定书面文本。

二、荷马史诗在西方的译介

荷马史诗翻译贯穿了西方翻译史整个发展过程。如果说西方翻译史大体上可以分为古代翻译、中世纪翻译、文艺复兴时期翻译、近代翻译、现、当代翻译六个时期的话[4]，荷马史诗翻译史则走过了相同的历程，并与《圣经》翻译史一起构成了西方翻译史上璀璨的“双子星座”。于是，我们可以把荷马史诗翻译史大致划分为古代、中世纪、文艺复兴和近现代翻译四个时期。古代翻译最早是从希腊语翻译成拉丁文的。在卢修斯·李维乌斯·安得罗尼库斯(Lucius Livius Andronicus,280/260-200 BC)将《奥德赛》译成拉丁文近二百年之后,著名的《伊里亚特》的拉丁文节译本 *Ilias Latina*① 问世,这个译本共有 1 070 诗行,其译者长期以来归在西利乌斯·伊塔利库斯(Silius Italicus,25/26-101)名下,现在一些学者认为是罗马皇帝尼禄(Nero,37-68)时期的拜彼乌斯·伊塔利库斯(Baebius Italicus)编撰创作。无论译者和编撰者是谁,这个译本开启了荷马史诗多语言翻译史。中世纪翻译时期的一个典型本子是法国人 Benoit de Sainte-More 用法语将传说中的荷马史诗提炼、编译了一部约三千行的 Roman De Troie《特洛亚的故事》。此外还有一些其他欧洲主要语种的简译本。

文艺复兴时期的翻译,其规模和数量上远远超过前面任何时期。对史诗的翻译、模仿和研究构成荷马史诗在文艺复兴时期的流传形式。该时期英国在史诗翻译方面成就最高,其中查普曼(G. Chapman, 1559—1634)和蒲柏(Alexander Pope,1688—1744)的翻译以及纽曼(Francis William Newman,1805—1897)和阿诺德(Mathew Arnold,1882—1888)等人对史诗翻译的争论,成为了任何荷马史诗研究者无法回避的重要译本和事件。查普曼是第一个用现代语言翻译荷马史诗的诗人,也是根据希腊原文译出的第一个完整英译本。查普曼译《伊里亚特》第一卷于 1598 年出版,五年后译出《奥德赛》,两部史诗的英译合本于 1616 年出版。蒲柏既是大诗人,又以其优雅俊美的英译荷马史诗而闻名。这两个译本各有所长,前者"雄伟俊美",后者"用词隽永,风格清雅,在相当长的时间里被读者奉为标准英语本"。[4]156

17 世纪 60 年代之后,荷马史诗翻译进入了近现代时期,史诗被译为各种欧洲文字,而且每隔一定时间就会出现新的译本,"几乎每一代人都有他们的荷马"[5]365。英、德、法各语种译本在荷马史诗的发展道路上留下过深深的印记,尤其是英译本众多。目前《伊里亚特》公认的比较权威英译本之一是理查德·拉铁摩尔(Richard Lattimore)译本,以其漂亮、可读、准确和忠实于荷马原文的译笔而备受学界好评:

Lattimore succeeds in transmitting something of the stately and ritualized formality of the Greek without sacrificing much of the plainness and directness of style characteristics of homer. [6]5(拉铁摩尔在把史诗中那些庄严的、仪式化的程式话语转换过来的同时,又没有太多地牺牲原著的平实、直接的特征).

《奥德赛》的权威译本之一则是罗伯特·菲茨杰拉德(Robert Fitzgerald)译本,收录于《诺顿世界名著选集》(*The Norton Anthology Of World Masterpieces*),流传较广,译文文字优美,语言通俗、直接。

新世纪以来译本更是层出不穷。从 1990 年来,《奥德赛》就有 8 个译本,分别是:Allen mandelbaum,1990;Robert fagles,1996;Martin Hammond,2000;Stanley Lobardo,2000;R. L. Eichkhoff,2001; Rodney Merrill,2002;Edward Mccrorie,2004;Ian Johnson,2006。《伊里亚特》有 6 个新译本,分别是:Robert fagles,1990;Michael Reck,1994;Stanley Lombar-

---

① 电子文本参见网页:http://www.thelatinlibrary.com/ilias.html。

do,1997;Ian Johnson,2006;Rodney Merrill,2007;Herbert Jordan,2008。① 2008 年出版了 25 本近 50 年来荷马史诗的英译本。

三、荷马史诗在中国的译介

与世界其他国家、语种荷马史诗翻译相比，我国对荷马史诗研究及翻译无论怎么说都来得比较晚，而且规模和成果都不能称得上是"丰硕"。其中的原因一方面与汉语文学中史诗文类缺失有关；另一方面也与我们整体的学术研究起步较晚有关。所幸的是，在"五四"以后一代学人的努力下，学界对荷马史诗的译介和研究开始了，尽管规模很小，成就甚微。兹引证一段，以窥其貌：

> 我国对荷马史诗的研究基本始于上世纪20年代，一是以史和评的形式介绍荷马及其史诗，如茅盾、郑振铎、戈宝权等对荷马的评介和王希和的百科小丛书《荷马》(1924)等；二是主要根据英文材料译述史诗故事，如高歌的《伊里亚特》(1929)、谢六逸的《伊里亚特的故事》(1929)等；三是译介原著，如徐迟的《伊利阿德选译》，译者用五音步无韵新诗体从七种英译本中选译了十五段八百余行，1943 年由重庆美学出版社出版，1958 年人民文学出版社推出傅东华根据里恩的英译本用散文翻译的《伊里亚特》全译本，功不可没。[7]637

上述引文虽不能反映我国荷马史诗翻译与研究全貌，但至少归纳了史诗早期在中国译介以及翻译、研究的种类，颇有见地，比较准确。从最早的零星介绍和评介，到后来对史诗译述以及对原著译介等等，为新时期史诗研究奠定了一定的基础。当然也反映了译介之初的一些特点，比如说采用一定的译述形式和从英文转译、而非从希腊语原著直接进行翻译等等，这都是史诗译介之初的普遍共性。如果从 1929 年译者高歌算起，到目前为止，共有 9 位荷马史诗汉译者。从 1958 年傅东华转译本之后将近 20 年，直到 1979 年才出现了由杨宪益翻译的《奥德修记》(上海译文出版社，1979 年)；10 多年后出现了罗念生和王焕生合译的《伊利亚特》(人民文学出版社，1994 年)，以及陈中梅的全译本(译林出版社，2000 年、2003 年)。这些译者都是响当当的文学大家、翻译家。由于译本时间久远，高歌、谢六逸译本未能亲自拜读，就目前所能搜集到资料而言，新时期以来的荷马史诗主要汉译本有以下六部：

(1) [古希腊]荷马著，陈中梅译：《奥德赛》，南京：译林出版社，2003 年。

(2) [古希腊]荷马著，陈中梅译：《伊利亚特》，南京：译林出版社，2000 年。

(3) [古希腊]荷马著，王焕生译：《奥德赛》，北京：人民文学出版社，1997 年。

(4) [古希腊]荷马著，罗念生，王焕生译：《伊利亚特》，北京：人民文学出版社，1994 年。

(5) [古希腊]荷马著，曹鸿昭译：《伊利亚围城记》，台北：联经出版社，1993 年。

(6) [古希腊]荷马著，杨宪益译：《奥德修记》，上海：上海译文出版社，1979 年。

近年来，这些原译本也出现了由不同出版社再版的一些译本，如吉林出版集团、中国戏剧出版社、国际文化出版公司、上海人民出版社等分别再版了曹鸿昭、陈中梅、罗念生译本。

---

① *Kostas Myrsiades(ed.):Approaches to Teaching Homer's Iliad and Odyssey*. New York: The Modern Language Association of American, 1987:3-23。由于史诗各译本资料匮乏，译本的分析资料来自于该书的导言部分"materials"第 3-23 页相关介绍。

对这六位译者译本的大致比较研究，我们会发现荷马史诗汉译有两个比较突出的特点：(1)两条翻译途径：从其他语种(英、法语)转译和从希腊语直接译出，即直接翻译和第三语转译；(2)两种史诗汉译文体：即诗歌体和散文体。显然荷马史诗汉译和史诗在西方翻译都经历了共同的学术话题：即翻译途径和翻译文体。这种异域翻译空间呈现出相同翻译类型的现象，再一次引起我们的注意，其中蕴涵着内在的联系和必然的规律。具体而言，傅东华译本、杨宪益和曹鸿昭译本都是散文体，其余的为诗歌体。傅东华、曹鸿昭译本是转译，而杨宪益、罗念生、王焕生、陈中梅译本是直接译自希腊语原著(当然不排除翻译过程中对其他语种译本的参考)。

作为第一个《伊利亚特》和《奥德赛》汉语全译本，傅东华译本是从英语转译的，英译本依据的是威廉·考柏 (William Cowper，1731—1800)无韵诗英译本，并参考蒲柏韵文译本及其他两种散文译本，用散文体译为汉语，并有较长的导言部分。海外华人曹鸿昭[①]从英文译出散文体汉译本《伊利亚围城记》(《伊里亚特》)，1993 年台湾出版。2010 年吉林出版集团先后推出了曹鸿昭大陆版《伊利亚特》和《奥德赛》译本，这是最新出版的荷马史诗汉译本。第一个从古希腊语译出《奥德赛》全译本是由杨宪益完成的，该散文体译本是根据英国洛埃伯丛书(The Loeb Classical Library)希腊原文翻译的，题名《奥德修纪》。译文可读性强，句子比较流畅，很多生硬的地方都做了柔化处理，其中译本序言是一份非常有价值的研究性导言，代表了我国上世纪六七十年代史诗翻译的最高水平。

第一个从古希腊语译出《伊利亚特》全译本是由罗念生开始的，不过还没有完成就病逝，王焕生接棒译完《伊利亚特》和全部《奥德赛》。这套译文的特点是：(1)直接从古希腊文翻译过来的全译本，突破了过去译家多半从英文本转译的格局；(2)一改过去采取散体的做法，而是采取诗体，原诗是扬抑抑六音步格律，译诗则模仿性地采取六音顿的方式翻译，并且力求译诗与原诗保持对行关系，但又不完全拘泥于原诗的形式因素；(3)译本在译文流畅性方面，较之同类译本有明显进步，不论在形式上，还是在内容上，其传播效果都达到了很高的水平。表明我国翻译界在荷马史诗的翻译方面达到了较高层次和水平。

陈中梅是从古希腊语译出《伊利亚特》和《奥德赛》汉语全译本的第一人。他一人独自完成了《伊利亚特》《奥德赛》两书的翻译，曾在多个出版社出版，如花城出版社、译林出版社、上海译文出版社等，前后略有修订。陈译本的显著特点是，导读性译序和疏解性注释完美结合，体现出浓厚学术研究性翻译的特点，在某种意义上带有着“深度翻译”的气息和特色。译本按原文顺序标行，有五万四千多字的译序，浓缩了译者对荷马史诗多年研究的精华，重点讨论荷马、荷马史诗、史诗的构合及程式化用语等等，显现了译者新近史诗研究的洞见和成果。译文中通贯全书的大容量、成系统和有深度的疏解性注释详密精审，对荷马史诗研究有重要的参考价值。文后还设有专名索引，这些都突出了该译本学术研究型翻译的浓厚特点。诚如译者译后序中所言：

---

① 曹鸿昭，1908 年生于河南新野。南开大学英文系毕业，曾执教于南开大学、西南联大，重庆中央大学。1946 年获美国哥伦比亚大学文学硕士，主修英国文学。1947—1969 年任联合国中文翻译处高级翻译员，退休后旅居美国。

这样的尝试虽然工作量巨大,费力浩繁,但有一个好处,即可以充分地发挥译者与评注者于一身的优势,注意对作品的细处、小处的阐释对比,以翻译优化注释、以注释和评论精化翻译,尽可能充分地展示荷马史诗初朴、雄浑的诗品风貌,揭示它的跨学科性质和无可比拟的资料价值,展现它潜在的大地般丰饶广阔的学术容量,勘探它深厚的信息底蕴。[8]832

的确,读了译本注释会使读者在多方对比和全面把握的基础上加深对荷马史诗的理解,达到对史诗融会贯通,从而获得由诗而观史、由诗而致思、由诗而行事的阅读境界和审美体验。诚然,学术性翻译中加注和注释是一种必要的手段,但是,译者究竟应该注解什么,如何注解,参与程度怎么把握,也就是注解的内容、方式、规模、格式及尺度问题等等,都是值得认真思考和反复玩索的。毋庸置疑,陈译本在此为我们提供了一个值得参考和模仿学习的范例。

四、荷马史诗翻译的当代诠释

荷马史诗二千多年翻译史远非简单几个分期和代表性译著的罗列就能够做到巨细无遗,囊括一切。但纵观其翻译史,从中我们还是大致地发现各个时期史诗翻译的一些特点或是特殊性来,对当代民族史诗的翻译颇有启发:

(1) 史诗是在公元前三世纪完成文本化之后开始的书面文字翻译,没有涉及口头翻译,即使有,也是远在有文学创作之前的几个世纪,仅仅在希腊本土流传;

(2) 中世纪的翻译掺杂着节译、改写和创造,与今天传统的翻译并不吻合,体现了翻译和创作并存的特点,而且无论数量上还是质量上,都无法与近代翻译盛况相比;

(3) 无论是全译还是节译,由于缺乏希腊语的掌握,许多译本是基于其他语种译本的再度转译(intermediate translations),大量转译现象的存在再一次引起研究者的重视;

(4) 近现代时期的翻译,译本生产范围几乎囊括了所有的文学体裁,以从未间断的全译和节译形式,通过模仿、改编、戏仿等各种方法移译为戏剧、小说,甚至是严肃的音乐剧本。无论在种类上还是数量上,甚为壮观。

通观荷马史诗中西翻译史,我们不难发现其中也存在着一些共同点,至少从严格的翻译学学科意义上归纳起来,有以下几点特别需要重视:

(1) 翻译历史较久远,早期基本上是散文体译述较多,后期逐渐以诗体翻译本出现,都有散文体和诗体的二分法讨论;

(2) 翻译耗时长,难度大,发生大量转译形象;

(3) 史诗翻译发生的媒介都是书面文本,即文本翻译,很少涉及口头部分的翻译。

当然,这样的归纳并不是巨细无遗的,但至少是最值得重视和讨论的要点所在。荷马史诗在西方世界的翻译,既有早些时候的转译现象,又有传统意义上对照原文式的翻译,还有改编、改写以及译者的创作现象,如此等等,足见翻译现象和类型也是复杂多样的。何况荷马史诗翻译史上还出现了著名的荷马翻译之争,给我们当代少数民族史诗翻译以及诗歌翻译带来了很多的启示,大大丰富了当代翻译理论研究。

如果将中国少数民族口传史诗①置身于世界文学视野中，比照世界著名史诗翻译史，将口传史诗翻译与书面史诗翻译结合起来，勾勒出世界史诗翻译总图景，无论如何既是必要的、也是非常有意义的尝试。何况完整的东西方史诗翻译比较研究至今在中国翻译史研究上是一个深有缺憾的领域。因此，研究口传史诗如何走向书面文本，经历文本化之后的史诗与口传史诗在翻译上的不同侧重点以及口头文学将来翻译的可行途径就成为当前史诗翻译研究的重点之一。需要指出的是，由于本论文主题和篇幅有限，所涉及的荷马史诗只是讨论涉及史诗由口头转向书面文本的文本化过程以及史诗在世界范围内译介和传播问题，其他与少数民族口传史诗口头传承与文本翻译等有关的话题，迫切需要翻译界有识之士通力合作，继续深入展开讨论。

参考文献

[1] 程志敏. 荷马史诗导读[M]. 上海：华东师范大学出版社，2007.

[2] [英] 芬利（Finley M. I.）. 希腊的遗产[M]. 张强，译. 上海：上海人民出版社，2004.

[3] [匈]纳吉（Nagy，G.）. 荷马诸问题[M]. 巴莫曲布嫫，译. 桂林：广西师范大学出版社，2008.

[4] 谭载喜. 西方翻译简史：增订版[M]. 北京：商务印书馆，2004.

[5] George Steiner. Homer in English translation [M]//*The Cambridge Companion to Homer*. Cambridge University Press，2004.

[6] Kostas Myrsiades. *Approaches to Teaching Homer's Iliad and Odyssey*[M]. New York：The Modern Language Association of American，1987.

[7] 罗念生. 罗念生全集：第五卷[M]. 上海：上海人民出版社，2007.

[8] [古希腊]荷马. 奥德赛[M]. 陈中梅，译. 南京：译林出版社，2003.

① 如中国三大少数民族活动形态史诗藏族史诗《格萨尔》、蒙古史诗《江格尔》、柯尔克孜族族史《玛纳斯》。

《格萨尔》史诗在早期英语世界的面貌[①]

——《格斯尔汗：西藏的传说》译本分析

弋睿仙，郑敏芳

摘　要　1927年艾达·泽特林(Ida Zeitlin)的《格斯尔汗：西藏的传说》是《格萨尔》史诗早期重要英译本，文章通过分析该译本的起源、价值及翻译特色来解析史诗在早期英语世界中的面貌，分析了史诗书面传承的包容性及其与翻译的关系，以及史诗英译中存在的“译创”现象，并发现“译创”本的显著特点就是“去史诗化”，而“去史诗化”对史诗外译具有重要意义，可为少数民族史诗的外译与传播提供借鉴。

关键词　《格萨尔》；《格斯尔汗：西藏的传说》；包容性；译创；去史诗化

Abstract　*GESSAR-KHAN：A LEGEND OF TIBET* (1927) told by Ida Zeitlin is one of the most important early versions in English world. Based on the analysis of its origin, value, contents, structure and characteristics of translation, this paper endeavors to explore how the English world interprets the great epic. It analyses the acceptance or interaction of different written versions of the epic as well as the relationship between acceptance of versions and translation. It also analyses the phenomenon of composition in translation with disepicization as its prominent feature, and holds that composition in translation and disepicization are of great significance in translating the epic *Gesar*, which benefits the translation of the epics of minorities in China.

Key words　*GESSAR*；*GESSAR-KHAN：A LEGEND OF TIBET*；acceptance；composition in translation；disepicization

基金项目：西藏自治区高校人文社科项目“格萨尔王史诗早期英译本研究”(sk2015-51)。

作者简介：弋睿仙(1981—　)，女，陕西户县人，西藏民族大学副教授；郑敏芳(1978—　)，女，陕西白水人，西藏民族大学副教授。

一、引言

《格萨尔》史诗是世界上迄今发现的演唱篇幅最长的活形态史诗，代表着古代藏族文化的最高成就，也是一部形象的古代藏族百科全书。自19世纪以来，这部史诗的流传日趋广泛，在国际上享有崇高的声誉，出现了俄、法、德、英等多种外语译本，并形成了格萨尔学。目前的格萨尔学研究呈现出多学科异彩纷呈的特点，包括史诗基本理论的研究、史学研究、语言学研究、艺术研究、宗教研究、民族学研究、民俗学研究、艺人研究及比较研究等，并且成果颇丰，但对于《格萨尔》史诗的翻译研究却极为薄弱，尤其是外译研究(主要是英译)。

① 原文发表于《燕山大学学报(哲学社会科学版)》2018年第1期。

其实,《格萨尔》史诗的外译对西藏文化对外传播意义重大,理应成为格萨尔学的组成部分。但从翻译学的角度去研究这部史诗的英译与传播却未得到重视,国内仅有零星几篇探讨《格萨尔》英译的学术论文。王治国、梁艳君、王景迁、拉姆卓嘎、高慧、臧学运、杨艳华等专家学者要么从民族志诗学角度对史诗展开翻译研究,要么从文化、语境与翻译的关系入手,讨论史诗翻译的困境、策略和方法,对文化负载词的英译进行研究,并从语言的正负偏离现象对王国振的英译本进行了考量。以上研究虽然为《格萨尔》史诗的英译研究奠定了基础,但是关于域外译本解析的研究成果颇少,域外视野中《格萨尔》史诗的面貌研究则更少。本文通过解析 1927 年由艾达·泽特林(Ida Zeitlin)翻译的《格萨尔》史诗早期英译本《格斯尔汗:西藏的传说》(*GESSAR-KHAN:A LEGEND OF TIBET*)来展示早期西方视野中的《格萨尔》史诗的面貌,为发掘早期西方世界解读西藏文化的方式奠定基础,有利于探索 21 世纪西藏文化典籍的外译。

有关艾达·泽特林的资料并不多,仅有少量信息散见于互联网,显然这位译者鲜为人知。国外网络科幻小说资料库(全称为 Internet Speculative Fiction Database,网址为 http://www.isfdb.org/wiki/index.php/Main_Page)主要提供包括科幻小说、幻想小说及恐怖小说等作品的书目信息,可用目录检索作者、作品、出版商、获奖等信息。根据该资料库提供的信息,艾达·泽特林 1902 年生于纽约,长于写作与翻译。20 世纪 20 年代,她与西奥多尔·纳杰延(TheodoreNadejen)在洛杉矶结婚。西奥多尔·纳杰延,1889 年生于俄国,1917 年到达纽约,主要从事舞台设计,业余时间进行绘画创作。两人密切合作,泽特林负责翻译,纳杰延负责绘制书中插图。他们早期主要译作有:1926 年由纽约乔治多兰出版社(George H. Doran Company)出版的《斯卡兹金:俄国传奇故事》(*Skazki: Tales and Legends of Old Russia*),还有 1927 年由该社出版的《格斯尔汗:西藏的传说》(*GESSAR-KHAN:A LEGEND OF TIBET*)。其中,《格斯尔汗:西藏的传说》由朝圣者出版社(The Pilgrim Press)2004 年再版。《斯卡兹金:俄国传奇故事》和《格斯尔汗:西藏的传说》两译本在排版、印刷、制作方面非常相似,可以归为一个系列故事集,至于该系列是否还包含其他书目,目前不得而知。此外,1947 年由美国查尔斯·斯克里布纳父子出版公司(Charles Scribner's Sons)出版艾丽丝·戴尔格莱斯(Alice Dalgliesh)编写的少儿读物《魔法书》(*The Enchanted Book*)中收录了艾达·泽特林的一则故事"沉睡的沙俄公主与七个巨人"(The Sleeping Tsarevna and the Seven Giants),1975 年由纽约双日出版社(Doubleday)出版,芙蕾雅·利特代尔(Freya Littledale)编写的少儿读物《各国奇怪故事集》(*Strange Tales From Many Lands*)中收录了泽特林的另一则故事"金鸡"(The Golden Cockerel)。目前所知的这些译作和作品反映出艾达·泽特林在写作与翻译中的兴趣和偏好,即对来自不同国家和地区的故事的喜爱,但其《格斯尔汗:西藏的传说》对于国内格萨尔学研究却是有所助益,该版本的价值还有待挖掘。

二、1927 年英译本的起源及价值

1927 年,纽约乔治多兰出版社出版了艾达·泽特林翻译的《格斯尔汗:西藏的传说》。译者在序言(Foreword)中明确了该译本的起源,指出该译本基本上是以俄国学者雅科夫·

施密特(I. J. Schmidt)1839年所译德文本《功勋卓绝的圣者格斯尔王》(*Die Thaten Bogda Gesser chan's*)为原本，并借鉴了本杰明·伯格曼(Benjamin Bergmann)的《少年格斯尔》(*Little Gesser*)(序言中提到该本译自卡尔梅克人的口传本《格萨尔》)。1839年的德译本是以1716年(清康熙五十五年)在北京刻印的蒙文本《格萨尔》为原本的。前言中还提到史诗的起源，译者明确表明施密特倾向于认为《格萨尔》史诗是藏族史诗，而非蒙古族史诗，这对当时界定史诗起源有一定作用。[1]但是，要研究该译本的价值则需从《格萨尔》的外译开始。

《格萨尔》何时被译为其他文字的？关于这一点，《格萨尔》研究学者扎西东珠研究员在其《〈格萨尔〉文学翻译论》中提到，学界有两种看法：一些学者认为1716年的"北京木刻版"《格萨尔》蒙文本之后，外国学者才有机会接触到这部史诗，另有学者认为《格萨尔》史诗最早在1590年被译为蒙文，但不可否认的是：自从有了蒙文本，国外读者和探险家才开始认识《格萨尔》史诗。[2]随后，俄国旅行家帕拉斯(P. S. Pallas)1776年在其著作中对这部史诗作了简要的介绍和评述；俄国学者雅科夫·施密特1839年出版了德文本《功勋卓绝的圣者格斯尔王》(*Die Thaten Bogda Gesser chan's*)，该德文版正是根据1716年的"北京木刻版"蒙文本译成德语的。中国典籍翻译研究学者王宏印教授和王治国博士对《格萨尔》的跨界旅行与异域传播(外译和英译)进行过深入的研究，他们认为该德文本"现已成为极为罕见的善本之一，是《格萨尔》在西方最早出现的译本"[3]。由此可见，施密特的德文本在国际《格萨尔》研究中的重要地位，但德语的使用范围远不及英语广泛，而且目前《格萨尔》在域外传播中产生了多个有影响力的英译本，那么史诗英译本最早产生于何时呢？

《格萨尔》史诗英译本的产生可追溯至20世纪初期。1905年，德国摩拉维亚传教士弗兰克(A. H. Francke)在印度出版了《下拉达克本格萨尔王传》(*A Lower Ladakhi Version of the Kesar Saga*)，虽然该版本正文为藏文，但是附有英文摘要、词汇和注释，因此成为20世纪初国际"格学"界研究的重要版本之一。[4]97,255著名法国女学者亚历山大·达维·尼尔(Alexandra David-Neel)和永登喇嘛(Yongden Lama)合作，根据"她在我国康区从说唱艺人那里记录下来的口述本、并参照她所搜集到的手抄本，整理出了《岭·格萨尔超人的一生》"[5]182，1931年以法文在巴黎出版，1933年由窝勒特·舒德尼译成英文(*The Superhuman Life of Gesar of Ling*)在伦敦出版，随后多次再版。这两个版本是国内《格萨尔》研究中经常提及的版本，但国内关于国外《格萨尔》研究的成果中几乎没有提及1927年艾达·泽特林所译的英文本。该英文本一直鲜为人知，直到王宏印教授和王治国博士在其文章中对此版本进行简要的介绍。这两位学者认为，施密特1839年出版的德文本是《格萨尔》在西方最早出现的译本[3]，那么是否可以推断1927年的英译本才是这部史诗在英语世界广泛传播的发端之作？虽然目前资料有限，尚无法查证，但艾达·泽特林的英译本具有重要的历史价值和研究价值是毋庸置疑的。在一定程度上，该英译本是德译本面世之后，激发西方世界格萨尔王史诗研究兴趣的重要译本，展示了早期英语世界中《格萨尔》史诗的面貌，也是研究这部史诗的必备译本，具有重大意义。

三、1927年英译本的翻译特色："译创"与"去史诗化"

《格萨尔》是一部活态史诗，其流传基本上经历了这样一个发展过程：口头说唱——底本——手抄本——木刻本——铅印本，一步一步从口头文学向书面文学衍变、过渡。当然，底本、抄本、刻本、铅印本产生以后，口头说唱的传承方式依然存在。[5]110《格萨尔》史诗主要有口头和书面两种传承方式，史诗在海外传播中出现了俄、德、英、法等多个外语译本，这些译本是史诗书面传承的组成部分。但是这些译本的产生与史诗传承的包容性有关，由此对史诗的翻译也产生了影响。

1. 史诗传承的包容性及其与翻译的关系

在《格萨尔》史诗的流传过程中，出现了藏、蒙、土、汉、英、俄、德、法等多种语言传承的现象，出现了多种不同底本、抄本、刻本、铅印本等版本。这些本子数量庞大，内容上相互交错、相互补充、相互借鉴，形成了历史悠久，结构宏伟，内容丰富，气势磅礴，流传广泛的史诗。这种版本间的相互交错、相互借鉴、相互补充，正体现了《格萨尔》史诗书面传承的特点之一，即包容性，或接纳性。史诗传承的包容性使史诗的内涵更加丰富，传承更为广泛。

要研究《格萨尔》史诗的翻译，就不能忽视史诗传承的包容性特点。以 1927 年英译本《格斯尔汗：西藏的传说》为例，该英译本正是源自于 1839 年施密特所译的德文本《功勋卓绝的圣者格斯尔王》，虽然以此德文本为原本，但同时又借鉴了伯格曼的《少年格萨尔》（该本译自卡尔梅克人的口传本），而 1839 年的德译本是以 1716 年北京木刻蒙文本《格萨尔》为原本的。可见，1927 年英译本恰好体现了史诗在流传过程中各版本之间相互补充、相互借鉴、多语传承的特点。这一现象在史诗的外译中比较突出，比如 1961 年的法文版《岭·格萨尔超人的一生》，达维·尼尔依据自己从说唱艺人那里记录下来的口述本，并参照她搜集到的手抄本整理而成，出版了该法文本，后又出版英文本。再如，1996 年道格拉斯·潘尼克（Douglas J. Penick）在波士顿智慧出版社出版的《格萨尔王战歌》（*The Warrior Song of King Gesar*）英文本也是如此。民族典籍翻译研究学者王治国曾深入研究过该版本，他认为该版本参考了艾达·泽特林的英文版和达维·尼尔的英文版，并综合两个版本的优点，还参考了蒙古宗教和藏传佛教的一些学术著作。[6]后来，宋婷与王治国合作进一步探讨了潘尼克的这一版本，他们认为潘尼克译本的翻译倾向是适合于歌剧表演的史诗翻译，采用了歌剧化编译策略，以现代散体诗歌诠释史诗。[7]从翻译学的角度来看，诸如这样的译本可以归为译创本，或称编译本，恰好体现了《格萨尔》史诗译创的包容性特点，而“译创”或称“编译”则成为这部史诗在海外进行传播的一种翻译特色。

2. 史诗的“译创”

在《格萨尔》史诗的翻译研究当中，已有学者提出“译创”（composition in translation）这一问题。王治国在研究《格萨尔》史诗汉译的过程中，发现了格萨尔学专家的学术性译创这个问题，认为“格萨尔学界出现了吸收史诗研究成果的翻译兼创作的特殊现象，可归于编译或译创……因为它既不是严格意义上的创作（composition proper），又与传统意义上的翻译（translation proper）不同，可以说是创作与翻译的‘杂糅体’（hybrid），是介于翻译与创作之间的一种居间状态。”[8]该观点主要是基于对格萨尔学专家在史诗汉译过程中进行学术性译创这一现象提出的，虽然指明了这种“译创”现象的本质是“翻译兼创作”，但是未将《格萨尔》外译中类似现象纳入其中，将“译创”主体定位为“格萨尔学专家”，忽视了史诗各版本“译创”主体的多样性（有的是旅行家，有的是普通作家或文学爱好者等），只将“吸收史诗研究成果”一种方式纳入其中，忽视了史诗各语种版本之间的相互交错、相互借鉴和相互影响。那么面对《格萨尔》史诗各类版本，究竟什么是“译创”？简言之，“译创”是一种借鉴格萨尔学研究成果或史诗其他版本进行翻译兼创作而产生新的史诗版本的特殊现象。这一定义简洁明了，抓住了“译创”的本质，明确了“译创”的主要方式，至于“译创”的主体，笔者认为定义中无需进行特别说明或限定。

那么，审视1927年英译本，就会发现该译本以施密特的译本为主要原本，以伯格曼的译本为辅助原本。但是，一主一辅两个原本在翻译时如何处理，如何取舍？由于资料有限，目前尚无法得知。但可以确定的是：1927年英译本在内容上融合了两个原本，包含降生、称王、征战及结局四个部分，讲述了格斯尔汉地之旅、战胜十二头魔王和征服锡莱河三汗王三个故事；在形式上打破了史诗原有的说唱体形式，没有采用散文与韵文结合的方式，也没有单列出来的唱词，而是采用散体的故事性的叙述方式来呈现史诗，其中穿插人物之间的对话。可见，该英文版的“译创”是指以一主一辅两个版本为原本，以英语为载体在史诗的内容和形式上进行的一次创造性的重新整编。而且该英译本的封面上赫然印有“TOLD BY IDA ZEITLIN”字样(《斯卡兹金：俄国传奇故事》英文本的封面上也出现该字样)，并未使用“Translated by”的字样，一定程度上也说明了泽特林本人对该书的态度，印证了“译创”一说。1927年英译本是《格萨尔》史诗“译创”的一个代表，是史诗在海外进行传播的一种独特方式，体现了史诗外译的一大翻译特色。

3. “去史诗化”

《格萨尔》史诗虽起源于青藏高原，但其历史悠久、规模宏大、内容丰富、独具特色使其在大半个中国长久流传，并吸引了许多海外学者的关注，为世界人民所喜爱。但在史诗的英译过程中，目前中国本土出版的译本只有一本，其余译本都是国外出版的，而且海外译本的译者基本都是外国人，有旅行家、传教士、作家、藏学家及汉学家等，但是由于语言、文化、读者、社会、出版等多种因素的影响，大多数的海外英译本或多或少都存在“译创”这种现象。“译创”本的显著特点就是“去史诗化”，那么什么是“去史诗化”？笔者认为，在《格萨尔》史诗翻译中，以史诗内容为原型，采用史诗这种庄严文学体裁之外的其他体裁进行“译创”的方式称为“去史诗化”。

从本质上来讲，“去史诗化”的内涵包括两点：一是内容上符合《格萨尔》史诗的基本面貌，即主人公格萨尔的降生、称王、征战和结局这一主线保持不变，但具体情节可以融合史诗多个版本或多个艺人的底本以及格萨尔学的研究成果，这恰好体现了活态史诗内涵的丰富性和开放性，也是史诗生命力延续和拓展不可或缺的。比如，北京本中提到和神子同胎出现的神物是凤头婴、蛇身婴和白脸婴，1927年英译本中提到和格萨尔同胎出生的是三个漂亮的女孩，凤头婴、蛇身婴在英美人看来显然是怪物，漂亮的女孩作为英雄格萨尔的同胞似乎更容易为英美读者接受。再如，北京本中格萨尔去契丹国之前将阿尔伦·高娃藏匿在一个遥远僻静的幽静之地，而1927年译本中格萨尔将阿拉尔格安置在离西藏不远的“乐风山谷”。可见两个人物隐藏的地方虽然都比较僻静，但一个有地名，一个无地名，而且“乐风山谷”这一地名更能激发读者的想象力。虽然1927年英译本在细节方面存在变化，有可能是因为参照了两个原本，而且主要原本还经历了“转译”，也可能是因为泽特林本人考虑英语读者的思维方式、审美观念及阅读习惯等而刻意为之，还可能是两个原因皆有，但客观上这种“译创”体现了译者对史诗原有的神圣性和庄严性的淡化处理，史诗原作已成为提供格斯尔英雄事迹的一个素材，因此1927年英译本实际上是一本经过加工之后的讲述异域英雄事迹的故事书。

“去史诗化”内涵的第二点是形式上可以为了达到某种交流目的或考虑目的语读者的阅读习惯等，采取灵活多样的处理方式，将史诗“创译”为传记、小说、戏剧、歌剧等，并非一律要采用史诗这种庄严文学体裁。1927年的英译本未采用史诗这种庄严的文学体裁来呈现《格萨尔》史诗的面貌，史诗原有的“散韵结合”的体例在译本中不复存在，取而代之的是故事性的叙述，即采用散文体。《格萨尔》史诗由散文部分和韵文部分组成：散文部分采用叙述性语言，叙述事情的经过和由来，是艺人说的部分；韵文部分，即诗歌部分，也称为格萨尔歌诗，是艺人进入角色进行演唱的部分。该英译本共203页，全书从头至尾没有出现一处唱词，整个版本对史诗的唱词进行了删除或将其改写为对话或叙述性文字，而北京本多处出现诗歌部分。若抛开内容，读者几乎看不到该译本讲述的是一部来自东方的伟大史诗。此外，1927年英译本并未采用像北京本那样七章本的体例，而是按照故事情节的需要改为了九章。从目录中可以看到，每一章都采用长标题，字数在23-31个之间，将本章内容概括地较为完整。但是在正文部分，该译本又在每一章长标题之前单列一页，该页上均出现简洁的短标题，字数在3～7个之间，高度概括了本章内容。正文中长短标题同时使用，便于读者了解该章的情节要点，易于读者阅读，增强了该英译本的可读性。1927年英译本在形式方面的这一变化增强了译本的故事性，加之语言简洁、印刷精致、图文并茂，最终呈现给英语世界的仅是一个神奇的东方神话故事。该译本以“去史诗化”的方式进行大胆地“译创”，产生了新的史诗译本，进一步丰富了史诗的内涵，凸显了史诗传承的包容性特点，有利于史诗走入域外普通读者的视野中，对于史诗在英语世界的传播起着积极的作用。

四、结语

《格萨尔》史诗历史悠久、流传广泛、内容丰富、气势磅礴，饮誉中外，吸引了国内外众多学者。1927年艾达·泽特林的《格斯尔汗：西藏的传说》英译本虽为“译创”本，其“译创”特点为“去史诗化”，在内容与形式上发生了变化，易于阅读，符合英美读者的文化心态、审美观念和阅读习惯，对史诗在英语世界乃至西方世界的传播有重要意义。该译本为国内学者和读者呈现出了《格萨尔》史诗在早期西方世界中的面貌，有利于了解西方对史诗的解读和诠释，具有研究价值。该译本在体现史诗传承的包容性特点的同时，以异域视野丰富了史诗，并促进了史诗在海外的传播，为我们研究这部史诗提供了新的视角。其“去史诗化”的翻译特色体现了史诗外译的一种处理方式，为少数民族典籍“走出去”提供了借鉴。但是，从翻译角度对《格萨尔》史诗诸多外语“译创”本的研究还不够深入，需要更多学者的关注。

参考文献

[1] Ida Zeitlin. *GESSAR KHAN：A LEGEND OF TIBET* [M]. New York：GeorgeH. Doran Company，1927.

[2] 扎西东珠，何罗哲.《格萨尔》文学翻译论[M].北京：人民出版社，2012:446.

[3] 王宏印，王治国.集体记忆的千年传唱：藏蒙史诗《格萨尔》的翻译与传播研究[J].中国翻译，2011(2):18.

[4] 徐国琼.徐国琼学术文选：《格萨尔》史诗求索[M].昆明：云南人民出版社，2015.

[5] 杨恩红.中国少数民族英雄史诗《格萨尔》[M].杭州：浙江教育出版社，1994.

[6] 王治国.海外汉学视域下的《格萨尔》史诗翻译[J].山东外语教学，2012(3):26.

[7] 宋婷，王治国.《格萨尔》史诗在北美的跨界传播：以 Douglas Penick 英译本为例[J].西北民族大学学报(哲学社会科学版)，2015(6):167.

[8] 王治国.《格萨尔》史诗民译与汉译述要[J].民族翻译，2011(4):37.

科技典籍翻译研究

关于近 20 年中国科技典籍译介研究的几点思考[①]

——传播学的理论视角

刘迎春,王海燕

摘　要　近年来,国内翻译学者的中国科技典籍译介研究取得了一定的进展,但仍有一些问题值得进一步关注。文章从传播学理论视角出发,分析科技典籍译介研究中存在的内容选择不平衡,研究方法缺乏多样性等问题,并针对今后开展科技典籍译介研究提出几点建议,如加强科技典籍原作和译介价值研究、完善理论研究体系、建立有效研究机制以及加强成果出版和国际传播等。希望此研究能够对中国传统文化"走出去"和中国文化软实力建设提供一定的借鉴。

关键词　科技典籍;译介;传播学

Abstract　Chinese translation scholars have been productive to a certain extent in the study of translation and globalization of Chinese classics on science and technology in recent years, but some problems still remain further concern. This paper, based on communication theory, first points out problems in this domain such as imbalance of text choices and ill－diversification of research methodologies, and then proposes some feasible solutions therein: due attention is to give to the study of the values of the source texts and the target texts, to the improvement of the theoretical framework for research, to the effective mechanism of academic collaborations, and the publishing and globalization of the translated Chinese classics on science and technology. It is hoped that this study can facilitate the globalization of the Chinese traditional culture, and the strengthening of the soft power of Chinese culture in the global community.

Key words　Chinese classics on science and technology; translation and globalization; theory of communication

基金项目:国家社科基金项目"中国古代自然科学类典籍翻译研究"(14BYY030)和大连海事大学"十三五"重点科研课题"海洋历史文化与战略研究"的阶段性成果。

作者简介:刘迎春(1963—　),男,满族,辽宁葫芦岛人,大连海事大学外国语学院教授,文学博士(典籍英译方向),中国英汉语比较研究会典籍英译专业委员会副秘书长,中国译协对外话语体系研究委员会委员,世界翻译教育联盟翻译学科(专业)大数据课程资源建设专家委员会专家(海事翻译方向)。研究领域为翻译理论与实践、典籍翻译、应用翻译等;王海燕(1964—　),女,满族,辽宁丹东人,大连海事大学外国语学院教授,文学硕士。研究领域为典籍翻译、应用翻译等。

一、引言

中华文明源远流长,科技典籍是中国浩如烟海的文化典籍的重要组成部分。自 1997 年

① 原文发表于《燕山大学学报(哲学社会科学版)》2017 年第 6 期。

赵庆芝介绍了李熙谋和李乔苹翻译《天工开物》的事迹及在台湾的出版，中国科技典籍译介研究至今已有20年的历史。[1] 2016、2017年，刘性峰和王宏[2]、许明武和王烟朦[3][1]、殷丽[4-5]、李伟荣[6-7]以及钱蓉[8]等撰文比较系统地论述中国科技典籍的译介研究。此外，其他学者论述典籍英译(翻译、外译)时也论及科技典籍的译介(即翻译与传播)。近年来，中国科技典籍译介研究取得了一定的进展，但是仍有一些问题值得深入探讨。本文以近20年国内公开发表的研究成果为考察对象，从传播学的理论视角，剖析中国科技典籍的译介研究现状，发现存在的问题并探讨解决方案。

张西平指出，增强国家文化软实力，提升中华文化国际影响力，推动中国文化"走出去"，已经成为新时期中国文化建设的国家战略。文化在综合国力竞争中的地位和作用更加凸显，维护国家文化安全的任务更加艰巨，增强国家文化软实力、提升中国文化国际影响力的要求更加紧迫。[9-10]中国古代领先于世界的先进科技成就，是中国优秀传统文化的重要组成部分。科技典籍译介研究理应成为我国典籍翻译研究的重要内容。

译介学认为通过翻译促使中国文化"走出去"不是简单的文字翻译而是译介，译即翻译，介的重要内容是传播，翻译文本的产生只是传播的开始，在它之前还有选择译什么的问题，在它之后还有"交流、影响、接受、传播等问题"。[11]1鲍晓英将传播学学者拉斯韦尔传播过程模式应用于中国文化对外译介，提出了包含"译介主体""译介内容""译介途径""译介受众""译介效果"五大要素的译介模式，[12]并进一步指出，译介作品若到达不了译介受众为其接收并产生影响，译介行为就失去了意义，对译介主体、内容、途径、受众的研究归根到底是为了提高译介效果，译介效果是检验翻译活动成败的重要尺度。[13]鲍晓英的研究视角对我们开展科技典籍的译介研究具有重要的借鉴价值。

我们认为，科技典籍译介研究应该由翻译和传播两个同等重要的方面构成，两个方面应该同时予以关注。本文以传播学为理论依据，重新审视科技典籍译介研究的定义，为当前"中国科技典籍英译(翻译、外译)研究"名称正名为"中国科技典籍译介研究"。然后从译介主体(谁来译)、译介内容(译什么，包括对原作者、作品以及翻译策略的选择)、译介途径(怎么传播，包括出版发行、宣传、推介)、译介受众(译给谁，即目的语读者)和译介效果(接受情况)等五个方面，全面剖析科技典籍译介研究现状，揭示当前研究中存在的问题，并提出对策建议。

1997至2017年的20年间，国内公开发表的研究成果(包括期刊论文、会议论文、硕博论文)以及2002至2015年之间发表在中国英汉语比较研究会典籍英译专业委员会主办的全国典籍英译学术研讨会专题论文集(第一辑到第七辑)上的学术论文，能够比较全面地反映国内学者对中国科技典籍译介研究的全貌，也能够充分代表该领域的国内研究水平。因此，本研究将以上述文献为研究语料来源，从传播学的理论视角，采用文献计量学的定量分析法以及定性分析法，对近20年来国内科技典籍译介研究状况进行批评性回顾。

二、近20年中国科技典籍译介研究述评：传播学的理论视角

开展好科技典籍译介研究，首先应该做到概念清晰、视角新颖、论述全面、研究透彻，这样才能够确保研究结论具有可信度，并拥有学术创新价值。笔者通过考察近20年国内科技

典籍译介研究文献，从传播学的理论视角审视科技典籍的界定，科技典籍译介研究的“名”与“实”，对科技典籍译介研究进行定量分析与定性分析，最后提出改进的对策建议。

1. 关于科技典籍及其译介的界定

通过研究公开发表的论文、出版的著作和教材中关于科技典籍的定义，笔者发现，华觉明(1998)在国内对中国科技典籍给出较早的、较明确的界定，提出“中国科技典籍是指所有中国古代有关科学技术的文献，包括古籍、档案、簿册、书简、碑刻、甲骨和金文。”[1] 2009年2月，汪榕培和王宏在《中国典籍英译》教材中也给出了定义：“典籍”似界定为“中国清代末年1911年以前的重要文献和书籍。”重要文献和书籍是指中国的社会科学、自然科学等各个领域的典籍作品。[14]这些学者直接或者间接的定义，都为后来的学者重新定义科技典籍奠定了良好的基础。截止到2017年，国内学者刘性峰和许明武等对“科技典籍”的定义进行了完善。刘性峰和王宏将中国科技典籍定义为：“五四”以前创作的除文学、艺术、历史、哲学等以外的其他典籍作品，内容涵盖天文、地理、医药、农学、数学、化学、物理、工程、军事、手工制造、造纸、丝织、水利、建筑等；并指出科技典籍还应该包括中国少数民族的古代科技作品。[2]许明武和王烟朦的定义是：1840年以前由域内人士直接撰写的以科学技术为主要内容的重要文献，载体形式多样，涵盖数学、天文、物理、化学、地学、生物、农学、医学、技术和综合十大类。[1]刘性峰和许明武等对科技典籍的重新定义除了对科技典籍的下限时间存在分歧，对科技典籍的各个子类的学科门类划分是大体一致的。两个新的定义形成互补，将科技典籍应该涵盖的范围、学科门类、存在形式等做了比较全面的界定，为我们全面、系统地开展科技典籍译介研究奠定了良好的基础。基于上述定义，笔者拟将中国科技典籍重新定义为：“五四”运动以前由域内人士撰写的，记录中国古代各民族科学技术成就的重要文献；形式包括古籍、档案、簿册、书简、碑刻、甲骨和金文等；内容涵盖天文、地理、医学、药学、生物、农学、数学、物理、化学、工程、军事、工业和手工业、造船、造纸、纺织、水利、建筑等各类典籍作品。

目前，国内学者对科技典籍的翻译和对外传播研究越来越重视了，研究领域越来越广，研究成果逐渐增多，研究水平也逐年提高。但多年来，对于科技典籍的翻译和对外传播，一直存在不同的名称，而不同的名称蕴涵意义不同。“科技典籍英译研究”涉及的译入语仅为英语，没有涵盖国内学者将科技典籍译入其他语种所进行的研究以及取得的研究成果。“科技典籍翻译(外译)研究”虽然涉及的译入语不限于英语，但该命名可能会存在“重译轻介”、“译”多“介”少的问题。为了规范名称，使科技典籍译介研究“名正言顺”，我们建议将科技典籍英译(翻译、外译)研究统一修订为“科技典籍译介研究”，来完整、准确表达该领域研究的完整内涵。准确的命名是开展科技典籍译介研究的基础；命名的规范化能够避免该领域的研究出现研究内容不全、环节缺失、或者研究方法失当等方面的问题。

2. 科技典籍译介研究的定量分析

许明武和王烟朦以“科技典籍”和10类科技典籍名称、“英译”和69部科技典籍名称为关键词，通过CNKI和万方数据库，统计出1997年到2016年4月发表的有关科技典籍英译研究的期刊论文、会议论文和硕博论文共321篇。[1]为了本研究的需要，笔者以同样方法对2016年5月至2017年9月发表的有关科技典籍翻译研究进行补充检索。同时，将2002至

2015年之间发表在全国典籍英译(翻译)学术研讨会专题论文集(第一辑到第七辑)上的科技典籍翻译研究论文进行统计，累计获得近20年国内学者发表的医学、数学、农学、地学、化学、综合(《梦溪笔谈》和《天工开物》)和其他(未归入前6类的)共7大类科技典籍译介研究论文共计403篇。笔者从译介主体、译介内容、译介受众、译介途径、译介效果五个研究视角，考察了单类科技典籍译介研究论文总量和单类科技典籍译介研究论文不同研究视角的总占比，以期发现一些规律。具体统计数据见表1：

表1 单类科技典籍译介研究论文总量和

单类科技典籍译介研究论文不同研究视角总占比统计表

视角 / 篇数 / 分类	译介主体	译介内容	译介途径	译介受众	译介效果	总篇数
医学	12	237	5	2	6	262
农学	5	86	3	0	4	98
地学	3	22	0	0	0	25
数学	2	3	0	0	0	5
综合	1	4	0	0	0	5
其他	0	1	2	0	1	4
化学	0	2	0	0	2	4
总数	23	355	10	2	13	403
占比(%)	5.7	88	2.5	0.5	3.2	100

表1数据显示，近20年的科技典籍译介研究论文中，医学类研究论文最多，共262篇，占论文总数的65%；农学类论文位居第二，共98篇，占论文总数的24.3%；以下依次为地学类25篇，占6.2%；数学类5篇；占1.2%；综合类5篇，占1.2%；其他类4篇，占1%；化学类4篇，占1%。统计数据所揭示的近20年科技典籍译介研究总特征是：在五个研究视角中，译介内容方面的论文数量最大，共355篇，研究最活跃，占整个科技典籍译介研究论文总量的88%。其中，医学类研究的文献最多、角度最全，但最集中的研究话题还是译介内容，共237篇。可见，医学类在译介内容方面的研究已经相对成熟，农学类的研究仅次于医学。但地学、数学和综合类在译介途径、译介受众以及译介效果等方面的研究尚未开展。而化学类典籍仅仅开展了译介内容、译介效果两个方面的少量研究；数学、综合、其他和化学四个大类的研究文章合计起来仅有18篇，在整体性的科技典籍译介研究中占比很小，仍有很大的研究空间。表1的统计数据说明，科技典籍译介研究在译介内容选择上存在严重的不均衡现象，太过集中于医学类典籍的译介研究；在译介主体、译介途径、译介受众和译介效果研究方面都需要加强，尤其需要填补地学、数学和综合类在译介途径、译介受众和译介效果研究方面的空白。

3. 已有科技典籍译介研究的定性分析

为了比较清晰地梳理近些年来国内科技典籍译介研究的整体状况，下面笔者基于传播学理论，回顾了近年来国内学者如何从译介主体、译介内容、译介受众、译介途径、译介效果等五个方面对科技典籍译介开展的研究，梳理了取得的成绩和存在的不足。

在国内学者中，较早从传播学视角论述典籍翻译的有王义静、王宏等。早在2005年，王义静评述第三届全国典籍英译研讨会时指出："典籍英译应形成一个理论体系，建立一个多元化的研究模式……在宏观层面上探讨理论问题，寻找多学科的理论支撑——语言学、文学、美学、认知科学、传播学和符号学……典籍英译的研究模式应该是多元化的。"[15]王宏最早提出将传播学运用于典籍翻译研究，并提出借鉴西方诸多现成的译学理论对典籍英译展开多角度、全方位的研究。我们完全可以运用跨文化交际理论和大众传播学理论对中国古代典籍作品中文化图式的可译性展开研究，探讨文化学派提出的翻译理论对典籍英译的指导意义。[16]汤金霞和梅阳春以《蚕书》翻译为个案研究，在论及科技典籍翻译策略制约因素时探讨了译文的目标读者问题（即译介受众），将其分为专家读者和普通读者两类，并提出了不同的翻译策略（即译介内容）。[17]许明武和王烟朦2017年相继发表两篇文章对科技典籍英译进行理论研究，论述了翻译选材（即译介内容）、合作模式（即译介主体）、翻译效果（即译介效果）等3个方面的内容。[2][1]

李伟荣论及了科技典籍《孙子兵法》国人译本接受效果不佳（即译介效果）、科技典籍受到忽略、合作出版处于初级阶段等不足。并提出优化翻译出版的内容结构（即译介内容），加强与国际知名出版商、知名汉学家合作出版（即译介主体和译介途径），确定合适的翻译方法，即中国典籍的翻译和出版，应该提倡"顺译"，即由母语译者将作品从外语翻译为母语，而非相反（即译介内容）。考虑到读者的阅读习惯，"归化"翻译取得的效果更好，以及加强自身国际化建设，打造多渠道、多平台的典籍出版走出去模式。建议利用好海外文化中心、孔子学院等机构作为海外营销中心，借助"互联网＋电子商务销售平台，推动中国典籍更多地进入国际市场（即译介途径）。"[6]李伟荣的研究论述了科技典籍译介主体、译介内容、译介受众、译介效果、译介途径等问题，特别是谈到了通过国际书展推介中国文化典籍，有新意。在另一篇文章中，李伟荣结合李约瑟《中国科学技术史》的英文写作与海外出版，论述了译介目标读者的准确定位（即译介受众）有利于海外推广（即译介效果），中外学者、译者团队合作的译作质量高、可读性强，更能增加译作的可接受性（即译介主体和译介效果），出版发行途径选择恰当有利于译作进入海外图书流通市场（即译介途径），[7]为中国科技典籍的译介研究和实践提供了很好的借鉴，也有利于中国古代科技文明的对外传播和国际文化交流。

殷丽以美国两家学术出版社对《黄帝内经》的出版为例，对国外出版社在我国科技类典籍海外传播中所发挥的作用进行分析，指出具备品牌价值的知名学术出版社出版的中国科技典籍，更容易获得海外相关领域的权威期刊和异域同行专家学者的评价，更容易被海外图书馆购买收藏，并成为影响普通读者对我国科技类典籍进行选择和阅读的重要影响因素。[4]在另一篇文章中，殷丽通过调查《大中华文库》和《企鹅经典》系列丛书的《孙子兵法》《道德经》等八部中国经典在美国亚马逊网站获得的读者书评，分析了影响国外读者阅读我国经典丛书的译文可读性、价格、封面设计和出版社影响力等四个因素,并据此提出了中外合作翻译(即译介主体)、提高译文可读性,多版本并推、合理定价以满足不同读者阅读需求(即译介受众),保持东方文化特色、优化图书装帧设计、与海外出版社合作(即译介途径),提升中国经典海外影响力等四个对策建议,提高中国经典对外出版传播的效果[5]。殷丽所探讨的提升中国科技典籍海外传播效果的"借船出海"的具体路径(即译介途径和译介效果研究)以及她所开展的实证研究,是对国内许多学者所倡导的中外合作海外出版中国科技典籍理论观点的具体化,具有很强的可操作性,对于科技典籍译介研究具有很大的启发作用,值得借鉴。

另外值得一提的是,近年来国内学者对典籍翻译或者译介研究开展了大量扎实有效的研究,取得了丰硕的研究成果。笔者认为,他们的研究虽然指向典籍翻译或译介的整体,而非针对科技典籍的译介,但对科技典籍的译介研究都具有直接或间接的启示作用,因为从译介学和传播学理论进行考量,科技典籍与其他类型典籍的译介研究是具有共性的,都应该包含"译"和"介"两个环节,都要研究译介主体、译介内容、译介受众、译介途径和译介效果。他山之石可以攻玉,国内学者关于中国文学或文化"走出去"研究所取得的成果可以直接借鉴、移植到科技典籍译介研究中来。代表性研究者有胡安江、罗选民、林戊荪、鲍晓英和王宏印。

胡安江认为,汉学家译者(即译介主体)应该是中国文学"走出去"的理想翻译团体,应该采用保证译作"准确性""可读性"与"可接受性"的归化式译法(即译介内容)。[18]罗选民从多个视角开展中国文化典籍的翻译研究,建议充分考虑与西方汉学家合作,由中国专家译初稿,外国专家润色,共同定稿;还可以像引进外资一样,吸引西方学者加入到我们的典籍翻译伟业中来(即译介主体),以便让中国的典籍翻译更加顺利地融入西方的学术和文化市场,保证译本的准确性和可读性,得到海外受众的广泛接受(即译介效果)。典籍翻译选材(译介内容)应该遵循的原则包括普遍性、契合点、现实性和覆盖面,等等。[19]所谓的普遍性、契合点即是具有普世价值的、我们自己喜欢也为外国人推崇的作品,谈的就是译介内容的选择。科技典籍译介研究应该提高译介内容的完整性,对那些具有普世价值的、尚未纳入研究的科技典籍进行研究与译介。例如,应该加强对宋代李诫著的古代建筑典籍《营造法式》等科技典籍的译介研究。罗选民还进一步指出,将中国文化典籍译介给西方读者,就要让译作顺畅地抵达彼岸,让西方读者真正品尝和欣赏中国文化和思想的精髓(即译介受众)。典籍翻译要"借船出海"。国家文化事业单位、出版社与国外文化事业单位、或出版社联合出版中国典籍作品,可以把专家请进来,在中国完成,在中国出版;或把经费拨出去,在国外出版机构出书并发行(即译介途径)。应该通过调查和考证典籍在国外的发行销量、图书馆的借阅流通量、西方学者的参考和引用、译著的再版和修订,对典籍在西方的接受状况进行客观的评价,更好地引导对外文化传播(即译介效果)。[19]我们从传播学的理论视角看,罗选民中国典籍翻译研究的理论思考完全适用于科技典籍的译介研究。关于谁来翻译(即译介主体)典籍的问题,林戊荪认为,由中国人做典籍翻译,从母语到非母语,属于"逆向翻译",一般是不提倡的。[20]

鲍晓英论述中国文学"走出去"、中国文化"走出去"的时候曾指出,国内出版社可以采取联合出版、版权转让等形式与国外出版社合作。另一个途径是有条件的话到国外办出版社,把我们的出版社办成外国当地的出版公司,这样出版物就进入了外国的市场系统(即译介途径)。[12]她还以莫言英译作品译介效果研究为切入点,论述了影响译介效果的译介主体、内容、途径和受众四个方面。[13]鲍晓英从译介学和传播学的理论视角对于文学作品的译介研究对科技典籍译介研究具有直接的借鉴价值。

王宏印对中国文化典籍翻译研究做了深入的思考,指出中国典籍翻译要想走向国际市场,应该树立文化产品意识、读者意识和国际市场意识。中国文化传承和传播的对象不同,传承的对象主要是本国的公民和海外的炎黄子孙,而传播的对象是外国人。要让外国人理解、接受、热爱我们的传统文化,典籍翻译过程中一定要研究读者心理,研究怎样用他们最认可的方式,提供他们最需要、当然也是我们认为最值得提供的东西。这里的文化产品意识关注了典籍作品在海外的宣传推广即译介途径;读者意识、国际市场意识(国外消费者的阅读需求,同时包括了满足不同层面阅读需求的译著版本)关注了译介受众。我们研究受众阅读需求的时候,还应该研究影响其阅读需求的受众所处的目的语文化与原语文化之间是否具有共性,即相同或趋同的普世价值,以便有针对性地选择译介的内容。译介受众是多层面的,不同的读者具有不同的阅读期待。他还指出,翻译界一直有一个约定俗成的指导性原则,那就是翻译实践一般应该从外语译入母语,而不是反其道而行之。前者属于“顺译”,后者属于“逆译”……从学术角度看,理论上来说中国典籍应该由外国人翻译,就是所谓的“顺向翻译”,或者叫做“直接翻译”。合作翻译可能是一个折中的途径,也可能是一种最佳的途径[21-22]。国内还有其他学者对科技典籍、中国文化典籍进行了译介研究,限于篇幅不再赘述。

纵观而论,近些年来国内科技典籍译介研究取得了比较显著的成绩,已经形成了一支老、中、青相结合的研究队伍;科技典籍译介的研究领域逐渐拓宽,研究视角逐渐增多;对影响科技典籍译介效果的译介主体、内容、途径和受众等四个因素的研究越来越重视了,开始从实证研究的视角开展科技典籍的译介研究。但是,目前科技典籍译介研究还应该进一步加强,例如,应该加大定量研究的力度,将定量研究与定性研究并用,只有这样,才能提高研究的信度,提高译介作品的质量,改进科技典籍的译介效果,更好地推动中国文化“走出去”。

三、科技典籍译介研究的对策建议

基于上文分析中所发现的问题,我们尝试提出几点对策建议,以便更好地开展中国科技典籍的译介研究,取得更多、更好的研究成果,促进中国古代科技文明走向世界,增强中国文化软实力。

1. 加强对科技典籍原作价值以及译介价值研究

中国传统文化中具有许多具有世界意义的核心价值,我们应该首先认真研究一下中国科技典籍作品所拥有的价值,以便优先选择具有普世价值的、目标受众欢迎的科技典籍进行译介研究和对外传播,并根据目标受众的阅读需要渐次推进中国古代科技文明走向世界。对此,霍跃红在“2015 年全国文化外宣翻译高级研修班”主旨演讲中指出:“宣传有特色的中华文化，要关注这些作品的普世价值，在不同的文化背景中找到最大公约数。"[23]夏婉璐分析林语堂《孔子的智慧》成功英译案例时指出，那些具有普世价值的命题，那些能够展现某一时代人类的生存与困惑的译作必定会跨越国界、唤起共鸣……林语堂站在普世的高度，看到儒家思想对于整个人类的指导意义。[24]

那些具有普世价值的科技典籍更容易得到目标受众的欢迎。《孙子兵法》《黄帝内经素问》《茶经》的国外译者的译本是中国科技典籍在海外传播成功的案例，一是译介主体的作用，另一个重要原因就是著作所拥有的普世价值。例如，《孙子兵法》一书虽为军事著作，但在军事、政治、商业乃至日常生活中都有很强的应用价值，著作的普世价值使之具有广泛的读者。[25]再如，英国科学家李约瑟《中国科学技术史》著作的出版成功地向世人证明，在西方的近代科学技术兴起之前，中国早有了自成体系的科学技术，对其他国家尤其是周边国家的影响巨大；也全面地向世人展示了中国古代科学技术的辉煌成就，详细阐明了它对世界文明的巨大贡献，也让世人客观地认识中国古代科技发展的世界意义。[7]科技无国界，为世界科技文明做出重要贡献的博大精深的中国古代科技，是世界科技文明史的一个重要源头，是具有普世价值的，应该成为中国文化"走出去"的重要组成部分，值得传承与弘扬。

同时，我们还应该研究中国科技典籍的译介价值。中国古代科技水平在3到13世纪之间曾一度领先于世界，对世界科技文明做出了重要的贡献。我们应该对中国古代先进的科技文化充满"文化自觉"和"文化自信"。因此，我们应该萃取中国科技典籍的精华，研究其普世价值，根据不同目标受众需要，以其容易接受的方式对具有普世价值的中国古代科技文明进行现代重构，弘扬中华优秀传统文化，并凸显科技典籍译介研究在中国文化"走出去"以及参与世界多元文化平等对话交流的时代意义和跨文化交流的学术价值。

2. 完善科技典籍译介研究的理论体系

国内学者对科技典籍译介的理论研究，从比较单一的语言学、翻译学的研究视角扩展为多学科的研究视角，取得了可喜的成绩，但我们发现理论研究还有一些需要加强的方面。我们认为，主要问题如下：目前所开展的科技典籍译介研究的类别分布不均衡，其中医学典籍的研究最多，因此需要扩大覆盖面，将有些重要的科技典籍，例如建筑类等科技典籍纳入译介研究的范围。有的科技典籍虽开展了译介研究，但研究的深度和广度还远远不够，尤其要夯实有些刚刚起步的科技典籍的译介研究。目前，中国科技典籍译介研究总体上呈现出宏观性研究少、微观性的研究多，定量研究少、定性研究多等特征，以及对译介内容研究多，对译介主体、途径、受众和译介效果的研究相对少。我们认为，主要应从两个方面加强理论研究，建构一个较为完善的科技典籍译介研究的理论体系。

第一，理论研究应该实现多元互补。多位学者多年来一直关注科技典籍译介研究，分别从不同的角度探讨了科技典籍译介的理论研究或者理论建构问题，其中最具有代表性的论述是刘性峰和王宏、许明武和王烟朦。在《中国古典科技翻译研究框架构建》一文中，刘性峰和王宏提出科技典籍译介研究应该包括理论研究、历史研究和应用研究，并指出理论研究应该运用语言学理论、文化学理论和传播学理论。[2]从许明武和王烟朦在《中国科技典籍英译研究(1997—2016)：成绩、问题与建议》一文中对科技典籍英译的八个主题进行的统计分析可以看出，他们主要关注了译介内容(译作介绍、翻译策略、译者翻译事迹)和译介效果(传播接受、审校出版)等方面的理论研究;他们通过对科技典籍英译研究理论视角进行统计分析,揭示出目前科技典籍英译研究的主要理论视角为文学、语言学、文化学、哲学、社会学等;同时指出科技典籍英译应该加强译介内容(考察文本、研究手段)、译介效果(重视海外传播接受)等方面的研究。[1]传播学也只是指导科技典籍译介研究的理论之一,我们应该注重科技典籍译介研究的理论创新,运用不同的理论,从多维的理论视角,对中国科技典籍进行译介研究。董明伟(2016)曾撰文从译介内容、研究方法和译介效果等方面论述中国典籍翻译研究,并对中国典籍的译介传播与接受影响(即译介效果)进行了专门的论述。[26]

第二,运用多样化的研究方法开展研究。我们应该多从描写性研究、跨学科研究、实证研究等研究方法着手,而不是过多地采用传统的定性研究、内省式研究为主导的研究范式,以提高科技典籍译介研究的客观性、可信度。我们应该将"规定性"与"描述性"相结合,定量分析与定性分析并用。[2]

我们应该将国内外更多的、适合的理论运用到科技典籍译介研究之中,建立一个多元化的理论研究体系,使科技典籍译介研究的理论多元互补。笔者提出的基于传播学理论的,由译介主体、内容、途径、受众和效果等五个环节组成的研究模式不失为一个比较好的科技典籍译介研究模式。

3. 加强科技典籍译介研究的联合攻关与协调创新

一个人或者一个研究机构可能在某些类型的科技典籍译介研究方面具有一定的优势,体现在人员的学术研究背景、对学术资源的占用、学科的基础等方面。为了提高中国科技典籍的译介研究水平,产出更多、更好的理论研究成果和译介实践成果,我们应该整合国(境)内外的学者、研究机构的学术资源,实现优势资源互补,联合开展科技典籍译介研究的协同创新与联合攻关。相关高校、科研院所、专业学术期刊、语言服务机构各自拥有独特的软硬件资源的优势,应该通过产学研互动的模式联合起来。例如,在科技典籍译介研究方面具有较好研究基础的苏州大学、华中科技大学、大连海事大学、南京农业大学、中国药科大学、上海师范大学、南京农业大学等高校的科技典籍翻译研究人员可以协同起来,形成一支中国科技典籍译介研究的队伍,开展科技典籍译介研究的整体规划设计,联合开展中国科技典籍各个子类的译介研究,同时开展科技典籍的翻译实践,而且还可以依托相关院校的学科点联合开展科技典籍译介人才培养。具备条件的高校可以兼顾科技典籍译介的理论研究和实践两个方面,同步开展理论研究、人才培养和译介实践。还可以依托翻译硕士专业学位研究生学位点,开展应用型、高层次的科技典籍译介人才培养试点。例如,选择学科基础好、软硬件条件皆具有优势的高校,进行"科技典籍译介精英班"试点工作,培养科技典籍译介的实践人才;先从某一类或者几类科技典籍的翻译实践着手,逐渐扩大翻译实践的种类。还可以从学科建设的高度,思考组建跨区域、跨学科、国际化的研究团队,联合申报国家级或国际合作的科研项目,协同开展科技典籍译介的课题研究。依托项目开展全面系统的科技典籍译介研究,产出科技典籍精品译介研究成果和实践成果。

近年来南开大学依托英语语言文学博士点,从事中华民族典籍的对外翻译与传播研究,取得了不小的成绩,成功地开展了西北少数民族、西南少数民族两个大的区域的多个少数民族典籍的译介研究。[22]他们开展了富有成效的理论研究,培养了一批从事民族典籍译介研究和实践的人才，我们可以借鉴南开大学成功的经验，来指导中国科技典籍译介的研究、实践以及人才培养。

4. 建立科技典籍译介研究的有效机制

科技典籍译介研究应该通过一些机制的建立，确保研究的可持续发展。笔者认为，可以从以下几个方面探讨科技典籍译介研究的有效机制的建立。成立专门的跨学科、跨地区、甚至是国际化的科技典籍译介研究协同创新研究机构。例如，2013 年 11 月，在西南民族大学成立的“中国少数民族文科翻译研究中心”和 2017 年 6 月在大连理工大学成立了“汪榕培典籍翻译思想研究中心”都为我们提供了可资借鉴的经验。专门的研究机构是有组织、有计划开展科技典籍译介研究和实践的有力保障。成立的专门的研究机构可以通过组建专家委员会或者学术委员会，统筹规划设计科技典籍译介研究与实践的重点内容、主攻的研究课题，等等。

还可以在全国科技翻译研讨会、全国典籍翻译学术研讨会等专业学术会议上设立专门的“科技典籍译介研究”议题，加强对科技典籍译介研究的宣传和引导，呼吁更多的国（境）内外学者参与到科技典籍译介研究中来。例如，第八届全国典籍翻译研讨会开辟了“民族典籍翻译研究”的议题，供该领域的学者相互交流、探讨、学习，就是值得借鉴的好做法。[27] 时机成熟时，建议组织召开专门的科技典籍译介研究全国或国际学术研讨会，为海内外专家学者提供中国科技典籍译介研究的学术交流平台，促进科技典籍译介研究的更好开展。

5. 加强科技典籍译介成果的出版和宣传

南开大学外国语学院翻译研究中心以英语语言文学的博士点为依托，产出一批民族典籍翻译研究的成果，并已经由大连海事大学出版社出版发行，推动了民族典籍的翻译研究。科技典籍译介研究应该借鉴已有的经验，开展系统的理论研究，并推动研究成果的出版，既可以出版理论研究专著，也可以出版译著。我们还可以通过海内外的大众传媒（报纸、网络等），或者在海内外的学术期刊、杂志、论文集上宣传报道中国科技典籍译介研究情况和实践成果。例如，中国英汉语比较研究会典籍英译专业委员会从专题论文集《典籍翻译研究（第七辑）》起，设立了“典籍翻译成果简讯”栏目，专门报道典籍翻译研究的最新成果。再如，科技典籍《天工开物》入选《大中华文库》，2011 年由广东教育出版社出版发行之后，译者刘迎春等申报并获得了第五届辽宁省政府奖二等奖；后来该获奖情况在香港《大公报》湖南频道进行了报道。[28] 这些出版和宣传的好做法对于扩大科技典籍译介研究与实践，乃至中国文化典籍整体译介研究与实践都将起到一定的促进作用。

四、结语

近年来中国科技典籍译介研究所取得的成绩令人鼓舞，但该类典籍的译介研究仍任重道远。我们认为，科技典籍译介研究今后应该从该大类文化典籍自身的特点出发，借鉴国内其他类型的典籍译介研究的成功经验，一方面从多学科的视角进行理论研究，另一方面要以提高译介效果为宗旨做好科技典籍的译介实践，以产出更多更好的理论研究成果和实践成果，为中国文化“走出去”和中国文化软实力建设尽绵薄之力。

（致谢：本文写作过程中，承蒙华中科技大学许明武教授及其博士生王烟朦提供研究所

需的大量电子文献，特此感谢！）

参考文献

[1] 许明武，王烟朦. 中国科技典籍英译研究(1997—2016)：成绩、问题与建议[J]. 中国外语，2017(2)：96-103.

[2] 刘性峰，王宏. 中国古典科技翻译研究框架构建[J]. 上海翻译，2016(4)：77-81.

[3] 许明武，王烟朦. 傅斯年翻译观对科技典籍英译的启示[J]. 中国科技翻译，2017(1)：40-42.

[4] 殷丽. 国外学术出版社在我国科技类典籍海外传播中的作用[J]. 出版发行研究，2017(4)：87-90.

[5] 殷丽. 中国经典丛书的出版思考：以《大中华文库》和《企鹅经典》系列丛为例[J]. 出版广角，2017(16)：55-57.

[6] 李伟荣. 20 世纪以来中国典籍出版走出去的回顾与思考[J]. 中国出版，2016(23)：70-73.

[7] 李伟荣. 中国科技典籍出版"走出去"的路径探索[J]. 山东外语教学，2017(4)：98-105.

[8] 钱蓉. 伟烈亚力对中国科技典籍的翻译与传播[J]. 海外英语，2017(1)：124-125.

[9] 张西平. 中国文化"走出去"年度研究报告(2015 卷)[M]. 北京：北京大学出版社，2016.

[10] 张西平. 中国文化"走出去"研究总论[M]. 北京：北京大学出版社，2016.

[11] 谢天振. 译介学[M]. 上海：上海外语教育出版社，1999.

[12] 鲍晓英. 中国文化"走出去"之译介模式研究：中国外文局副局长兼总编辑黄友义访谈录[J]. 中国翻译，2013(5)：62-65.

[13] 鲍晓英. 从莫言英译作品译介效果看中国文学"走出去"[J]. 中国翻译，2015(1)：13-17.

[14] 汪榕培，王宏. 中国典籍英译[M]. 上海：上海外语教育出版社，2009.

[15] 王义静. 追求创新与多元：第三届全国典籍英译研讨会述评[J]. 中国翻译，2005(5)：66-68.

[16] 王宏. 中国典籍英译：成绩、问题与对策[J]. 外语教学理论与实践，2012(3)：13，9-14.

[17] 汤金霞. 中国科技典籍翻译策略之管见：基于《蚕书》翻译研究[J]. 外语学刊，2015(6)：95-99.

[18] 胡安江. 中国文学"走出去"之译者模式及翻译策略研究[J]. 中国翻译，2010(6)：10-15.

[19] 罗选民，杨文地. 文化自觉与典籍英译[J]. 外语与外语教学，2012(5)：63-66.

[20] 林戊荪. 关于典籍翻译与出版的几个建议[C]//王宏印等. 典籍翻译研究(第六辑)[M]. 北京：外语教学与研究出版社，2013：v-vi.

[21] 王宏印. 翻译中华典籍，传播神州文化：全国典籍翻译研究会会长王宏印访谈录[J]. 当代外语研究，2015(3)：1-7.

[22] 王宏印. 关于中国文化典籍翻译的若干问题与思考[J]. 中国文化研究，2015(2)：59-68.

[23] 霍跃红. 促使优秀中国文化模因"走出去"[R]. 2015 年全国文化外宣翻译高级研修班论文集，2015.

[24] 夏婉璐. 译作的普世价值与译介的有效性[J]. 中国翻译，2016(4)：49-53.

[25] 李宁.《大中华文库》国人英译本海外接受状况调查：以《孙子兵法》为例[J]. 上海翻译，2015(2)：77-82.

[26] 董明伟. 近年国内典籍翻译研究的新进展及其走向[J]. 语言教育，2016(2)：65-69.

[27] 荣立宇. 中国民族典籍英译研究三十五年(1979—2014)：基于文献计量学的分析[J]. 民族翻译，2015(3)：28-37.

[28] 刘巧雄，李林.《天工开物》译著荣获辽宁省政府科学成果最高奖[EB/OL]. (2016-6-7)[2017-11-02]. 大公网湖南频道讯 http://www.takunghn.com/ArticleDetait-I10003.html.

18世纪以来《农政全书》在英语世界译介与传播简论[①]

李海军

摘　要　1738年,杜赫德的《中华帝国全志》英译版出版,其中译述了《农政全书》中的《蚕桑》,这是《农政全书》在英语世界的首次译介。1849年,肖氏翻译了《农政全书》中的《木棉》主体内容,发表在《中国丛报》上,这是《农政全书》在英语世界首次真正意义上的翻译。译文基本准确再现了原文内容,删减和误译之处甚少。1984年,白馥兰撰写的《中国科学技术史》第6卷第2册《农业》出版,首次用英语比较全面地介绍了《农政全书》。

关键词　《农政全书》;《中华帝国全志》;《中国丛报》;《中国科学技术史》

Abstract　Published in 1738 in *Description of the Empire of China and Chinese-tartar*, English translation version *Silkworm Breeding and Mulberry Tree Cultiration in A Complete Treatise on Agriculture* marked the first introducion of *A Complete Treatise on Agriculture* into the English worle. In strict sense the first true English translation of *A Complete Treatise on Agriculture* appeared in 1849, when C. shaw translated the majority of *Cultivation of Cotton in A Complete Treatise on·Agriculture* into English and got in Published on *The Chinese Repository*. C. Shaw's version basically reproduced the main content of the original with only few omissions or errors. In 1984, Francesca Bray's *Agriculture*(Part2 of volume 6 of *Science and Civilization in China*) was published, which comprehensively introduced *A Complete Treatise on Agriculture* into the English world for the first time.

Key words　*A Complete Treatise on Agriculture*; *Description of the Empire of China and Chinese-tartar*; *The Chinese Repository*; *Science and Civilization in China*

基金项目:国家社科基金(11CYY008);湖南省教育厅科研重点项目(15A133);湖南省社会科学评审成果委员会一般课题(XSPYBZZ041);湖南省哲学社会科学基金项目(16YBA301)的部分成果。

作者简介:李海军(1977—　),男,湖南邵阳人,博士,湖南文理学院外国语学院教授,典籍英译与翻译研究所所长,长沙理工大学兼职硕士生导师,主要研究方向为翻译理论与实践。

《农政全书》是徐光启借鉴以往农学著作、根据自己的农业经验编撰的一部农业百科全书,主要内容包括农政措施和农业技术,共60卷、12目(《农本》《田制》《农事》《水利》《农器》《树艺》《蚕桑》《蚕桑广类》《种植》《牧养》《制造》《荒政》)。《农政全书》与后魏贾思勰的《齐民要术》一起并称为中国古代农学著述两大高峰;与李时珍的《本草纲目》、李应星的《天工开物》和徐霞客的《徐霞客游记》并称为明代四大科学巨著。该书不但在中国家喻户晓,而且很早就通过译介传播到了日本、朝鲜、法国、英国、俄国、德国等地。本文简要梳理了古代

① 原文发表于《燕山大学学报(哲学社会科学版)》2017年第6期。

科技典籍《农政全书》在英语世界的译介和传播轨迹，以期对我国科技典籍的海外传播提供有价值的参考和借鉴。

一、《中华帝国全志》译述《农政全书》

1735年，法国神父杜赫德(Jean-Baptiste Du Halde)为了“寻求王室、学界和民众的支持”[1]205和出于对欧洲出版的汉学著作质量的不满，编撰出版了18世纪最重要的汉学著作之一——《中华帝国全志》(*Description goegraphique, historique, chronologique, politique et physique de l'empire de la Chine et de la Tartarie chinoise*)。杜赫德在法国耶稣会总部负责收集和整理耶稣会士寄回欧洲的信件和报告，因此掌握了在华耶稣会士寄回欧洲的大量有关中国的资料。此外，他本人也长期同当时在华耶稣会士保持通信和交流。因此，该书在资料占有量、多样性和可靠性方面都远超之前欧洲出版的汉学著作。正因为如此，该书出版后在欧洲引起轰动，并被转译成英、俄、德等其它欧洲语言，成为此后100余年里欧洲了解中国最重要的资料来源之一。

1738年，该书被译成英文，在伦敦由爱德华·凯夫(Edward Cave)出版。英译本名为 *Description of the Empire of China and Chinese-tartar, together with the Kingdoms of Korea, and Tibet: Containing the Geography and History (Natural as well as civil) of those Countries*。由于译者没有署名，所以译者是谁无从考证。但根据 *The Translator's Preface* 中的第一人称单数自称，可推测译者只有一人。

《中华帝国全志》堪称一部中国百科全书，内容涵盖中国地理、历史、语言、文学、科技、风俗诸多方面。在《中华帝国全志》英译版第353-359页，作者撰文 *Silk Manufacturing*，介绍了中国的种桑养蚕技术。*Silk Manufacturing* 一文主要包括四个部分。第一部分对中国丝绸进行了总体介绍，第二部分介绍了种桑技术，第三部分介绍了养蚕技术，第四部分是12副图画，介绍了丝绸制造过程。[2]355-359根据杜赫德在文中所说，该部分内容是他根据法国耶稣会士殷弘绪神父(Father Dentrecolles)寄给他的“一部中国古书摘录”[2]355写成。殷弘绪康熙年间经白晋(Joachim Bouvet)介绍来华，在中国生活了近40年。除了兢兢业业做好传教工作以外，还向法国介绍中国的科技成果。正是由于他将中国的瓷器制造技术介绍到欧洲，并将中国的高岭土寄到欧洲，才使欧洲的制瓷技术有了质的突破。

在该文中，有三个地方出现了这部“中国古书”作者的信息。首先，在对中国丝绸进行总体介绍之后、介绍种桑和养蚕之前，杜赫德说到，“丝绸产量和质量在很大程度上取决于育蚕和养蚕的方法，从孵化到吐丝，因此，中国的养蚕方法既令人好奇，又十分有用。明朝一位很有声望的作者，生活在某个盛产丝绸的省份，写了一篇有关养蚕的宏文”。[2]355其次，介绍修剪桑枝的方法时，他又提到，“(中国古书的)作者着重描述了他在邻近自己家乡浙江的南京实践过的桑枝修剪方法”[2]357。最后，介绍准备蚕室时注意事项时，他再次提到：“本文摘录的内容其作者是明朝一位重臣。”[2]357

根据该文的内容，以及杜赫德在文中提供的以上三条线索，可以确定这部“中国古书”是徐光启的《农政全书》，“摘录”的内容是《农政全书》中的《蚕桑》部分，只是顺序稍微有所调整。《农政全书》《蚕桑》部分，从31卷到34卷，内容依次是《总论》《养蚕法》《栽桑法》《蚕事图谱》

《桑事图谱》。杜文内容顺序依次是《总论》《栽桑法》《养蚕法》《蚕事图谱》《桑事图谱》。

根据杜赫德所言，殷弘绪从《农政全书》中摘录了《蚕桑》部分内容，从中国寄给了他，他再从中挑选了一些自己认为很重要的内容，写成此文。[2]353 因此，该文不是真正意义上对《蚕桑》的翻译，而是对《蚕桑》的译述。通过对比《蚕桑》原文和杜赫德文章的英语译文，这点很清楚。例如，《蚕桑》《总论》部分，引用了许多典籍，如《礼月令》《蚕馆序》《后妃亲蚕仪》《前汉文帝纪》《开宝通礼》《郊祀录》《先蚕坛序》《周礼天官内宰》《汉礼仪志》等等，介绍历代皇后躬桑亲蚕，内容有三页之多。而该文则将以上内容浓缩译述成短短一段话：

Since her time, several Empresses, recorded in Chinese Authors, have been agreeably employ'd in hatching and breeding of Silk-worms, in feeding them, taking the Silk, and manufacturing it; and an Orchard of the Palace was alloted for a Plantation of Mulberry-Trees. The Empress, attended by the Queen and the Prime Ladies of the Court, went in Ceremony to this Orchard, and gather'd with her own Hands of Leaves of three Branches, which her Handmaids bended down within her Reach. The finest Pieces of Silk, made by her self, or by her Order, and under her Eye, were devoted to the Ceremony of the grand Sacrifice offer'd to *Shang-ti*. [2]353

二、《中国丛报》翻译《农政全书》

《中国丛报》1832 年由美国传教士裨治文(E. C. Bridgman)创办于广州，1851 年停刊，共出版发行 20 卷 232 期。该刊是当时“第一份面向西方读者，以介绍、研究中国为主要内容的英文报刊，《丛报》二十年间从语言、文化、政治、宗教、地理、商贸等多个方面对中国的历史和现状作了详细介绍，被学术界视为‘有关中国学术的宝藏’”。[3]1-2 当时许多在华传教士、外交官、商人以该刊为阵地，向英语世界译介了许多中国典籍，为当时中国典籍西传做出了重大贡献。《中国丛报》译介的中国典籍为当时西方读者全方位了解中国提供了一个重要的窗口，促进了中西文化交流。尤为重要的是，《中国丛报》上译介的中国典籍中，有相当一部分属于在英语世界的首次译介，具有开拓之功。例如，中国古代白话小说和文言小说的代表作《红楼梦》和《聊斋志异》，正是通过德国传教士郭实腊(Karl Friedrich August Gutzlaff)发表在《中国丛报》上的译介文章才真正进入英语读者的视野。[4]101-107

1849 年，肖氏(C. Shaw)在《中国丛报》第 18 卷第 9 期上发表《农政全书》第 35 卷《木棉》译文。《木棉》原文主要包括三部分内容。文前是对木棉的总体介绍，文后列举了木棉的“制造之具”，并附有图解，主体部分是木棉种植方法。翻译之前，肖氏简单介绍了《农政全书》及其作者徐光启：“本文取自中国最全面的农学著作之一，该著作共 60 卷，每卷详叙一个主题，并配有插图解说。作者为明代徐光启，上海人。”[5]449 然后从“孟祺《农桑辑要》曰：栽木棉法，择两和不下湿肥地，于正月地气透时，深耕三遍……”段开始翻译，到“……列制造之具于此，庶远近滋习。农务助桑麻之用，华夏兼蛮夷之利，将自此始矣”结束。也就是说，除了文前的总体介绍和文后所列的“制造之具”，肖氏几乎全文翻译了《木棉》的主体内容。

对比《木棉》原文和译文，可以发现，除了对原文段落进行重新编排以外，译文基本准确再现了原文内容，删减和误译之处甚少。例如，下例译文除了删除了《农桑通诀》书名外，基本忠实再现了原文的意义。

[原文]王祯《农桑通诀》曰:木棉谷雨前后种之。立秋时,随获随收。其花黄如葵。其根独而直。其树不贵乎高长,其枝干贵乎繁衍。不由宿根而出,以子撒种而生。所种之子,初收者未实,近霜者又不可用,惟中间时月收者为上。须经日晒燥,带棉收贮。临种时再晒,旋碾即下。

[译文]Wáng Ching says that cotton seeds should be sown about the commencement of the kuh-yu term(April 20th); and gathered as the cotton ripens in the lih-tsiu (Aug 8th). The flower is yellow like the Althea, its single root is straight; its excellence does not consist in its height and expanse, but in the branches and leaves being bushy and numerous. It does not sprout out from the last year's roots, but the seeds must be annually sown; the seeds first gathered are not fully ripe, and those collected near the hoar-frosts are useless; the best are collected in the intervening season, and should be dried in the sun, and laid up with the cotton around them, drying them again when about to sow them, and then separating the kernels in the gin. [6]450

1864 年 12 月和 1865 年 1 月,肖氏的《木棉》译文分两次转载在《中日丛报》(*Chinese and Japanese Repository*)。[6]199-209,25-34 除了译文标题改为 *Cotton Cultivation in Shanghai*,以及译文最后一段被删除外,转载几乎原封不动。《中日丛报》1863 年 7 月由英国人詹姆斯·萨默斯(James Summers)在伦敦创刊,1865 年 12 月停刊,共出版 3 卷 29 期(除 1864 年 7 月外,每月出版一期)。根据该刊的创刊导言,詹姆斯·萨默斯创办该刊,旨在继承《中国丛报》的办刊宗旨。该刊的作者有当时著名汉学家伟烈亚力(Alexander Wylie)、爱约瑟(J. Edkins)、韩山文(Theodore Hamberg)等人。该刊发表了不少有关中国文学、语言、历史、地理、科学、宗教、民俗的专题文章或译文。例如,第 1 卷和第 2 卷连载 5 期,比较详细地介绍了中国的数学;第 1 卷和第 2 卷连载 7 期,翻译了中国家喻户晓的故事《雷峰塔》(或《白蛇传》),这应该是该故事的首次英译。该刊有时会从其它渠道转载已经出版的文章或译文,如肖氏发表在《中国丛报》上的《农政全书》和《蚕桑合编》译文、韩山文出版的描写太平天国的专著 *The Vision of Hung-Siu-tshuen, and Origin of the Kwang-si Insurrection*。

三、《中国科学技术史》介绍《农政全书》

《中国科学技术史》是英国著名中国科学史研究专家李约瑟博士(Joseph Needham)耗时 50 余年,组织世界各地该领域专家撰写的一部中国科学和技术历史的鸿篇巨制。该书在丰富的史料和大量的实地调查基础上,深入系统地介绍了中国古代科学和技术取得的辉煌成就,为西方人公正了解和认识中国古代科学和技术发挥了重要作用,堪称中西文化交流史上的一座丰碑。《中国科学技术史》共 7 卷。第 1 卷为《导论》;第 2 卷为《科学思想史》;第 3 卷为《数学与天文学、地球科学》;第 4 卷为《物理学和物理技术》;第 5 卷为《化学与化工技术》;第 6 卷为《生物与生物技术》;第 7 卷为《社会背景》。[7]49

《中国科学技术史》第 6 卷《生物与生物技术》分为 11 册,其中第 2 册为《农业》,1984 年出版,撰稿人是英国著名中国科技史研究专家白馥兰教授(Francesca Bray)。该册第 64 页至70页首次用英语比较全面地介绍了《农政全书》。

首先,白馥兰[8]64-70高度评价了该书作者徐光启:“徐光启是中国历史上一名杰出的人物、有原则的政治家、一流的科学家、耶稣会士的朋友和保护神……他是一位能干的官员,深知自己的国家所需,因此将自己的科学才干运用到农业、灌溉、肥料、天文和化学”。

从历史背景和个人经历入手,白馥兰分析了徐光启撰写《农政全书》的动机。作者认为,爱国主义是其最终动力。一方面,徐光启“生活在一个内忧外患的时代。明朝衰败,贪腐横行,内战不断,边境北方的满族人在等待时机,好一举攻克明朝京城”。因此,徐光启“将自己的全部精力都放在想方设法护国强国上面”。他之所以“对灌溉、救荒和经济作物感兴趣”,是因为他知道,“国家必须发展经济。只有民众富裕了,中国人民才能重新强大,才能重新忠于国家”。另一方面,“徐光启有着丰富的农业管理和农业技术经验。”1607年至1610年他辞官赋闲期间,在自己的家乡“实验从耶稣会士那里学到的西方灌溉技术,种植一些不一样的农作物,如甘薯、木棉和女贞树。”1613年到1620年他在天津屯田期间,“努力在东北地区推动改良灌溉和种植水稻”。因此,“他想根据自己的经验和前人的作品撰写一部综合性农书。不但可以为农耕方法提供实践指导,而且可以解决他所见到的中国的主要经济问题,即人口分布不均、农业生产力低下、农村贫困、灾荒危机”。

白馥兰同时介绍了《农政全书》的成书历程并指出,徐光启由于政务缠身,1633年去世时,《农政全书》还未完成,只是草稿。直到1639年,江南学者陈子龙组织一帮志同道合之人,整理编辑草稿,出版《农政全书》。

关于《农政全书》的规模和内容。白馥兰首先指出《农政全书》是一部“鸿篇巨制,70万字,是《齐民要术》的7倍”。然后指出《农政全书》大部分内容是引自其它著作,引用的著作“不低于299部”。并以《农政全书》引用《王祯农书》作为例子说明,指出“尽管徐光启对王祯的农业才能评价不高,但在《农政全书》中,几乎全文引用了《农器图谱》,只不过是顺序作了改变”。在这一部分,作者用下面一张表格简单列举了《农政全书》的内容(详见图1)。

Table 5: *Contents of the* Nung Cheng Chhüan Shu

Chapters 1-3:	*Nung Pen* 農本 (Fundamentals of Agriculture): quotations from the classics, etc. on importance of encouraging agriculture
4-5:	*Thien Chih* 田制 (Field Systems): land distribution, field management
6-11:	*Nung Shih* 農事 (Agricultural Tasks): clearing land, tilling, etc., including a detailed exposition of settlement schemes
12-20:	*Shui Li* 水利 (Water Control): various methods of irrigation and types of irrigation equipment, including 19-20: *Thai Hsi Shui Fa* 泰西水法 on Western irrigation equipment
21-24:	*Nung Chhi Thu Phu* 農器圖譜 (Illustrated Treatise on Agricultural Implements): largely based on the same section in *WCNS*
25-30:	*Shu I* 樹藝 (Horticulture): vegetables and fruit
31-34:	*Tshan Sang* 蠶桑 (Sericulture)
35-36:	*Tshan Sang Kuang Lei* 蠶桑廣類 (Further Textile Crops): cotton, hemp
37-40:	*Chung Chih* 種植 (Silviculture)
41:	*Mu Yang* 牧養 (Animal Husbandry)
42:	*Chih Tsao* 製造 (Culinary Preparations)
43-60:	*Huang Cheng* 荒政 (Famine Control): 43-45: administrative measures; 46-60: *Chiu Huang Pen Tshao* 救荒本草 (Famine Flora)

图1 《中国科学技术史》中介绍《农政全书》相关内容的章节目录书影

白馥兰还介绍了徐光启针对当时中国存在的问题(如南北人口不均,导致灾荒和边境防守不力;农村贫困,导致国家动荡;管理不善、官员腐败,导致国库空虚、军队人员不足、军饷不够),提出三条农业管理政策:

第一条:"必须建立屯田制度,稳固和保护北方省份。这些地方的旱地农业生产力低下。但是,如果建设大型灌溉工程,种植水稻,情况会有所改善。该政策有两大好处,既可以为军队提供厚实的经济基础,又可以从南方人口过度稠密地区吸引种植水稻的人们过来定居"。并指出,徐光启在书中花费大量篇幅,旁征博引,论证了屯田的好处、解释了屯田的方法、详述了灌溉规划和技术。第二条:"必须消除地方饥荒重复出现这种危险……比较可靠的方法是种植一些特殊的饥荒食物,如甘薯、玉米或木薯"。作者指出,徐光启用了18卷,约全书三分之一的篇幅来讲述"荒政",其中3卷讲述管理措施,其余15卷图释"救荒本草"。并特别强调,徐光启本人亲自品尝了自己推荐的这些"救荒本草"。第三条:"一旦消除了地方灾荒的危险,必须提高农村收入(可间接增加国库收入、减少民众不满和可能发生的叛乱),为此,要鼓励家庭工业和种植经济作物"。作者指出,"《农政全书》既肯定蚕丝工业在江南地区经济中的重要作用,也提倡扩展比较新的木棉和苎麻工业",并强调徐光启还描述了其它一些经济作物的经济优势和种植方法。

在文章最后部分,作者首先评价了《农政全书》的价值,认为该书最大的创新和优势在于"它强调管理在农业发展中的作用"。因为"改良过的工具、新的技术或者更加优质的种子都有助于改善农业。但是,引进和推广它们时,只有经过恰当的规划和协作,才能从中获得最大的收益"。然后,作者指出,该书命名为《农政全书》并非随意为之,而是该书"确实是一部农业管理(农政)之书"。最后,作者遗憾地告诉读者,明朝灭亡后,清朝不重视《农政全书》,而是更加青睐自己编撰的《授时通考》之类的农书。因此,尽管徐光启在《农政全书》中令人信服地写下了农村发展策略,但是他的雄才大略却未能付诸实践。要是有一个更好的政治环境,这些农村发展策略可能会取得巨大成功。

四、结语

综上所述,《农政全书》在英语世界的首次译介出自1738年出版的《中华帝国全志》英译版,译介方式为译述,其过程比较复杂。先是殷弘绪从《农政全书》中摘录了《蚕桑》内容,从中国寄给杜赫德。杜赫德再从中挑选一些内容,写成"丝绸制造"一文,收录在1735年出版的《中华帝国全志》中。1738年,《中华帝国全志》被转译成英文,在伦敦出版。《农政全书》在英语世界首次真正意义上的翻译出现在1849年,肖氏翻译了《农政全书》第35卷《木棉》的主体内容,发表在《中国丛报》上。译文基本准确再现了原文内容,删减和误译之处甚少。1984年,白馥兰撰写的《中国科学技术史》第6卷第2册《农业》出版,首次用英语比较全面地介绍了《农政全书》,主要内容包括徐光启撰写该书的动机、该书的规模和内容、该书提出的农业管理政策、该书的创新和优势、徐光启雄才大略未能付诸实践的遗憾和原因。

需要指出的是,《农政全书》在英语世界译介不多。主要原因可能同该书的内容相关。自18世纪以来,西方人英译中国典籍,内容以"四书五经"等儒家经典和《红楼梦》《聊斋志异》等文学经典为主,科学典籍很难引起他们的注意。新中国成立后,倒是中国学者在科学典籍英译方面成绩更为突出。如任以都全文英译并出版了《天工开物》；石声汉出版英文版《齐民要术概论》《氾胜之书今释》；李照国英译《黄帝内经》等等。因此，以后要想让更多的中国科技典籍走向世界，除了借助国外汉学家的力量之外，还需发挥中国学者的智慧。

参考文献

[1] 张明明.《中华帝国全志》成书历程试探[J]. 国际汉学，2015(3)：205.

[2] Jean-Baptiste Du Halde. *Description of the Empire of China and Chinese-tartar*[M]. London: Edward Cave，1738.

[3] 尹文涓.《中国丛报》研究[D]. 北京：北京大学，2003.

[4] 李海军，蒋凤美. 论《中国丛报》对中国典籍的译介[J]. 山东外语教学，2016(6)：101-107.

[5] Shaw C. Directions for the Cultivation of Cotton[J]. *The Chinese Repository*，1849，18(9)：449.

[6] Shaw C. Cotton Cultivation in Shanghai[J]. *Chinese and Japanese Repository*，1864，17/1865，18.

[7] 余廷明，周星. 汉学泰斗李约瑟和《中国科学技术史》[J]. 海南大学学报，1994(3)：49.

[8] Joseph Needham. *Science and Civilization in China*[M]. London: Cambridge University Press，1984：64-70.